Susanne Möbuß

Spuren – Martin Heideggers Denkweg der späteren Jahre

VERLAG KARL ALBER

Susanne Möbuß

Spuren – Martin Heideggers Denkweg der späteren Jahre

Verlag Karl Alber Freiburg / München

Susanne Möbuß

Traces – Martin Heidegger's Path of Thinking in His Later Years

Martin Heidegger's thinking after 1938 is characterized above all by three major themes: the change in the image of man, the introduction of a new concept of thinking and the proof that Being is ›beyng in relation‹. In doing so, he relies, so the thesis of this book, on the thinking of Franz Rosenzweig, which is already recognizable in the formulation of »Being and Time«, but which continues to have a particularly intensive effect in the writings of the 1940s and 1950s. Both Franz Rosenzweig and Martin Heidegger, with their drafts of New Thinking, pose the question of the significance that philosophy can possibly have in existentially challenging situations. Both see the restructuring of thinking as indispensable in order to be able to think their concepts of man that place him in a special way in the »crossings of the existing«.

The Author:

Susanne Möbuß, born 1963, studied philosophy and history. Her doctorate and habilitation theses dealt with problems of medieval philosophy. Möbuß has been a lecturer at the University of Hannover and the University of Oldenburg since 1990. She has published widely on existential philosophy. Her last publications with Alber are *Existenzphilosophie*, 2 Vol. (2015) and *Shadows of the Star. Martin Heidegger's Adaptation of Franz Rosenzweig's Philosophy* (2018).

Susanne Möbuß

Spuren – Martin Heideggers Denkweg der späteren Jahre

Martin Heideggers Denken nach 1938 ist vor allem durch drei große Themen geprägt: den Wandel des Menschenbildes, die Einführung eines neuen Begriffes vom Denken und den Nachweis, daß Sein ›Seyn in Beziehung‹ ist. Dabei stützt er sich, so die These dieses Buches, auf das Denken Franz Rosenzweigs, das bereits in der Formulierung von »Sein und Zeit« erkennbar ist, in den Schriften der 40er und 50er Jahre aber in besonders intensiver Weise nachwirkt. Sowohl Franz Rosenzweig als auch Martin Heidegger stellen mit ihren Entwürfen des Neuen Denkens die Frage nach der Bedeutung, die Philosophie möglichweise in existentiell herausfordernden Situationen zukommen kann. Die Umstrukturierung des Denkens sehen beide als unverzichtbar an, um ihre Konzepte des Menschen denken zu können, die ihn in besonderer Weise in die »Kreuzungsmitte des Seienden« stellen.

Die Autorin:

Susanne Möbuß, Jahrgang 1963, ist seit 1990 an den Universitäten Hannover und Oldenburg tätig. Veröffentlichungen vor allem zur Existenzphilosophie. Zuletzt im Verlag Karl Alber: »Sternschatten. Martin Heideggers Adaption der Philosophie Franz Rosenzweigs« (2018).

MIX
Papier aus verantwortungsvollen Quellen
FSC® C083411
www.fsc.org

Originalausgabe

www.verlag-alber.de

Satz: SatzWeise, Bad Wünnenberg
Herstellung: CPI books GmbH, Leck

Printed in Germany

ISBN 978-3-495-49093-8

Inhalt

Vorwort

Das Interesse an der Philosophie Martin Heideggers fokussiert, anders als bei vielen anderen Denkern, sehr unterschiedliche Schwerpunkte.

Systematische Untersuchungen stehen neben Darstellungen, die sich seinem Verhalten während der Zeit des Nationalsozialismus zuwenden. Stimmen, die das Entfernen seiner Schriften aus den Bibliotheken fordern, erklingen neben solchen, die nach Phasen der Konzentration auf ideologische Auseinandersetzungen für eine Rückkehr zur reinen Text-Auslegung plädieren.

Wo verorten sich die folgenden Betrachtungen innerhalb dieses Feldes möglicher Interpretationen? Sie werben für eine philosophiegeschichtlich orientierte Analyse von Heideggers späteren Werken unter ausdrücklicher Einbeziehung seiner Verlautbarungen der 30er und 40er Jahre. Doch geht es dabei nicht darum, ein Stück Philosophiegeschichte ausschließlich in historischer Perspektive zu rekonstruieren. Zielführend ist die Frage, ob Heideggers Denken in eine fruchtbare Diskussion darüber einbezogen werden kann, wie Philosophie sich im 21. Jahrhundert definiert und positioniert.

Vor diesem Hintergrund stehen zwei seiner Konzepte im Mittelpunkt: der Begriff des Menschen und der Versuch, ein »Neues Denken« zu begründen.

Die Betrachtung dieser beiden Aspekte zeigt, daß Heidegger wesentliche Grundansichten des Diskurses, der sich im Kontext westlicher Rationalität entwickelt hat, einer Umdeutung unterzieht, die zu einer Umwertung des Begriffes vom Denken selbst führt. Seine Arbeit der Modifizierung gilt dabei speziell den Begriffen der Zeitlichkeit, der Kausalität und des Subjekts.

Es spricht einiges dafür, daß Heidegger die Deutung dieser Motive in Auseinandersetzung mit der Philosophie des jüdischen Denkers Franz Rosenzweig vollzieht. Damit fällt die Aufmerksamkeit auf die Ansichten eines unkonventionellen Denkers, der sowohl zur Zeit

Heideggers, als auch heute, eher am Rande akademischen Philosophierens steht.

So schwingt in den folgenden Seiten auch die Überlegung mit, ob es Zufall ist, daß sich Heidegger für sein Vorhaben einer neuen Bestimmung der Philosophie auf eine Sicht der Welt bezieht, die teilweise andere Akzente setzt, als er sie in den Werken etablierter Theoretiker vorfand. Explizit stützt er sich stets auf das griechische Denken, dessen Terminologie er in allen Phasen seines Schaffens beleuchtet. Doch schließt diese Zentrierung nicht den Bezug auf Ansichten aus, die in ihrer subversiven Unmittelbarkeit gerade das Nicht-Gesagte des traditionell geprägten Bewußtseins artikulieren.

Unter dieser Ausrichtung gewinnt Heideggers Denkweg der späteren Jahre, das heißt von Ende der 30er bis Ende der 60er Jahre, besondere Aktualität. Denn er kann Beispiel für eine produktive Auseinandersetzung mit Bezügen des Philosophierens sein, die bislang im Rahmen der etablierten Denktradition weniger berücksichtigt wurden. Seine Hinwendung zu östlichen Weisheitslehren, deren Erforschung seit geraumer Zeit stattfindet, ist ein anderes Beispiel einer nicht selbstverständlichen Bereitschaft, Kritik des Vernunftbegriffes, wie er der eigenen intellektuellen Geschichte entspricht, mit der Offenheit für andere Deutungsansätze zu verbinden.

Wird vor diesem Hintergrund nach Heideggers Auseinandersetzung mit Quellen gefragt, die ihn faszinierten und inspirierten, wird sein Denken in einer noch kaum beachteten Perspektive wahrnehmbar. Denn es antwortet auf die Frage, wie weit der Funktionsrahmen westlicher Rationalität tatsächlich erweitert werden kann, um auf Erfordernisse der Zeit reagieren zu können. Eine solche Selbstüberprüfung des Denkens ist nach wie vor unverzichtbarer Bestandteil von Philosophie. Ihre Diskurs-übergreifende Ausrichtung erscheint heute wichtiger denn je.

Zentrale Gedanken aus den Schriften von Martin Heidegger und Franz Rosenzweig werden unter Berücksichtigung ihrer thematischen Eigenheiten in Relation gesetzt. Eine solche motivische Engführung bietet sich an, da es nach deren Kompatibilität zu fragen gilt. Beide Theoretiker traten mit ihren je spezifischen Mitteln für die Formulierung eines »Neuen Denkens« ein, das Rosenzweig in der kurzen Zeit seines Schaffens nur skizzieren, Heidegger hingegen weiträumig entfalten konnte.

Da bei dem Versuch, die Genese dieses Denkens zu rekonstruieren, kaum auf vorbereitende Arbeiten zurückgegriffen werden kann[1], erschien es sinnvoll, die genannten Werke der Forschungsliteratur begleitend zu rezipieren, sie jedoch nicht explizit in die Textgestaltung einzubeziehen.

---

[1] Wenige Arbeiten gehen bislang in unterschiedlichem Umfang auf die Frage einer Resonanz des Denkens von Franz Rosenzweig in Heideggers früheren Werken ein: Freund, *Die Existenzphilosophie Franz Rosenzweigs. Ein Beitrag zur Analyse seines Werkes »Der Stern der Erlösung«*, Löwith, *M. Heidegger und F. Rosenzweig. Ein Nachtrag zu »Sein und Zeit«*, Gordon, *Rosenzweig and Heidegger. Between Judaism and German Philosophy* und Higgins, *Speaking and thinking about God in Rosenzweig and Heidegger.* Dessen mögliche Fortwirkung im Spätwerk Martin Heideggers ist bisher nicht näher untersucht worden.

I. »Wir sind ja und sind doch nicht« – Der Mensch

Im Jahr 1946 wendet sich der französische Intellektuelle Jean Beaufret mit der Frage an Martin Heidegger, wie seiner Einschätzung nach dem Begriff des Humanismus wieder Sinn zu verleihen sei[1]. Dessen momentane Deutung wird damit offensichtlich als problematisch betrachtet, nicht jedoch seine generelle Relevanz in schwieriger Zeit[2]. Denn gerade in diesen ersten Monaten nach dem Ende des Krieges scheint ein besonderes Interesse am Gedanken des Humanismus zu bestehen, wie auch die außergewöhnliche Beachtung bezeugt, die dem Vortrag *Der Existentialismus ist ein Humanismus* entgegengebracht wurde, den Jean-Paul Sartre Ende Oktober 1945 in Paris hielt. Daß er mit einigem argumentativen Geschick letztlich zu dem Ergebnis gelangt, der Existentialismus könne als Humanismus betrachtet werden, war nicht ohne weiteres zu erwarten. Denn während existentialistische Überzeugung eine Definition, die das Wesen des Menschen über seine Existenz hinaus beleuchten will, ausschließt, basiert humanistisches Denken gerade auf dieser Vorstellung[3]. Das

---

[1] *Brief über den ›Humanismus‹* (in: *Wegmarken*), S. 344: »Sie fragen: Comment redonnet un sens au mot ›Humanisme‹?« Sämtliche Hervorhebungen in den Zitaten entsprechen den jeweiligen Textausgaben. Einfache Anführungszeichen im Text markieren inhaltliche Hervorhebungen, die keine Zitate sind.

[2] In seinem Artikel in *Die Zeit* mit dem Titel *Der Wandel des abendländischen Denkens. Heidegger und sein Brief an Jean Beaufret* skizziert Vietta 1948 diese Atmosphäre der Dringlichkeit: »Dieses Gespräch auf dem weltabgeschiedenen Gebirgsgipfel aber dreht sich um Fragen, die gegenwärtig alle europäischen Denker bewegen: Sind Ethik und Humanismus noch Realitäten oder nur bloße Schatten abendländischer Überlieferung?«

[3] Der Begriff von Humanismus, der hier zugrunde gelegt wird, folgt im Wesentlichen den Ansichten, die Giovanni Pico della Mirandola 1486 in seiner *Oratio de hominis dignitate* vertritt. Die dort artikulierten Thesen der Willensfreiheit und Entwicklungsfähigkeit des Menschen basieren auf der Überzeugung, daß die Verwirklichung der menschlichen Würde stets als eine Annäherung an das Göttliche zu verstehen ist. Heidegger notiert zum Begriff »Humanismus«: »*Bildung* / Bilden – der Menschen – nach *einem* ›*Bild*‹ – gestalten?? ›Machen‹ – Was?« *Zum Ereignis-Denken I*, V, S. 736.

Wesen bestimmt den Menschen zu dessen fortschreitender Vervollkommnung.

Mit Blick auf die lange Geschichte des Humanismus-Begriffes erscheint dieses als eine Konstante, die ihn als Ausdruck eines universell gültigen Bildes vom Menschen ausweist.

Ein solcher Entwicklungsoptimismus kann jedoch nur unter der Voraussetzung angenommen werden, daß die existentielle Situation, in der ein Mensch seine Wahl des anzustrebenden Zieles trifft, einen relativ geringen Einfluß auf diese ausübt. Denn er muß grundsätzlich in jedem Augenblick in der Lage sein, sich für das Gute, das gut in Ansehung eines absolut gesetzten Wertes ist, zu entscheiden und damit eventuell behindernde Faktoren zu überwinden. So bemerkenswert selbst die frühen Bestrebungen, die Freiheit der menschlichen Persönlichkeitsgestaltung zu denken, auch sind, findet diese ihr Regulativ doch in der Vorstellung eines Idealbildes des Menschen, das festlegt, was als seine Menschhaftigkeit zu betrachten ist.

Mußte nicht unter Berücksichtigung einer solchen Sicht von Humanismus Sartres Feststellung, er sei mit dem Existentialismus vereinbar, überraschen? Hatte er nicht vor allem 1943 in *Das Sein und das Nichts* das Gegenteil behauptet, wenn er die Essenz als abhängig von der Existenz und ihren konkreten Bedingungen dargestellt hatte? Wie verträgt sich der Glaube an eine grundsätzliche Perfektionierungspotenz des Menschen mit Sartres Bild vom existentiellen Entwerfen, in dem das Individuum mit jeder Entscheidung und Handlung zwangsläufig seine Persönlichkeit ausbildet, ohne sich damit einem Idealzustand annähern zu wollen? Ist diese permanente Konturierung des eigenen intellektuellen und charakterlichen Profils wirklich mit der humanistischen Vorstellung der Bildung des Menschen zum Besseren vereinbar?

Und warum läßt er sich überhaupt auf die Herausforderung ein, sein Denken nun in dieser Form zu erklären? Der Hinweis darauf, daß er in seinem Vortrag detailliert auf Kritik eingehen wollte, die ihm von verschiedener Seite entgegenbracht wurde, ist eine mögliche, wenngleich kaum ausreichende Antwort. Vorstellbar ist es auch, daß er den Existentialismus seinen Landesleuten als Denken der Stunde empfehlen wollte, wohl wissend, wie emotional aufgeladen die Situation im Frankreich jener Tage war[4]. Nach Jahren, in denen Dichoto-

---

[4] Elkaïm-Sartre schreibt in ihrem Vorwort der französischen Ausgabe mit Blick auf die Diskussion, die dem Vortrag vorausgegangen war: »[...] Sartre n'en devenait pas

mien von Freund und Feind, Gegner und Verbündetem, Mitläufer und Widerständler, Verräter und Vertrautem die Wahrnehmung des Menschen beherrschten, schien ein immenses Bedürfnis nach dem wirklich umfassenden Bild des Menschen zu bestehen, das es erlauben würde, über alle nationalen und politischen Gräben hinweg das Menschhafte zu denken. Denn wie sonst sollten die Differenzierungen, die nicht nur Völker voneinander, sondern sogar die intimsten Beziehungen von Familien und Freunden untereinander spalteten, allmählich vermittelt und der Übergang zu einem Miteinander des Vertrauens eingeleitet werden? Bedurfte die Hoffnung auf eine gemeinsame Zukunft nicht gerade der Gewißheit, daß der Mensch, wenn er nicht situativ daran gehindert wird, sich auf eine Form seiner selbst hin entwerfen würde, die zugleich das Wesen aller beschreibt?

Sartre wußte um das Bedürfnis vieler Franzosen nach einer Orientierung, wie mit dem Anderen, der sich in der Vergangenheit in so vielfältiger Weise zu distanzieren schien, in Zukunft umzugehen sei. Und er wußte um das Risiko, daß sein Begriff vom Existentialismus gerade diese Bewährung als Philosophie, die in einer Krisenzeit zu wirken vermag, nicht bestehen würde. Interessant ist es vor diesem Hintergrund, daß er zwei Arten von Humanismus unterscheidet. Den Versuch, ihn als Theorie zu deuten, »die den Menschen als Zweck und höchsten Wert ansieht«[5], verwirft er, da das Konzept des Wertes, das hier angesetzt wird, sich nicht verifizieren läßt.

»Es gibt aber einen anderen Sinn von Humanismus, der im Grunde folgendes meint: der Mensch ist ständig außerhalb seiner selbst; indem er sich entwirft und verliert außerhalb seiner selbst, bringt er den Menschen zur Existenz, und andererseits kann er existieren, indem er transzendente Ziele verfolgt; […].«[6]

Diese Erläuterung betont zwar die Entwicklungsfähigkeit des Menschen, geht aber nicht auf deren zielgerichtete Realisierung ein.

Sartre verweist selbst auf jene Ablehnung des Humanismus, die er 1938 einem Protagonisten seines Romans *Der Ekel* in den Mund legt[7]. Der Verwunderung darüber, daß er nun seine Theorie der menschlichen Freiheit, die ein permanentes Entwerfen voraussetzt,

---

moins, dans l'esprit de bien des gens, l'antihumaniste par excellence: il démoralisait les Français au moment où la France, en ruines, avait le plus besoin d'espoir.« S. 11.

[5] *Der Existentialismus ist ein Humanismus,* S. 175.

[6] *Der Existentialismus ist ein Humanismus,* S. 175.

[7] *Der Ekel,* S. 135: »[…] ich werde nicht die Dummheit begehen, mich als ‹Anti-Humanisten› zu bezeichnen. Ich *bin kein* Humanist, das ist alles.«

als Humanismus deklariert, greift Sartre vor, indem er diesen nur in reduzierter Form zuläßt. Auf den Gestaltungscharakter des Menschen weist er hin, doch dessen Interpretation als fortgesetzte Optimierung blendet er aus. Natürlich gab es für Sartre keinerlei Veranlassung, diesen Aspekt einer historisch bedingten Sicht des Humanismus zu berücksichtigen, zumal es für ihn dadurch schwieriger geworden wäre, ihn mit seinem eigenen Denken zu vergleichen. Durch seine Deutung dessen, was als Humanismus zu bezeichnen ist, ermöglicht er dessen Vereinbarkeit mit dem Gedanken des Existentialismus, was letztlich dafür spricht, wie sehr Sartre an deren Nachweis gelegen war.

Wie brüchig jedoch das Entwicklungspotential des Einzelnen erscheinen muß, wenn es nicht im Gedanken an ein Vorbild des Menschhaften aufgefangen wird, kann Sartres Darstellung kaum verbergen. Denn einerseits stützt er diese auf die Feststellung, daß ein Individuum mit jedem Wert, den es für sich wählt, die Menschheit wählt[8], andererseits räumt er ein: »Aber ich kann mich nicht auf Menschen verlassen, die ich nicht kenne, und mich dabei auf die menschliche Güte oder das Interesse des Menschen für das Wohl der Gesellschaft stützen, da der Mensch frei ist und es keinerlei menschliche Natur gibt, auf die ich bauen könnte.«[9]

Basiert humanistisches Denken nicht genau auf dieser Annahme, die das Vertrauen in ein Gemeinsames der Menschen dadurch rechtfertigt, daß sie den scheinbar unbegrenzten Entscheidungsrahmen menschlicher Freiheit an die Prämisse bindet, letzten Endes stets eine Wahl des Guten zu treffen? Sartres Behauptung, nichts könne gut für einen Einzelnen sein, ohne daß es zugleich das Gute für alle wäre[10], reibt sich an zwei Hindernissen. Zum einen an der erwähnten Unsicherheit, die aus der Unkenntnis des Anderen, die durch keine Formel des Menschhaften dauerhaft überbrückt werden kann, resultiert, und zum anderen daran, daß das Wählen selbst zwar eine zielgerichtete Aktion ist, der allerdings kein bestimmender Wert inhäriert.

---

[8] *Der Existentialismus ist ein Humanismus,* S. 151. Dazu auch S. 150: »Und wenn wir sagen, der Mensch ist für sich selbst verantwortlich, wollen wir nicht sagen, er sei verantwortlich für seine strikte Individualität, sondern für alle Menschen.«

[9] *Der Existentialismus ist ein Humanismus,* S. 160.

[10] *Der Existentialismus ist ein Humanismus,* S. 151: »Wählen, dies oder das zu sein, heißt gleichzeitig, den Wert dessen, was wir wählen, zu bejahen, denn wir können niemals das Schlechte wählen; was wir wählen, ist immer das Gute, und nichts kann gut für uns sein, ohne es für alle zu sein.«

Warum sollte eine Wahl, die auch andere Menschen betrifft, automatisch eine Entscheidung zum Guten sein, wenn mit den Anderen aufgrund ihrer wesentlichen Freiheit nicht voraussetzungslos zu rechnen ist?

Die Konzeption des Existentialismus, die Sartre vertritt, empfängt ihre bestechende Radikalität gerade aus dieser Unsicherheit fremdem und eigenem Verhalten gegenüber, die in jede Entscheidung einbezogen und in jeder Handlung überwunden werden muß. Dies räumt aber auch die Möglichkeit des Scheiterns, des Irrtums oder des Versagens ein, revidierbar, doch unvermeidbar.

Was Sartre als Humanismus der zweiten Art bezeichnet, beschreibt dieses Charakteristikum menschlichen Verhaltens. Doch handelt es sich dabei wirklich um eine humanistische Auffassung? Existentieller Entwurf bedeutet nicht zwangsläufig Entwicklung, sondern lediglich Überschreitung des gegenwärtigen Seins. Deren Ausrichtung bleibt unkalkulierbar und im Grunde moralisch neutral, da sie nicht an sich bewertbar ist. Wenn diese Neutralität in einem Konzept des Werthaften aufgehoben werden soll, das sich in Maßstäben von Gut und Nicht-Gut beurteilen läßt, dann zeigt Sartres Erläuterung, das Gute sei allein deswegen gut, weil es der Einzelne im Wissen um die Anderen wählt, wie dicht er humanistisches und existentielles Denken hier aufeinander zuführt. Ersteres würde den Menschen das Gute wählen lassen, weil es dem Wesen des Menschen entspricht; letzteres, weil es gut für jeden Einzelnen sein wird.

Sartres Argumentation trägt freilich nur dann, wenn man bereit ist, seiner Sicht des Humanismus zu folgen. Diese, so kann festgehalten werden, ist wohl eine mögliche, aber keine selbstverständliche Deutung jenes Versuches, eine theoretische Bestimmung der menschlichen Natur mit dem Anspruch universeller Gültigkeit zu formulieren.

Richtungweisend für die weiteren Überlegungen ist nun weniger die spezifische Ausformung, die Sartre seiner Darstellung vom Humanismus gegeben hat, als vielmehr die mutmaßliche Voraussetzung, aus der sie resultiert. Denn er versprach sich scheinbar eine größere Akzeptanz existentialistischen Denkens, wenn er es als kompatibel mit dem humanistischen Begriff des Menschen erweisen könnte. Das die Menschen Einende galt es aufzuzeigen, selbst wenn dafür die grundlegende Annahme des Existentialismus, die menschliches Handeln als unberechenbar im Gebrauch der Freiheit ansieht, ein Stückweit relativiert werden mußte.

Es verwundert vor diesem Hintergrund kaum, daß auch Jean Beaufret daran interessiert ist, eine Form von Humanismus für die Gegenwart nutzbar zu machen. Erstaunlich ist jedoch der Adressat, an den er seine Bitte um Beurteilung einer solchen Möglichkeit richtet. Mit einigen Auszügen aus Schriften von Martin Heidegger hatte er Bekanntschaft gemacht; ein persönlicher Kontakt kam in Freiburg zustande, wo Beaufret Heidegger im September 1946 das erste Mal besuchte[11]. Doch was wußte Beaufret wirklich von Heidegger und seiner politischen Positionierung, die im selben Jahr zum Entzug der Lehrbefugnis führte? In einem Moment, den Heidegger in seinen *Anmerkungen* kommentiert[12], erreicht ihn eine Anfrage von nicht unbeträchtlichem Gewicht aus der Feder eines französischen Bewunderers. Wer sich in dieser Zeit zum Thema Humanismus äußert, trifft nicht nur Aussagen von philosophischer Bedeutung. Er trägt damit, je nachdem, in welchem Umfang seine Einlassungen zur Kenntnis genommen werden, dazu bei, Vertrauen in das menschliche Handeln zu legen – und dies im Angesicht der Spuren von Krieg und Vernichtung. Sicherlich steht auch die Glaubwürdigkeit von Philosophie auf dem Spiel, als Wissenschaft ebenso wie als existentielle Theorie. Denn jetzt gilt es Vergangenes zu reflektieren und vor allem hieraus Erkenntnisse für die Ausrichtung zukünftigen Wirkens in Differenz und Gemeinsamkeit zu gewinnen. Die Fassungslosigkeit über das totale Versagen der Vernunft im nationalsozialistischen Deutschland noch spürend, gilt es abzuwägen, ob ein derart beschädigtes Instrument noch zu verläßlicher Orientierung taugt – für deutsche Intellektuelle, aber nicht nur für diese.

Jean Beaufret fragt Martin Heidegger also, ob dem Begriff des Humanismus wieder Sinn verliehen werden könne, und bereits die Formulierung zeigt, daß es hier nicht um den Abschied von einem Gedanken, sondern dessen Aktualisierung geht.

In seiner Antwort läßt Heidegger keinen Zweifel daran aufkommen, daß er eine Erneuerung humanistischen Denkens, dessen erste

---

[11] Seit 1945 stand Heidegger in brieflichem Kontakt zu Jean Beaufret.

[12] »Der Hinauswurf aus der Universität […] Es stellt sich mit der Zeit als ein Vorgehen heraus, das an das Übelste grenzt, was Deutsche gegen Deutsche aushecken und das im Bereich, wo angeblich Wahrheit und Sittlichkeit und Ehre und Ansehen der Wissenschaft und der Kultur in besonderer Weise gewahrt sein sollen.« *Anmerkungen I–V*, I, S. 79f. Eine *biographische und werkgeschichtliche Einordnung* nimmt Denker in: *Martin Heideggers Brief über den Humanismus* vor.

Erscheinung er als »römisch« bezeichnet[13], für ausgeschlossen hält. Der Grund hierfür liegt nicht etwa darin, daß er den Anspruch, das Wesen des Menschen bestimmen zu können, generell für falsch, sondern für unzureichend begründet hält. So reicht die gängige Kennzeichnung als animal rationale hierfür nicht aus, auch wenn die Griechen deren Gehalt seiner Ansicht nach in seither nicht mehr erreichter Tiefe erahnten.

Nun wäre es irreführend, Heideggers Suche nach der Grundlegung des menschlichen Wesens als Konzentration auf eine mögliche Fundierung in der Vergangenheit zu verstehen. Im Vorgriff auf später zu Zeigendes kann bereits an dieser Stelle darauf hingewiesen werden, daß dem Besonderen des Menschen niemals allein durch den Blick auf seine »Wesensherkunft« nahezukommen ist, sondern daß gleichermaßen dessen »Wesenszukunft« bedacht werden muß. So ist der Mensch als animal rationale zwar vernunftbegabt, doch ist dieses lediglich eine Eigenschaft, die ihn von anderen Lebewesen unterscheiden soll. Den Weg zur Denkbarkeit des Menschhaften – seiner »humanitas« – weist eine solche Sicht nicht[14]. Denn dem Begründenden muß, davon ist Heidegger überzeugt, stets ein noch Ausstehendes hinzugedacht werden, wobei es bei diesen beiden temporären und

[13] *Brief über den ›Humanismus‹*, S. 322. Wie gering Heidegger zeitgenössische Ausprägungen vermeintlich humanistischen Denkens schätzt, zeigt seine Bemerkung Ende der 30er Jahre:
»Im Grunde ist auch dieser Nietzschesche-Burckhardtsche-Georgische-Rilkesche Humanismus, gewürzt mit völkisch-rassischen Beigaben, nur der Ausweg des heutigen Gebildeten, der ihnen erlaubt, was Nietzsche und Burkhardt – ganz verschieden zur Entscheidung stellten, nämlich die Entscheidung über den Menschen als das neuzeitliche historische Tier zu *umgehen* und diese Umgehung zu verschleiern.« *Überlegungen VII–XI*, IX, S. 200. Und 1949 schreibt er: »Den meisten bleibt für immer verborgen, daß im Denken, wenn es ein Denken ist […], sich das eigentliche Handeln ereignet; daß in diesem Handeln eine hohe Menschen*wesen*liebe sich ereignet, die des Aufputzes der verkündeten Humanität nicht bedarf, deren Propaganda alles verdirbt.« *Anmerkungen VI–IX*, VIII, S. 266. 1948 stellt Heidegger das bauende Denken sogar in eine gewisse Distanz zum Humanismus: »So wesentlich gehört die Sage des Unterschieds […] in die Welt-Stille, daß sie um alles übrige sich nicht kümmern kann, weder um den Humanismus, noch um die Herrschaft des Glaubens, […].« *Anmerkungen VI–IX*, VI, S. 21.

[14] »Außerdem aber und vor allem anderen bleibt endlich einmal zu fragen, ob überhaupt das Wesen des Menschen, anfänglich und alles voraus entscheidend, in der Dimension der Animalitas [!] liegt. […] Die Metaphysik denkt den Menschen von der animalitas her und denkt nicht zu seiner humanitas hin.« *Brief über den ›Humanismus‹*, S. 323.

essentiellen Spannkräften eher deren Funktion als ihre Beschaffenheit zu reflektieren gilt.

Der Begriff des Wesens bezeichnet also keine vorgreifende Prägung, die den Menschen seine Natur erkennen läßt, sondern eher eine vorlaufende Unerfülltheit, die seine Bestimmung offenlegt. Heideggers vielleicht allzu konstruiert wirkende Formulierung, »das Wesen west«[15], drückt diesen Sachverhalt aus, indem sie auf den Geschehnischarakter der »Wesenserfahrung« deutet. Die Reflexion ihrer Ermöglichung bildet den gedanklichen Kern seiner Schriften seit Mitte der 40er Jahre. Der *Brief über den ›Humanismus‹* stellt nicht das erste, aber ein sehr markantes Zeugnis dieses Ringens um Artikulation einer tieferen Wesenzugehörigkeit des Menschen dar. Im sprachlichen Entfaltungsrahmen der Ausdrücke von Hörigkeit und Hören wird Heidegger bis in seine letzten Werke versuchen, das Wesen des Menschen als Verweisungsgeste auf ein Anderes zu deuten, dessen Beschreibbarkeit jedoch weit hinter seine Denkbarkeit zurückfallen wird. Die folgenden Betrachtungen werden explizit dieser Bewegung eines Denkens gelten, das sich in einem Ursprung eigener Gültigkeit zu verorten sucht.

Nun könnte festgestellt werden, daß Heidegger mit dem Terminus ›Wesen‹ eine Verwirklichungsstruktur menschlichen Seins benennen will, die sich von Sartres Auffassung nicht signifikant abhebt. Denn auch dieser hatte darauf hingewiesen, daß Essenz permanente Überschreitung des gegenwärtigen Seinszustandes in einen existentiellen Modus des ›noch-nicht‹ impliziert. In der Akzentuierung des Entwurfscharakters menschlichen Seins mögen beide Positionen tatsächlich kaum differieren. Doch ergänzt Heidegger eine Dimension dieses Gedankens, die Sartre fremd bleibt. Für ihn bezeichnet der Begriff vom Wesen nicht nur eine Beschaffenheit des Menschen, sondern ein seinsgeschichtlich Ausstehendes, womit er über das dem Menschen Gemäße hinausdenken will.

Doch wohin? In provisorischer Gültigkeit mag hier die Antwort genügen: Auf das dem Menschen Mögliche. Etwas steht aus, in dessen Erfahrung der Mensch vorzudringen vermag. Dieses ahnungsvoll Präsente unterliegt keinesfalls den Einflüssen der Beliebigkeit, da es als bestimmend das menschliche Wesen ausmacht, ohne bereits von

---

[15] Zum Beispiel in der Formulierung: »Die Metaphysik verschließt sich dem einfachen Wesensbestand, daß der Mensch nur in seinem Wesen west, indem er vom Sein angesprochen wird.« *Brief über den ›Humanismus‹*, S. 323.

dessen augenfälliger Verwirklichung etwa im Sinne eines sich entwerfenden Individuums eingelöst zu werden, wie es Sartre erwähnt. In seiner Deutung handelt es sich bei der Unvorhersehbarkeit essentieller Entwürfe um ein Zeichen menschlicher Freiheit, die sich keinesfalls einer Vorstellung von einem zu Verwirklichenden im Sinne Heideggers beugen wird.

So verzichtet Sartre in seiner Konzeption des Humanismus – zumindest aus Heideggerscher Perspektive betrachtet – mit ihrer Betonung dessen, was allen Individuen gemeinsam ist, letztlich auf die Reflexion dessen, was dem Menschen möglich ist. Andererseits gibt Heidegger mit seiner stets im Raum des Denkbaren, doch kaum Sagbaren verharrenden Vorstellung eines über das Wesen des Menschen hinausgreifenden Kontextes, in dem sich die wahre Menschhaftigkeit zu erkennen gibt, den entscheidenden Vorzug von Sartres Humanismus-Begriff auf. Denn ihm ging es darum, die Unkalkulierbarkeit individuellen Handels und Verhaltens in eine Bestimmung des menschlichen Wesens zu integrieren, um jeden Anschein einer zielgerichteten Entwicklung dieses Agierens zu vermeiden. Dieser Gedanke war für Sartre entscheidend, wollte er Freiheit in ihrer ganzen ungeschützten Radikalität präsentieren.

Auch wenn Heidegger schreibt, daß er einen Humanismus »seltsamer Art«[16] vertritt, weil er zugunsten des Menschhaften über den Menschen hinausdenkt, scheint er doch ein Element klassischer Definitionen zu streifen. Denn die Überzeugung, daß der Mensch ein bildungsfähiges Wesen hat, ist Grundlage des Glaubens an seine Verwirklichungspotenz, die über das Maß des gegenwärtig Faßbaren hinausweist. Heidegger hypostasiert damit das Entwicklungsvermögen zum Entwurfsdiktat des Menschen, dem dieser sich zu fügen hat, wenn er das ihm Mögliche nicht verfehlen will.

Bereits im *Brief über den ›Humanismus‹* deutet sich ein Problemhorizont an, der die Lektüre von Heideggers Texten zunehmend prägen wird und auf den er selbst – freilich nicht als Hindernis gedacht – hinweist, wenn er schreibt: »›Humanismus‹ bedeutet jetzt, falls wir uns entschließen, das Wort festzuhalten: das Wesen des Menschen ist für die Wahrheit des Seins wesentlich, so zwar, daß es demzufolge gerade nicht auf den Menschen, lediglich als solchen, ankommt. Wir denken so einen ›Humanismus‹ seltsamer Art.«[17]

---

[16] *Brief über den ›Humanismus‹*, S. 345.

[17] *Brief über den ›Humanismus‹*, S. 345. In *Platons Lehre von der Wahrheit* (in:

Genau dieses Gespür für etwas, das den Menschen über sich selbst hinausweist und das Denken erst in der Konzentration auf dieses ›mehr‹ zur Ruhe kommen läßt, spricht Heidegger den Griechen zu, und nicht nur ihnen. Auch in der Dichtung Friedrich Hölderlins sieht er einen Ausdruck des Versuches, »das Geschick des Wesens des Menschen anfänglicher« zu denken[18].

Bereits in der Deutung des griechischen Menschenbildes bei den Römern meint er den Beginn einer fatalen Bewegung der Verflachung ausmachen zu können, die noch heute das Denken daran hindert, zu sich zu finden. Inbegriff dieses fortschreitenden Prozesses der Vernachlässigung des Denkbaren ist für Heidegger die Metaphysik, die er auch in diesem Text als Synonym für Seinsvergessenheit setzt. Denn sie versäumt es seiner Interpretation nach, in einer ursprünglichen Schlichtheit nach dem Wesen des Seins zu fragen, das nur in der Frage nach dem Wesen des Menschen, in dem es sich entwirft, zu suchen ist. Statt dessen konzentriert sich Metaphysik auf die Erscheinungen des Seins in ihrer Seiendheit und greift damit zwar wohl auf Seiendes, jedoch nicht auf dessen Möglichkeits-Kontext zurück. Auch diese Ansicht charakterisiert Heideggers Denken in der zweiten Hälfte seines Lebens und wird im Folgenden in wiederholten Ansätzen zu rekonstruieren sein.

Daß das Versäumnis der Metaphysik jedoch nicht nur ein Phänomen von wissenschaftlicher Relevanz, sondern von seinsgeschichtlichem Ausmaß ist, betont Heidegger immer wieder. Denn in ihrer scheinbaren Kompetenz für die Bestimmung des menschlichen Wesens verhindert Metaphysik jedes »anfänglichere« Fragen, das seiner Auffassung nach allein einen unverstellten Blick auf das zuläßt, was Sein sein kann. »Demgemäß bleibt jeder Humanismus metaphysisch.«[19]

Wie infektiös dieser Einfluß der Metaphysik ist, der tatsächliches Begreifen verhindert, wird auch daran deutlich, daß jeder Versuch, sich ihm zu entziehen, scheitern muß, solange er sich ihrer Ter-

---

Wegmarken) heißt es: »Der Beginn der Metaphysik im Denken Platons ist zugleich der Beginn des ›Humanismus‹. […] Hiernach meint ›Humanismus‹ den mit dem Beginn, mit der Entfaltung und dem Ende der Metaphysik zusammengeschlossenen Vorgang, daß der Mensch nach je verschiedenen Hinsichten, jedesmal aber wissentlich in eine Mitte des Seienden rückt, ohne deshalb schon das höchste Seiende zu sein.« S. 236.

[18] *Brief über den ›Humanismus‹*, S. 320.

[19] *Brief über den ›Humanismus‹*, S. 321.

minologie bedient. Mit Blick auf Sartres Begrifflichkeit schreibt Heidegger: »[Er] spricht [...] den Grundsatz des Existentialismus so aus: die Existenz geht der Essenz voran. Er nimmt dabei existentia und essentia im Sinne der Metaphysik, die seit Platon sagt: die essentia geht der existentia voraus. Sartre kehrt diesen Satz um. Aber die Umkehrung eines metaphysischen Satzes bleibt ein metaphysischer Satz.«[20]

Es ist also kein irrtümliches Vorgehen, das Heidegger in Sartres Theorie sieht. Doch mangelt es ihr seiner Ansicht nach an jener Radikalität, die ursprünglicher, anfänglicher, wie es auch heißt, nach dem Wesen des Menschen fragt. Daß Sartre an dieser Art von Ursprünglichkeit gerade nicht interessiert ist, ja sie sogar als ein Verharren in traditionellen Mustern des Denkens betrachten würde, berücksichtigt Heidegger in seiner Einschätzung nicht.

Bereits in *Sein und Zeit* hatte Heidegger den Begriff der Existenz einer eingehenden Betrachtung unterzogen, die ihn zu folgendem Ergebnis führte: Existenz bezeichnet nicht das bloße Faktum des Seins, sondern die Möglichkeit, in bestimmter Weise zu sein. Denn der Ausdruck »Sein« benennt immer nur die Fundierung des Sein-Könnens und nicht schon dessen Entfaltung. Im Begriff der »Ek-sistenz« zeigt sich schon hier der zeitliche Charakter des menschlichen Seins, das über ein eher statisch zu denkendes Wirklich-sein hinausweist.

Entsprechend warnt Heidegger nun davor, die Termini existentia und Ek-sistenz zu verwechseln. »Ek-sistenz bedeutet inhaltlich Hinaus-stehen in die Wahrheit des Seins. Existentia [...] meint dagegen actualitas, Wirklichkeit im Unterschied zur bloßen Möglichkeit der Idee.«[21]

Zweimal fiel in den bisherigen Bemerkungen der Begriff »Wahrheit«. Doch es ist noch nicht an der Zeit, ihn zu reflektieren. Im Vorgriff auf dessen Thematisierung kann lediglich angemerkt werden, daß Heidegger ihn einer grundsätzlichen Neubewertung unterziehen wird.

Die Unterscheidung von Existenz und Essenz, wie sie Jean-Paul Sartre aufgreift, entstammt also nach Heideggers Beurteilung einer Sicht der Wirklichkeit, die nicht dazu geeignet ist, ein ›mehr‹ an Ver-

---

[20] *Brief über den ›Humanismus‹*, S. 328.
[21] *Brief über den ›Humanismus‹*, S. 326.

wirklichung auch nur ansatzweise zu denken. Dasjenige, das ist, hat bereits in vollem Umfang sein Sein-können ausgeschöpft. An diesem Befund ändert auch Sartres Postulat einer Vorgängigkeit der Existenz vor der Essenz nichts. Denn Individuen, die nach existentialistischer Theorie ihr Wesen auf dem Ermöglichungsgrund des Seins entwerfen, bewegen sich damit doch noch immer im Rahmen einer statischen Konzeption von Verwirklichung, auch wenn dieses zunächst wie ein Widerspruch klingt. Jede Entscheidung, durch die ein Mensch sein eigenes Bild verändert, variiert letztlich nur das Wesensprofil des einmal für existent Gesetzten. Das von Heidegger favorisierte »Hinaus-stehen« in einen anderen Verstehenskontext, den er als die Wahrheit des Seins bezeichnet, findet hier nicht statt.

Ungeklärt ist jedoch bislang, welche Verweisungsfunktion Heidegger seiner Bildlichkeit vom Hinausstehen zuordnet. Offensichtlich ist es, daß sich in der Wahl dieses Ausdrucks eine markante Verschiebung sprachlicher Aussagemöglichkeiten ankündigt, die das gesamte Spätwerk Heideggers tragen wird.

Er setzt nicht mehr auf die sprachlichen Formen des traditionellen philosophischen Diskurses, als dessen Repräsentanten er immer wieder die Metaphysik, aber auch die Logik bezeichnet. Diese Mittel erscheinen ihm nicht geeignet, um zu zeigen, wie Wesen »west«. Er ist davon überzeugt, daß der philosophische Umgang mit dem Sein, dessen Regeln sich seit der Antike immer stärker zu Reglementierungen des Denkens schlechthin verfestigt haben, nur ein starres Konstrukt vom Sein erzeugen kann. Seiner anfänglichen Geschehnis-Natur beraubt, ist es zu einer Fixierung von Faktizität verkümmert. Der Ausdruck ›Sein‹ deckt sich mit dem Testat ›etwas ist‹ und verliert sich im selben Moment in der Bodenlosigkeit einer Abstraktion.

Wenn Heidegger nun, knapp zwanzig Jahre nach *Sein und Zeit,* die Kritik an diesem scheinbar unvermeidlichen Automatismus, durch den die Bedeutung des Seinsdenkens für den Menschen kaum noch auszumachen ist, aufgreift, geht er deutlich über seine damalige Feststellung einer ontologischen Unzulässigkeit hinaus. Denn nun rückt die Betrachtung des menschlichen Wesens in den Vordergrund – nicht allein durch Jean Beaufrets Frage nach dem Humanismus initiiert.

Mit der Verwirklichung des Wesens im traditionellen Sinne bestätigt der Mensch sein Sein, das ihn jedoch nur in den Seinsrang eines letztlich beliebigen Seienden versetzt.

Die eigentliche Menschhaftigkeit ist damit noch nicht bedacht worden. Sie beginnt sich abzuzeichnen, sobald der Mensch begreift, daß Sein kein Status, sondern eine Ermöglichung ist, die ihn mehr erfassen läßt als die Tatsache seines Seins.

»Damit wir Heutigen jedoch in die Dimension der Wahrheit des Seins gelangen, um sie bedenken zu können, sind wir daran gehalten, erst einmal deutlich zu machen, wie das Sein den Menschen angeht und wie es ihn in Anspruch nimmt. Solche Wesenserfahrung geschieht uns, wenn uns aufgeht, daß der Mensch ist, indem er eksistiert.«[22]

Bemerkenswert ist, in welcher Komplexität Heidegger in diesem doch eher kleinen Text, bei dem es sich außerdem um eine Art Gelegenheitsschrift handelt, die entscheidenden Motive seines Denkens der vergangenen Jahre aufgreift und nun als richtungweisend präsentiert. Es ist nicht übertrieben, seinem *Brief über den ›Humanismus‹* eine Schlüsselstellung im Gesamtwerk einzuräumen, und zwar nicht nur hinsichtlich der Kombination seiner Themen. Besonders mit Blick auf die Frage nach dem Menschen erweist sich dieser Text als wichtiges Zeugnis Heideggerschen Denkens, wobei hier explizit die Positionierung von Gedanken, nicht nur deren Artikulation, zu berücksichtigen ist.

Um diesen Aspekt in seiner möglichen Tragweite abschätzen zu können, sei noch einmal an die Bedingungen erinnert, unter denen der Humanismus-Brief entstand. Im Dezember 1945 wurde Heideggers Arbeit an der Universität Freiburg einer eingehenden Prüfung hinsichtlich der Frage unterzogen, ob er weiterhin in der Lehre tätig sein könne. Karl Jaspers, auf Anregung Heideggers um eine Einschätzung gebeten, kommt im Dezember des Jahres zu dem Schluß, diese zum gegenwärtigen Zeitpunkt nicht befürworten zu können.

»In unserer Lage ist die Erziehung der Jugend mit größter Verantwortung zu behandeln. [...] Heideggers Denkungsart, die mir ihrem Wesen nach unfrei, diktatorisch, kommunikationslos erscheint, wäre heute in der Lehrwirkung verhängnisvoll.«[23]

---

[22] *Brief über den ›Humanismus‹*, S. 329.

[23] Karl Jaspers an Friedrich Oehlkers, Mitglied der Kommission, am 22.12.1945. *Martin Heidegger – Karl Jaspers. Briefwechsel 1920–1963*, S. 272. Im Juni 1949 verwendet sich Jaspers in einem Schreiben an den Rektor der Universität Freiburg für die mögliche Wiederaufnahme der Lehre Heideggers. *Martin Heidegger – Karl Jaspers. Briefwechsel 1920–1963*, S. 275.

Jaspers stützt sich in seiner Beurteilung weniger auf Heideggers Verhalten in der Vergangenheit als vielmehr auf den Eindruck, den dessen Denken auf ihn macht. Und er ist sich der besonderen Situation in Deutschland nach Ende der nationalsozialistischen Herrschaft und der Verantwortung der Jugend gegenüber bewußt. Wenn Heideggers Denken keine »Wiedergeburt« erlebt, sei es den Studierenden zum gegenwärtigen Zeitpunkt nicht zumutbar. Knapp vier Jahre später wird er eine mögliche Lehrtätigkeit Heideggers dann für »tragbar und wünschenswert«[24] halten. Offensichtlich haben sich seiner Wahrnehmung nach Gemüt und Geist der Jugend mittlerweile gefestigt[25]. Ob er auch im Denken Heideggers die erwartete Wandlung erkennt, bleibt ungesagt.

Im vorliegenden Kontext soll diese Beurteilung der »Denkungsart« Heideggers verdeutlichen, wie umstritten sie – zumindest in Deutschland – in jenem Moment ist, als sich Beaufret an ihn wendet. Es ist davon auszugehen, daß ihm die schwierige Lage, in der sich Heidegger befindet, ansatzweise bekannt ist[26]. Vor allem zeigt sich aber, wie klar Heidegger die Tatsache vor Augen steht, daß sein Denken noch immer der Begutachtung unterliegt. Ihm mußte also be-

Heidegger schreibt: »Inzwischen hat sich auch die Kirchenbehörde mit dem Fall meiner Professur beschäftigt. Man ist sich – mit Herrn Jaspers – darüber einig, ›das Gefährliche‹ des an dieser Stelle der Universität gepflogenen Denkens unschädlich zu machen. […] Kaum darf noch erwartet werden, daß den Akteuren dieses Spiels und denen – den vielen –, die zuschauend es zulassen, noch das aufgehe, daß es sich da nicht um meine ›Person‹ handelt, nicht einmal nur um die inneren Angelegenheiten der angeblich jetzt sich selbst verwaltenden Freiburger Universität. Vielmehr handelt es sich um *den Verrat am Denken* und das sagt – an der geschichtlichen Bestimmung des Volkes.« *Anmerkungen I–V*, I, S. 83.

[24] Aus Jaspers Schreiben an den Rektor der Universität Freiburg im Juni 1949, in: *Martin Heidegger – Karl Jaspers. Briefwechsel 1920–1963*, S. 275.

[25] Wie groß Heideggers Ambition als Weg-Weisender offenbar war, wird aus einer Notiz 1948/49 ersichtlich. »*Jugend:* Wenn je noch irgendeine Gelegenheit sich böte, ihr zu begegnen, außerhalb der Einrichtung des Unterrichts, dann gälte es nur, ihr aus der Ferne auf ihren Weg zu verhelfen; keineswegs aber, sie auf den meinen zu bringen oder gar zu zwingen.« *Anmerkungen VI–IX*, VI, S. 67. Und in *Anmerkungen I–V*, I, S. 57 heißt es: »Nach dreißigjähriger Lehrtätigkeit wird die Loslösung vom Lehrersein (nicht von der ›Universität‹) keineswegs leicht, zumal ich leidenschaftlich Lehrer war und auch weiß, was das gesprochene Wort an Übergewicht besitzt gegenüber dem geschriebenen, in das Vieles niemals eingeht, auch wenn die Gestaltung noch so sorgfältig ist.«

[26] Am 12.9.1946 besuchte Jean Beaufret Heidegger in Todtnauberg. Heideggers Brief datiert auf den 23.11. des Jahres.

wußt sein, daß seine Beantwortung der Frage Beaufrets auch unter diesem Gesichtspunkt zur Kenntnis genommen werden würde.

Konnte er also 1946 in unbefangener Weise vom Wesen des Menschen und dessen Aufgabe im Sein sprechen, nachdem er diese in den letzten Jahren ausschließlich den Deutschen zuerkannt hatte[27]?

Es wäre zu erwarten, daß Heidegger in seinem *Brief über den ›Humanismus‹* eine ideologisch weitgehend bereinigte Version seiner Philosophie der 30er Jahre zeigt.

Denn die Aussagen, die er über das Wesen des Menschen trifft, das es in anfänglicherer Weise zu bedenken gilt, als es Metaphysik je vermochte, müssen nun in universeller Gültigkeit formuliert werden. Völkische oder nationalistische Exklusivität wäre unangebracht.

Eine bisher ausgesparte Benennung des Menschen, die sein ausstehendes Wesen charakterisieren soll, rückt jetzt in den Fokus der Aufmerkamkeit. Der argumentative Ansatzpunkt besteht in Heideggers Feststellung, daß »das Sein den Menschen angeht« und ihn in Anspruch nimmt. Offensichtlich verbindet er diese beiden Merkmale der Beziehung des Seins zum Menschen nicht mit klassisch humanistischer Deutung. Denn von etwas in Anspruch genommen zu werden, erfordert die Bereitschaft, sich angehen zu lassen – eine doppelte Fügung des Menschen unter eine Aufforderung, die an ihn ergeht.

Die Assoziation, daß diese von jemandem artikuliert wird, der als personale oder transzendente Instanz vorzustellen ist, liegt möglicherweise nahe, wenn zudem Heideggers recht zahlreichen Nennungen von Gott und Göttern berücksichtigt werden. Wie sich an späterer Stelle zeigen wird, sind diese jedoch nicht als Initiatoren zu begreifen, die dem Menschen die Aufforderung zu einem bestimmten Verhalten im Sein erteilen. Ganz im Gegenteil – sie selbst sind in den Prozeß des Seinsgeschehnisses eingebunden, der über ihre Erfahrbarkeit entscheidet.

Wenn es also keine Gebote oder Weisungen sind, die den Menschen dazu auffordern, sich angehen zu lassen, muß die motivierende Ansprache anderer Art sein, zumal Heidegger von ihr auch als »Wesenserfahrung« gesprochen hatte. Wie drastisch er sich mit diesem

---

[27] »Wieder ist – und wie oft noch wird – das deutsche Wesen weit zurückgeworfen in eine unheimliche Verborgenheit; noch fehlt ihm die Helle und der Mut zur Herrschaft aus der Stille der Verschenkung höchsten Kampfes im Seyn selbst, das der aufbewahrte Ursprung des letzten Gottes ist.« *Überlegungen XII–XV*, XII, S. 48.

Begriff vom Konzept von »Vermögen« und »Verwirklichung« abgrenzt, das seit der Prägung durch Aristoteles das Denken von Dynamik bestimmt, wird sich sogleich zeigen.

Für den Moment reicht der Hinweis, daß die Information über dasjenige, das den Menschen ausmacht, sich nicht mit der Definition seines Wesens im tradierten Verständnis deckt. Vielmehr liegt das dem Menschen Mögliche in einem Raum purer Ereignishaftigkeit, ist Ausstehendes und nicht bereits Realisiertes. Die Formeln, die Heidegger für den Menschen verwendet, der das Mögliche, das zugleich das Mögliche des ihn umgreifenden Seins ist, erkennt, lauten: Hirte, auch Hüter und Wächter des Seins. Die Motivik des Hütens, Bergens und Beachtens ist damit ausgezeichnet, die Heideggers Denken in der Folgezeit in entscheidendem Maße repräsentieren wird. Er selbst weist darauf hin, daß deren Begründung auf seine Konzeption der Sorge zurückreicht, die er in *Sein und Zeit* artikulierte[28].

Sowohl in ihrer personalisierenden Form als Fürsorge als auch in der materialisierenden Variante des Besorgens zeigt sich die Befähigung des Menschen, den Augenblick auf dessen Vorstellung in der Zukunft hin zu überschreiten. So ist die Entscheidung darüber, was zu besorgen ist oder wer der Fürsorge bedarf, auch auf die denkbaren Folgen des Handelns in der Gegenwart bezogen, vor allem aber auf die Wahrnehmung dessen, was im Aktionsrahmen der Sorge Relevanz erlangt.

Eine der Zielsetzungen in *Sein und Zeit* bestand gerade in dem Hinweis auf solche Gegebenheiten, in denen Sein zunächst begegnet – in den Situationen der Alltäglichkeit, in deren Verlauf vorhandenes Seiendes auf seine mögliche Zuhandenheit hin hinterfragt wird. Die erste Begegnung mit Sein erfolgt in den Erscheinungsweisen als Seiendes, das gebraucht, vermißt oder umsorgt wird. Gemeinsam ist diesen Formen der primären Seinsrelation, daß sie alle innerhalb eines Funktionskontextes zu verstehen sind, der den Wert eines Gegenstandes nach seiner Erfüllungskompetenz menschlicher Erwartung bemißt. Doch bereits in dieser noch selbstverständlichen Weise, die Faktizität von Sein zu begreifen, liegt das Fundament der weiteren Entwicklung, die Heidegger in seinen späteren Schriften skizzieren wird.

---

28 »Der Mensch ist Hirt des Seins. Darauf allein denkt ›Sein und Zeit‹ hinaus, wenn die ekstatische Existenz als ›die Sorge‹ erfahren wird.« *Brief über den ›Humanismus‹*, S. 331.

Die Erfahrungen mit Seiendem prägen menschliche Aufmerksamkeit für das, was ist, situationsbedingt, austauschbar und nur von begrenzter Bedeutung. Denn immer hängt die Wichtigkeit, die einem Ding zugesprochen wird, von einem ganz bestimmten Verwendungs-Rahmen ab, der jeweils individuell konstruiert und auch wieder verworfen werden kann.

Würde sich ein Mensch ausschließlich in dieser Weise der Beachtung von Seiendem nähern, könnte er kaum eine Ahnung dessen erlangen, was ihm darüber hinaus möglich ist. Denn erst wenn er zu ahnen beginnt, daß es auch eine Erfahrung des Seins geben kann, die nicht unter dem Diktat der Nützlichkeit steht, zeichnet sich die Öffnung eines Seinsverhältnisses ab, das als unmittelbar, das heißt nicht vermittelt durch Sachbezüge, gedacht werden kann. Diese Relation unbedingter Erfahrung, der keine tatsächliche Wirkung folgen wird, wollte Heidegger in *Sein und Zeit* noch nicht in vollem Umfang formulieren, da sie nicht in den formal ausgerichteten Kontext dieser Schrift gehörte.

Festzuhalten ist in jedem Fall die doppelte Struktur des Seins, einmal in seinen faktischen Gegebenheitsweisen als Seiendes, ein andermal in seiner Eigentlichkeit, die jede spezifische Konturierung ausschließt und doch in ihr gegenwärtig werden kann. Mit Bedacht wird hier der Begriff der Eigentlichkeit verwendet, der zumindest in *Sein und Zeit* als Orientierungswert menschlichen Seins diente. Er soll auf jene Dimension des Seins verweisen, die Heidegger dessen Manifestation im Seienden gleichermaßen vor- und nachordnet. Denn natürlich ist es nicht realistisch, Seiendes unabhängig vom Sein verstehen zu wollen, so wie es unvorstellbar ist, Sein anders als im Seienden erfahren zu können.

In seinem *Brief über den ›Humanismus‹*, in dem sich die Bildlichkeit seines Denkens der zurückliegenden und der folgenden Jahre in komprimierter Form verbindet, gibt Heidegger einen kurzen, aber aufschlußreichen Einblick in diesen Verschränkungsmodus des Seins, das anwesend und doch nicht erfaßbar ist.

»Das ›Sein‹ – das ist nicht Gott und nicht ein Weltgrund. Das Sein ist wesenhaft weiter denn alles Seiende und ist gleichwohl dem Menschen näher als jedes Seiende, [...]. Das Sein ist das Nächste. Doch die Nähe bleibt dem Menschen am fernsten.«[29]

---

[29] *Brief über den ›Humanismus‹*, S. 331.

Wenn es hier zulässig ist, das Enigmatische dieser Aussage zu vernachlässigen und nach demjenigen zu fragen, das sich in seiner Rätselhaftigkeit ausdrückt, so lautet die Antwort: die verlorene Perspektive.

Nicht umsonst findet sich selbst in diesem Text Heideggers, der wenig Platz für ausgiebige ontologische Reflexionen bietet, der Hinweis auf die Seinsvergessenheit, in der der Mensch verharrt, solange er auf das Seiende fokussiert ist[30].

Gerade diese selbstauferlegte Beschränkung des Denkens, die meint, Ziel und Inhalt im Seienden zu finden und nirgends sonst, will Heidegger aufgeben. Dabei ist zu berücksichtigen, daß selbst Metaphysik, die sich doch qua Definition nicht auf das Faktische beschränkt, sondern dessen Gründe erforschen soll, letztlich eine Wissenschaft des Faktischen ist. Selbst ihre Abstraktionen bleiben Abstraktionen des Seienden. Metaphysischem Denken unterläuft kein Irrtum in der Weise, daß es falsche Prioritäten oder widersprüchliche Prämissen ansetzt. Sein Versagen ist derart fundamental, daß nicht einmal der Verdacht aufkommt, Bedenkenswertes zu vernachlässigen. Fatal ist diese Ahnungslosigkeit, weil sie gerade den entscheidenden Zugang zur Erfahrung des Seins überhaupt nicht als solchen erkennt. So bleibt diesem Denken die verlorene Perspektive auf das Sein nicht einmal versperrt, sondern gänzlich unbekannt. »Dies zu erfahren und zu sagen, muß das künftige Denken lernen.«[31]

Und dieses heißt nichts anderes, als sich vom Sein angehen und in Anspruch nehmen zu lassen, wie Heidegger schreibt. Daß er damit keine beliebige Kurskorrektur innerhalb des wissenschaftlichen Diskurses der Philosophie fordert, sondern deren radikale Umdeutung, zeichnet sich allmählich ab. Und daß er diese immense Aufgabe nur dem Menschen zutraut, der im vollen Umfang seiner humanitas zu denken wagt, stellt den Bezug zur einleitenden Frage seines *Briefes* her.

»Der Mensch ist vielmehr vom Sein selbst in die Wahrheit des Seins ›geworfen‹, daß er, dergestalt ek-sistierend, die Wahrheit des Seins hüte, damit im Lichte des Seins das Seiende als das Seiende, das es ist, erscheine.«[32]

---

30 *Brief über den ›Humanismus‹*, S. 328.

31 *Brief über den ›Humanismus‹*, S. 331.

32 *Brief über den ›Humanismus‹*, S. 330.

Gefordert ist dieser Mensch, dessen Bild Heidegger vor sich sieht, für etwas einzutreten, das er nicht begreift, aber um sich weiß. Er ist aufgerufen, diesem Umgebenden stattzugeben, ohne es zu verwirklichen. Auf das aristotelische Modell von »Vermögen« und »Verwirklichung«, das noch immer relativ unverändert zur Erklärung von Prozessen der Veränderung dient, wurde gerade hingewiesen. Warum Heidegger sich davon distanziert, wird nun nachvollziehbar.

Dessen Anwendung würde bedeuten, daß ein Wesen, das seine Potentialität aktualisiert, deren Unerfülltheit gänzlich ausschöpft. Entweder besteht ein Vermögen oder dessen Realisierung, wobei beide durch eine Relation der Kausalität und damit Zeitlichkeit verbunden sind. Das Vermögen geht der Verwirklichung ursächlich voraus. Damit bestimmt die Potentialität den Entwicklungsspielraum ihrer Aktualisierung und es wird innerhalb des Geltungsbereiches dieser Regelhaftigkeit nichts eintreten, das nicht zuvor durch ein Vermögen ermöglicht wurde. Das Wesen des Menschen verwirklicht das dem Menschen Gemäße.

Heidegger versucht die Linearität dieses Vorganges dadurch zu sprengen, daß er das Wesen, also das bereits Verwirklichte, nun seinerseits als Mögliches des Menschen, als seine humanitas, fassen will. Dadurch ist dem Menschen immer mehr möglich, als es zunächst scheinen mochte.

»Das Wesen des Menschen besteht eben darin, daß er mehr ist als der bloße Mensch, insofern dieser als das vernünftige Lebewesen vorgestellt wird. ›Mehr‹ darf hier nicht additiv verstanden werden, als sollte die überlieferte Definition des Menschen zwar die Grundbestimmung bleiben, um dann nur durch einen Zusatz des Existenziellen eine Erweiterung zu erfahren. Das ›mehr‹ bedeutet: ursprünglicher und darum im Wesen wesentlicher. Der Mensch ist nicht der Herr des Seienden. Der Mensch ist der Hirt des Seins.«[33]

Die Bildlichkeit des Hirten erinnert unmittelbar an jene Weise, in der Heidegger in den vergangenen Jahren jene Verpflichtung dem Sein gegenüber charakterisiert hatte, die nur den Deutschen obliegt. Als Wächter bezeichnete er diese und stellte sie als Kämpfer für das kommende Sein vor. Daß sich diese Überzeugung nur zu gut mit natio-

---

[33] *Brief über den ›Humanismus‹*, S. 342.

nalsozialistischer Sicht verbinden konnte[34], betrachtet Heidegger, wie es scheint, niemals als eine Tatsache, die der Erklärung bedurft hätte.

Selbst solch tiefreichende Erwartungen wie diejenigen Hannah Arendts und Paul Celans, die ein Wort der Distanzierung erhoffen, werden enttäuscht. Die Gelegenheit, im Gespräch mit Rudolf Augstein 1966 öffentlich Position zu beziehen, läßt Heidegger ungenutzt verstreichen.

In den mittlerweile vorliegenden *Anmerkungen* und *Überlegungen* finden sich vereinzelte Äußerungen zum »Irrtum« der Rektoratszeit[35]. Dieser besteht in der trügerischen Ansicht, eine Verknüpfung seinsgeschichtlichen Denkens mit dem Auftreten der Nationalsozialisten herstellen zu können[36]. Relativ schnell scheint Heidegger diese Vorstellung aufgegeben zu haben, an deren Stelle die Überzeugung tritt, in der »Bewegung« selbst einen Indikator seinsgeschichtlicher Abläufe zu sehen[37]. Denn obwohl er als Folge des Krieges die Vereitelung wesentlicher Besinnung ansieht, bezeichnet

34 So spricht Walther Darré 1930 in *Neuadel durch Blut und Boden* von der Aufgabe, »Hüter und Träger echter deutscher Art« zu sein, S. 223.

35 »Der eigentliche Irrtum des ›Rektorats 1933‹ war nicht so sehr, daß ich, wie andere Klügere, nicht ›Hitler‹ in seinem ›Wesen‹ erkannte und mit jenen in der Folgezeit grollend daneben stand, […] sondern daß ich meinte, jetzt sei die Zeit, nicht mit Hitler, aber mit einer Erweckung des Volkes in seinem abendländischen Geschick anfänglich – geschichtlich zu werden.« *Anmerkungen I–V*, I, S. 98. »Vielleicht kommt eines Tages doch jemand dahinter, daß in der Rektoratsrede von 1933 der Versuch gemacht wurde, diesen Prozeß der Vollendung der Wissenschaft in der Verwendung des Denkens vorauszudenken, Wissen als Wesenswissen wieder ans Denken zu bringen, nicht aber an Hitler auszuliefern.« *Anmerkungen I–V*, III, S. 258. »Mein Irrtum 1933 war kein politischer. Ich irrte mich im Wesensverhältnis zwischen Wissenschaften und dem Denken.« *Anmerkungen I–V*, III, S. 274.

36 In den *Schwarzen Heften* von 1938/39 heißt es: »Rein ›metaphysisch‹ (d. h. seinsgeschichtlich) denkend habe ich in den Jahren 1930–1934 den Nationalsozialismus für die Möglichkeit eines Übergangs in einen anderen Anfang gehalten und ihm diese Deutung gegeben. Damit wurde diese ›Bewegung‹ in ihren eigentlichen Kräften und inneren Notwendigkeiten sowohl als auch in der ihr eigenen Größengebung und Größenart verkannt und unterschätzt.« *Überlegungen VII–XI*, XI, S. 408.

37 »Aus der vollen Einsicht in die frühere Täuschung über das Wesen und die geschichtliche Wesenskraft des Nationalsozialismus ergibt sich erst die Notwendigkeit seiner Bejahung und zwar aus *denkerischen* Gründen. […] Wie kommt es aber, daß eine solche wesentliche Bejahung weniger oder gar nicht geschätzt wird im Unterschied zur bloßen, meist vordergründlichen und alsbald ratlosen oder nur blinden Zustimmung?« *Überlegungen VII–XI*, XI, S. 408.

er die Machthaber nicht als Verantwortliche, sondern selbst als die »Verzwungenen, denen keine Freiheit mehr bleibt«[38].

An diesem Punkt angelangt, muß eine Frage gestellt werden, die für die weiteren Überlegungen richtungsweisend ist. Ist ein grundsätzlicher Wandel in Heideggers Menschenbild nach 1945 erkennbar? Die Antwort setzt eine Differenzierung voraus. Die Aufgabe des Menschen ändert sich nicht. Doch die Art und Weise, wie er diese erfüllt, wandelt sich deutlich. Von seiner Überzeugung, im Menschen den »Gebrauchten« des Seins zu sehen, weicht Heidegger niemals ab. Doch faßt er diese Inanspruchnahme in unterschiedlicher Begrifflichkeit, die eine veränderte Seinsrelation des Menschen ausdrückt.

Zum Zeitpunkt der Niederschrift des Humanismus-Briefes erübrigt sich damit aber keineswegs die Frage, ob es sich wirklich um eine Aussage universeller Gültigkeit handelt. Noch wenige Jahre zuvor hatte Heidegger immer wieder betont, daß allein die Deutschen in der Lage seien, Sein angemessen zu denken. Und im dritten seiner *Feldweg-Gespräche,* am 8. Mai 1945 abgeschlossen, erklärt er es zum Wesen der Deutschen, »als Lernende« die anderen Völker die Haltung des Wartens zu lehren[39]. Im Vergleich zu früheren Äußerungen markiert diese Feststellung bereits eine Modifikation, da nun von einem Miteinander die Rede ist, das freilich die besondere Befähigung der Deutschen nicht leugnet, sondern sie auch Anderen zugute kommen läßt. Inwieweit damit wirklich auf eine Geste der Zuwendung hingewiesen oder lediglich die Härte einer Aussage, die nur den Deutschen Seinskompetenz zuerkennt, gebrochen werden soll, wäre zu überlegen.

Es ist eine besondere Situation, in der Heidegger seine Antwort an Jean Beaufret formuliert. Gespannte Erwartung wird ihr sicher gewesen sein, nicht nur in Frankreich. Wie wird er das Wesen des

---

[38] »Der Vorgang des Krieges besteht nicht in den ›Operationen‹ und nicht in der ›Explosion‹ der Bomben und Vernichten von Geschwadern – sondern allein im geräuschlosen und unfaßlichen, durch Presse und Rundfunk von allen Seiten her verdeckten Niederzwingen jedes Versuches einer wesentlichen, die Geschichte im Ganzen ihres Wesens durchfragenden Besinnung. Die Verzwingung in die Besinnungslosigkeit wird aber nicht ›gemacht‹ von einzelnen Machthabern und Händlern, sondern diese selbst sind kraft *ihres* Wesens die zuerst Verzwungenen, denen keine Freiheit mehr bleibt.« *Überlegungen XII–XV,* XIII, S. 146.

[39] »Darum müssen wir die Notwendigkeit des Unnötigen wissen lernen und sie als Lernende den Völkern lehren.« *Feldweg-Gespräche,* III, S. 237.

Menschen in aller Universalität bestimmen, die angesichts des Kontextes erforderlich ist, in dem sein Brief zu lesen ist? Müßte er nicht seine früheren Äußerungen, die den Deutschen allein die Wächterschaft des Seins anvertrauen, spätestens jetzt revidieren? Kann es sein, daß er seine Konzeption des Menschen gleichermaßen völkisch exklusiv wie universell gültig präsentiert? Im Verlauf der Diskussion von Heideggers antisemitischen Verlautbarungen und ideologischen Sympathiebekundungen[40] scheint diese Frage etwas in den Hintergrund zu treten.

Wenn es auch Aufgabe philosophie-historischer Überlegungen ist, Bruchstellen im Denken aufzuspüren, an denen sich extreme Positionen anlagern können, dann ist es sinnvoll, die Entwicklung eines solchen Denkens immer wieder zu befragen. Seit Mitte der 40er Jahre läßt sich ein Transformationsprozeß beobachten, der, wie gesagt, nicht die Bestimmung des Menschen, aber dessen Seinsrelation betrifft.

In seinem *Brief über den ›Humanismus‹* weist Heidegger dem Menschen die Aufgabe zu, sich vom Sein angehen zu lassen – und zwar dem Menschen schlechthin. Jedoch haftet dieser Bestimmung die Unsicherheit an, wie sie zu deuten ist. Läßt Heidegger sein Verständnis der Deutschen im Bild des Menschen aufgehen, oder klingt es in jeder Aussage über dessen Wesen unausgesprochen auch wei-

---

[40] Am 31.12.1931 schreibt Heidegger in einem Brief an seinen Bruder Fritz über Hitlers *Mein Kampf:* »Daß dieser Mensch einen ungewöhnlichen und sicheren, politischen Instinkt hat und eben schon gedacht hat, wo wir alle noch benebelt waren, das darf kein Einsichtiger mehr bestreiten.« In: *Heidegger und der Antisemitismus*, S. 21f. 1932 schenkt er seinem Bruder ein Exemplar von Werner Beumelburgs *Deutschland in Ketten.* Im begleitenden Brief heißt es dann: »Kennst Du Hans Grimm, ›Volk ohne Raum‹; wer's noch nicht weiß, lernt hier, was Heimat ist und was Schicksal unseres Volks.« *Heidegger und der Antisemitismus*, S. 27.
Es ist hier nicht möglich, Heideggers Stellungnahmen zu Hitler zu untersuchen. Um eine Vorstellung davon zu gewinnen, sind einige Äußerungen dennoch hilfreich. 1946 schreibt er: »Angenommen [...] Hitler und seine Helfershelfer seien nicht auf – und ›an‹ die Macht und durch diese ver-kommen, wäre dadurch die Wirklichkeit von Amerika und Rußland, wie sie *ist*, im Geringsten [...] geändert worden?« *Anmerkungen I–V*, II, S. 150. 1946/47: »Die Zerstörung Europas ist, wie immer sie verlaufen mag, ob ohne oder mit Rußland, das Werk der Amerikaner. ›Hitler‹ ist nur der Vorwand.« *Anmerkungen I–V*, III, S. 230. 1948/49: »Alle Welt schreit immer noch darüber, welche Gewalttaten Hitler verübt hat. Die sind schlimm genug. Aber niemand denkt daran, daß keiner der großen Sieger zu siegen verstand.« *Anmerkungen VI–IX*, VI, S. 77.

terhin mit? Gibt der Text einen Hinweis, der dessen Einschätzung erleichtert?

Auch hier findet sich eine Erwähnung der Deutschen. Doch handelt es sich dabei um eine Bezugnahme auf die Dichtung Friedrich Hölderlins. Dieser denkt, so hatte Heidegger betont, das Wesen des Menschen anfänglich, in jener ursprungshaften Schlichtheit, die jedem Versuch, es über die Deutung als vernunftbegabt zu fassen, vorausgeht. Anknüpfungspunkt ist der Begriff der »Heimkunft«, den Heidegger zu jenem der »Heimat« umgestaltet: »Hölderlin jedoch ist, wenn er die ›Heimkunft‹ dichtet, darum besorgt, daß seine ›Landsleute‹ in ihr Wesen finden. Dieses sucht er keineswegs in einem Egoismus seines Volkes. Er sieht es vielmehr aus der Zugehörigkeit in das Geschick des Abendlandes.«

Und weiter heißt es: »Das ›Deutsche‹ ist nicht der Welt gesagt, damit sie am deutschen Wesen genese, sondern es ist den Deutschen gesagt, damit sie aus der geschickhaften Zugehörigkeit zu den Völkern mit diesen weltgeschichtlich werden.«[41]

Aus dieser vermeintlichen Rekonstruktion des Sinnes, den Hölderlin der *Heimkunft* unterlegt, leitet Heidegger dann seine Folgerung ab, daß das Wort »Heimat« »nicht patriotisch, nicht nationalistisch«, sondern seinsgeschichtlich zu verstehen sei. Den Anspruch, das eigene Volk in sein Wesen zu führen, hatte Heidegger selbst erhoben, mit vernehmbarerer Stimme als es Hölderlin je versuchte.

Wofür nimmt Heidegger also Hölderlins Werk in Anspruch? Hölderlin will einen Weg weisen, so deutet es Heidegger, um die Menschen in ihr Wesen zu führen. Genau hierin sieht Heidegger den Sinn humanistischen Denkens, wenn ihm denn, nachdem er dessen Verquikkung mit der Metaphysik entlarvt hat, überhaupt noch eine Bedeutung zuerkannt werden kann. Entscheidend ist nach Heideggers Deutung jedoch, daß Hölderlins Gedanken den Deutschen gelten. Seine Überzeugung, daß nur diesen das Verständnis des Seins zusteht, schwingt also auch jetzt noch in seinen Äußerungen zum Humanismus mit. Denn andernfalls wäre die Erwähnung Hölderlins gerade in diesem Text unnötig, ja sogar irreführend gewesen.

Damit der Mensch in das ihm Mögliche findet, bedarf es einer »Wesenserfahrung«, die ihn erahnen läßt, daß Sein sich in anderen Kontexten erschließt als in pragmatischen Bezügen zum Seienden.

---

[41] *Brief über den ›Humanismus‹*, S. 338.

Eine Wesenserfahrung geschieht nicht voraussetzungslos, sondern nimmt ihren Ausgang von einem Erleben. Damit dieses stattfinden kann, muß sich das Ausstehende, das im Wesensentwurf angeeignet werden kann, bereits in einer Formung zu erkennen geben. Diese Form findet Heideggers Ansicht nach das Wort des Dichters, das für ihn immer wieder in den Werken Friedrich Hölderlins erklingt. Denn er fragt, wie Heidegger es formuliert, »anfänglicher« nach dem Sein, ahnt einen Zusammenhang im Sein, den es zu erfahren gilt, nicht als abstrakt Wissbares, sondern als unmittelbar zu Vergegenwärtigendes. Denn das wird schnell deutlich: Wesenserfahrung ist nicht etwas, das über den Menschen kommt und ihn nach einmaliger Begegnung dauerhaft verändert. Sie ist statt dessen ein Geschehen, in dem der Mensch sich in den Raum des ihm Möglichen entwirft, ohne dessen Dimensionen jemals vollständig zu erfassen. Wesenserfahrung eröffnet das Gespür für jenes ›mehr‹, das der Mensch zu sein vermag, wenn er lernt, zu sein, anstatt bloß im Seienden zu agieren. Sie wirft das Begreifen in eine Zugänglichkeit zum Sein zurück, das ursprünglicher ist als alle Vernunftbegabtheit, über die der Mensch traditionellerweise definiert werden sollte. Wesenserfahrung erschließt einen Zugang zum Selbst im Sein und zum Sein selbst, beides in unauflöslicher Verschränkung und Bedingtheit.

Sie zu denken, erfordert ein Ablassen von der metaphysischen Perspektive, die, so betont Heidegger immer wieder, über der Fokussierung des Seienden das Erfassen des Seins versäumt.

»Weil in diesem Denken etwas Einfaches zu denken ist, deshalb fällt es dem als Philosophie überlieferten Vorstellen so schwer. Allein das Schwierige besteht nicht darin, einem besonderen Tiefsinn nachzuhängen und verwickelte Begriffe zu bilden, sondern es verbirgt sich in dem Schritt-zurück, der das Denken in ein erfahrendes Fragen eingehen und das gewohnte Meinen der Philosophie fallen läßt.«[42]

Bleibt diese selbstauferlegte Beschränkung, die dem Denken-Können im hergebrachten Sinne entsagt, aus, dauert jener Zustand der Seinsvergessenheit an, den Heidegger als Kennzeichen auch der Moderne diagnostiziert.

Mit diesem Gedanken glaubt er sich in der Verwandtschaft zum Denken Hölderlins, der die Sorge, »daß seine ›Landsleute‹ in ihr Wesen finden«, ausspricht.

---

[42] *Brief über den ›Humanismus‹*, S. 343.

Es ist fast unmöglich, zu entscheiden, ob Heideggers Hinweis auf dessen Dichtung Zeichen philosophischer Übereinstimmung oder strategischen Vorgehens ist, um nach wie vor die Bedeutung der Deutschen hervorheben zu können, ohne als deren Urheber in Erscheinung treten zu müssen.

Der *Brief über den ›Humanismus‹* ist ein besonders wichtiges Zeugnis für Heideggers intellektuelle Positionierung unmittelbar nach Kriegsende. Daß diese nicht ausschließlich philosophischen, sondern möglicherweise auch persönlichen Motiven Rechnung trägt, erscheint wahrscheinlich. Zugleich ist es aber auch ein Text, in dem sich die Sicht des Menschen in der erwähnten Weise zu verändern beginnt. Aus diesen beiden Gründen wurde er zur Einführung in die folgenden Betrachtungen ausgewählt, die der Rekonstruktion der Entwicklung menschlicher Seinsrelation in Heideggers späteren Schriften gelten.

II. »Das langsame Wort des Seyns zu denken ist schwer« – Philosophie

In mehrfacher Hinsicht erweisen sich die Aufzeichnungen Heideggers, die unter der Titulierung als *Schwarze Hefte* nach und nach veröffentlicht werden, als ein besonders interessantes Zeugnis seines Denkweges. Für den Versuch einer Einschätzung seiner politischen Ansichten stellen sie ein unverzichtbares Dokument dar, auch wenn das, was es enthüllt, den Glauben an Martin Heideggers moralische Integrität erschüttern mag.

Eine Besonderheit dieser Texte besteht darin, daß sie neben der Darstellung philosophischer Überlegungen als Kommentare zum eigenen Denken sowie zur zeitgeschichtlichen Situation gelesen werden können. So enthalten sie nicht nur Heideggers Reaktionen auf das Lehrverbot, das gegen ihn ausgesprochen wurde, sondern auch auf die Aufnahme einiger seiner Arbeiten in der Öffentlichkeit.

Gerade der *Brief über den ›Humanismus‹* wird in dieser Hinsicht des Öfteren erwähnt. Das Interesse an dieser Schrift registriert Heidegger mit Verwunderung, zum Teil aber auch mit Mißbilligung, da er das Maß der Beachtung als Indiz eines nicht gesicherten Verständnisses auslegt[1]. Hinsichtlich der Rezeption des Textes in Frankreich heißt es: »Das Verkehrte an dem Humanismus-Brief ist wohl, daß er als Manuskript in Paris an die Öffentlichkeit gezerrt wurde und dort in einem hilflosen Meinen zerredet wurde; daß ich selbst mich dadurch nötigen ließ, ihn selber im Druck der Öffentlichkeit zu übergeben.«[2]

Erstaunlicherweise erfolgte diese erste Druckfassung in Frankreich erst im Jahr 1957, was auf etliche Jahre der unautorisierten Verbreitung des Briefes schließen läßt[3]. Hierdurch könnte die Frage ent-

---

1 »Die fast herzbewegte Zustimmung zum Humanismus-Brief erregt in mir einen Verdacht: entweder hat man der Sache nicht nachgedacht, oder die Sache ist mißglückt.« *Anmerkungen I–V*, III, S. 360.

2 *Anmerkungen I–V*, V, S. 443 f.

3 Siehe hierzu die Anmerkung des Herausgebers in: *Anmerkungen I–V*, V, S. 444.

stehen, welchen Publikationsweg Heidegger dort selbst für seinen Text vorgesehen hatte. Für ein bloßes Antwortschreiben an einen Interessierten, dessen Bekanntschaft Heidegger 1946 in Freiburg gemacht hatte, ist er wohl zu aufwendig, es sei denn, er hätte zugleich die Funktion einer Standortbestimmung des eigenen Denkens übernehmen sollen.

Wiederholt reflektiert Heidegger in den *Anmerkungen* seinen »Hinauswurf« aus der Universität und die Unmöglichkeit, weiterhin im akademischen Rahmen zu lehren, wobei diese Betrachtungen bisweilen den Ton des Verkennens seines Werkes annehmen. Nicht mehr vor und zu Studenten sprechen zu können, bedeutet jedoch keine Veranlassung, in Schweigen zu verfallen, sondern eher zur Suche nach Formen, in denen die Stimme auch weiterhin erhoben werden kann: »Verstummen möchte ich noch nicht. Aber schweigen ist not. Dazu könnte vielleicht eine Veröffentlichung des Briefes über den ›Humanismus‹ eine Gelegenheit sein.«[4]

Etwa ein Jahr später notiert Heidegger, daß die Deutung seines Briefes ihn in eine allzu großen Nähe zum Existentialismus setzt – Irrtum einerseits, doch andererseits die Chance, unbehelligt von dem Interpretationsstreben der Öffentlichkeit wirken zu können[5].

Immer wieder finden sich Hinweise darauf, wie wenig verstanden sich Heidegger von seinen Zeitgenossen fühlt. Denn er ist sich darüber bewußt, wie weit seine Sicht des Denkens vom herkömmlichen Wissenschaftsbetrieb, der auch die Philosophie einschließt, abweicht.

»*Der Brief des Humanismus* täuscht, wenn man seine Sprache nur metaphysisch versteht. Das Einfache, das er sagt, ist *noch* einfacher, als es scheint, einfach aus der Einfalt des gedachten, aber nicht aus-gesprochenen Ereignisses des Unterschieds.«[6]

Wie sich später zeigen wird, weisen die letzten Worte auf jene Umdeutung des Denkens hin, die Heidegger etwa ab Mitte der 40er Jahre mit zunehmender Intensität verfolgt. Dort gilt es, das Konzept des »vorstellenden Denkens«, das im Wesentlichen mit dem Vorgehen der Metaphysik identifiziert wird, durch die Haltung des

---

Zuerst erschien der Text 1947 in: *Platons Lehre von der Wahrheit: mit einem Brief über den Humanismus* im Schweizer Verlag Francke.

[4] *Anmerkungen I–V*, III, S. 233. Heft III wird auf die Zeit 1946/47 datiert.

[5] *Anmerkungen I–V*, V, S. 435.

[6] *Anmerkungen VI–IX*, VI, S. 50.

»schonenden Denkens« zu ersetzen. Diese bedeutsame Neuorientierung hebt Heidegger in seiner Antwort an Jean Beaufret ausdrücklich hervor.

»Wenn ich im Humanismus-Brief vom »*Schritt zurück*« spreche, meine ich nicht den historischen Rückgang in das Altertum und zu den Vorsokratikern. Das ›zurück‹ und ›vor‹ bewegt sich im Ereignis – und das Zurück – betrifft zuerst das Zurück aus dem vorstellenden Denken – in das Entsprechen.«[7]

Wie sich im weiteren Verlauf immer klarer abzeichnet, sucht Heidegger nach Formulierungen für eine Renaturierung des Denkens, die es ihm ermöglicht, grundsätzliche Bezüge innerhalb des Seins, die der rationalen Erkenntnis verschlossen bleiben, sichtbar zu machen. In seinen Aussagen zum Humanismus macht er deutlich, wie wenig ihm an einer Definition des Menschen als animal rationale liegt. Damit würde eine Affirmation jenes »vorstellenden Denkens« einhergehen, die er durch das »Entsprechen« ersetzen will. Werden beide Formulierungen wörtlich verstanden, zeigt sich eine erste wichtige Abwägung, die die weiteren Betrachtungen zu bestätigen haben. Im vorstellenden Denken wird das Gedachte stets als ›Vor-gestelltes‹ betrachtet, das maßgeblich von dem denkenden Subjekt abhängt. Im ›Entsprechen‹ wird hingegen eine andere Form der Ausrichtung des menschlichen Denkens auf seinen Inhalt angedeutet, die weitaus stärker vom Gedachten abhängt. Das Denken entspricht ihm, wodurch es eher passiv, zumindest aber rezeptiv, erscheint.

Wenn sich die Wesensbestimmung des Menschen nicht mehr auf dessen Rationalität allein stützt, wird diese Rezeptivität ihr zur Seite treten. In ihr findet Heidegger den Zugang zum neuen Denken der humanitas.

Den Begriff des Wesens meidet Heidegger in *Sein und Zeit* konsequent. Denn dort geht es noch nicht darum, zu zeigen, was den Menschen zum Menschen macht, sondern was ihn eigentlich dazu befähigt, Sein zu erfassen. Die Antwort erfolgt nicht auf erkenntnistheoretischem, sondern ontologischem Wege: Sein ist erfahrbar, weil der Mensch Seiender ist[8]. Die Schlichtheit dieser Überzeugung ver-

---

[7] *Anmerkungen VI–IX*, VIII, S. 232.

[8] »Dieser Name [Da-sein] nennt weder das menschliche ›Subjekt‹ und den Menschen als ›Subjektivität‹, noch nennt er überhaupt den Menschen als ontisch gesondertes Seiendes. Der Name denkt das Wesende, worin das Menschsein beruht und dieses Wesende, dieses ›-Sein‹ als Da-sein ›ist‹ in sich das Wesende des Seins […].« *Anmerkungen I–V*, II, S. 175.

blüfft noch immer, zumal Heidegger sie nicht mit einer Differenzierung von wahrem und falschem Erkennen verbindet. Dieses hat noch nicht die Bedeutung des Verstehens erlangt, sondern ist vielmehr als eine Form des Umgangs mit Seiendem zu deuten, ohne daß es dadurch auf eine rein pragmatische Zugangsweise festgelegt werden müßte. Dem Menschen begegnet Seiendes, das ist, wie er selbst – grundlos.

Diesem Gedanken scheint die Tatsache zu widersprechen, daß Heidegger in den ersten Seiten von *Sein und Zeit* sehr wohl Kritik an der philosophischen Frage nach dem Sein, wie sie in der Vergangenheit vorgetragen wurde, übt. Doch selbst diese wird nicht als falsch, sondern als unzureichend betrachtet, was sich dadurch erklärt, daß die logischen Kategorien, die über Wahrheit oder ihre Negation urteilen ließen, mit Blick auf das Sein nicht mehr greifen. Heidegger fordert statt dessen, nach dem Sinn von Sein zu fragen, und ermöglicht damit eine seiner Auffassung nach vernachlässigte Annäherung an das Sein. Wer nach dem Sinn von etwas fragt, sucht nicht, dessen Wesen zu erfassen, sondern seine Bedeutung, seinen Bezug zum Fragenden selbst. Dieser ist, wie Heidegger betont, schon immer durch die Contemporalität des Seienden gegeben. So verhindert er von Anfang an Versuche, das Fragen als Tätigkeit eines Subjektes interpretieren zu wollen, das sich dem Objekt seines Interesses in der Haltung kognitiver Differenziertheit zuwendet. Das Fragen nach dem Sinn von Sein ist nicht deshalb fundamental, weil der Fragende an diesem Sinn interessiert wäre, sondern weil er selbst dem Sein zugehört. Es ist eine Notwendigkeit, die jedoch vom Menschen nicht als eine solche erfaßt wird.

Sein und Zeit thematisiert Sein in deutlicher Abgrenzung zu traditionellem Fragen, wie Heidegger selbst ausführt. Hier bereitet sich ein Motiv vor, das er im Verlauf seines Denkens immer stärker akzentuieren wird.

Jene Vergegenwärtigung von Sein, deren Grundlagen in *Sein und Zeit* gelegt wird, wird als eine Integration in das Sein begriffen, die sich Seiendem zuwendet, jedoch nicht, um von ihm zu abstrahieren. Auch wenn es zwischenzeitlich so aussehen konnte, als würde Heidegger selbst das Interesse am Seienden verlieren, erweist sich doch das Gegenteil. In seinen späten Schriften nimmt er es wieder als Ausgangspunkt der Seinserfahrung in Anspruch. Die Ursprünglichkeit der Begegnung mit Seiendem, wie Heidegger sie 1927 darstellt, scheint sich gerade in den 30er Jahren unter dem Übergewicht seinsgeschichtlicher Prophezeiungen zu verlieren. Es wird eine der Aufgaben dieser Betrachtungen sein, ihre Spuren auch in dieser Epoche seines Denkens aufzufinden und zu verfolgen.

In *Sein und Zeit*, so hatte sich angedeutet, besteht für Heidegger offenbar keine Dringlichkeit, nach dem Wesen des Menschen zu fragen, weil es sich kaum merklich vom Wesen des Seins unterscheidet. Formal erklärt sich dieser Umstand durch die ontologische Ausrichtung dieser Schrift, die eher auf die Beschreibung von Seinsmodalitäten als von Verhaltensweisen zielt.

Ab Mitte der 30er Jahre tritt die Frage nach dem Wesen zunehmend in den Vordergrund. Kein Wunder, so scheint es, stellt sich Heidegger doch spätestens ab 1933 der Herausforderung, in einer konkreten Situation zu denken. Auch wenn er in *Sein und Zeit* kurz auf die Geschichtlichkeit des Seins eingeht, verbleiben diese Erwägungen doch im Kontext ontologischer Relevanz. Die Frage, was es heißt, den Erfordernissen eines ganz bestimmten Augenblicks entsprechend zu denken, tritt dort noch hinter dem Bestreben zurück, Aussagen über das Sein in fundamentaler Allgemeingültigkeit zu treffen. Dabei geht es vor allem darum, zu zeigen, wie dem Menschen als Seiendem Seiendes begegnet. Die Aussagen zur Alltäglichkeit etwa und zur Sorge, die hierüber Auskunft geben sollen, sind als situations-unabhängige Darstellungen zu lesen, deren Gültigkeit aus ihrem deskriptiven Charakter resultiert.

Die ontisch gegebene Gleichzeitigkeit von Seiendem wird als ontologisches Faktum ausgewiesen. Es ist das eine, diese Tatsache zu benennen, das andere, sie auszulegen. Was bedeutet die Contemporalität von Sein? Dieser Ausdruck soll nicht nur die zeitliche Parallelität von Seiendem, sondern auch seine daraus resultierende Gleichheit in der Zeit verdeutlichen. Wie sich gerade abzuzeichnen beginnt, geht es Heidegger um einen »Schritt zurück«, der das vorstellende Denken in ein Entsprechen verwandelt. Um dieses denken zu können, ist die Annahme der Zeit-Gleichheit von Seiendem ausschlaggebend. Denn nur so kann die grundsätzliche Vergleichbarkeit, die Fundament allen Entsprechens ist, angenommen werden.

In seinen späteren Schriften wird Heidegger eine Umdeutung von Grundlagen philosophischen Verstehens vornehmen, wie sie sich in der Vergangenheit etabliert haben. Da dazu auch seine Kritik an der Idee von Kausalität zählt, sind die frühen Bemerkungen zum Mitsein unverzichtbare Vorbereitungen. Denn in der Feststellung des

›mit‹ drückt sich keine reale Beziehungsvielfalt von Seiendem, sondern das ontologische Faktum seiner Contemporalität aus[9]. Seiendes verweist auf anderes Seiendes, immer und ausnahmslos, und zwar nicht, weil es gewollt oder als moralisch wertvoll angesehen würde, sondern allein deshalb, weil es ihm ›entspricht‹. Soll die Frage nach dem Sinn von Sein gestellt werden, ist dieses nur unter Berücksichtigung dieser Voraussetzung möglich.

Seiendes sollte im Idealfall immer nur im Gesamt seiner Bezogenheit erfaßt werden, was zu der Folgerung führt, daß Seinserfahrung relationales Geschehen ist, nicht als Ergebnis einer Entscheidung, sondern als ontische Bedingung. An deren Gültigkeit kann der Mensch niemals zweifeln. Doch kann er ihre Bedeutung für sein Dasein unterschätzen, oder, was noch weitaus schwerwiegendere Folgen hat, ihren Einfluß nicht einmal erahnen[10].

Heideggers frühe fundamentalontologische Betrachtungen analysieren Sein in grundsätzlicher Weise. Die Kennzeichnung des Mitseins markiert dessen Struktur, ohne daß Diagnosen bestehender Beziehungen von Seiendem falsifizierend hierauf Einfluß nehmen könnten. Mag dieser Umstand auf der einen Seite dazu veranlassen, den Wert dieser Konzeption etwa im Kontext ethischer Diskussion zu bezweifeln, resultiert hieraus zugleich ihr größter Vorzug[11]. Da dieser Gedanke für die weiteren Betrachtungen grundlegend ist, ist ein kurzes Verweilen, scheinbar den Gang der Argumentation unterbrechend, angebracht.

Ausgangspunkt ist die Überlegung, ob von Heideggers Strukturanalysen des Ontischen jemals ein Bezug zur Darstellung aktueller

---

[9] »›Die Anderen‹ besagt nicht soviel wie: der ganze Rest der Übrigen außer mir, aus dem sich das Ich heraushebt, die Anderen sind vielmehr die, von denen man selbst sich zumeist *nicht* unterscheidet, unter denen man auch ist. […] Die Welt des Daseins ist *Mitwelt.* Das In-Sein ist *Mitsein* mit Anderen. Das innerweltliche Ansichsein dieser ist Mitdasein.« *Sein und Zeit,* § 26, S. 118. 1960 heißt es im Kontext der *Zollikoner Seminare:* »*Mit – betrifft – Da-sein. Mit*einander / das / Da-sein – zusammen-gehören – gehören aus dem Hören auf das Sein – im Verhalten zu – Aufenthalt im Seienden.« S. 23.

[10] Die Schreibweise der Begriffe »Sein« und »Seyn« sowie »Dasein« und »Da-sein«, deren Differenzierung sich im Verlauf der Betrachtungen klären wird, hängt vom jeweiligen Kontext ab.

[11] Brand in *Die Lebenswelt: Eine Philosophie des konkreten Apriori,* S. 135: »Obwohl Heidegger behauptet, daß das In-der-Welt-Sein gleichursprünglich Mitsein, daß die Welt ebenso ursprünglich Mitwelt wie Umwelt ist, treffen wir in seiner Philosophie auf den Anderen nie unmittelbar.«

Verhaltensweisen des Menschen hergestellt werden kann, der erforderlich wäre, wenn ihnen ethische Relevanz zukommen sollte.

Da Heidegger seine Bestimmungen des Seins nicht als Abstraktionen betrachtet, sondern als Analysen des Seins von Seienden, ist jede Aussage über ersteres zugleich in jedem Augenblick eine Aussage über letztere. Indem er so die Explikation des Seins für ein Verstehen des Seienden rettet, kann Heidegger einen Schritt folgen lassen, der klassischen Konzepten der Ontologie versperrt bleibt. Er kann seiner Charakterisierung des Seins normative Bedeutung zusprechen.

Weil Sein die Contemporalität von Mit-seiendem bezeichnet und dieses infolgedessen aufeinander bezogenes Seiendes ist, kann die Weise der undifferenzierten Bezogenheit zum Wesen des Seins ernannt werden.

Sie repräsentiert das Optimum möglicher Seinsrelation, an dem sich jede Form spezifischer Seinsbezüge messen lassen kann und – wie Heidegger in seinen späteren Schriften veranschaulicht, messen lassen soll. So erübrigt sich für ihn im Grunde jede Frage nach dem Ursprung des sinnvollen oder moralisch wertvollen Verhaltens. Denn sich relational zu verhalten heißt lediglich, sich der Bedingtheit des eigenen Seins entsprechend zu verhalten.

Für die Rekonstruktion des Heideggerschen Denkweges wird diese Feststellung entscheidend. Denn sie kann erklären, woher Heidegger die Vorstellung einer intakten Relation des Menschen zum Sein nimmt, gegen die er bestehende Verhaltensformen nur als Belege der Seinsvergessenheit klassifizieren kann.

Dieser Begriff, der Heideggers Denken bis in die letzten Jahre prägen wird, wäre ohne die Annahme eines Optimums, gegen das er diese in negativer Weise absetzt, belanglos.

Insofern war der kurze Rückblick auf ein zentrales Motiv aus *Sein und Zeit* auch in diesen Betrachtungen, die dem späteren Denken Heideggers gelten, unverzichtbar. Denn Heidegger hätte keine Möglichkeit, Aussagen über menschliche Seinsrelation zu treffen, wenn er nicht den Bewertungsmaßstab, den er an diese anlegt, einem Denken entlehnt hätte, das diese in der reinen Form der Strukturanalyse fundiert.

Im selben Moment, in dem dieser Gedanke vielleicht einleuchtet, entblößt er jedoch seine Problematik. Denn das tatsächliche Verhalten des Menschen zu Seiendem am Begriff einer Seinsrelation von theoretischer Gültigkeit zu messen, kann dieses letztlich nur als Form der Verfehlung ausweisen. Im Vorgriff auf das zu Zeigende kann bereits an dieser Stelle darauf hingewiesen werden, daß Heideggers Denken speziell nach 1945 diese Diskrepanz in einem neuen Konzept von Seinsrelation zu überwinden sucht. Der Argumentationsgang wird ihn über eine deutliche Akzentuierung der Frage nach dem Wesen des Menschen führen, was nachvollziehbar ist. Denn in diesem Begriff treffen Vorstellungen von Normativität und Faktizität aufeinander, insofern sich die Idee dessen, was der Mensch sein könnte und sollte, dem tatsächlichen Eindruck konfrontiert, den dieser hinterläßt.

Von nun an gilt es für Heidegger zu fragen, welcher Art die Begegnung des Menschen mit Seiendem sein muß, damit er sein Wesen im Sein begreift.

In seiner Schrift *Besinnung* von 1938/39 heißt es daher:

»Wohin muß der Mensch gerückt und worauf bezogen sein, daß eine Gewähr besteht, sein Wesen überhaupt zu treffen? Wer zieht hier die Grenzen der unumgänglichen Bezüge? Inwiefern ist der Mensch ein in Bezüge hineingezogener? Weiß denn der Mensch überhaupt ›unmittelbar‹ je von ihm selbst?«[12]

Natürlich ist die Entstehungszeit dieser Aussage für ihre Deutung zu berücksichtigen, stehen doch Veröffentlichungen und Äußerungen Heideggers besonders aus jener Zeit unter dem verstärkten Verdacht, Affinitäten zu nationalsozialistischer Ideologie zu enthüllen. Wenn in obigen Zeilen von Bezügen die Rede ist, in die der Mensch »hineingezogen« sei, scheint es sich sogar anzubieten, eine politische Motivation zu vermuten. Denn es könnte so wirken, als wolle Heidegger hier auf jene Vorstellung des Auftrages hinweisen, in dem sich der Mensch, und zwar einzig der deutsche Mensch, ausersehen fühlt, für die Gestaltung eines zukünftigen Seins zu kämpfen. Daß sich diese Ansicht in seinen Schriften findet, steht außer Frage. Zu überlegen ist nur, ob sie auch den Hintergrund jener zitierten Zeilen bildet?

Deren Kontext deutet zunächst auf eine philosophische Thematik hin, der sich Heidegger nun zuwendet. Daß es nicht bei dieser allein bleibt, wird sich zeigen. Die grundsätzliche Frage des gesamten Werkes lautet, wie der Mensch das Sein erschließt – unter ausdrücklicher Einbeziehung seines eigenen Wesens. Stärker als noch in *Sein und Zeit* geht Heidegger in *Besinnung* wertend vor, indem er einen

[12] *Besinnung*, VIII, S. 154f.

dem Sein gemäßen Erfahrungszugang gegen Formen der Seinsverfehlung abgrenzt. Diese ist Folge und Ursache gleichermaßen. Denn zum einen resultiert sie aus dem Irrglauben des Menschen, er könne das Gewahren des Seins allein aus seiner Kenntnis des Seienden ableiten, was auch die Erfahrung seiner eigenen Natur einschließt. Die Unsinnigkeit, das Menschliche aus einer vergleichenden Differenzierung von der animalitas ermitteln zu wollen, hatte sich bereits mit Blick auf den Humanismus-Brief gezeigt. Zum anderen ist diese Sicht des Menschen, die seinem Wesen nicht ansatzweise gerecht wird, wiederum der Grund für ein unzureichendes Erfassen des Seins insgesamt. Denn der Mensch, der sich letztlich selbst nur als partielle Manifestation des Seins begreift, vermag nicht, über diese selbstauferlegte Beschränkung der Erfahrung hinaus zu denken. Sämtliche Versuche, die diese Perspektive verfolgen, müssen zwangsläufig das Begreifen des Seins in seiner Komplexität verfehlen. Gerade dieses Begreifen entspricht aber der Wesenserfahrung des Menschen, weshalb hier weder eine zeitliche noch eine ursächliche Abfolge anzunehmen ist.

Besinnung ist Wesenserfahrung, die Einsicht in die Beschaffenheit des Seins gewähren könnte, wenn sie denn tatsächlich stattfinden würde. Heidegger ist jedoch davon überzeugt, daß eine solche Einsicht noch aussteht, da sich der Mensch zu bereitwillig vom Seienden in Anspruch nehmen läßt.

Hier gilt es einem möglichen Mißverständnis vorzubeugen. Denn es könnte sich die Frage ergeben, ob sich Heidegger für einen Bezug des Menschen zum Seienden ausspricht oder gerade davor warnt. Beide Überlegungen treffen zu und unterscheiden sich allein in der Perspektive, in der Seiendes betrachtet wird. Ist es ausschließlich Inhalt menschlichen Verfügungswillens, der gezielten Interessen folgt und pragmatisches Agieren fordert, ist der Bezug zu Seiendem Ursache der Seinsvergessenheit. Wird Seiendes hingegen in seiner eigenen Relationalität beachtet, die über funktionale Bedeutungen hinaus auf den Kontext des Seins verweist, ist es Grundlage der Heideggerschen Konzeption vom Seyn.

Die Besonderheit jener noch bevorstehenden Vergegenwärtigung des Seins in seiner Gesamtheit hatte sich unter Bezugnahme auf *Sein und Zeit* als das Optimum des Denkbaren erwiesen, an dessen Möglichkeit sich jedes Seinsdenken zu messen hat. Da Heidegger diesen Maßstab nun auch für die Wesensgründung des Menschen ansetzen will, bedarf es der Erweiterung des Begriffes vom Denken. Denn dieses setzt nicht mehr selbst die Maßstäbe des Denkbaren, indem es etwa den Erfordernissen der Logik Rechnung trägt, sondern es folgt dem Maß der Denkbarkeit des Seins in seiner Gesamtheit. Insofern ist Denken die Bewegung der Annäherung an ein Denkbares, durch das es bestimmt wird. Dieses ist weder objektiv noch transzendent, sondern Grund des Denkens selbst. Eine solche Auffassung, die offen mit tradierten Ansichten etwa über die Funktion des Subjekts innerhalb eines kognitiven Aktes bricht, wird auf den ersten Blick unscharf, vielleicht sogar unsinnig oder unwissenschaftlich wirken. Für Heidegger geht es also darum, die Verwurzelung des Denkens im Sein zu erläutern, um dessen Wirkweise aufzeigen zu können. Denn davon ist er überzeugt: Denken ist Tätig-Sein, Sein in Relation zu Seiendem.

Ausgehend von dieser Gewißheit steht es für ihn fest, daß die Bestimmung des Wesens, das den Menschen kennzeichnet, ihn in doppelte Verweisung vorstellt: in Relation zum Sein in Gesamtheit und in Verbindung zum Situativen, in dessen Bezüge er eingebunden ist. Diese Zwiefältigkeit, die keine wertende Differenzierung fordert, ist für Heideggers Bild des Menschen charakteristisch. Er existiert im Faktischen und weiß um das Mögliche. Er lebt im Wissen um das Denkbare, das ihm möglich ist, und im Erleben des Faktischen, in das er geworfen ist. Aus dieser Doppelstruktur resultiert die Notwendigkeit, permanent das Bestehende mit dem Möglichen zu vergleichen, wenn eine Selbstpositionierung stattfinden soll. Wo steht der einzelne Mensch im Spannungsrahmen aus Faktischem und Denkbarem? Läßt er sich von den Erfordernissen der Situationen, in die er gerät, vereinnahmen, oder vermag er trotz deren unbezweifelbarer Bedeutung für das Aufrechterhalten des Notwendigen auch das Mögliche, nämlich das Sein als solches, zu bedenken?

Gerade hatte sich gezeigt, daß sich der Begriff der Seinsvergessenheit immer nur im Abgleich zu jenem Optimum der Seinsrelation ermittelt läßt, den Heidegger aus seinen Strukturanalysen des Seins abgeleitet hatte. Eine Besonderheit seines Denkens liegt darin, daß dieser Abgleich niemals aus rein wissenschaftlichem Interesse stattfindet, sondern Inhalt und Umsetzung menschlicher Selbstvergewisserung ist. Dieser Ausdruck, der wohlgemerkt nicht dem Repertoire Heideggers entstammt, leitet zum Begriff des Wesenswandels über. Für die Rekonstruktion des Spätwerks ist es wichtig, immer wieder hierauf hinzuweisen: Die Vorbereitung des Seyns ist keine Arbeit im Abstrakten, sondern Reflexion der menschlichen Bezüge zum Sein. Diese können nicht theoretisch erwogen werden, sondern sie finden im ganz wörtlichen Sinne des Satzes ›statt‹. Sie geschehen am Ort, an dem ein Mensch steht, sich bedenkend und verhaltend. Selbstvergewisserung hat nichts von egoistischer Positionierung im Dasein. Viel eher bezeichnet der Begriff die Verortungsbewegung im Sein, durch die die Verbindung zwischen Faktisch-Situativem und Denkmöglichem hergestellt wird. Selbstvergewisserung zieht nicht die Aufmerksamkeit des Menschen vom Seienden ab, sondern läßt sie diesem in gesteigerter Weise zukommen.

Doch benötigt sie, um dieses Werk der Bezugnahme erfüllen zu können, ein eigenes Instrument, das das Denken des Seins mit dem Erleben des Faktischen verbindet. Dieses Instrument findet Heidegger im Erfahren.

Das Besondere an der Fähigkeit des Menschen, sich mittels Erfahrung auf Sein einzulassen, besteht darin, daß sie ein rezeptives Vermögen ist, das aber die Reflexion des Erlebten einschließt. So vermittelt Erfahrung an der Schnittstelle zwischen Erleben und Denken und ermöglicht es, daß die Denkbarkeit des Seins auf die Vielfalt realer Seinsbezüge angewandt werden kann. Entscheidend ist bei dieser Vorstellung, daß dem Denken kein höherer Wert als dem Erleben zugewiesen wird, wie es in traditionellen Konzepten der westlichen Philosophie vermehrt der Fall ist. Diese unterschiedliche Wertigkeit will Heidegger aufgeben, wie sich zeigen wird.

Seine Einsetzung des Begriffes der Erfahrung ist auch an der Weise ablesbar, in der er vom Sein spricht. Sein ist Gegenstand des Denkens; Seyn Inhalt der Erfahrung. Die Rückbindung der Seynserfahrung an die Dinglichkeit des Seienden, die in seinen späten Schriften stattfindet, belegt die Tatsache, daß Seyn nicht anders als unter Bezugnahme auf Seiendes erfahrbar ist. Bereits Ende der 30er Jahre findet sich folgende richtungsweisende Formulierung:

»Für die Besinnung aber entspringt die Erfahrung: Der Mensch kann nur auf dem Grunde der Zugewiesenheit in die Wahrheit des Seyns das Seiende im Ganzen und sich selbst als das Seiende, das er ist, bestimmen.«[13]

Diese Verschränkung, in deren gedanklicher Bewegung sich zwei

[13] *Besinnung*, VIII, S. 153.

nach logischer Betrachtung kausal zu unterscheidende Aspekte verwinden, wird immer wieder begegnen.

Der Mensch erfährt das Seyn, weil dessen Sein ihn denken läßt. Auch wenn in diesen Betrachtungen der Begriff der Wahrheit bisher noch nicht betrachtet wurde, wird doch bereits jetzt absehbar, wie sehr sich Heidegger um eine neue Interpretation bemüht. Dabei bricht er vor allem mit der Ansicht, daß Denkbarkeit nur auf dem Wege der Abstraktion zu erzielen ist. Denn dadurch wird genau jene unvermittelte Konfrontation zweier Seinsbezüge befördert, die er durch seinen Gedanken der Erfahrung vermitteln will.

Seiner Auffassung nach wird eine Ahnung vom Sein als Gesamtheit gerade nicht auf dem Wege der verallgemeinernden Distanzierung von ihrem ursprünglichen Erkenntnisgrund erreicht. Statt dessen ist nur in der Unmittelbarkeit der Erfahrung von Seiendem eine Ausrichtung auf das Sein möglich, wenn eine bestimmte Perspektive eingenommen wird, um es zu erfassen. Nicht separierend schreitet der verstehende Blick voran, indem er die Besonderheiten des Seienden aus dessen Erleben ausblendet, um seine allgemeine Struktur isolieren zu können. Integrativ muß der Blick gewählt werden, um Seiendes in seiner verbindenden Einheitlichkeit, seinem Sein, begreifen zu können, ohne dadurch dessen jeweilige Eigenheiten und Unterschiede zu nivellieren.

An diesem Punkt könnten sich jedoch Zweifel erheben.

Lautet Heideggers Vorwurf gegen die Metaphysik nicht gerade, daß sie es nicht schafft, erkennend über das Seiende hinaus zu fragen, wodurch sie jede Möglichkeit verstellt, Sein in seiner Gesamtheit zu erfahren? Diese Kritik meint Heidegger formulieren zu müssen, weil Metaphysik in ihrer Ausformung seit der Antike die Bezogenheit von Seiendem und Sein seiner Ansicht nach falsch einschätzt. Denn sie beabsichtigt, Begriffe von Wahrheit und Sein zu prägen, die sich aufgrund ihrer Abstraktheit wesentlich von der konkreten Wirklichkeit der Dinge unterscheiden. Tatsächlich wird dieser Unterschied niemals erreicht, so lautet Heideggers Kritik, weil Metaphysik auch im Abstrahieren stets dem Seienden verhaftet bleibt.

So gelangt sie allenfalls zu einer unsinnigen Verdoppelung des Seienden, das sie einmal in seiner Einzelheit und einmal in deren allgemeiner Form denkt. Dieses Verfahren führt jedoch nicht zu einem Begriff des Seins und schon gar nicht zum Erfahren des Seyns. Nicht Ableitung und Verallgemeinerung öffnen nach Heideggers Überzeugung hierfür den Weg, sondern nur die verschränkte Bezugnahme, in deren zirkulärer Bewegung sich der Mensch erfahrend-denkend auf Sein, das er selbst gleichermaßen ist, bezieht. Für philosophisches Fragen, das es nach zweitausendjähriger Einübung gewöhnt ist, in linearer Abfolge zu denken, muß diese Ansicht befremdlich wirken. Nicht umsonst betont Heidegger wiederholt, daß sein Neues Denken als ein »Schritt zurück« zu verstehen ist. Und weil ihm selbst darin noch die Annahme zu liegen scheint, daß es sich um einen Schritt auf derselben Bahn des Denkens handelt, präzisiert er seine eigene Formulierung. Nicht »Schritt zurück« soll es sein, sondern ein »Umkehren«, das bislang unbetretene Pfade beschreitet.

Bisher Gesagtes zusammenfassend und noch zu Zeigendes vorbereitend kann hier festgehalten werden:

Nach dem Wesen des Menschen zu fragen, heißt, nach dem Seyn zu fragen. Denn mit diesem Begriff bezeichnet er die größtmögliche Entsprechung von Erleben des Seienden und Denken des Seins, die in der Erfahrung stattfindet.

»Das Seyn selbst muß den Menschen dem Wesensgrund nach in die Wahrheit des Seyns übereignet haben.«[14]

Angesichts dieser Worte läßt sich ahnen, daß eine Bestimmung des Menschen, die ihn zum Suchenden der Wahrheit oder des Seins im Sinne subjektiver Fragehaltung erklären soll, für Heidegger ausgeschlossen ist. Nur im Zuge kreisender Verwiesenheit lassen sich diese drei Begriffe – Mensch, Wahrheit und Sein – denken, deren terminologische Differenziertheit letztlich nur ein Zugeständnis an das differenzierend arbeitende Denken der Philosophie darstellt.

Die Formulierungen, mit denen Heidegger die Relation des Menschen zum Sein benennt, sind auffallend. Wenn er von ›Zugewiesenheit‹ spricht, von der ›Übereignung‹ des Menschen in das Sein und der Tatsache, daß dieser in Bezüge ›hineingestellt‹ ist, dann klingt in ihnen entfernt noch der Begriff der Geworfenheit aus *Sein und Zeit* nach. Gewiß erinnert dieser an die existentialistische Auffassung der zufälligen Befindlichkeit des Einzelnen in der Existenz, der durchaus beunruhigende Konnotationen anhaften. Denn sich grundlos in der Welt zu finden, ohne eine sinngebende Zugehörigkeit zu deren kontingenter Faktizität, mag Empfindungen von Angst oder Absurdität hervorrufen.

Dieser Klang des Begriffes ›Geworfenheit‹ findet sich in Heideg-

---

[14] *Besinnung*, VIII, S. 153.

gers Gebrauch nicht. Auch wenn er niemals explizit den Ursprung des Seins thematisiert, betrachtet er dieses doch als ein zutiefst sinnvolles Geschehen. Zur Begründung kann auf die Verweisungsstruktur des Seins hingewiesen werden. In der noch phänomenologische Züge tragenden Argumentation von *Sein und Zeit* zeigte sie sich vor allem im Befund des Mit-seins, in dem sich die Erkenntnis des contemporären Daseins der Menschen abbildet. Wenn Heidegger rund zehn Jahre später nach den Bezügen fragt, in die der Mensch hineingestellt ist, sind es noch immer dieselben Bezüge, die durch das Faktum bloßer Gleichzeitigkeit im Sein bestehen. Und wie sich in den Werken der folgenden Jahre zeigen wird, tritt der Forderungscharakter, der dieser Bezogenheit inhäriert, immer plastischer zum Vorschein.

Denn darin ist sich Heidegger sicher: Sein ist ein höchst dynamisches Geschehen, nicht aus Not, weil ihm kein Sinn attestiert werden könnte, den es zu suchen gilt, sondern aus Notwendigkeit, weil seine Existenzdimension in der immer ausstehenden Verwirklichung liegt. Es ist kein Gefüge von Verweisungen und Bezügen denkbar, das jemals abgeschlossen sein könnte. Wo Verweisung besteht, steht noch etwas aus. Diese Feststellung, die in Heideggers Denken fast den Rang einer Gesetzmäßigkeit beanspruchen kann, gilt besonders für das Seyn, das nie erfüllt oder zur Gänze verwirklicht werden kann, solange es Menschen gibt, die es erfahren.

»Das Seyn ist vom Menschen abhängig; das will sagen: Das Wesen des Seyns erreicht sich selbst und gerät in den Wesensverlust, je nach dem das *Wesen* des Menschen – der Seinsbezug des Menschen – für den Menschen wesentlich und der Grund der ›Menschheit‹ ist.«[15]

Da der Mensch eine Ahnung seines Wesens jedoch nirgends sonst als im Sein erlangen kann, entwirft er sich in ein Sein, das sein Entwerfen erst ermöglichte, begründet damit aber zugleich die essentielle Verwandlung dessen, in dem sein Wesenswandel gründet. Bleibt diese Qualität der Seinsbegründung ungenutzt, dann deshalb, weil der Mensch die Möglichkeit versäumt, sein Wesen zu verwirklichen. Doch geschieht dies vorsätzlich oder aus bloßer Unkenntnis dessen, daß mehr möglich ist, als in der Bindung an die konkreten Situation und ihre Beherrschung des Seienden vorstellbar sein mag?

Ein Blick in die Geschichte des existentiellen Denkens ruft die Erinnerung an Søren Kierkegaard wach, der im 19. Jahrhundert wie

[15] *Besinnung*, VII, S. 139.

kaum ein Denker vor ihm die psychische Disposition desjenigen beschrieb, der sich der Einsicht in eine Dimension seiner Persönlichkeitsentwicklung durch Strategien der Verdrängung zu entziehen sucht. Entscheidend ist in Kierkegaards Darstellung jener Moment, in dem einem Menschen bewußt wird, daß er seine Lebensführung zu ändern hätte, sich aber selbst gegen diese Erkenntnis noch immer mit aller Macht sperren will. Ist diese Weigerung aber erst einmal Postulat des Willens geworden, hat der Prozeß ihrer Aufhebung bereits eingesetzt.

Ausbleibende Wesensentscheidung muß nach Martin Heideggers Ansicht noch nicht einmal Grund der »Wesensflucht«[16] sein. Eine Entscheidung würde ein Mindestmaß an Einsicht in deren Ermöglichung voraussetzen. Die Ursache dafür, daß der Mensch sein Wesen nicht in vollem Umfang ergreift, liegt – auch wenn es paradox klingt – im Wesen selbst begründet und ist gerade deshalb gefährlich. »Die verfestigte Verstreuung in das Seiende. Das Sichforthalten in ihr. Der Schein der Freiheit dieser Haltung. […] Nur der Mensch ist wesensflüchtig und diese Flucht bestimmt seine Geschichte.«[17]

Doch nicht nur seine Geschichte. Heideggers Begriff des Menschen zeichnet sich vor allem durch seine Verwurzelung im Gedanken der Bezogenheit aus. Hieraus folgt die Überzeugung, daß menschliches Verhalten im Sein dessen Qualität bestimmt. Begreift er den Zusammenhang des Seienden, erkennt er dadurch seine eigene Verwiesenheit in diesem Kontext, eine Formulierung, die an den Begriff der Verantwortung erinnert. Erstaunlicherweise findet dieser sich relativ selten in Heideggers Schriften, was allerdings nicht bedeutet, daß sein Gedanke darin nicht enthalten wäre.

»Wie verhält sich die Definition des Menschen: *animal rationale* zu derjenigen, die den Menschen aus dem Grundzug des *Seinsverständnisses* denkt – daß der Mensch im eröffnenden Entwurf des Seins stehend zu Seiendem sich verhält?«[18] so fragt Heidegger und macht damit eines sehr deutlich: Daß der Mensch sich zu Seiendem verhält, besagt nicht, daß sich das Wesen des Menschen in dieser Art des Bezuges erschöpft. Denn »im eröffnenden Entwurf des Seins ste-

---

[16] *Besinnung,* VII, S. 138: »*Wesensflucht. Woher wir das Wesen des Menschen wissen?* Und wissen können? Und worin wir die Wesenheit des *Wesens* sehen und setzen.«

[17] *Besinnung,* VII, S. 139.

[18] *Zum Ereignis-Denken,* VIII, S. 1281.

hend« kommt ihm eine besondere Stellung zu. Er ist der Mit-seiende, der zugleich der Seynsgründende sein kann. Doch unter welcher Voraussetzung?

»Für das Erblicken des Seins bedarf es einer *eigenen* Bereitschaft des Vernehmens. *Sich darauf einlassen,* ist eine *ausgezeichnete Handlung* des Menschen. Es ist kein bloßer Zuwachs an Kenntnissen, sondern eine *Verwandlung* der Existenz.«[19]

Damit diese möglich wird, müßte der Mensch Sein erschließen, was bedeutet, daß er dessen Verweisungsstruktur begreift. Im Verhalten zu Seiendem, das diesem Begreifen entspricht, gründet Seyn, das, um es immer wieder in Erinnerung zu rufen, eine Weise des Verhaltens, keine Form des Denkens ist.

Mit den beiden Hinweisen auf die »Bereitschaft des Vernehmens« und des ›Sich-Einlassens‹ versetzt Heidegger den Menschen im Sein unmittelbar in eine Haltung der Rezeptivität – nicht selbstverständlich im Diskurs westlicher Rationalität. Denn diese ist, wenn eine generalisierende Aussage abermals zulässig ist, von der Idee eines autonomen Subjekts geprägt, das die Welt nach Maßgabe seiner Interessen und Bedürfnisse erschließt.

Wie drohend ist angesichts dieser Überzeugung das Risiko, daß der Mensch sich im Gestus der Erhabenheit über das Seiende stellt? Die Gefahr vielfältiger Mißdeutungen jener fragilen Relation, die hier besteht, sieht Heidegger als derart groß an, daß er es nicht unterlassen wird, vor ihr zu warnen – selbst in den Jahren, in denen sein Denken anderen Zielen dient.

Wiederholt betont Heidegger, daß er seine Auffassungen weder in der Nähe zur Existenzphilosophie noch zur Anthropologie sieht. Gerade die Affinität zu ersterer könnte sich aber aufdrängen, da es doch auch dort für den Einzelnen um die Übernahme des Selbst geht, um den Entwurf der eigenen Essenz auf dem Grunde der Existenz.

Auch wenn Heideggers Denken speziell der späteren Jahre um den Menschen kreist, mündet es doch nicht in einer Theorie der Gesellschaft. Die einzige Nähe, in der er Menschen zueinander reflektiert, drückt Heidegger durch die Formulierung des »Nachbarn« aus[20], in der sich zwei bereits angesprochene Gedanken verbinden.

---

[19] *Zum Ereignis-Denken,* IX, S. 1377.

[20] Mitte der 40er Jahre schreibt Heidegger: »In der Nähe wohnen, heißt Nachbar sein. Der Mensch ist der Nachbar des Todes. Der Nachbar, der Bur (Bauende) in der

Menschen sind contemporäre Wesen. Und sie sind diejenigen, die Seyn zu gründen vermögen. Daraus folgt nicht, daß ein gelingendes Miteinander Bedingung für die Gründung des Seyns ist. Diese Form zeitlichen und kausalen Denkens lehnt Heidegger ab. Seynkönnen befähigt den Einzelnen, Nachbar zu sein, also derjenige, der dem Anderen der Nächste, also wie er in den Seinsbezug gestellt ist.

Selbst Heideggers Verlautbarungen während der 30er Jahre gelten dem Sein, dem der Mensch dient. Jedoch unterscheidet sich, wie bereits angedeutet, die Art des menschlichen Einsatzes massiv von späteren Darstellungen. Denn die Vorstellung, daß das Sein erkämpft werden muß, weicht ab 1945 einer Sicht, die auf andere Fähigkeiten des Menschen setzt als seinen Willen.

Interessant ist es aber, daß nicht einmal sein Begriff des Volkes Heidegger dazu veranlaßt, dieses als realen Verbund von Individuen zu denken, der auf Werten basiert. Statt dessen erscheint Volk als Träger eines gemeinsamen Schicksals, das sich, so behauptet er, mit dem Schicksal des Seins deckt.

Daß Heidegger in *Sein und Zeit* nicht vom Menschen, sondern allenfalls vom Dasein spricht, mag nachvollziehbar sein, da es sich um eine ontologische Analyse handelt. So führt er dort zwar das Existential der Sorge ein, doch veranlaßt dieser Schritt nicht zur Formulierung ethischer Konsequenzen. Der erneute Hinweis auf den spezifischen Charakter dieses Textes erklärt diesen Umstand.

Doch warum sind selbst in späteren Schriften die Passagen so selten, in denen nicht vom Menschen im Sein, sondern vom Menschen in der Situation der Begegnung die Rede ist? Sogar die Aussagen zum Gespräch klingen wie Reflexionen solitärer Selbstvergewisserung. Natürlich kann immer wieder darauf hingewiesen werden, daß eine Veränderung des Seinsverständnisses letztlich nur den Menschen betrifft, da vom Sein nur dort sinnvoll zu sprechen ist, wo dieser existiert. Doch ist es eine Philosophie für den Menschen, dessen Bedeutung für diesen sich erst auf den zweiten Blick zu erkennen gibt. Am Ende dieser Betrachtungen wird dieser Gedanke noch einmal aufzugreifen sein.

›Nächе‹, baut den Acker, in dem er tief pflügt, um die Keime zu schonen.« *Anmerkungen I–V*, III, S. 270f. 1948/49 heißt es: »Die *Nachbarschaft* der Einsamen; […] Innerhalb dieser Nachbarschaft lebt noch eine unausgesprochene Erinnerung daran, daß vormals solches bestand, was Werk und Bewahren trug und einordnete, als Kultur, geistige Welt und Überlieferung […].« *Anmerkungen VI–IX*, VI, S. 66. Siehe auch *Bauen Wohnen Denken*, S. 148.

Wie anders klingen im Vergleich dazu die Aufforderungen zum Engagement, die existentialistischen Texten ihre besondere Bedeutung verleihen. In Erinnerung sind noch Jean-Paul Sartres Worte im Humanismus-Vortrag, wonach jeder Mensch, der einen Wert wählt, diesen zugleich für alle Menschen setzt.

Unvergessen sind Albert Camus' leidenschaftliche Proklamationen. Der zur Freiheit verurteilte Mensch steht von Anfang an in der Verpflichtung, das Bild von Gesellschaft seiner Zeit zu gestalten – und der Zukunft ebenso. Und doch bleibt ein Aspekt in Werken, die dieses Engagement einfordern, auffällig unberücksichtigt: Weder Existenzphilosophie noch Existentialismus scheinen daran interessiert zu sein, was menschliches Verhalten für die Erde und die Natur bedeutet. Gewiß beklagt Albert Camus den verlorenen Sinn für die Elemente, die er in nahezu religiöser Empfindung betrachtet. Karl Jaspers warnt vor den Folgen atomarer Katastrophen. Doch kommt es kaum zu einer Reflexion der Welt als Umwelt, um diesen relativ modernen Begriff zu verwenden. In Heideggers Schriften nach 1945 findet eine Betrachtung dieses Kontextes ansatzweise statt. Hintergrund dafür ist immer wieder seine Warnung vor der Seinsvergessenheit, die unter anderem zu einer »Vernutzung« der Erde führt. Eine Form solch vereinnahmender Relation sieht er aber auch in einer Hinwendung zur Natur, die diese zum Gegenstand des vorstellenden Denkens machen will[21].

Die Haltung des Dankens und die Weisung des Schonens stellen den Menschen in einen Zusammenhang, für dessen Erhalt er verantwortlich ist. Aber es wirkt stets so, als wäre der Mensch nach Heideggers Sicht hier stärker gefordert als beispielsweise durch die Not des Nächsten.

Ziel der folgenden Seiten ist es also zum einen, den Argumentationsgang in Heideggers Schriften seit den 30er Jahren zu rekonstruieren und die Frage nach einer Entwicklung seines Denkens zu stellen. Zum anderen wird es darum gehen, dessen Verwurzelung im Denken des Franz Rosenzweig aufzuzeigen, der in seinem Werk *Der Stern der*

---

[21] »Eine Hemmung – nicht aber eine Gefahr – könnte bald für das Denken des Seyns dadurch sich breitmachen, daß die ›Erde‹ und was zu ihr gehört zum *Gegenstand* der ›Philosophie‹ erklärt wird; […] Die Gefahr droht der Erde selbst, weil solche Art ihrer Vergeistigung eine Form der Verwüstung darstellt […].« *Überlegungen VII–XI*, VII, S. 73.

Erlösung 1921 diese Vorstellung entwickelt: Der Mensch ist zum Gestalter des Seins berufen und damit nicht nur für seine eigene Person und die Gemeinschaft, in der er lebt, verantwortlich, sondern auch für das Geschaffene, das es als Schöpfung in seiner Verwiesenheit erst zu vollenden gilt. In Rosenzweigs Philosophie resultiert diese Sicht aus seinem Glauben, hat also immer noch einen Bezugspunkt in der Gewißheit göttlichen Seins, der als Initiierung und Rechtfertigung eines so kühnen Gedankens wirken kann.

Heidegger folgt Rosenzweig in der Gewißheit, daß dem Menschen eine Aufgabe übertragen ist, kann sich aber dabei nicht auf den Glauben stützen. Wie er die absolute Verantwortung des Menschen dennoch begründet, hatte sich im ersten Kapitel angedeutet. Indem Heidegger das Denken des Seins in seiner Gesamtheit, wie er es in *Sein und Zeit* gefordert hatte, nicht nur als Ergebnis der dortigen Strukturanalyse betrachtet, sondern ihm in der Folgezeit normativen Charakter zuweist, kann auch er sich auf die Setzung einer absoluten Gültigkeit berufen. Diese resultiert zwar nicht aus göttlicher Weisung, aber aus einer selbst wertungsfreien Befragung des Seins, dessen Erkenntnis-Optimum zum Maß menschlichen Verhaltens wird.

Heideggers Sicht des Menschen hat sich nicht stringent entwickelt. Im vorliegenden Kontext stehen deren Artikulationen nach 1945 im Mittelpunkt. Ein kurzer Blick auf seine Aussagen zu Mensch und Volk in den vorangegangen Jahren ist jedoch unverzichtbar.

Denn es gilt letztlich zu entscheiden, inwieweit diese auch in der Folgezeit ausschlaggebend bleiben oder ob eine langsame Neutralisierung des Menschenbildes stattfindet, deren Ergebnis eventuell sogar heute noch bedenkenswert sein könnte. Eine entscheidende Hilfe bei dem Versuch, diese vielleicht allzu optimistisch eingeforderte Entscheidung zu treffen, stellt der Vergleich mit den Ansichten Franz Rosenzweigs dar, die Heidegger über etwa dreißig Jahre begleitet und inspiriert zu haben scheinen. Ein nicht unerheblicher Teil Heideggerscher Begrifflichkeit deckt sich mit jener des *Stern der Erlösung,* ganz zu schweigen von seiner Auffassung der Zeitlichkeit des Seins, die als ein Erwarten des Zukünftigen vorgestellt wird. Die Deutung von Erlösung, die Rosenzweig entwirft, präformiert nicht zuletzt Heideggers Konzeption des Seyns.

Dabei bezieht sich dieser zur Darstellung des Menschen, der vom Sein gefordert ist, immer wieder auf die Bildlichkeit der Hütenden. Bis 1945 herrscht dabei noch das Motiv des Wächters vor, wie es exemplarisch in seiner Schrift *Besinnung* zum Ausdruck kommt.

»Nur als der Fragende jener Frage [der Entscheidung über das Sein] kann er [der Mensch] der wahre Wächter sein der Wahrheit des Seins selbst, das sich ihm, und nur ihm dem Frager, als das Fragwürdigste verschenkt. Und dieses Fragwürdigste ist der abgründige Grund alles ›Schaffens‹, dessen Wesen wir ursprünglicher denken müssen – nicht als Hervorbringen von Gebilden, sondern als Gründung der Stätten und Bahnen des *Da-seins,* [...].«[22]

Gleichzeitig verweisen diese Zeilen mit ihren letzten Worten aber schon auf eine andere Haltung des Menschen im Sein, die nicht mehr die des Wächters, sondern die des Hirten ist. Daß es sich hier nicht um zwei beliebig austauschbare Bezeichnungen handelt, wird sich zeigen.

In seinem *Brief über den ›Humanismus‹* verwendet Heidegger beide Begriffe[23], was die bereits angesprochene Bedeutung dieses Textes bestätigt. Er steht am Ende einer Sicht des Menschen, die ihn als den Krieger und Kämpfer für ein geheimes Deutschland ausweisen will. Zugleich führt er das Denken Heideggers in eine Phase, in der es das Wesen des Menschen neu zu bedenken gilt.

---

[22] *Besinnung,* VIII, S. 156.

[23] *Brief über den ›Humanismus‹,* S. 313: »Die Denkenden und Dichtenden sind die Wächter [...].« und S. 331: »Der Mensch ist der Hirt des Seins.«

II.1 »Denn die Erfahrung weiß ja nichts von Gegenständen« – Das Neue Denken

Mit seinem Vorsatz, eine Renaturierung des Denkens zu erwirken, steht Martin Heidegger gewiß nicht allein. Für ihn resultiert die Notwendigkeit hierfür aus der Beobachtung, wie es die Menschen vermeiden, ihre Möglichkeiten des Erlebens von Welt und der Erfahrung des Seyns zu ergreifen. Zu jenen Faktoren, die zur Begründung dieses Versäumnisses beitragen, zählt nicht nur jene »Diktatur des man«, die Heidegger in *Sein und Zeit* beschrieb, sondern vor allem auch eine seiner Ansicht nach falsche Ausrichtung des philosophischen Denkens. Könnte eingewendet werden, daß dessen Einfluß auf die Meinungsbildung innerhalb einer Gemeinschaft beileibe nicht groß genug ist, um hier von ursächlichem Einfluß zu sprechen, trifft diese Feststellung als solche zu. Doch wäre es gerade die Aufgabe von Philosophie gewesen, sich selbst Rechenschaft über ihr Denken abzulegen, dessen Folgen zu bedenken und diese Einsichten zu vermitteln. Heidegger meidet den Begriff der Aufklärung. Wird dieser Begriff als Plädoyer für die Vernunft gelesen, wäre er in seinen Schriften tatsächlich fehl am Platz. Wenn er aber in weiter gefaßter Form als Aufruf zur Autorisierung des sich selbst reflektierenden Denkens verstanden wird, trifft er auf Heideggers Ansatz durchaus zu.

Er sieht es als Aufgabe des Denkens an, Orientierung zu geben und auf Möglichkeiten und deren Vernachlässigungen aufmerksam zu machen. Denn beide drücken sich unmittelbar in der menschlichen Relation zum Sein aus und wirken dadurch sehr viel umfassender, als vielleicht zu vermuten wäre.

Das aufklärende Wort der Philosophie ist dringend erforderlich – doch was zu hören ist, ist allerorten nur das Theoretisieren der Metaphysik. Daß Heidegger beide im Grunde synonym setzt, ist keineswegs zwingend.

Wäre Metaphysik als Teil des philosophischen Diskurses in seinen Augen nur ein sich selbst bestätigendes Gefüge von Aussagen über das Sein, würde sein Anspruch, sie zu re-formulieren, im Grunde unnötig. Nur dort, wo Philosophie eine aufklärende Aufgabe zuerkannt wird, wiegt deren Versagen wirklich schwer. Denn auch sie verfehlt das ihr Mögliche, hält aber dessen ungeachtet ihre Deutung der Wirklichkeit für wahr und damit für keiner Korrektur bedürftig. In dieser Selbst-Rechtfertigung vermag es die Philosophie nach Heideggers Diagnose nicht, das Wesen des Menschen zu benennen. So müssen andere Wege gefunden werden, um aufzeigen zu können, was der Mensch ist und vor allem, was er werden kann.

Denn es bestätigt sich immer wieder, daß Heidegger auf das Unerfüllte im Menschen hinweisen will, das rational Überformte, das der Freisetzung ebenso bedarf wie das Sein der Welt, in der der Mensch existiert. Kein Wunder, daß ihn dessen traditionelle Deutung als animal rationale unbefriedigt läßt. Denn sie konzentriert sich auf das menschliche Können, das sich in Handlungen und Entscheidungen verwirklicht. In Anbetracht dieser permanenten Wesensverwirklichung kommt es nie zu einer derartigen Ansammlung von essentiell Ausstehendem, wie sie Heidegger vor Augen hat. Der Mensch als animal rationale entspricht seinem Wesen sukzessive. Denn die Wesensbestimmung ist letztlich in Ansehung einer Qualität des Menschen erfolgt, die er willentlich niemals ganz zu negieren vermag. Sie eignet ihm von Geburt an, bedarf ab diesem Zeitpunkt allerdings der Betätigung.

Anders steht es um das Bild, das Heidegger an die Stelle der Vernunftbegabtheit setzt. Der Mensch als Hirte des Seins wird dieser Charakterisierung nicht automatisch gerecht, sondern muß sich ihrer bewußt sein und sich ihr stellen. Zwischen seiner grundsätzlichen Befähigung und deren tatsächlicher Umsetzung liegt ein weites Feld von drohendem Unverständnis und Mißdeutungen, über deren Ausmaß Heidegger aufklären will.

Auch aus dieser Perspektive bestätigt die Metaphysik seiner Auffassung nach ihre Untauglichkeit, denn sie berücksichtigt die Bedeutung der Zeitlichkeit bei der Frage nach der Natur des Seins, dem der Mensch angehört, nicht ausreichend. Sie orientiert sich am Bestand des Seienden und versucht, von dort aus Aussagen über das Sein zu treffen, bleibt aber stets dem Ursprung ihres Fragens verhaftet.

Ein Denken, das das Wesen des Menschen und mit ihm das Wesen des Seins zu bedenken hat, darf sich niemals an Gegebenem so orientieren, als sei es gleichermaßen sein Ursprung und sein Ziel. Das Neue Denken, mit dessen Hilfe Heidegger das Wesen des Menschen erschließen will, geht zwar wohl vom Seienden aus, doch nur, um es auf seine Möglichkeit der Verwandlung zu befragen. Und ebenso geht es von der Betrachtung der Eigenschaften des Menschen aus, doch nur, um auch sie auf ihre Möglichkeiten der Entwicklung zu befragen. Weder das Seiende als Dingliches noch das Menschliche als Eigenschaftliches wird dabei geleugnet, sondern als Grundlage einer Verwandlung angesehen, die beides in der Möglichkeit des gegenseitigen Bezuges erfahrbar werden läßt. Das Seiende und der Mensch bleiben, was sie sind, doch werden sie, was sie schon immer waren – aufeinander bezogen. Wie sehr Heidegger Anzeichen dieser Verwiesenheit im täglichen Tun des Menschen vermißt, werden seine Bemerkungen zur Seinsverlassenheit zeigen. Seine Formulierung, daß »wir werden, die wir sind«[1], erklärt sich vor diesem Hintergrund. Denn es geht für ihn einzig darum, auf den relationalen Charakter des Seins aufmerksam zu machen. Da er seiner Ansicht nach jedoch nicht berücksichtigt wird, bedarf es eines veränderten Denkens, um dem Menschen den Zugang zur Erfahrung des Seins und seiner eigenen Bestimmung zu eröffnen.

Eine grundsätzlich vergleichbare Überzeugung vertritt der jüdische Denker Franz Rosenzweig, der 1921 in seiner Schrift *Der Stern der Erlösung* »ein System der Philosophie«[2] vorlegt, wie er selbst es nennt.

»Und nun allerdings einer Philosophie, [...] die nicht etwa eine bloße ›kopernikanische Wendung‹ des Denkens herbeiführen möchte, nach der, wer sie vollzogen hat, freilich alle Dinge verkehrt herum sieht, aber doch nur die gleichen Dinge, die er auch schon zuvor sah, sondern seine, des Denkens, vollkommene Erneuerung.«[3]

Rosenzweig artikuliert, was Heidegger nicht minder entschlossen fordert, doch kaum in dieser Zuspitzung ausdrückt. Daß sich beide in zentralen Ansprüchen ihres Denkens stärker ähneln, als es vielleicht zu vermuten wäre, zählt zu den erstaunlichen Details der Geistesgeschichte im 20. Jahrhundert.

Die Interpretation ist möglich, daß Martin Heideggers *Sein und Zeit*, sechs Jahre nach dem *Stern der Erlösung* veröffentlicht, eine

---

[1] »Das Warten ist ein Steg, der unseren Gang trägt, auf dem wir werden, die wir sind, ohne sie schon zu sein: die Wartenden.« *Abendgespräch in einem Kriegsgefangenenlager*, in: *Feldweg-Gespräche*, III, S. 227.

[2] *Das Neue Denken*, S. 140.

[3] *Das Neue Denken*, S. 140.

exakte Konzeptualisierung der Theoreme dieser Schrift darstellt[4]. Rosenzweigs Werk beleuchtet die Begriffe von Schöpfung, Offenbarung und Erlösung in drei weitläufigen Reflexionen, die Aufbau und Konzeption seines Textes bestimmen. Heidegger extrahiert aus diesen religiösen Überzeugungen deren jeweiligen philosophisch relevanten Gehalt, den er dann in seinen Seinskennzeichnungen von ›In-Sein‹, ›Sorge‹ und ›Ausstand‹ präsentiert. Es geht ihm nicht darum, religiöse durch philosophische Begriffe zu ersetzen, sondern zu fragen, was es für den Menschen bedeutet, von Schöpfung, Offenbarung und Erlösung zu sprechen. Denn er sieht in ihnen Aussagen, deren ontologischer Gehalt unabhängig von Religionszugehörigkeit oder Weltanschauung von Belang ist. Erstaunlich ist es, wie präzise er sich in der Konzeption von *Sein und Zeit* am Aufbau des *Sterns der Erlösung* orientiert. Der Schwerpunkt dieser Parallel-Führung liegt zweifellos auf den beiden ersten Begriffen der rosenzweigschen Systematik, während er den dritten Begriff, jenen der Erlösung, in späteren Werken aufgreift und in der Terminologie seines Denkens reformuliert. In den Arbeiten nach 1945 wird diese Fokussierung auf den Gedanken der Erlösung von zentraler Bedeutung sein, so daß sie auch im Mittelpunkt der weiteren Betrachtungen stehen wird.

Auf den ersten Blick mag es unrealistisch klingen, daß sich Martin Heidegger gerade auf die Schrift eines jüdischen Denkers, die stark theologische Züge trägt, bezieht und diese zum formalen und inhaltlichen Muster seines eigenen Werkes macht. Doch wird im Folgenden sichtbar, wie nahe sich beide Denker stehen, über alle religiösen und ideologischen Differenzierungsmerkmale hinweg.

So wird es darum gehen, die Spuren der Philosophie von Franz Rosenzweig in Heideggers späteren Schriften zu verfolgen. Dabei wird sich zeigen, wie deutlich sie sich in diese Texte einprägen und dazu beitragen können, manche Aspekte des Heideggerschen Denkens zu erklären, die sich in ihrer Komplexität bisweilen zu entziehen drohen. Es wird aber auch jener Punkt aufzuzeigen sein, an dem sich eine andere Motivik über jene des *Sterns der Erlösung* legt, die Heidegger über einen so langen und intellektuell herausfordernden Zeitraum inspiriert hat und ihm als Vorbild diente. Über rund 30 Jahre sind Bezüge auf Rosenzweigs Denken in Heideggers Schriften nachweisbar. Doch nach Einsicht in die bislang veröffentlichten Texte hat

[4] Siehe hierzu meine Darstellung von 2018: *Sternschatten. Martin Heideggers Adaption der Philosophie Franz Rosenzweigs.*

er zu keinem Zeitpunkt diese Quelle und ihren Einfluß auf sein Denken erwähnt. Ihre Präsenz in seinen Texten ist jedoch unübersehbar, so daß auch ohne eine explizite Erklärung Heideggers deren Beeinflussung durch das Denken Franz Rosenzweigs erkannt werden kann.

In einer ersten Annäherung soll nun der Blick nicht auf Rosenzweigs einziges großes Werk, den *Stern der Erlösung*, gelenkt werden, sondern zunächst auf den kleinen, aber außerordentlich aufschlußreichen Text *Das Neue Denken*, der 1925 in der Zeitschrift *Der Morgen* erschien. Außergewöhnlich ist dieses kurze Schriftstück deshalb, weil Rosenzweig in ihm rückblickend einige Aspekte seines *Sterns* kommentiert, die sein Denken in bemerkenswerter Nähe zu jenem Martin Heideggers zeigen. Denn auch Rosenzweig beabsichtigt nicht weniger, als dem Denken eine neue Methode zuzuweisen, die sich keiner bisher formulierten Herangehensweise vergleichen läßt.

Trotz dieser Übereinstimmung in ihrer Forderung nach einem radikalen Neubeginn des Denkens, der sich für beide als eine Bewegung der Rückbesinnung gestalten wird, könnten ihre Biographien und Formen intellektueller Selbstdarstellung kaum unterschiedlicher sein. Während das Œuvre Heideggers in über 40 Jahren gewachsen ist und sich aufgrund seiner politischen Bindungsbereitschaft beinahe selbst widerlegt hat, standen Franz Rosenzweig nicht einmal 20 Jahre für die Umsetzung seiner Überzeugung zur Verfügung, daß Denken nur dann gerechtfertigt ist, wenn es Denken für den Menschen, nicht nur Denken der Sachverhalte, ist. Während Heidegger in seiner Rede *Die Selbstbehauptung der deutschen Universität* am 27. Mai 1933 ein Programm verkündet, wie die Studenten durch ihnen auferlegte Maßnahmen zur Gestaltung der neuen Weltordnung beizutragen haben, richtet Rosenzweig sein Engagement ganz anders aus. Durch die Gründung des »Freien jüdischen Lehrhauses« 1920 wollte er einen Ort schaffen, an dem in größtmöglicher Freiheit Inhalte der unterschiedlichsten Natur vermittelt werden könnten[5]. Die Freiheit, von der er träumte, galt vor allem dem Aufbrechen traditioneller Strukturen, wie sie bisher an Bildungseinrichtungen durch die klare Gegenüberstellung von Lernenden und Lehrenden üblich waren. Bildung dient in seiner Vision langfristig betrachtet einer möglichen Demokratisierung der Gesellschaft, vor allem aber der Ermutigung des Individuums, eigenständig und im Dialog Fragen zu stellen.

---

[5] Als Lehrende wirkten dort zum Beispiel Siegfried Krakauer und Erich Fromm.

Eben diese Eigenständigkeit im Denken demonstriert Franz Rosenzweig in seinem *Stern der Erlösung*. Dort beschreibt er, wie der Mensch die Welt, in der er existiert, gestaltet. Die Besonderheit dieses Gedankens wird in dem Augenblick ersichtlich, wenn eines festgestellt wird: Bei dieser Welt handelt es sich um das Schöpfungswerk Gottes.

Ohne alleine auf religiöse Vorstellungen zurückzugreifen, entwirft er ein komplexes Erklärungsgefüge, in dem theologische und ontologische Begrifflichkeit verschmelzen. Zwei Darstellungs-Schritte sind entscheidend. Im ersten der beiden benennt Rosenzweig die Elemente, die für die Konstituierung von Wirklichkeit erforderlich sind. Im zweiten Schritt erläutert er die dynamischen Abläufe, die in deren Zusammenwirken erkennbar werden. Es ist eine Schrift, die in extremer Weise die Bedeutung des Menschen innerhalb dieses Prozesses akzentuiert. Denn dieser vollendet, was in der göttlichen Schöpfung entstand.

Ist bereits das Thema des *Sterns* komplex, so erweist sich auch dessen Form als äußerst kompliziert. In kaum zu intensivierender argumentativer Dichte stellt Rosenzweig seine Gedanken dar, die sich aus Quellen speisen, die im heutigen philosophiegeschichtlichen Wissen fast in Vergessenheit geraten sind. Wer kennt noch jene Denker, in deren Mitte sich Rosenzweig in seinem Text *Das Neue Denken* stellt? Hermann Cohen und Martin Buber werden aufgrund ihrer philosophischen Rezeption sicherlich zu den bekannten Vertretern zählen. Auch dem Werk Victor von Weizsäckers mag noch eine größere Beachtung zuteil werden. Doch was ist mit den Namen Eugen Rosenstock, Hans und Rudolf Ehrenberg oder Ferdinand Ebner?[6] Fast wirkt es so, als repräsentierten sie eine eigene Geistesgeschichte, die sich parallel zum akademischen Philosophieren der 20er Jahre entwickelte, wenig beachtet, doch darum nicht zwangsläufig wirkungslos.

Wie im Vorwort angedeutet, steht Rosenzweig mit seinem »System der Philosophie« selbst eher am Rande des etablierten Diskurses, was ihn vielleicht zum Außenseiter[7], mit Sicherheit aber zum

---

[6] *Das Neue Denken*, S. 152.

[7] Diese Einschätzung bezieht sich auf das eigene akademische Wirken Rosenzweigs. Zunächst promovierte er 1912 bei dem Historiker Friedrich Meinecke in Freiburg. 1917 veröffentlichte er das von ihm aufgefundene *Älteste Systemprogramm des deutschen Idealismus;* 1920 erschien seine Untersuchung *Hegel und der Staat.*

unerschrockenen Kritiker des Deutschen Idealismus werden läßt. Eine derartige Kompromißlosigkeit benötigt gewiß Freiheit, um sich artikulieren zu können. Vielleicht ermöglichte gerade die Position des unbehausten Denkens es Rosenzweig, ein philosophisches Konzept ganz eigener Eindringlichkeit und gedanklicher Tiefe zu formulieren. Die geringe Resonanz, die seine umfangreiche Schrift nach ihrem Erscheinen fand, spricht keinesfalls gegen deren Qualität. Nur bedurfte es einer grundsätzlich vergleichbaren Haltung des Denkens und Fragens, um diese erkennen zu können. Es spricht vieles dafür, daß Martin Heidegger genau diese Haltung vertrat.

Rosenzweigs besonderes Interesse am einzelnen Menschen scheint bei flüchtiger Betrachtung jener vehementen Geste der Zurückweisung zu widersprechen, mit der er sich von einer bestimmten Vorgehensweise der traditionellen Philosophie distanziert. Diese besteht darin, daß sie meint, alle Erkenntnis auf ein erkennendes Ich zurückführen zu können, das Inhalt, Kontext und logische Korrektheit des von ihm Erkannten festlegt. Zu diesem »Lieblingsgedanken der Neuzeit« schreibt Rosenzweig:

»Diese Zurückführung oder ›Begründung‹ der Welt- und Gotteserfahrung auf das Ich, das diese Erfahrungen macht, ist dem wissenschaftlichen Denken noch heut so selbstverständlich, daß jemand, der an dieses Dogma nicht glaubt, sondern seine Welterfahrung lieber auf – die Welt und seine Gotteserfahrung lieber auf – Gott zurückführt, einfach nicht ernst genommen wird.«[8]

Selbst unter Berücksichtigung der Tatsache, daß es sich hier nicht um einen Beitrag für eine Fachzeitschrift handelt, wird die philosophische Brisanz dieser Zeilen spürbar. Denn mit der Weigerung, weiterhin alles Erkennen auf das erkennende Ich zu gründen, verliert dieses als strukturgebende Instanz der erkannten Wirklichkeit seine Berechtigung. Zugleich fällt aber auch der Garant einer einheitlichen Methode des Erkennens, die, indem sie nach dem Wesen von etwas fragt, Objekte jedweder Natur auf eine letztlich vergleichbare Beschaffenheit zurückführen kann. Denn ganz gleich, ob das Wesen von Gegenständen oder das Wesen des Menschen untersucht wird, ist deren Denkbarkeit im selben Modus abstrahierender Verallgemeinerbarkeit gewährleistet. Das Ich entscheidet somit über die Denkbarkeit der Welt – eine Folgerung, die für Rosenzweig inakzeptabel ist.

---

[8] *Das Neue Denken,* S. 143.

»Die Welt darf beileibe nicht Welt sein, Gott beileibe nicht Gott, der Mensch beileibe kein Mensch, sondern alle müssen ›eigentlich‹ etwas ganz andres sein«[9], das sich, so könnte ergänzt werden, nur dem Ich erschließt, das ursprünglich fragt.

Rosenzweig wechselt die Perspektive, wenn er nicht mehr diese Frage aufgreift, sondern Gegebenes in seiner »Tatsächlichkeit« erfahren will. Ausgangspunkt hierfür ist nicht mehr das Ich, das auf seine Frage immer wieder dieselbe Antwort erhält, ganz gleich unter welchen Bedingungen es denkt. Im Gegensatz hierzu handelt es sich bei Erfahrung um ein situatives Geschehen, in dem sich die erfahrende Person und der erfahrene Gegenstand in ihrer jeweiligen momenthaften Präsenz gegenüberstehen. Eine Spekulation über deren zurückliegendes Sein ist ebenso unmöglich wie über ihre eventuelle Veränderung, da nur der Begegnungsinhalt des bestimmten Augenblicks erfahren werden kann. Jeder Versuch, darüber hinausdenken zu wollen, übersteigt den Rahmen von Erfahrung.

Rosenzweig hat im Bereich philosophischen Sprechens die Unterscheidung zwischen Erfahren und Denken durchaus beibehalten, während er sie in seinen Worten, die der Religion gewidmet sind, aufheben wird. Wie nahe Martin Heidegger dieser Verknüpfung mit seinem Gedanken des erfahrenden Denkens kommt, hat sich bereits angekündigt. Erfahrung schafft in seiner Konzeption die Vermittlung des Erlebens von Seiendem und der Denkbarkeit des Seins, um letzteres zum Maßstab der Gründung des Seyns setzen zu können.

Wenn Rosenzweig es ablehnt, nach dem Wesen von etwas zu fragen, weil er damit der eigentümlichen Gegenwart des Befragten nicht gerecht werden kann, entsteht für ihn in seinem *Stern der Erlösung* eine nicht unerhebliche Schwierigkeit. Um sein System konstruieren zu können, muß er die systembildenden Elemente bezeichnen. Bis zu diesem Punkt zeigt sich noch kein Problem, da er Gott, Welt und Mensch benennt. Doch nun greift seine Forderung, diese nicht nur als Gegenstände des Denkens, sondern Inhalte der Erfahrung zu betrachten, das heißt in ihrer jeweiligen Präsenz. Das bedeutet, daß er grundsätzlich Gott in derselben Weise für erfahrbar erklären muß wie die Welt und den Menschen.

»Gott ist nur göttlich, der Mensch nur menschlich, die Welt nur weltlich; man kann so tiefe Schächte in sie vortreiben, wie man will, man findet immer nur wieder sie selber. Und das gilt für alle drei

---

[9] *Das Neue Denken*, S. 143.

gleichmäßig. Der Gottesbegriff hat nicht etwa eine Sonderstellung.«[10]

Unter theologischem Blick zeichnet sich hier Diskussionsbedarf ab, da eine so radikal gedachte Ebenbürtigkeit der drei Elemente es zumindest erschwert, das Postulat der göttlichen Einzigkeit aufrechtzuerhalten. Doch auch in philosophischer Perspektive bleiben seine Überzeugungen nicht folgenlos.

Da Rosenzweig es als »Vorurteil der letzten drei Jahrhunderte [ansieht], daß in allem Wissen das ›Ich‹ mit dabei wäre«[11], ist seine Forderung nach einem Neuen Denken in erster Linie die Forderung nach einer philosophischen Selbstkorrektur[12]. Diese leitet er ein, wenn er schreibt:

»Die Erfahrung erfährt also nicht die Dinge, die beim Denken über die Erfahrung allerdings als letzte Tatsächlichkeiten sichtbar werden; aber was sie erfährt, erfährt sie an diesen Tatsächlichkeiten. Und deshalb ist es für eine reinliche und vollständige Darstellung der Erfahrung so wichtig, zuvor jene Tatsächlichkeiten rein herausgestellt zu haben [...].«[13]

Mit der thematischen Einführung der »Tatsächlichkeiten« wendet sich Rosenzweig der Natur jenes Gegebenen zu, das Inhalt von Erfahrung wird. Dabei deutet dieser Begriff bereits dessen Besonderheit an, die darin besteht, daß es immer Seiendes in Raum und Zeit ist.

Wurden bisher Tatsächlichkeiten als Zeichen momenthafter Präsenz gedeutet, wird nun eine Präzisierung erforderlich. Denn nicht als solche sind sie dem Menschen erfahrbar. Von Tatsächlichkeiten zu sprechen, setzt bereits einen Akt des Denkens voraus, der diese als Merkmal des faktisch Gegebenen ansieht. Insofern scheint dieser Begriff dem des Wesens recht nahe zu kommen, unterscheidet sich aber doch in einem nicht unwichtigen Aspekt. Denn nach dem Wesen zu fragen, bedeutet die Suche nach einer teils allgemeinen, teil spezifizierenden Merkmals-Konstante, die alle Träger dieses Wesens teilen. Nach dem Wesen zu fragen stellt die Bedingung der Denkbarkeit von etwas her, so wie umgekehrt das Wesen nur benennbar ist, weil es

---

[10] *Das Neue Denken*, S. 145.

[11] *Das Neue Denken*, S. 147.

[12] »[...] aber immer sonst weiß ich nur von dem Baum und von nichts anderm; und die philosophieübliche Behauptung der Allgegenwart des Ich in allem Wissen verzerrt den Inhalt dieses Wissens.« *Das Neue Denken*, S. 147.

[13] *Das Neue Denken*, S. 147.

gedacht werde kann. In dieser sich bedingenden Zirkularität hebt sich das Denken des Wesens aus dessen vormaliger Abhängigkeit von der Zeit ab, die dem Objekt gilt, nicht seinem Wesen. Denken in diesem Verständnis ist zeit-unabhängiges Denken, das letztlich seinen Anspruch auf Wahrheit nur dieser Voraussetzung verdankt.

Rosenzweig will mit seiner Konzeption des Neuen Denkens, das sich mit der Erfahrung verbindet, gerade diese Zeitlosigkeit aufheben. Denn für ihn ist es von entscheidender Bedeutung, daß Aussagen über den Menschen und die Welt diese in jenem Modus spiegeln, in dem sie sich unmittelbar begegnen und beeinflussen. Dieses ist nicht durch die Denkbarkeit der Welt gewährleistet, sondern nur durch ihre Erfahrbarkeit, die jedes einzelne Erfahren zu einem unwiederholbaren und einzigartigen Geschehen in der Zeit macht. Denn Erfahrung gründet sich auf Begegnendes, dessen Tatsächlichkeit das verbindende Kriterium aller einzelnen Erfahrungsprozesse ist.

Im Moment kommt es darauf an, den Voraussetzungen für Rosenzweigs Forderung eines Neuen Denkens ein Stückweit zu folgen. Denn sein Wunsch, Erfahrung und Denken nach jahrhundertelanger Trennung zu verbinden, ohne dabei deren jeweilige Konturen im Bild eines undifferenzierten Erkennens zu verwischen, entspringt einem anderen Bedürfnis als philosophischem Interesse.

In den Einleitungszeilen des *Sterns der Erlösung* gibt Rosenzweig einen tiefen Einblick in das Motiv, das ihn zur Formulierung seines Systems der Philosophie veranlaßt. Es ist die Erfahrung der existentiellen Bedrohung, für Rosenzweig, der im Ersten Weltkrieg an der Balkan-Front diente, Inbegriff persönlichen und kollektiven Erlebens. Aus dessen Reflexion entspringt die Notwendigkeit, die Erfahrung des Endlichen in der philosophischen Frage nach Zeitlichkeit aufzugreifen. Gerade hier versagte Rosenzweigs Auffassung nach fast die ganze bisherige Philosophie, die ihr Denken dort für grundlos ausweisen will, wo es in Wahrheit aus eben dieser Begründung folgt.

»Vom Tode, von der Furcht des Todes, hebt alles Erkennen des All an. Die Angst des Irdischen abzuwerfen, dem Tod seinen Giftstachel, dem Hades seinen Pesthauch zu nehmen, des vermißt sich die Philosophie.«[14]

Es wäre gewiß zu vereinfacht gedacht, Rosenzweigs gesamtes Ringen um einen neuen Begriff des Denkens, der zu einer veränderten Bewertung von Philosophie führt, ausschließlich als Reaktion auf

[14] *Der Stern der Erlösung*, I, Einleitung, S. 3.

seine Eindrücke begreifen zu wollen. Denn damit könnte ihm leicht das Potential abgesprochen werden, eine Schwäche des philosophischen Diskurses seit der Antike aufzudecken. Der hohe Anspruch der Philosophie, über die Wahrheit des Erkennens zu befinden, verträgt sich kaum mit einer individuellen Erfahrung als dessen Legitimation. Fast ist es so, also würde das reine Denken in seiner selbsternannten Unberührbarkeit gefährdet, wenn es sich allzu tief in die Gründe menschlichen Erlebens versenken wollte.

Gerade das fordert Rosenzweig aber, denn so wie sie sich bisher darstellt, lächelt »die Philosophie [...] zu all dieser Not ihr leeres Lächeln«[15]. Statt dessen soll sie sich dieser Not des angstvollen Individuums annehmen und dem drastischen Einbruch der Zeit in die menschliche Existenz reflektierend eine Form verleihen, die ihn denkbar werden läßt, ohne ihn als Erfahrung zu übersehen. Denken soll Erfahrungen denken können – kein Wunder, daß eine solche Forderung einen neuen Begriff von Philosophie verlangt. Denn warum scheinen beide Begriffe auf den ersten Blick nicht zueinander zu passen? Erfahrungen sind, wie bereits gezeigt wurde, konkrete Erlebnismomente, unverwechselbar individuell und nicht wiederholbar. Denken, so wie es Rosenzweig in Anbetracht der philosophischen Tradition begreift, operiert genau gegensätzlich. Es bildet Begriffe, die zwar wohl ursprünglich der Erfahrung entstammten, jedoch im Folgenden dafür konzipiert werden, die vormaligen Inhalte der Erfahrung aus ihrer Einmaligkeit in der Zeit zu lösen und zu deren jederzeit abrufbaren Repräsentanten zu werden.

Wie kann dieser Transformationsprozeß, der Rosenzweig zufolge ein Aufgeben der Erfahrung ist, unterbunden werden? Für ihn, wie auch für Martin Heidegger, gibt es nur eine einzige Lösung. Die Arbeit des Denkens muß neu definiert werden. Heidegger formuliert immer wieder, was das bedeutet. Denken sei nicht mehr als »Vorstellen« zu verstehen, da damit ein Verwischen der Unterschiede von Denkendem und Gedachtem erzielt wird. Der Denkende projiziert seine Erwartungen des Fragens in das Gedachte, dem er somit niemals unmittelbar gerecht werden kann. Der Begriff des Vorstellens ist hier, wie so oft in der Heideggerschen Sprachgestaltung, bildlich zu begreifen. Es bezeichnet jenen Akt, in dem das denkende Subjekt sein Objekt vor sich stellt, um es nach Belieben auf- und abrufen zu können. Daher ist das Vorstellen in dieser Sicht Indiz und Ausdruck jenes ziel-

[15] *Der Stern der Erlösung*, I, Einleitung, S. 3.

orientierten Denkens, das Heidegger als eine Quelle der Seinsvergessenheit betrachtet.

Im Sinne Rosenzweigs könnte ergänzt werden, daß Erfahrungen in den seltensten Fällen zielorientiert sind, sondern Geschehnisse, die über den Menschen kommen, die ihm widerfahren.

Heidegger findet unterschiedliche Ausdrücke, die jenen des Vorstellens ersetzen können, um Denken zu beschreiben. Allein der Ansatz, Denken mit Attributen zu bezeichnen, ist ungewöhnlich, scheint sich doch nach langer Einübung Einigkeit darüber gebildet zu haben, was Denken ausmacht. Diese inzwischen im philosophischen Gebrauch kaum noch hinterfragte Selbstverständlichkeit zieht sowohl Franz Rosenzweig als auch Martin Heidegger in Zweifel. So wird es für letzteren möglich und sogar sinnvoll, vom »anfänglichen Denken« zu sprechen, vom »schonenden Denken« und vom »erfahrenden Denken«.

Für Franz Rosenzweig gibt es nur eine einzige Möglichkeit, die Auflösung der Erfahrungsinhalte im Prozeß des Denkens zu verhindern. Dabei handelt es sich um eine zutiefst unwissenschaftliche Vorgehensweise im besten Sinne, wie sich zeigt. Voraussetzung ist, daß Denken in eine Vergegenwärtigungsstruktur verwandelt wird, die nicht der Zeit enthoben ist, sondern sie erst erfahrbar werden läßt. Eine solche Erfahrbarkeit läßt unmittelbares emotionales Reagieren zu, fordert es geradezu dort, wo philosophische Reflexion Sachverhalte fern von jedweder individuellen Sicht vor-stellen will. Als einzige Weise, emotional und zeitbezogen, zugleich aber auch reflektierend zu erfahren und Erfahrenes zu bedenken, erscheint Rosenzweig die Tätigkeit des »gesunden Menschenverstandes«. In Anbetracht der vollmundigen Ankündigung, in der er sein Neues Denken präsentiert, mag diese Antwort ernüchtern. Doch sollte der Gang in die vermeintliche Einfachheit nicht darüber hinwegtäuschen, welcher Intention er entspringt. Es wäre auch zu überlegen, welche Alternativen es denn für ihn und für Heidegger gegeben hätte, Denken »denkender« zu verstehen[16]. Eine zunehmende Spezialisierung in Techniken der Abstraktion oder der methodischen Verfeinerung kommt für beide

[16] Heidegger, *Was ist Metaphysik?*, Einleitung von 1949, S. 13: »So liegt alles daran, daß zu seiner Zeit das Denken denkender werde. Dahin kommt es, wenn das Denken, statt einen höheren Grad seiner Anstrengung zu bewerkstelligen, in eine andere Herkunft gewiesen wird.«

nicht in Frage. Heidegger weist diese Option, die er zu keinem Zeitpunkt in Betracht zieht, sogar ausdrücklich zurück.

So ist es nachvollziehbar, daß beide einen »Schritt zurück«[17] gehen, Heidegger zur Formulierung der Analogie von Denken und Handwerk[18], Rosenzweig zur Rehabilitierung des gesunden Menschenverstandes. Denn daß diese nach jahrhundertelanger Ausgrenzung dringend erforderlich war, bedarf seiner Überzeugung nach keiner Erläuterung. Der Vorzug eines solchen Schrittes der Renaturierung wirkt auf ihn bestechend.

»Das Neue Denken weiß genau wie das uralte des gesunden Menschenverstandes, daß es nicht unabhängig von der Zeit erkennen kann, – was doch der höchste Ruhmestitel war, den sich die Philosophie bisher beilegte.«[19]

1921, im selben Jahr, in dem der *Stern der Erlösung* publiziert wurde, greift Franz Rosenzweig die Anregung eines Verlegers auf, dessen Inhalte in allgemein verständlicher Form noch einmal zu formulieren. Diese Anregung entspricht, auch wenn sie vielleicht gar nicht so gemeint war, Rosenzweigs Gedanken von der Rückführung des Erkennens in eine Form verbindlicher Unmittelbarkeit, die eine eigene Weise der Darstellung erfordert.

Entsprechend ungewöhnlich ist denn auch der Aufbau seiner Schrift mit dem Titel *Das Büchlein vom gesunden und kranken Menschenverstand*, das erst 43 Jahre nach seiner Entstehung veröffentlicht wurde. Diagnose der Erkrankung und Vorschläge zu deren Therapie werden dort in einer Art fiktiver Arzt-Patienten-Begegnung beschrieben, die zur Feststellung führt, daß in der Verdrängung des ursprünglichen Denkens durch das philosophische Fragen das zu behebende Grundübel liegt. Denn dieses reißt das Befragte aus der Zeit, in der es erfahrbar wäre, und unterstellt ihm, lediglich Erscheinung des Wesens zu sein, das allein zeige, was es »eigentlich« sei[20].

---

[17] »*Die Aufgabe des Denkens* ist: – das Aufgeben; nämlich das Fahrenlassen der Metaphysik zugunsten der Wahrnis des Unter-Schieds. Das Aufgeben vollzieht sich im *Schritt zurück* …« *Anmerkungen VI–IX*, IX, S. 366.

[18] »*Handwerk* – des Denkens. Seine Werkstatt steht unscheinbar, hell und einfach im Wohnen des geschicklichen Menschen. Not ist nur, dies Handwerk zu pflegen, ohne Absicht auf öffentliche Nutzung, ohne Verdienst und ohne Rang; pflegen in der Ausübung, die aus sich selbst Überlieferung wird.« *Anmerkungen I–V*, I, S. 76.

[19] *Das Neue Denken*, S. 149 f.

[20] »Der gesunde Menschverstand steht in Verruf bei den Philosophen. Er soll wohl dazu genügen, […] festzustellen, ob ein Angeklagter gestohlen hat – aber die Antwort auf die Frage, was […] das Verbrechen ›eigentlich‹ sei, diese Antwort dürfe man von

»Der künstlichen Zeitlosigkeit der ›Was-ist‹-Frage antwortet die gegenüber solcher Frage nun nicht mehr widernatürliche und doch an sich nur auf dem Grunde jener widernatürlichen Frage mögliche Antwort: ›Das Wesen‹.«[21]

Daß Rosenzweig hier den Begriff des ›Widernatürlichen‹ verwendet, ist Programm. Denn in seiner Sicht widerspricht das philosophische Erfassen einer ›natürlichen‹ Wahrnehmung der Welt, die nicht verstanden, sondern erlebt sein will[22].

Hier einen Bezug zu Heideggers Begriff der Eigentlichkeit zu vermuten, ist zwar verlockend, doch kaum solide belegbar. Gleiches gilt für den Begriff des »Ereignisses«, den Rosenzweig verwendet, um das Erfahrene als Unreflektiertes zu bezeichnen. Theoretisch hätte Heidegger den Text des *Büchleins* kennen können, das offenbar lange, bevor es publiziert wurde, in maschinenschriftlichen Durchschlägen[23] kursierte. Da jedoch verläßliche Belege dafür fehlen, daß Heidegger eine solche Abschrift vorlag, bleibt das Auftauchen beider Begriffe eine zufällige, aber bedenkenswerte Parallele.

Dem Menschen, dessen Verstand an der Frage krankt, was etwas eigentlich sei, schwindet die frühere Selbstverständlichkeit[24], die ihn dieses und jenes erfahren ließ, nämlich als genau ›dieses und jenes‹.

Die therapeutischen Maßnahmen, die Rosenzweig zur Heilung erwägt, lohnen in jedem Fall einen genaueren Blick. So ist von Schockerlebnissen die Rede, die die »vollkommene Umkehrung der normalen Lebensfunktionen«[25] wieder rückgängig machen und somit die Krankheit kurieren können. Ein anderer Ansatz besteht darin, daß dem Verunsicherten durch eine »Wendung des Weges«[26] neue Perspektiven eröffnet werden, die die verlorene Selbstverständlichkeit wieder herstellen können. Den Weg zu ändern, Holzwege einzuschlagen, die scheinbar in keine definierbare Richtung führen und doch den Blick für die Felder öffnen, die von ihnen durchkreuzt werden –

---

ihm nicht erwarten […].« *Das Büchlein vom gesunden und kranken Menschverstand*, S. 28.

[21] *Das Büchlein vom gesunden kranken Menschenverstand*, S. 31.

[22] »Nicht ›eigentlich‹, sondern ›wirklich‹ ist das Wort des Lebens.« *Das Büchlein vom gesunden und kranken Menschenverstand*, S. 32.

[23] So berichtet Glatzer in seinem Vorwort zum *Büchlein*, S. 14.

[24] »Kurz, das was sonst selbstverständlich war, das sei ihm plötzlich so gewesen, als müßte er es erst suchen, erst sich selber beweisen.« *Das Büchlein vom gesunden und kranken Menschenverstand*, S. 37.

[25] *Das Büchlein vom gesunden und kranken Menschenverstand*, S. 50.

[26] *Das Büchlein vom gesunden und kranken Menschenverstand*, S. 55.

das sind Bilder, derer sich Heidegger oftmals bedient, um die Einübung des erfahrenden Denkens zu illustrieren. In Rosenzweigs Text heißt es:

»Dieses Erkennen einer Stelle des vertrauten Geländes und dieses Umfassen des Gewohnt-Gewöhnlichen im selben Blick, der grade die letzten höchsten Gipfel zusammenschließt, gibt dem Kranken die Orientierung zurück [...].«[27]

Das verloren geglaubte Selbstverständliche wird wieder zugänglich, indem gerade nicht der kürzeste Weg, der ein baldiges Erreichen des Zieles verspricht, sondern der scheinbare Irrweg gewählt wird. Handelt es sich auch hierbei um eine zufällige Ähnlichkeit der Bildwahl und der Empfehlung des Weges, auf dem der denaturierte Mensch wieder in Relation zum Umgebenden tritt? Es könnte mit Recht festgestellt werden, daß die Weg-Metapher nicht spezifisch ist und ihr Gebrauch daher auf keine gedankliche Beziehung schließen läßt. Doch zumindest bleibt eine Erinnerung an die Bildlichkeit der Wege, die nicht führen, sondern öffnen, die zu späterem Zeitpunkt erneut aufzurufen ist.

Und gibt es nicht noch eine Überschneidung der Ansichten beider Denker? Auch wenn die Rede vom Kranken in Rosenzweigs Text vielleicht abschreckt, weil eine solche Bezeichnung angesichts der fließenden Übergänge vom Gesunden zum Kranken nach der Festsetzung der Grenze verlangt, die jedoch durchaus variabel ist, kann Rosenzweigs Text als ein Stück Zeit-Diagnose gelesen werden, das Verunsicherungen der Menschen aufdeckt. Diese entstehen durch eine Ablösung der Philosophie aus der selbstverständlichen Welt-Bezogenheit, die das Leben für gewöhnlich prägt. Rosenzweig folgt damit einem bekannten Vorbild innerhalb der jüdischen Geistesgeschichte. Denn im 13. Jahrhundert hatte es sich Mose ben Maimon zur Aufgabe gemacht, in seinem *Führer der Unschlüssigen* ganz ähnliche Irritationen freizulegen und Mittel zu ihrer Überwindung zu finden. Zu seiner Zeit lag die Ursache der Verwirrtheit der Menschen in der Unentschlossenheit, welchen Lehren zu folgen sei – jenen der Theologie oder jenen der griechischen Philosophie, die allmählich durch Übersetzungen zugänglich wurde.

In seinem *Stern der Erlösung* geht Rosenzweig auf genau diese Spannung zwischen zwei Haltungen des Fragens und des Antwortens

---

[27] *Das Büchlein vom gesunden und kranken Menschenverstand*, S. 62.

ein und wirbt leidenschaftlich für deren inhaltliche und methodische Verschmelzung.

Im *Büchlein vom gesunden und kranken Menschenverstand* ist die Darstellung des Konfliktes mit Rücksicht auf zu erwartende Leserschaft schlichter gehalten, doch darum nicht weniger aussagekräftig. Der philosophierende Mensch gerät in die Irre, aus der nur der »Schritt zurück« zu helfen vermag. Und obwohl sich Rosenzweig gegen den Begriff des Eigentlichen ausspricht, bezeichnet er doch, mit der Konnotation des Ursprünglichen, genau jene Perspektive, unter der Welt und Leben seiner Ansicht nach zu betrachten sind.

III. »Aber das Seyn läßt nie im Seienden eine Spur« – Seinsverlassenheit

Es fällt immer wieder auf, wie wenig Heidegger in früheren Jahren offenbar an direkten Aussagen über das Wesen des Menschen interessiert gewesen ist. In *Sein und Zeit* etwa tritt dessen Berücksichtigung fast vollständig hinter der Thematisierung des Seins zurück. Mit seiner Konzeption vom Dasein streift Heidegger zwar die spezifisch menschliche Seinsweise, beläßt deren Auswertung aber im Rahmen ontologischer Erörterung.

Selbst die Unterscheidung zwischen Eigentlichkeit und Uneigentlichkeit erscheint noch als Differenzierung zweier Erkenntnismodi des Seins. Die Betrachtung der Sorge, die doch ohne weiteres dazu geeignet gewesen wäre, ethische Rückschlüsse zuzulassen, erfolgt im Sinne der Analyse eines Existentials. So überlagern hier noch die Gedanken zu formalen Aspekten des Seins die Interpretation seiner Möglichkeits-Struktur. Es zeichnet sich zwar bereits in den 20er Jahren ab, daß Heidegger mit dem Begriff des Seins nicht nur die Faktizität des ›es gibt‹ benennt, doch wendet er sich noch nicht explizit jenem Ausstehenden zu, das Sein darüber hinaus ist.

Diese Situation ändert sich ab Mitte der 30er Jahre deutlich. Kaum zu entscheiden ist es, ob die motivische Ausweitung seines Denkens Voraussetzung oder Folge seines universitätspolitischen Engagements ist, das sich keinesfalls auf Aussagen fundamentalontologischer Natur hätte beschränken können. Denn das Gebot der Stunde bestand für Heidegger darin, Bedingungen für eine Verwirklichung des Seins zu erforschen und Maßnahmen für deren Umsetzung zu entwickeln. Tat und Einsatz der Studenten, die er in seiner Rede *Die Selbstbehauptung der deutschen Universität* fordert, gehen weit über die Aufforderung hinaus, der »Diktatur des man«, die er noch in *Sein und Zeit* beschrieb, zu entfliehen. Hier ging es um ein Austreten aus einer Gemeinschaft der entmündigt Denkenden, dort um das Eintreten für eine Gemeinschaft unter dem Zeichen der Selbstbestimmtheit. Daß diese, wenn sie sich einer Ideologie verschreibt, das selbstverantwortliche Denken nicht minder scheut, als es im »man« der Fall ist, ist ein Aspekt, den Heidegger nicht thematisiert.

Es wird an diesem Punkt sogar eine Bruchstelle der Heideggerschen Philosophie erkennbar. Denn jede Form der Selbstaufgabe des Denkens, das sich einer herrschenden Meinung oder propagierten Doktrin anschließt, befördert Seinsvergessenheit. Kein Wunder, daß Heidegger mit Blick auf diejenigen, die dem Seyn vorausdenken, so oft nur von den Wenigen spricht, die in stiller Vereinzelung wirken[1].

Die Möglichkeit, Sein zu bedenken, konkretisiert sich nun in der Vorstellung, Sein zum Sein verhelfen zu müssen, was keine Empfehlung mehr ist, sondern eine Weisung. Denn die Frage, die bislang noch kaum zum Tragen kam, wird nun in bedrängender Aktualität laut: Was bedeutet es, wenn dieser Weisung nicht Folge geleistet wird? Die Überlegung, woher diese ihre Legitimation empfängt, ist für Heidegger leicht zu beantworten, indem er auf das Sein selbst verweist. In diesem steht etwas aus, das der Verwirklichung harrt. Gelingt es dem Menschen nicht, diese Dimension des Zukünftigen im Sein zu denken, bleibt es unvollendet. Dieses bedeutet nicht nur, daß etwas unerreicht bleibt, das hätte realisiert werden können, sondern daß die Qualität des gegenwärtigen Seins dadurch drastisch gemindert ist. Denn Dasein, das nicht auf sein mögliches Sein ausgerichtet ist, verfällt dem Irrtum der Seinsvergessenheit.

In dieser Ausrichtung gewinnt die Sicht der menschlichen Befähigung, die sein Wesen ausmacht, eine schicksalshafte Schwere, die Heideggers Arbeiten der 20er Jahre noch fremd ist. Und es zeichnet sich ein philosophiegeschichtliches Kuriosum ab.

Denn mit der Vorstellung, in einer Zeit der Entscheidung zu leben, in der der Mensch um sein Wesen und das Sein gleichermaßen ringt, greift Heidegger auf jene Aussagen Franz Rosenzweigs zurück, die er bei der Niederschrift von *Sein und Zeit* noch kaum zu integrieren wußte. Es handelt sich um dessen Deutung der Erlösung, die er als dritten Teil seinen Reflexionen von Schöpfung und Offenbarung im *Stern der Erlösung* anfügt. Was bedeutet der Glaube an Erlösung,

[1] »[…] bist du Einer, der zum Anstoß von Besinnung wird; bist du Einer, der dem Seyn eine Bahn seiner Geschichte schafft?« *Überlegungen VII–XI*, VIII, S. 112. »Wie aber werden Hörende? Nur die selbst zu sagen vermögen, können hören, ohne daß sie sogleich zu Hörenden werden. Vielleicht muß aber das Wort ›des‹ Seyns sich ereignen und in der Stille der Wenigen bleiben; […].« *Besinnung*, S. 61. »Wenige müssen den Anfang in das Anfängliche retten, wenn dies auch nur auf schmalem Pfad gelingt […].« *Über den Anfang*, S. 91.

wenn er als psychologische Struktur menschlicher Zeiterfahrung begriffen wird? In entsprechender Weise hatte Heidegger bereits nach den beiden ersten Grundbegriffen des *Sterns* gefragt. Was bedeutet der Glaube an Schöpfung, wenn er als psychologische Struktur menschlicher Daseins-Erfahrung verstanden wird? Und was bedeutet der Glaube an Offenbarung, wenn er als psychologische Struktur menschlicher Selbst-Wahrnehmung gedeutet wird? In dieser Weise interpretiert Heidegger die Inhalte religiöser Gewißheit als Grundmuster existentieller Erfahrung, in denen sich dem Menschen die Begriffe seines Wesens, des Seins und der Zeit erschließen.

In Rosenzweigs Deutung kommt den Erfahrungen, die in dem dreifachen religiösen Erleben zugänglich werden, eine ganz ähnliche Funktion zu, die jedoch auf anderem Wege gewonnen wird. Denn in allen drei Erlebnisformen zeigt sich die Relation von Gott und Mensch, die Rosenzweig allerdings ungewöhnlich beschreibt. Nach theologischer Tradition wäre diese Relation wohl in dieser Art sichtbar geworden: Gott schuf, Gott zeigt sich und Gott wird erlösen. Rosenzweig hebt, wie sich noch zeigen wird, die Bedeutung des Menschen in diesen Prozessen hervor: Gott schuf, der Mensch gestaltet das Geschaffene und bereitet dadurch die Verewigung des gemeinsamen Seins von Gott und Mensch vor.

In dieser mutigen Akzentuierung menschlicher Tat antizipiert Rosenzweig einen Blick, den Heidegger gut zehn Jahre nach dem Erscheinen des *Sterns der Erlösung* auf den Menschen in Zeiten der Entscheidung wirft. Unübersehbar schiebt sich dabei der politische Aspekt über die zu Grunde liegende ontologische Ansicht, woraus die Vorstellung jener seinsgeschichtlichen Bewährung entsteht, die der Mensch zu bestehen hat. In Heideggers *Überlegungen* und *Anmerkungen,* in denen er seine Schriften begleitend auch das jeweilige aktuelle Geschehen kommentiert, werden Berichte von Niederlagen der deutschen Armee im Krieg bisweilen zu Metaphern des Seinsverlustes. Allmählich verwischt die Grenze zwischen dem Ruf nach dem Einsatz, den die Menschen im Krieg zu erbringen haben, und jener heroischen Opferbereitschaft, die den Wächtern des Seins abverlangt wird[2]. So, wie in späteren Jahren eine Analogie von Denkendem und

---

[2] »Philosophen sollen Herrscher und Wächter sein – wo aber sind die Herrschersitze – wo ist das Land, in dessen Landschaft sie aufragen? Erst dieses Land müssen wir urbar, ja zuvor erst sichtbar und ahnbar machen [...].« *Überlegungen XII–XV,* XII, S. 34.

Landmann anklingt, greift Heidegger nun zu einer Gleichsetzung von Denker und Krieger[3]. In philosophischem Kontext ist es aufschlußreich, daß er in beiden Fällen das Denken als eine Form des Tuns beschreibt. Dessen Eingreifen in die Welt steht dabei im Mittelpunkt.

Für einige Jahre folgt Heidegger einer doppelten Wahrnehmung der Wirklichkeit – in ihrer tatsächlichen Form und ihrer seinsgeschichtlichen Bedeutung, die jedoch in einem Aspekt übereinstimmen. Beide sind ihm Anzeichen eines unaufhaltbaren Zulaufens der Menschen auf den Untergang, der unabdingbar ist, damit Sein in neuer Form stattfinden kann[4]. Endzeitphantasien stilisieren die heroische Geste des vor-denkenden Menschen zum Mythos der reinen Wächterschaft des Seins, die damit in Bezug zu Visionen eines verborgenen Wesens von Sein und Volk gerät[5]. Nur die Deutschen sind berufen, so proklamiert Heidegger in diesen Jahren immer wieder, für dieses Verborgene einzustehen[6]. In dem Moment, in dem sie zum unterlegenen Volk wurden, steigert sich diese Erwähltheits-Phantasie zur Idee, daß den Deutschen nun für lange Zeit ein Dasein im Schatten auferlegt sei, während dessen sie den Glauben an das Reich des Seins bewahren[7].

---

[3] »Für den geistigen, handelnden Menschen gibt es heute nur zwei Möglichkeiten: entweder draußen auf der Kommandobrücke eines Minensuchers zu stehen oder das Schiff des äußersten Fragens gegen den Sturm des Seyns zu drehen.« *Überlegungen XII–XV,* XIII, S. 160.

[4] »Ein Volk ist ohne Bezug zum Seyn, wenn es mitsamt seinen Einrichtungen und Vorkehrungen nicht untergehen kann, damit aus dem Untergang der Anfang eines wesenschaffenden Dichters und eines das Seyn erfragenden Denkers entspringe.« 1938/39, in: *Überlegungen VII–XI,* IX, S. 243.

[5] »*Die verborgene Deutschheit* – unantastbar sei das Opfer der Gefallenen; jeder, auch der nachträglich darüber sagt, soll wissen, daß der Krieger wesentlicher war als es der Schreiber je sein kann.« *Überlegungen XII–XV,* XII, S. 29.

[6] »Das Weltjudentum, aufgestachelt durch die aus Deutschland hinausgelassenen Emigranten, ist überall unfaßbar und braucht sich bei aller Machtentfaltung nirgends an kriegerischen Handlungen zu beteiligen, wogegen uns nur bleibt, das beste Blut der Besten des eigenen Volkes zu opfern.« *Überlegungen XII–XV,* XV, S. 262. Die tiefe Verachtung, die in diesen Zeilen zum Ausdruck kommt, sammelt sich speziell in dem Begriff ›hinausgelassen‹. In drastischer Abgrenzung hierzu heißt es: »Der weit vorauswesende Augenblick der Entscheidung zum Wesen der Geschichte – ist den Deutschen zugesprochen – aber aus einem Anspruch, den das Sein an sie stellt.« *Überlegungen XII–XV,* XIV, S. 235.

[7] »Wir haben eine Aufgabe. Die Frage bleibt nur, ob wir selbst es vermögen, diese Aufgabe selbst *zu sein:* Jeder deutsche Mann ist umsonst gefallen, wenn wir nicht stündlich dafür wirken, daß über die jetzt ganz losgelassene und endgültige Selbst-

Es könnte gefragt werden, ob sich Heidegger in dieser Zeit auch durch das Denken Stefan Georges inspirieren ließ[8], der in seinen Versen »Geheimes Deutschland« eine Idee ausdrückt, die auf den ersten Blick nicht unähnlich wirkt. Daß Heidegger mit der Dichtung Georges vertraut war, geht aus seinen Schriften hervor. Zunächst eher zurückhaltend, setzt er Beispiele daraus in den Vorträgen ein, die er 1957/58 im Rahmen des studium generale an der Universität Freiburg unter dem Titel *Das Wesen der Sprache* hielt. Obwohl Heideggers Sprachdenken erst in Kapitel IX ausführlicher thematisiert wird, bietet sich hier ein Hinweis auf die Vorstellung an, für die er Stefan George zum Zeugen beruft.

Im Mittelpunkt seiner Auslegung steht Georges Gedicht *Das Wort* von 1919, das in der Sammlung *Das neue Reich* im Jahr 1928 veröffentlicht wurde. Hier erklärt Heidegger, daß sich Georges Dichtung mehr und mehr dem Gesang annähere, was mehr als nur eine formale Wertschätzung ausdrückt. Denn mit dieser Einschätzung attestiert er den Worten Georges das Vermögen, Wahrheit zu verkünden, die über das Verhältnis des Menschen zum Sein Auskunft gibt. In vergleichbarer Weise hatte Heidegger bisher nur auf das Werk Friedrich Hölderlins hingewiesen.

Daß sich Heidegger in seinen späteren Schriften der Bedeutung des Dinges im Kontext der Seinserfahrung zuwendet, wird sich zeigen. In den Versen aus Georges Gedicht sieht er den Beleg dafür, daß ein Ding erst durch das nennende Wort zu einem solchen wird[9]. Diese Einsicht deutet er als Verzicht[10], jenes Zulassen eines ursprünglichen Verstehens, dem er das Attribut des Geheimen zuspricht[11]. Auch wenn damit die Qualität einer bestimmten Erkenntnis bezeichnet

---

verwüstung des gesamten neuzeitlichen Menschentums hinaus ein Anfang des deutschen Wesens gerettet wird.« *Überlegungen XII–XV*, XV, S. 256.

[8] Für eine generelle Betrachtung der Relation liegt von Herrmanns *Die zarte, aber helle Differenz. Heidegger und Stefan George* vor.

[9] »Die eigentliche Erfahrung hat der Dichter mit dem Wort gemacht, und zwar mit dem Wort, insofern das Wort erst eine Beziehung zu einem Ding zu vergeben hat.« *Das Wesen der Sprache*, S. 168.

[10] »Der Verzicht, den der Dichter lernt, ist von der Art jenes erfüllten Entsagens, dem allein sich das lang Verborgene und eigentlich schon Zugesagte zuspricht.« *Das Wesen der Sprache*, S. 169.

[11] »Der Verzicht des Dichters betrifft nicht das Wort, sondern das Verhältnis des Wortes zum Ding: das Geheimnisvolle dieses Verhältnisses, das sich gerade dort als Geheimnis offenbart, wo der Dichter ein auf der Hand liegendes Kleinod nennen möchte.« *Das Wesen der Sprache*, S. 183.

wird, drückt der Begriff des Geheimen doch noch etwas anderes aus. In seinem Gedicht *Geheimes Deutschland* schreibt George: »Da in den äussersten nöten / Sannen die Untern voll sorge / Holten die Himmlischen gnädig / Ihr lezt geheimnis. . sie wandten / Stoffes gesetze und schufen / Neuen raum in den raum …«[12].

Drei Gedanken, die auch Heidegger umtreiben, klingen hier an: Die Erwartung eines kommenden Seins, in Georges Terminologie mit dem Begriff des »Reiches« verbunden, die kontrastierende Gegenüberstellung von Göttlichen und Sterblichen und das Raum-Geben als Schaffen eines Ereignis-Ortes. Für keine dieser Ideen muß Heidegger explizit George in Anspruch nehmen, da er sie längst im Rahmen seiner früheren Schriften vorgestellt hat. Doch fügt George ihnen mit dem Bild des Geheimen eine Konnotation hinzu, die Heidegger nicht unwillkommen zu sein scheint. Einerseits erinnert sie an seinen Glauben an die hohe Berufung der Deutschen, der in diesen Jahren allerdings nicht mehr artikuliert wird. Wäre es denkbar, daß Heidegger Georges Spruch vom Verzicht auch auf sein eigenes Denken bezieht? Andererseits verweist sie auf Georges Ideal eines Bundes Auserwählter, in dem sich das wahre Denken formiert und erhält[13]. Daß dieses über die Dichtung hinausgreifende politische Bedeutung erlangt hat, belegt etwa die Tatsache, daß die Gebrüder Stauffenberg dem Kreis um Stefan George für einige Zeit angehörten und vermutlich dort die Diskrepanz zwischen realem und möglichem Deutschland zu denken wagten.

Ausgehend von der Überzeugung, daß Denken und Dichtung in einem ursprünglichen und untrennbaren Verhältnis stehen, beruft sich Heidegger in verschiedenen Stadien seines Schaffens auf Aussagen lyrischen Ursprungs. Daß es ihm dabei nicht ausschließlich um deren Interpretation geht, hatte der kurze Hinweis auf seine Inanspruchnahme von Hölderlins Dichtung im *Brief über den ›Humanismus‹* angedeutet. Dort wirkte es so, daß er dessen Wort nutzt, um über das Wesen der Deutschen sagen zu können, was er selbst zu jenem Zeitpunkt kaum noch hätte artikulieren können. Eine sehr viel intensivere Auseinandersetzung, die stellenweise eher einer Aneig-

---

[12] In: Stefan George, *Gedichte*, S. 147.

[13] Hierauf bezieht sich Heidegger, wenn er schreibt: »Es gibt noch kindische Romantiker, die vom ›Reich‹ und gar der ›Reichs‹-universität schwärmen im Sinne der ›Reich‹-Vorstellung Stephan [sic] Georges. Woher die Angst dieser angeblich Angstfreien vor dem Reich als der riesenhaften Apparatur des Partei- und des Staatsapparates in ihrer Einheit?« *Überlegungen VII–XI*, VII, S. 6.

nung gleicht, erfolgte 1934/35 in Heideggers Vorlesung über Hölderlins Hymnen *Germanien* und *Der Rhein*.

In den 50er Jahren sind es nun andere Dichter, auf die er sich bezieht. Neben Stefan George ist es Gottfried Benn, der zum Bürgen für die Möglichkeit einer Erfahrung mit dem Denken wird. Ist die Auswahl gerade dieser beiden Lyriker Zufall? Beide werden heute im Zusammenhang mit dem Nationalsozialismus gesehen – George in Ablehnung des Versuches, ihn für kulturpolitisches Engagement zu gewinnen, Benn im Umschlagen von Zustimmung in Ablehnung.

Für den Versuch, den Denkweg Martin Heideggers zu rekonstruieren, stellt sich an diesem Punkt erneut die Frage, die bereits im ersten Kapitel angesprochen wurde. Findet er zu einer Sprache zurück, die es ihm erlaubt, in philosophischer Gültigkeit das Wesen des Menschen zu reflektieren, oder versinkt sein Denken in der dunklen Bilderwelt von Opfer und Reich, Größe und Untergang? Wie angedeutet wurde, kommt dem *Brief über den ›Humanismus‹* insofern eine äußerst wichtige Funktion in dieser Zeit zu, als die scheinbar schlichte Frage von Jean Beaufret Heidegger dazu veranlaßt, sein Denken zu sammeln und sich auf dessen ontologische Grundlage zu besinnen. Um die Voraussetzung dieser neuen Positionierung Heideggers am Anfang einer neuen Zeit nachvollziehen zu können, soll zunächst seine Deutung der Seinsvergessenheit näher beleuchtet werden. Denn in ihr drückt sich weit mehr aus als ein ideologisch geprägtes Zerrbild der Realität. Sie ist auch ein Stück Zeitkritik mit den Mitteln der Philosophie, so wie sie Heidegger versteht.

Zwischen den beiden Formulierungen der Seinsverfehlung und der Seinsverlassenheit kündigt sich bereits eine erste Verschiebung der Perspektive an. Noch in seiner Schrift *Besinnung* hatte Heidegger kaum Gebrauch jener Terminologie des Krieges gemacht, die von nun an für die nächsten Jahre sein Werk kennzeichnen wird. In der Verfehlung seines Wesens versäumt der Mensch die Bereitschaft für jene Gesamterfahrung des Seins, die sowohl sein eigenes Wesen als auch das Wesen des Seins entscheidend verändern könnte. Die Konsequenzen eines solchen Versagens werden jedoch noch kaum bedacht.

Ganz anders in der Schrift *Die Geschichte des Seyns* von 1938/40. Die Bedingungen, die den Menschen sein Mögliches versäumen lassen, werden nun in anderer Intonation vorgetragen, womit Heidegger seiner bereits zuvor geäußerten Vorstellung des Verstehens von Sein einen neuen Ausdruck verleiht. Soll Sein nicht nur denkbar, sondern erfahrbar sein, bedarf es des Menschen in der Bereitschaft, sich auf diese Erfahrung einzulassen. Neben diese Aussage tritt nun die Frage, was es bedeutet, wenn ein solcher Wille nicht besteht.

Wenn Heidegger so das Augenmerk vom Menschen auf das Sein der Welt ausweitet, betont er damit zugleich die Wandelbarkeit ihrer Relation – und wo Wandelbarkeit stattfindet, ereignet sich seiner Auffassung nach Geschichte. Bereits in früheren Texten gab es Hinweise auf die Differenzierung von historischem und geschichtlichem Denken, wobei Heidegger allein letzteres als Rahmen ontologischer Betrachtungen akzeptiert. Eine frühe Erwähnung findet sich bereits in *Sein und Zeit*, ohne daß sie dort schon Anlaß für detaillierte Reflexionen geboten hätte.

Seine Schrift *Zur Geschichte des Seyns* enthält nun eine breit angelegte Betrachtung der Seinsverlassenheit, die gleichermaßen deren Konsequenzen für den Menschen und die Welt in Augenschein nimmt. Für Heidegger steht nach wie vor fest, daß eine Thematisierung dieses komplexen Gegenstandes keinesfalls von der Metaphysik geleistet werden kann[14], denn »[...] das Fragen ist von Grund aus anders und kann allerdings in einer geschichtlichen Besinnung vergleichend angedeutet, aber niemals, was die Voraussetzung des Vergleichs ist, aus sich vollzogen werden.«[15]

So grundsätzlich anders sieht Heidegger seine nun einzuleitende Betrachtung des Seyns, daß er meint, sie unmöglich mit traditionellen Mitteln vornehmen zu können. Die Beschreibung der Erkenntnis-Situation, die er damit in diesem Text erzeugt, könnte kaum dramatischer sein. Denn die Vorstellung vom Ende der Metaphysik, die dem Fragen der Zeit unangemessen ist, geht in eins mit der Vorstellung einer schicksalshaften Entscheidung über die Zukunft von Mensch und Welt[16]. Kein Wunder, daß Heidegger in seinen Texten ab Ende der 30er Jahre Anklänge an Endzeit-Ahnungen nicht scheut, viel-

---

[14] »Der Übergang aus der Metaphysik in das seynsgeschichtliche Fragen ist im Wesen ein Übergehen der Metaphysik in dem Sinne, daß ein Fragen nach ihrer Art nicht mehr möglich ist.« *Die Geschichte des Seyns*, IV, S. 36.

[15] *Die Geschichte des Seyns*, IV, S. 36.

[16] In einem Brief vom 26.11.1939 an H.-H. Groothoff schreibt Heidegger zur Totalität des Krieges und zum möglichen Ende des Machenschaftlichen: »Die Frage erhebt sich: woher die ›Totalität‹? Ich antworte: aus der unbedingten Vormacht des Seienden vor dem Sein, wobei das Seiende selbst in der fraglosen neuzeitlichen Auslegung der unbedingten Machsamkeit steht. [...] Die heute dunkel erfahrene Seltsamkeit des Zustandes der Neuzeit ist bereits ein Zeichen dafür, daß jener Vorrang des Seienden als Machenschaft irgendwie schon wankt, [...].« *Zu Ernst Jünger*, S. 271 f.

leicht sogar gezielt heraufbeschwört. In jedem Fall unterscheiden sie sich hinsichtlich ihres Stils und ihrer emotionalen Aufgeladenheit deutlich von früheren und auch späteren Werken.

So ruft der Begriff der Seinsverlassenheit, um auf ihn zurückzukommen, sofort beunruhigende Assoziationen hervor. Denn anders als beispielsweise jener der »Wesensflucht« entstammt er einem Szenario des Unheils, der Verödung eines vormals möglichen Bezuges, der Seiendes an Seiendes verweist und damit Sein stiftet. Dessen Ausmaß betrachtet Heidegger als Kennzeichen für das Ende der Neuzeit[17].

Ein kurzes Verharren gibt den Blick auf die Bedingung der Seinsverlassenheit frei. Für ihre Darstellung greift Heidegger auf eine bisher nicht in vergleichbarer Intensität genutzte Begrifflichkeit zurück, wenn er von »Machbarkeit« und »Machenschaft« spricht. Die irreführende Einstellung des Menschen der Verfügbarkeit des Seienden gegenüber entlarvt er mit schneidender Präzision:

»Das Seiende ist in dem, was es ist und wie es ist und daß es je so und so ist, der planenden Berechnung und der lenkenden Meisterung des Menschen überlassen, der Mensch dabei auf die Erhaltung seiner als des Betreibers des machbaren Seienden erpicht. [...] Die *Seinsverlassenheit* des Seienden hat zur Folge, daß sich der Mensch die Sicherung seines Wesens in der durchgängigen Machbarkeit des Seienden einrichtet.«[18]

Die Ausdrücke des ›Planens‹ und ›Berechnens‹ sind in Heideggers begrifflichem Portfolio negativ besetzt. Denn sie bezeichnen einen Umgang mit Seiendem, der gerade jener Perspektive des seinszugewandten Denkens entbehrt.

Hinzu kommt eine zeitgeschichtliche Absurdität, da Heidegger die Tätigkeit des Rechnens als eine jüdische Eigenheit betrachtet. So ist die Erwähnung des Rechnens immer als doppelte Zurückweisung zu verstehen: der falschen Einstellung zum Sein und der vermeintlich jüdischen Geisteshaltung. Die Verantwortung für den desaströsen Zustand in der Gesellschaft liegt – so will es Heidegger deuten – in einer Mentalität jüdischen Ursprungs[19]. Diese ist zum vorherrschen-

---

[17] *Die Geschichte des Seyns*, IV, S. 37.

[18] *Die Geschichte des Seyns*, IV, S. 38.

[19] »Eine der versteckten Gestalten des *Riesigen* und vielleicht die älteste ist die zähe Geschicklichkeit des Rechnens und Schiebens und Durcheinandermischens, wodurch die Weltlosigkeit des Judentums gegründet wird.« *Überlegungen VII–XI*, VIII, S. 97. »Durch den Rassegedanken wird ›das Leben‹ in die Form der Züchtbarkeit gebracht,

den Typus des generellen Seinsbezuges geworden und kennzeichnet das Bild des Menschen im Zustand der Verblendung.

Indem Heidegger hier seine Diagnose der Gegenwart mit Vorstellungen eines Zeitgeistes vermengt, der offen dem Antisemitismus huldigt, erzeugt er ein höchst ungutes Gemisch aus philosophischer Analyse und emotionalem Kalkül[20]. Denn er schürt die irrationalen Ängste der Menschen vor dem Fremden, indem er im vermeintlich jüdischen Wesen die Wurzel der berechnenden Einstellung und damit der Seinsverlassenheit sieht.

Das Szenario des Unheils illustriert er derart anschaulich, daß er sogar nicht davor zurückschreckt, vom »rechnenden Denken« zu sprechen. Die Infiltration der Gesellschaft und der Wissenschaft durch diese falsche Haltung greift, so will er Glauben machen, selbst auf jenes Instrument über, das der Wahrheits-Findung dienen sollte.

Vor diesem Hintergrund mag der Weg, der in den vorliegenden Betrachtungen verfolgt wird, heikel erscheinen. Er dient dem Versuch, eine Rekonstruktion des Heideggerschen Denkens gerade in Anbetracht der Brüche und Verzerrungen zu leisten, ohne darüber die Frage zu vergessen, ob es trotzdem philosophisch bedenkenswert sein kann. Um es in aller Klarheit zu betonen: Diese Frage bezieht sich ausdrücklich auf seine Aussagen nach 1945.

Eine solche Vorgehensweise muß grundsätzlich mit zwei möglichen Interpretationen operieren, die zu gegensätzlichen Bewertungen führen. Es ist möglich, daß Heideggers Umformulierung vom rechnenden zum erfahrenden Denken nichts anderes ist als eine intellektuelle Maßnahme zur Neutralisierung seines Philosophierens, um

---

die eine Art der Berechnung darstellt. Die Juden ›leben‹ *bei ihrer betont rechnerischen Begabung* am längsten schon nach dem Rasseprinzip, weshalb sie sich auch am heftigsten gegen die uneingeschränkte Anwendung zur Wehr setzen.« *Überlegungen XII–XV*, XII, S. 56. Diese Aussage Heideggers wird nur noch durch die folgende übertroffen, die sich auf die vermeintliche »Bodenlosigkeit« »des Judentums« bezieht: »Aber der eigentliche Sieg, der Sieg der Geschichte über das Geschichtslose, wird nur dort errungen, wo das Bodenlose sich selbst ausschließt, weil es das Seyn nicht wagt, sondern immer nur mit dem Seienden rechnet und seine Berechnungen als das Wirkliche setzt.« *Überlegungen VII–XI*, VIII, S. 97. Wenn »das Bodenlose sich selbst ausschließt«, liegt nach Heideggers Vorstellung die Verantwortung für die Vernichtung in der Hand der Opfer.

[20] Heidegger sieht in der »jüdischen Psychoanalyse« die Ursache dafür, daß das Denken nicht zur rechten Form der »Besinnung« findet, die erforderlich wäre, um Seinsverlassenheit zu erkennen. *Überlegungen VII–XI*, IX, S. 258.

dieses öffentlich auch nach Kriegsende fortführen zu können. Es ist aber auch möglich, daß er mit dem Begriff des berechnenden Denkens, das er auch das vorstellende Denken nennt, ein Defizit philosophischen Fragens nach der Welt bezeichnet. Für einige Jahre kommt ihm die Verbindung mit antisemitischen Assoziationen sehr gelegen, da er dadurch die Rolle der Deutschen als Kämpfer für die Wahrheit ins Heldenhafte steigern konnte. Mit den Jahren tritt dieses Anliegen in den Hintergrund, wobei die Ursache hierfür kaum verbindlich auszumachen ist. War es für Heidegger nicht mehr von Bedeutung, welcher Mensch den Wesenswandel vollziehen würde, oder wagte er es nur nicht mehr, mit lauter Stimme für die Auserwähltheit der Deutschen zu sprechen?

Von der Entscheidung darüber, wie in diesem Tableau von möglichen Einschätzungen und Bewertungen Position bezogen wird, bleibt die Beobachtung nicht unberührt, daß Heideggers Denken sich nach 1945 anders darstellt. Diese Änderung wird sowohl an der Terminologie, die er verwendet, als auch an der Bestimmung der menschlichen Seinsrelation ablesbar. Wären dieses allein noch keine Rechtfertigungen, Heideggers Aussagen überhaupt zu bedenken, tritt ein Aspekt, der dafür spricht, im Laufe der folgenden Betrachtungen immer deutlicher zum Vorschein. Durch seine Konzeption des Neuen Denkens deutet Heidegger mindestens fünf der zentralen Pfeiler des philosophischen Diskurses der Vergangenheit um. Mit der Berücksichtigung dieses grundlegenden Eingreifens in den Funktionskontext westlicher Rationalität entsteht die Frage, ob hier von einer wirklich neuen Ausrichtung des Denkens gesprochen werden kann, die eine Reflexion der philosophischen Tradition anregen könnte?

Um diese Arbeit der Umdeutung rekonstruieren zu können, ist es sinnvoll, dem Heideggerschen Denkweg eine Zeitlang zu folgen, der zunächst noch immer von seiner Darstellung der Seinsvergessenheit ausgeht.

Die Kritik, die Heidegger an einem Bild des Menschen übt, der sich von der Lösung zweckbestimmter Forderungen vereinnahmen läßt, ohne auch nur zu ahnen, daß er darüber hinaus eine ihm noch verschlossene Dimension des Seienden öffnen könnte, drückt eine nachvollziehbare Befürchtung aus. Warum sollte sich der Mensch mit weniger zufrieden geben, als ihm möglich ist? Ungenutzte Potentiale im Menschen könnten nicht nur seine Selbstwahrnehmung beeinflussen, sondern auch das Verhältnis im Sein beeinträchtigen. Denn bleibt die Perspektive des Zusammenhanges, in dem Seiendes steht, ungedacht, wird die Abschätzung der Folgen individuellen Verhaltens für das Gesamt erschwert.

Diese Überlegung formuliert Heidegger selbst nicht. In seiner Diktion ist vom Verlust des Seins die Rede, von der Verlorenheit des Seyns und der menschlichen Wesensflucht. Doch muß die Frage legitim sein, was diese Aussagen letztlich bedeuten, wenn sie als philosophiegeschichtliche Zeugnisse und zugleich als Forderungen an ein Verhalten des Menschen im Sein gelesen werden.

Sich in der Machbarkeit einrichtend[21] – so sieht Heidegger den Menschen und unterscheidet damit mögliches von pragmatischem Denken. Ausschließlich letzterem zu dienen, verhindert es, daß der Mensch jemals in sein Wesen finden könne. Bei diesem Gedanken beläßt Heidegger es jedoch nicht. Wie bereits angedeutet, überformt er ihn durch Aussagen, die er als »seynsgeschichtlich« bezeichnet.

Ausgangspunkt aller folgenden Überlegungen Heideggers ist nach wie vor die Forderung danach, daß der Mensch wesentlich werde: »Ist der Wesensgrund des Menschen der Bezug zum Sein, dann kann der Wandel des Menschen nur aus dem Wandel dieses Bezuges kommen.«[22]

Ist damit das Erfordernis eines Wandels ausgesprochen, unterscheidet Heidegger einen Zustand vor und nach dessen Ereignis. Mit dieser zeitlichen Differenzierung geht eine Wertung einher, die schärfer als bisher angemessene und versäumende Haltung im Sein charakterisiert. Könnte jetzt vermutet werden, daß Heidegger diese Unterscheidung zur Begründung einer Theorie der Ethik nutzt, wird diese Erwartung enttäuscht.

Zunächst gibt er nirgends eine dezidierte Anweisung zum rechten Verhalten. Und die wenigen fragmentarischen Aussagen, die sich in diesem Kontext finden, beschreiben eher das irrtümliche Verständnis, in dem menschliches Interesse vom Machbaren allein in Anspruch genommen wird. Imperativische Unterweisungen bleiben noch unerwähnt und Forderungen an den Menschen lesen sich wie Deskriptionen des Versagens.

---

[21] »Das Sein verläßt überall das Seiende und überläßt es den Fängen und Griffen der Vergegenständlichung. Das Gegenständliche ist die Beute der Verrechnung. […] Alles wird immer neuer und immer schneller neu.« *Die Geschichte des Seyns,* XII, S. 151.

[22] *Die Geschichte des Seyns,* VII, S. 99.

An dieser Stelle ist es erforderlich, noch einmal auf Heideggers Kritik der Metaphysik einzugehen. Auch sie ist seiner Überzeugung nach zu sehr in die Thematisierung des Seienden vertieft, um einen Begriff vom Sein denken zu können. Das bedeutet aber auch, daß ihre Terminologie sich einer falsch bewerteten Erkenntnis-Grundlage verdankt. So gelangt ein Begriff wie jener der Freiheit niemals über das Niveau gegenstandsbezogenen Fragens hinaus und kann daher selbst nur Aussage über den Gegenstands-Bezug des Menschen im Seienden sein. Aus Heideggers Sicht ist es daher konsequent, den Begriff der Freiheit neu zu bestimmen, um ihn tatsächlich zur Bezeichnung der Unabhängigkeit menschlichen Handels vom zweckgeleiteten Denken verwenden zu können.

»Das Da-*sein* ist und nur es ist das Geworfene – dem Offenen des ersten Entwurfs des ersten Anfangs Ausgesetzte. Wer dieser Geworfenheit sich entzieht, wird aus der Geschichte des Seyns in die Ungeschichte der Machenschaft gefesselt und kann dort seiner ›Freiheit‹ die Knechtsdienste verrichten.«[23]

Wenn Heidegger hier von »Geworfenheit« spricht, meint er damit nicht den Grund der Absurdität des Daseins, wie ihn Jean-Paul Sartre oder Albert Camus denken. Geworfenheit in Heideggers Sinn bedeutet die Faktizität des ›es gibt‹. Zugleich weist der Gedanke der Geworfenheit auf die noch zu formulierende Wesensbestimmung des Menschen hin. Denn diese besteht seiner Auffassung nach darin, sich der verirrten Form von »Freiheit«, die meint, im Machbaren verwurzelt zu sein, zu verweigern. Auch der Begriff vom Da-sein deutet bereits auf die Bestimmung des Menschen hin und ist damit weit mehr als nur die Benennung von Vorhandenem.

Im Vergleich zur Verwendung des Daseins-Begriffes in *Sein und Zeit* wird hier eine Erweiterung erkennbar.

So bezeichnet er dort eher das »Gegebene«, was jedoch ein Weiterdenken erforderlich gemacht hat, um »einen nächsten Begriff des Da-seins zu gewinnen und zwar vom Sein her […] und vom Menschen her, sofern das Da-sein nur von einem Menschentum übernommen werden kann.«[24]

Daß Heidegger hier vom »Menschentum« spricht, ist kein Zu-

---

[23] *Die Geschichte des Seyns,* III, S. 23.

[24] Weiter heißt es: »In Wahrheit ist das Da-sein nie ›gegeben‹, nicht einmal im Entwurf – es sei denn, dieser wese als *Geworfener* im Wurf der Er-eignung.« *Die Geschichte des Seyns,* VI, S. 56 f.

fall. Denn so will er die größtmögliche Abhebung von jenem Begriff der »Subjektivität« erzielen, der seiner Auffassung nach unauflöslich mit jenem der Seinsverlassenheit verknüpft ist[25]. Dem Menschentum steht es an, sich nicht in der vermeintlichen Beherrschbarkeit des Machbaren zu verlieren, sondern jenen Wesenswandel geschehen zu lassen, der Erfahrung des Seins erlaubt. Deren Wirklichkeit ist zunächst nur als Negation der Seinsverlassenheit und der Wesensflucht zu begreifen, denn Beschreibungen des Seyns, das sich in jener Erfahrung erschließt, wird Heidegger erst noch zu formulieren haben. An seine Möglichkeit zu glauben, sagt bislang nichts über seine Beschaffenheit aus.

Das Einzige, was er im Moment voraussetzen kann, ist das Vertrauen in jene Fähigkeit des Menschen, die in seiner Verstrickung in das Machbare stets ungenutzt bleibt: die Bereitschaft, mehr zuzulassen.

»Erst den Blick wach und klar machen für dieses Ungewöhnliche. Abhold ist die Besinnung allem Übertreiben und jedem Gesuchten. Die einfachsten und vielberedeten Verhältnisse in anfänglicher Reinheit erstehen lassen. Im Seltsamen meldet sich das Ungewöhnliche. Was ist dem neuzeitlich ins Seiende seinsvergessen gebannten Menschen ungewöhnlicher als das *Seyn?* Die Bereitschaft zur Gewährung der Stätte dem Seyn.«[26]

Der vielbeschworene Wesenswandel, den Heidegger vom Menschen verlangt, erweist sich als Wandel der Perspektive, in der auf das Seiende geschaut wird. Es ist Initiierung, nicht Gegenstand des Begreifens, hebt dieses über sich hinaus, anstatt es in seine faktische Vielfalt zu binden.

Für den philosophisch Geschulten, den Denker mit dem metaphysischen Wissen, den Menschen der Neuzeit besteht eine grundlegende Forderung darin, gerade nicht sein bisheriges Verständnis immer weiter zu spezialisieren, sondern es zu einem nicht unerheblichen Teil aufzugeben.

Denn die Fähigkeit, den Blick »wach und klar [zu] machen für dieses Ungewöhnliche«, das in der unverstellten Konzentration auf die Verweisungsstruktur des Seins liegt, sah Heidegger wohl schon einmal im Menschen, erkennt aber auch ihre Verformung und Über-

---

25 »Die *Subjektivität* des Menschentums [ist] die auszeichnende Sicherung der durch die Metaphysik vollzogenen Seinsverlassenheit.« *Die Geschichte des Seyns,* V, S. 44.

26 *Die Geschichte des Seyns,* VI, S. 54.

deckung durch Fertigkeiten, die diesem nützen und insofern ihre Berechtigung haben, solange sie nicht als alleiniger Inhalt des Denkens betrachtet werden. Es liegt nahe, sich in diesem Zusammenhang an die Unterscheidung zwischen Praktischem und Theoretischem zu erinnern, wie sie in der westlichen Rationalität üblich ist. Heidegger lehnt eine solche Entgegensetzung jedoch ab, da nur die Zusammenführung beider vermeintlich differenter Aspekte dazu führen kann, Seyn zu erfahren[27].

Wenn überhaupt nach einer Abgrenzung verschiedener Seinszugänge gesucht wird, dann ist sie eher in den Begriffen des Partikulären und des Komplexen zu sehen. Einseitige Fixierung auf das Seiende erfaßt immer nur einzelne Ausschnitte des Seins, nie eine Vorstellung seiner Gesamtheit.

Dieser Gedanke, den Heidegger immer wieder zur Sprache bringt, um die Untauglichkeit der Metaphysik zum Seynsdenken zu belegen, könnte nun als eine generelle Abwertung des Seienden verstanden werden. Denn ein Erkennen, das aus ihm resultiert, könnte niemals Erkenntnis des Seins werden. In seinen späteren Schriften wird Heidegger dieser Deutung entschieden entgegentreten. Allerdings muß sich, damit ein solcher Schritt möglich wird, der Blickwinkel umkehren, aus dem Seiendes betrachtet wird. Es ist dann nicht mehr der Grund, von dem das wissenschaftliche Fragen anhebt, sondern das Erfahren des Seyns. Doch werden noch rund 20 Jahre vergehen, bis Heidegger diese Auffassung in aller Klarheit ausdrücken kann.

Zur Zeit der Abfassung der Schriften wie *Die Geschichte des Seyns, Besinnung* und auch solcher Texte, die unter dem Titel *Zum Ereignis-Denken* zusammengefaßt wurden, ist Heidegger von dieser Entspanntheit, die »das Ungewöhnliche« in Konkretion zu denken wagt, allerdings noch weit entfernt. Zunächst meint er noch, eine Verknüpfung seiner ontologischen Ansichten mit dem Zeitgeschehen herbeiführen zu müssen. Hierfür verbindet er zwei Betrachtungsebenen: Zum einen deutet er das Geschehen des Krieges als Ausdruck der Seinsverlassenheit. Zum anderen bedarf es jedoch – davon ist er überzeugt – einer Umwälzung geschichtlichen Ausmaßes, um der Wahrheit des Seins zum Durchbruch zu verhelfen.

---

[27] »Weshalb ist bei uns das praktische Leben geistlos und das geistige Leben unpraktisch? Inwiefern ist beides und in seinem Bezug verwirrt? Ist beides nicht mehr ›das Wirkliche‹, gesetzt, daß eigentlich nur das Seyn ist?« *Anmerkungen I–V*, II, S. 132.

Ob Heidegger in friedlichen Zeiten Veranlassung zu einer solchen Aufspreizung seines Denkens gesehen hätte, ist fraglich. Ohne in unseriöse Spekulationen hierüber zu verfallen, kann zumindest festgestellt werden, daß es sich um eine zeitlich begrenzte motivische Überlagerung handelt. Für eine Einschätzung von Heideggers intellektueller Positionierung während der NS-Herrschaft wäre die Beantwortung der Frage hilfreich, inwieweit diese erfolgt, um der offiziellen Ideologie zu dienen. Allerdings ist gerade diese Antwort aus heutiger Sicht so schwer zu ermitteln. Welcher Anteil in Heideggers zweifellos politischem Engagement entspricht tatsächlicher Überzeugung, welcher Anteil ist Beugung unter herrschende Doktrin, die vielleicht notwendig war, um weiterhin öffentlich für seine Philosophie eintreten zu können? Zu welchen Zugeständnissen sind Künstler und Intellektuelle in jener Zeit bereit, um überhaupt arbeiten zu dürfen? Wieviel geistige Anpassung ist moralisch vertretbar? Und führt nicht das Beispiel derer, die den Weg des Widerstandes oder der Emigration wählten, diese Überlegung ad absurdum, bevor sie zu Ende gedacht wurde?

Heideggers Denken der 30er und 40er Jahre ist ein Denken, das die Konfrontation niemals offen suchte. Doch ist es deshalb bereits ideologisches Denken?

Um seine Entwicklung verfolgen zu können, ist es erforderlich, noch für einen weiteren Moment bei seinen Aussagen zur Seinsverlassenheit zu verweilen.

Diese hat laut der *Geschichte des Seyns* ein Ausmaß erreicht, das zu einer Entscheidung zwingt. Verbleibt der Mensch weiter in der Fixierung der Machbarkeit, oder wagt er es, sie in ihrer ganzen trügerischen Dominanz zu erkennen, auszuhalten und zu überwinden? Kein kühles Abwägen zwischen zwei Alternativen sieht Heidegger hier vor sich, sondern schicksalhaftes Geschehen, in dem das zukünftige »Menschentum« auf dem Spiel steht. Diagnostiker eines verirrten Denkens will er sein, der mit unerbittlicher Klarheit analysiert, was er vorfindet. Seine Forderungen nach dem Wesenswandel des Menschen sind vor diesem Hintergrund nicht als Handlungsempfehlungen zu verstehen, die durchaus auch anders ausfallen könnten, sondern als die Benennungen der einzig möglichen Konsequenz, die aus dieser Verirrtheit folgt. Insofern sind sie selbst Teil eines fast vorbestimmt wirkenden Prozesses, den Heidegger als seinsgeschichtlich bezeichnet.

Für dessen deutlichste Erscheinungsform wählt er den Begriff »Verwüstung«, ins Extrem gesteigerte Zustandsweise jener Einrichtung im Machbaren, die als irrtümliche Konzentration auf das Seiende beginnt und als Rechts-Deklaration eben dieser Haltung der Verblendung endet. Terminologisch nimmt Heidegger für die Beschreibung dieser Spirale sich selbst sanktionierender Verfehlung die Ausdrücke »Machenschaft« und »Ermächtigung« in Anspruch, in unverhohlener Assoziation an dessen politische Bedeutung[28].

»Dieses Wort [Machenschaft] nennt jenes Wesen des Seins, das alles Seiende in die Machbarkeit und Machsamkeit entscheidet. Sein besagt: Sicheinrichten auf die Machsamkeit, so zwar, daß diese selbst das Sicheinrichten in der Mache hält.«[29]

Das Fatale an dieser Situation besteht darin, daß in ihr Seinsverlassenheit zum Diktat erhoben wird.

»Die Machenschaft ermächtigt die Macht in ihr Wesen. Dieses aber ist die Übermächtigung. In der Übermächtigung liegt ein Niederzwingen und Vernichten. [...] Die vollständige Vernichtung ist die *Verwüstung* im Sinne des Einrichtens der Wüste. [...] In dieser Wüste ›wächst‹ nichts mehr; das Seiende kommt nicht mehr in die Entscheidung des Seins.«[30]

Es versteht sich von selbst, diese Zeilen im Kontext ihrer Entstehungszeit 1938/40 zu lesen. Dabei ist es jedoch sinnvoll, Heideggers Gebrauch der Begriffe zu hinterfragen. Denn er verwendet sie in variierender Bedeutung. So meint Macht zwar Erhebung eines Gültigkeitsanspruches, jedoch nicht zwingend in politischem oder staatsrechtlichem Sinne. Heidegger lehnt ein solches Verständnis selbst sogar ausdrücklich ab[31].

Verwüstung ist nicht nur die ungezügelte Zerstörung bestehender Kulturlandschaften, sondern Ent-möglichung des Seienden.

Soll Macht im Sinne Heideggers gedacht werden, »[...] muß der Denkende sich zuvor dessen entschlagen haben, irgend eine ›Erscheinung‹ erkennen zu wollen und im Gefolge dieser Erkenntnis eine

[28] Am 24.3.1933 stimmte der Reichstag mit Zweidrittelmehrheit für das »Gesetz zur Behebung der Not von Volk und Reich«, das es Hitler ermöglichte, Gesetze ohne vorherige Zustimmung zu erlassen.
[29] *Die Geschichte des Seyns,* V, S. 46.
[30] *Die Geschichte des Seyns,* V, S. 48.
[31] »Die ›Macht‹ muß sogleich aus dem Rahmen ›politischer‹ Betrachtungen und Stellungnahmen und Parteiungen herausgenommen werden. ›Macht‹ ist nur metaphysisch zu erfragen in ihrem Wesen [...].« *Die Geschichte des Seyns,* VI, S. 66.

Stellungnahme zur ›Macht‹ sich bereitzulegen. Der Denkende muß im Denken verbleiben [...].«[32]

Ist dieses ein Aufruf zum unpolitischen Denken? Wird versucht, das Denken gezielt von Stellungnahmen zu aktuellen Geschehnissen fernzuhalten? Das wäre allerdings bemerkenswert aus der Feder eines Denkers, der rund fünf Jahre zuvor eine solche Positionierung durchaus nicht gescheut hatte. Denn in seiner Rede *Die Selbstbehauptung der deutschen Universität* suchte Heidegger nach möglichen Anknüpfungspunkten seiner Philosophie an das Bildungsideal der Partei.

Sicher ist, daß Heidegger in der *Geschichte des Seyns* aus einem ganz bestimmten Interesse auf Macht zu sprechen kommt, das weder soziologisch noch historisch motiviert ist. Statt dessen markiert Macht in seiner Begriffsverwendung eine Phase seinsgeschichtlicher Abläufe. Ausgangspunkt hierfür ist noch immer sein Testat der Seinsverlassenheit, das er über die Neuzeit ausspricht. Deren Ursprung in falscher Ausrichtung des Denkens auf das Seiende hatte er aufgezeigt und als Machenschaft bezeichnet. Mit der Thematisierung der Macht setzt er zur Betrachtung jener Dynamik an, die unter dem Diktat der Machenschaftlichkeit beginnt und – in einem Seinszustand der Verwüstung – jeden Gedanken erstickt, der es auch nur entfernt beabsichtigt, über die zu beobachtende Erstarrung von Ansichten und Meinungen hinauszudenken. Denn das sollte seine Formulierung, in der Verwüstung könne nichts mehr wachsen, andeuten: Die Bemächtigung allen Denkens durch die unreflektierte Bindung an das Seiende ist so massiv, das keine Aussicht zu bestehen scheint, in dieser Erstarrung des Irrtums je wieder Bewegung zu initiieren.

»Indem sie [die Macht] alles Sein des Seienden bestimmt, verwehrt sie dem Menschentum jede Möglichkeit zu sich selbst zu kommen, will sagen, überhaupt noch das Selbstsein als möglichen Grund der Wahrheit zu erfahren.«[33]

Doch warum hält Heidegger den Hinweis, Macht sei nicht politisch zu verstehen, für angebracht? Seine Aussagen zum Aufbegehren des Denkens, das sich der Herrschaft der Machenschaftlichkeit widersetzt, könnten durchaus als subversives Element einer Kultur des Denkens aufgefaßt werden, das um Autonomie ringt. Wahr-

---

[32] *Die Geschichte des Seyns,* VI, S. 73.
[33] *Die Geschichte des Seyns,* VI, S. 71.

scheinlich würde eine solche Auslegung fast jedem anderen Denker eher zugetraut als ausgerechnet Martin Heidegger.

Philosophisch ist der Gedanke der Macht für ihn noch unter einem anderen Aspekt relevant, der bei erster Betrachtung widersprüchlich wirken kann. So ist deren Etablierung eine notwendige Bedingung dafür, daß Sein wesentlich werden kann, nicht als »Übergang« verstanden[34], sondern als Voraussetzung dafür, daß jemals die komplexe Erfahrung des Seinsmöglichen stattfinden wird. Genau diese bezeichnet Heidegger mit dem Begriff des Seyns. Die Bildung von Machtstrukturen ist somit unverzichtbar, um das tatsächliche Ausmaß der Seinsverfehlung begreifen zu können. Doch mit zunehmendem Erstarken werden alle Versuche, gegen diese aufzubegehren, und sei es auch nur im Denken, erstickt.

»Die Verwüstung selbst bleibt unempfindlich gegen Alles, was sie verleugnet und ihr Unwesen durchschaut hat; denn sie kann ja nicht unmittelbar beseitigt, sondern nur durch ihr Wesen selbst in ihr Wesensende gesetzt werden.«[35]

Kündigen sich hier Untergangsphantasien an, die sich, je länger der Krieg andauert, bruchlos mit der Beobachtung tatsächlichen Geschehens von Auslöschung und Vernichtung verbinden könnten? Will Heidegger ein Endzeit-Szenario entwerfen und den Menschen, des eigenen Wesens nicht bewußt, auf das Unausweichliche einstimmen? Die Beantwortung dieser Fragen variiert nicht unerheblich in Abhängigkeit davon, welche Schriften zu Rate gezogen werden.

In der *Geschichte des Seyns* gibt es Anklänge an eine solche Sichtweise, doch zahlreicher sind die Überlegungen Heideggers, was dem Menschen zu tun übrig bleibt. Daß Maßnahmen gegen bestehende Macht, sollten sie denn tatsächlich ergriffen werden, ihr Ziel verfehlen, hatte er gezeigt. Denn sie sind selbst wiederum Ausdruck zielgerichteten Denkens, das letztlich die Gültigkeit von Macht nur bestätigt. »Den irrigen Widerstand« gilt es also zu vermeiden. »Die Verwüstung aushalten [...] Keine Flucht in Bisheriges, kein Überspringen in vorschnell gemachtes ›Zukünftiges‹.«[36]

[34] »Kein ›*Übergang*‹ und keine ›Überwindung‹ – dieses alles ist noch gedacht im Widerspiel zum Gemächte innerhalb der Machenschaft. [...] ›Übergang‹ und ›Überwindung sind historisch-technische, keine seynsgeschichtlichen Bestimmungen.« *Die Geschichte des Seyns*, V, S. 45.

[35] *Die Geschichte des Seyns*, V, S. 48.

[36] *Die Geschichte des Seyns*, V, S. 45.

Um es noch einmal zu betonen: Derartige Äußerungen könnten als Versuche gelesen werden, eventuell aufkeimenden Widerstand gegen Machtausübung im politischen Sinne zu unterbinden. Indem diese als unausweichlich im Kontext der Seinsgeschichte präsentiert wird, verbietet sich ein Aufbegehren von selbst. In Anbetracht des Bildes, daß besonders die Lektüre der *Schwarzen Hefte* von Heidegger zeichnet, wäre es naheliegend, hier eine vermeintlich philosophisch Strategie zur Unterdrückung kritischer Stellungnahmen der NS-Herrschaft gegenüber zu vermuten.

Und dennoch ist ein zweiter Blick sinnvoll – so unzeitgemäß es auch sein mag, hier überhaupt ein ›und dennoch‹ zu erwägen. Liegt in Heideggers Aussagen zur Aufgabe des Menschen angesichts von Machenschaft und Macht wirklich ausschließlich eine pseudo-rationale Rechtfertigung bestehender Machtausübung? Dabei geht es wohlgemerkt nicht um die Beurteilung, ob das seinsgeschichtliche Denken Heideggers sympathisch ist oder eigenen Vorstellungen entspricht, sondern darum, ob es Legitimation des Mißbrauchs von staatlicher Seite ist. Es spricht einiges dafür, diese Frage zu verneinen. Am einprägsamsten ist die Überzeugung, Macht könne nicht mit Mitteln der Macht, hier als Synonym für zielgerichtetes Agieren verstanden, entgegengewirkt werden.

Eine nähere Einschätzung des Kontextes, in dem Heidegger von Macht spricht, entsteht, wenn der Begriff vom »Anfang« hinzugezogen wird.

»Weil die Macht die Wesensfeindschaft gegen alles Anfängliche, je wieder dem Anfang sich Zukehrende in sich eingerichtet hat, steht die Macht aller Würde entgegen. […] Die Würde des Anfänglichen wird durch keine Macht erreicht und ist aus keiner Macht je wißbar.«[37]

Die Bedeutung, die Heidegger dem Gedanken des »Anfangs« zuweist, erklärt sich daraus, daß allein seine Denkbarkeit die Erstarrungsdominanz, die aus einer nur partiellen Erfahrung des Seins resultiert, unterläuft und etwas wieder als Mögliches in Aussicht stellt, das bislang nicht einmal mehr vermißt wurde. Denn die Einrichtung in einem verfehlten Zugang zum Sein ist ebenso bezwingend wie die widerstandslose Fügung in eine herrschende Machtstruktur.

---

[37] *Die Geschichte des Seyns*, VI, S. 74.

Seinsgeschichtliche und metaphysische Deutung von Macht als Ermächtigung des Machbaren stimmen darin überein, daß beide jeden erneuernden Impuls, jeden Anfang, unterbinden. In beiden Fällen handelt es sich nicht um zufällige Entwicklungen, sondern um Tendenzen, die in der Natur eines Verhaltens liegen, das eigentlich Mögliches verfehlt. Heidegger ist davon überzeugt, daß aus Verfehlung Verfestigung resultiert und daß, soll deren Aufhebung denkbar werden, das Ausmaß beiderseitiger Dominanz auszuloten ist[38].

Für seine Vorstellung des Seyns folgt aus diesem Ansatz eine bedeutende Konsequenz. Es soll nicht als bloße Fortsetzung des Seins verstanden werden, die im Wesentlichen dessen Bedingtheit aufgreift. Es geht ihm nicht um die Aufforderung zur Reaktion auf die Seinsverlassenheit, weil diese wiederum nur ein Agieren unter dem Diktat der Machenschaft bedeuten würde.

»Die Macht wird im Wesen nur durch das Macht-Unbedürftige überwunden. Nur das Sein selbst, sich zurücknehmend in das Wesen, läßt das Seiende einstürzen, das in der unerkannten Seinsverlassenheit sich aufsteigert zur Herrschaft.«[39]

Gerade in Anbetracht einer solchen Formulierung wird noch einmal erkennbar, wie gut seinsgeschichtliche und historische Beobachtungen der Kriegsjahre sich verknüpfen ließen. Damit Seyn als das Neue entstehen kann, reicht es nicht aus, Sein fortsetzend zu denken. Es muß aus den Fesseln, die seine Verfehlung bedingten, befreit werden, das heißt aus seinem Denken des Machenschaftlichen. Die realen Ereignisse der 40er Jahre scheinen diese Sicht auf bizarre Weise zu bestätigen. Altes muß zugrunde gehen, damit eine neue Weltordnung entstehen kann. Dabei ist es allerdings schwer zu entscheiden, in welcher zeitlichen Relation philosophische Reflexion und tatsächliches Geschehen zueinander stehen. Ist erstere die Deutung des letzteren? Oder bestätigt dieses in furchtbarem Ausmaß das zuvor Gedachte?

Es ist nicht damit getan, sich hier gegen eine bestimmte Form von Machtausübung und dort gegen einen bestimmten Ausdruck von

[38] »Daß das Sein zur Macht wurde und werden mußte, ist eine Zulassung seines eigenen Wesens, das seit dem ersten Aufgang der Gründung seiner Wahrheit und damit des Wesens der Wahrheit entbehren mußte.« *Die Geschichte des Seyns*, VI, S. 62.

[39] *Die Geschichte des Seyns*, VI, S. 70.

Herrschaft zu empören, da solche Akte der Auflehnung letztlich das Recht der Phänomene, gegen die sie sich wenden, nur bestätigen. Denn sie artikulieren sich in denselben Ausdrucksformen wie das Ziel ihrer Ablehnung, ohne damit das System der Seinsverlassenheit, das Machenschaft und Übermächtigung erst schafft, auch nur ansatzweise zu treffen.

Es wird, je länger diese Auffassungen Heideggers thematisiert werden, jedoch immer deutlicher, daß er sich mit der Beschreibung dessen, was an die Stelle des Seins treten soll, allmählich in eine Region des Nicht-mehr-Sagbaren manövriert. Denn muß nicht alles Sprechen von dem Nicht-mehr des Seins letztlich auf jene Begrifflichkeit zurückgreifen, die selbst unter dem Diktat der Machenschaft entstanden ist?

Heidegger weicht zumindest für einen kurzen Augenblick dieser Schwierigkeit in der Aussage aus, daß sich der Wandel vom metaphysischen zum seinsgeschichtlichen Denken noch nicht verbalisieren läßt, da die Zeit des ersteren noch nicht vollendet ist. Doch entgeht er der letztlich selbstgeschaffenen Problematik damit nicht dauerhaft. Selbst in jener noch in unbestimmbarer Ferne liegenden Zeit wäre aufbegehrendes Denken zielgerichtetes Denken, es sei denn, die Beschaffenheit des Denkens würde grundsätzlich neu definiert.

So lange es noch um die Beschreibung des Menschen geht, steht der Blick auf dessen Möglichkeiten im Vordergrund, den Wandel des Seins analog zum Wandel seines Wesens zu er-warten. Wie sich noch zeigen wird, befindet sich Heidegger an einer motivischen Schnittstelle, an der sich gedankliche Erfordernisse unterschiedlicher Gewichtung kreuzen.

Zunächst muß er der eigenen Prämisse folgen, daß dem Sog der Machenschaft nicht mit Mitteln beizukommen ist, die selbst machenschaftlich ausgerichtet sind. Dieses Erfordernis verbietet jeden Aufruf zum gezielten Wirken gegen das Bestehende, weil es dessen Funktionalität unterstreichen würde. Die erwähnte Ablehnung von Rezepten, die zur Behebung der Seinsverlassenheit ersonnen werden, bestätigt diese Ansicht.

Zugleich ist er darauf angewiesen, die grundsätzliche Denkbarkeit eines Nicht-mehr in Aussicht zu stellen, weil andernfalls seine Rede vom Ausstehenden kaum Sinn machen würde. Prallen hier nicht zwei unvereinbare Vorstellungen aufeinander? Einerseits bestätigt zielgerichtetes Agieren die Herrschaft des Machbaren. Und andererseits wird ein Zustand im Sein denkbar, der sich klar vom gegenwärtigen Bestand abheben wird. Ein im Kontext der westlichen Philosophie zutiefst unbefriedigender Gedanke bietet sich als Lösung an. Tatenloses Erwirken ist vom Menschen gefordert.

Mit einem in seinem Werk nicht allzu oft anzutreffenden stilistischen Mittel versucht Heidegger, der sprachlichen Not des eigentlich noch nicht Sagbaren zu begegnen.

»Das Seyn aber ›ist‹ weder über uns, noch in uns, noch um uns herum, sondern *wir* sind ›in‹ ihm als dem Ereignis. Die einfallende Dazwischenkunft des Seyns. Und wir *sind* nur eigentlich (dem Ereignis ereignet) ›in‹ ihm als Inständige des *Da-seins.*«[40]

Zwei Schritte vollzieht Heidegger hier. Zum einen die symbolträchtige Solidarisierung der Menschen und zum anderen die Betonung ihrer Situierung im Da-sein. Der Wandel vollzieht sich inmitten des Seins – als »Dazwischenkunft«. Und er vollzieht sich inmitten des Seins – »in uns«. Was unterscheidet diese Perspektive aber von der mehrfach zurückgewiesenen Agitation gegen die Seinsverlassenheit?

Heidegger konstatiert: »Menschentum heißt hier, das Seyn ungekannt oder erfragt im Bezug zu seiner Wahrheit die Entscheidung werden lassen.«[41]

Auffällig ist diese Formulierung allemal. Denn sie besagt nicht, daß es für den Menschen eine Entscheidung zu treffen gilt, so, als könne er zwischen zwei Alternativen wählen. Statt dessen ist er selbst Entscheidung, was bedeutet, daß er Mittler im Sein zu sein vermag. In späteren Schriften Heideggers wird das Motiv des Raum-gebens und Stätte-schaffens für den Wandel zum Seyn durchgängige Metapher. Es wäre zu überlegen, ob diese Bildlichkeit den Zweck hat, das Dilemma des Nicht-erwirken-könnens eines veränderten Seinszuganges aufzuheben. Denn indem der Mensch als der Raum-gebende betrachtet wird, ist er derjenige, der etwas geschehen läßt, für dessen Ermöglichung er Sorge trug – er ist der tatenlos Erwirkende.

Heidegger versucht, diesen Wandel nicht als eine Aktion, sondern als ein Zulassen zu beschreiben, das den Menschen in gänzlich ungewohnter Weise fordert, sein vorstellendes Denken sogar unterfordert. Denn das wird in den kargen Aussagen, die über das Nichtmehr-tun des Menschen getroffen werden, allemal erkennbar: Ent-

---

[40] *Die Geschichte des Seyns,* VI, S. 55.
[41] *Die Geschichte des Seyns,* VI, S. 56.

haltung vom Bewirken-wollen ist erforderlich. Aber kann hier überhaupt von einer Forderung gesprochen werden? Verfällt das Denken damit nicht in genau dieselbe Paradoxie, der Arthur Schopenhauer begegnete, als er 1819 in seinem Werk *Die Welt als Wille und Vorstellung* das Wollen, nicht mehr zu wollen, thematisierte?[42] Die Lösung, die Schopenhauer in dieser scheinbaren Ausweglosigkeit des Strebens sah, ist bekannt. Er griff als einer der ersten westlichen Denker auf Quellen indischen Ursprungs zurück und integrierte unter ausdrücklicher Angabe ihres Ursprungs das dort gelehrte Nichtmehr-wollen dem Korpus philosophischer Theoreme.

Das Problem, vor dem Heidegger steht, ist vergleichbar – und seine Lösung ebenso. Er schöpft in seinem Versuch, einen Ausweg aus dem machenschaftlich dominierten Sein zu finden, die Möglichkeiten der Rationalität, wie sie seit Aristoteles den philosophischen Diskurs prägen, nahezu vollständig aus. Denn diese geben vor, daß das Denken stets dualistisch funktioniert, differenzierend und linear. So ist, um nur diese Beispiele aufzugreifen, eine Veränderung immer Verwirklichung eines vorausgehenden Vermögens, etwas Entstehendes ist immer Folge einer Ursache, etwas Erwartetes ist immer Fortsetzung eines Bestehenden, und etwas Bewirktes war stets Ziel eines Strebens.

Mit seinen Andeutungen zum Seyn sprengt Heidegger diese Vorgaben des Denkmöglichen, die er letztlich als Postulate der sich selbst überholenden Metaphysik betrachtet. Seyn kann nicht durch Veränderung im Seienden bewirkt werden, es ist nicht Produkt zielgerichteten Strebens, und damit sind dem Menschen im übertragenen Sinne seine Hände gebunden. Er kann, selbst wenn er spürt, daß mehr möglich ist, als er sich im Moment vorzustellen wagt, nicht planend reagieren, er kann nicht entscheiden, sein Wesen zu wandeln.

»Die Entscheidung nicht zwischen bereitliegenden, vorgegebenem Vorhandenem, sondern *zwischen* dem, was erst zu er-denken, denkend zu er-fahren und als Freistätte einer Geschichte zu ergründen ist. […] Die Entscheidung gehört ganz in die Wahrheit des Seyns

[42] Heidegger selbst spricht von der »maßlose[n] Oberflächlichkeit Schopenhauers«, die er jedoch nicht erläutert. *Überlegungen VII–XI,* X, S. 327. Zaborowski in *Schopenhauer und der späte Heidegger,* stellt dagegen fest: »Es gibt noch einen anderen Grund, der Heideggers nur kursorische und äußerst kritische Beschäftigung mit Schopenhauer erstaunlich macht. Es zeigen sich nämlich bei allen Unterschieden markante Parallelen zwischen Nietzsches und Schopenhauers Philosophie.« S. 196.

selbst. Aber dieses muß je gegründet werden in seiner Wahrheit auf ein Menschentum, das die Wahrheit grundlos läßt […].«[43]

Der Wesenswandel, den Heidegger verlangt, ereignet sich, er ereignet sich den Menschen, der diesem Geschehen Raum gibt. Wie sich diese Bildlichkeit in Heideggers weiterem Denken immer deutlicher ausdrückt, wird sich zeigen. Zunächst ist der Gedanke festzuhalten, daß dort, wo etwas Anderem Raum gegeben wird, Bestehendes ausgesetzt wird, sowohl in seiner Bedeutung als auch seiner Beachtung. Das Motiv des »zwischen«, das hier gestreift wird, kündigt bereits die weitere umfangreiche Verwendung an, in der es Heidegger dazu dienen wird, Gleichzeitigkeit am selben Ort zu denken. Nach metaphysischer Auffassung, die Heidegger ablehnt, könnten zeitliche Abläufe nur als Abfolge des Nacheinander vorgestellt werden. Dabei würde das folgende Geschehen das vorausgehende ergänzen. Für Heidegger ist es extrem wichtig, das Geschehen des Kommens als Verwandlung des bereits Bestehenden zu entwerfen, um auch aus dieser Perspektive noch einmal die irrige Ansicht zu widerlegen, der Mensch könne sich für ein Nicht-mehr des Seins im Modus der Verlassenheit einsetzen und dadurch das Noch-nicht des Seyns erwirken. Und noch aus einem anderen Grund muß er

die Annahme eines Zukünftigen, das sich linear an Bestehendes anschließt, ablehnen. Denn nach seiner Auffassung würde es damit nur das Bestehende fortsetzen, nicht jedoch dessen Natur essentiell wandeln.

Die Entscheidung, die dem Wesen des Menschen entspricht, ist also keine Wahl zwischen Alternativen, sondern – hilfreich veranschaulicht in der Schreibweise als Ent-scheidung – ein Öffnen der verfestigten Struktur des Seins, um mitten in ihm Seyn zu gründen.

»Das Seyn läßt sich nie erzählend sagen und beschreiben. Wenn sein erst zu gründendes Wesen das Kommen ist, dann entspricht ihm das Fragen, das in den Bezirk der zu stellenden Entscheidung, ihn öffnend, hineinfragt und inständig wird in dem, was als Kommen west.«[44]

Wie schwierig es jedoch ist, den Menschen in einer Position zu denken, die ihm zwar eine Ahnung des Möglichen zuerkennt, ihm jedoch die Nutzung bisher gebräuchlicher Mittel verweigert, um es zu erwirken, zeigt sich abermals in Heideggers Begrifflichkeit. So be-

---

43 *Die Geschichte des Seyns*, VI, S. 58 f.
44 *Die Geschichte des Seyns*, VI, S. 59 f.

deutet das Gründen, von dem er spricht, nicht Ursache als temporäre Bedingung, sondern Grund zu sein, auf dem sich Ereignis abspielen kann. Der Boden, auf dem es stattfindet, ist wichtiger als die Voraussetzung, der es entspringt.

Den Ausdruck der Entscheidung kann Heidegger trotz erkennbarer Bemühungen nicht wirklich von der Bedeutung der Wahl freisprechen, weshalb er ihn in doppeltem Sinne verwendet.

»Die einzige Entscheidung ist die zwischen der durch die Machenschaft in die Macht gesetzten *Entscheidungslosigkeit* und der *Entscheidungsbereitschaft.* Die Entscheidung geht auf das Ent-scheidende. Das ist das Seyn, ob dieses dem Ent-scheidenden sich zukehrt.«[45]

Wie anders könnte er auch einen Seinsmodus denken, der nicht mehr durch das Merkmal seiner Verfehlung bestimmt wird, sondern durch die Konzeption seines Wandels? Wie bereits erwähnt, ist Heidegger letztlich nicht bereit, die Denkbarkeit des Seienden zugunsten seiner reinen Reflexion im Seyn zu opfern. In seinen späteren Schriften wird er zur Thematisierung der Dinge zurückkehren, die nur noch entfernt an deren Betrachtung in *Sein und Zeit* erinnert. Doch um in einer solchen Schlichtheit denken zu können, bedarf es erst in Heideggers Denken selbst jener Bereitschaft, den Blick »klar und wach« zu halten und eine Einfachheit zuzulassen, die tatsächlich nur durch ein Zulassen, keinesfalls durch ein planendes Agieren, zu erreichen ist.

[45] *Die Geschichte des Seyns,* VI, S. 61.

IV. »Doch sie wachen, die geheimen Wächter« – Wächter und Hirten

Werden die drei umfangreichsten Schriften Heideggers aus den Jahren 1938/39 betrachtet, fällt trotz vermeintlicher inhaltlicher Ähnlichkeit doch eine jeweils eigene Diktion auf. Unverkennbar ist die stilistische Eigenheit der *Überlegungen VII–XI*, die aus der vermuteten Funktion dieses Textes resultiert. Als Sammlung von Reflexionen und fragmentarischen Betrachtungen gedacht, ermöglichen sie eine begleitende Lektüre der systematisch angelegten Texte *Die Geschichte des Seyns* und *Besinnung*. Dieses Verfahren Heideggers erlaubt Einblicke in eine eher ungefilterte Formulierung von Ansichten, teils in eruptiver Heftigkeit, teils emotionaler Unmittelbarkeit.

Gilt es, thematische Konstanten sowie eventuelle Abweichungen zu berücksichtigen, fällt zunächst eine Formulierung Heideggers auf, die einen bereits bekannten Gedanken leicht variiert: »Jene Möglichkeit [des Wesenswandels] stellt den Menschen zu einem Kampf um die Entscheidung über Seynszugehörigkeit oder endgültigen Wesensverlust.«[1]

Hatte sich Heidegger in der *Geschichte des Seyns* bemüht, jeden Anschein eines menschlichen Bewirkens des Noch-nicht zu vermeiden und zu diesem Zweck Entscheidung primär nicht als Wahl verstanden, gewinnt genau dieser Aspekt in *Besinnung* aus dem Jahr 1938/39 nun doch sichtbar an Bedeutung. Diese Einstimmung auf die offensichtliche Aussage des Begriffes »Entscheidung« mag dadurch motiviert sein, daß es Heidegger für einige Zeit nicht mehr darum geht, das Wesen des Menschen in seiner Wandelbarkeit zu reflektieren. Statt dessen rückt die Betrachtung des deutschen Menschen massiv in den Vordergrund. Diese Ausrichtung des Fragens geht mit einer Nutzung von Begriffen einher, die bislang gar nicht oder zumindest nicht in dominierender Weise verwendet wurden.

In den *Überlegungen* aus der Zeit um 1938 greift Heidegger auf das Motiv des »verborgenen Wesens« zurück, womit das Wesen der

---

[1] *Besinnung*, III, S. 57.

Deutschen gemeint ist. Zunächst heißt es noch unter Hinweis auf den Menschen schlechthin, der sich der Seinsvergessenheit angesichts ihrer bezwingenden Präsenz kaum noch zu entwinden vermag:

»Wie aber soll von hier aus [...] auch nur die Ahnung einen Anklang finden, daß der Mensch sich verwandeln könne und müsse und daß diese Verwandlung aus dem Seyn selbst komme und *deshalb* den Menschen nicht nur *als* seienden, sondern *in* seinem Seyn treffen müsse, welches verborgene Mensch-*sein* in jenem Einzigen den Grund und das Wesen hat, daß es in sich die Gründung der Wahrheit des Seyns *zu sein* hat.«[2]

Verborgen ist dieses »Mensch-sein«, weil es mit dem Seyn übereinstimmt und dieses nur in der Verwandlung des menschlichen Wesens stattfinden kann. Damit ist das Verborgene das Eigentliche, das den Menschen Bestimmende und in seinem Wesen erst Ausmachende. Um es denken zu können, muß der Mensch sich eingestehen, daß der Blick auf das Seiende zwar ein unverzichtbarer, aber immer nur ein partieller Blick ist, der in der Vorstellung des Ganzen des Seins in seiner Struktur der Bezogenheit aufzufangen ist. Denn dieses erst ermöglicht jene Aufmerksamkeit im Sein, die Heidegger mit der Signatur des »Seyns« versieht.

Im selben Text spricht er auch vom »eigenen verborgenen Wesen« der Deutschen, das zu verkennen er als deren »Erbfehler« bezeichnet. Dieser wird nicht nur als Anzeichen der allgemein herrschenden Seinsverlassenheit gewertet, sondern er resultiert darüber hinaus aus der Einzigkeit dessen, was den Deutschen »aufgegeben« ist.

»Wenn andere Völker auf das Fragen verzichten und nur ihr Bisheriges retten, dann verstößt das nicht gegen ihre Haltung, weil ihnen das Fragen nicht aufgegeben ist. Wie aber, wenn der Erbfehler der Deutschen, nach dem Fremden zu blicken, im Nächsten und Gängigen überwunden ist, wenn wir den eigenen Geschmack u. s. f. entwickeln, dafür jedoch im Wesentlichsten und Einzigsten und Eigensten nur den Anderen es nachtun und auf die ›Politik‹ Alles und das Erste setzen.«[3]

Eine zutiefst beunruhigende Argumentation nimmt hier ihren Anfang. Nun verbindet Heidegger seinsgeschichtliches Denken mit der Frage nach der Möglichkeit völkischer Identität und vor allem

---

[2] *Überlegungen VII–XI,* VII, S. 23.
[3] *Überlegungen VII–XI,* VII, S. 10.

mit dem Postulat deutscher Besonderheit. Denn der Deutsche verfällt nicht der Seinsvergessenheit so wie jeder andere Mensch, weil er es nicht besser wüßte, sondern weil er es nicht wagt, zu seinem eigenen Wesen zu stehen. Im *Brief über den ›Humanismus‹* war zu lesen, daß Heidegger es den Deutschen zutraut, allen anderen Völkern den Weg aus der machenschaftlichen Verirrung zu weisen. In den *Überlegungen* ist davon nicht die Rede – ganz im Gegenteil. Hier stellt Heidegger eine Behauptung auf und nimmt für diese unbewiesene Gültigkeit in Anspruch. Denn mit keinem Wort erklärt er, warum es nur den Deutschen »aufgegeben« sei, nach der Wahrheit des Seins zu fragen. Keine Argumentation und kein Beweis scheinen ihm erforderlich zu sein, um seine Meinung zu belegen. Seine einzige Sorge gilt der Überlegung, wie in den Deutschen wieder jener »Wesensstolz« zu wecken ist, der ihnen allein eignet[4]. Denn: »Das Grundgesetz der Deutschen ist so ursprünglich ein Kampf als der Kampf um ihr Wesen, daß dieser Kampf auch rein aus der Kraft zur Entscheidung entspringen muß und sich nicht an bloße Gegnerschaft mit anderen anlehnen oder gar in solche sich auflösen kann.«[5]

Unübersehbar fällt Heidegger hinter das eigene Bestreben, Entscheidung nicht als Wahl, sondern als Raum-geben zu denken, zurück. Denn der Kampf drängt zu jenem Entweder-oder, das deutsches Wesen zu sich kommen oder sich verfehlen läßt[6]. Die weite Perspektive, in der er das Wesen des Menschen auf das ihm Mögliche hin

---

[4] »Was geht vor sich, wenn ein Volk bestimmt ist zum Kampf um sein Wesensgesetz und sich in die Unfreiheit sich selbst gegenüber versteift? [...] Gibt es noch den Wesensstolz, der auch dem noch vertrauen kann, was nicht sogleich ›selbstverständlich‹ und in seinem Nutzen errechenbar ist?« *Überlegungen VII–XI*, VII, S. 12.

[5] *Überlegungen VII–XI*, VII, S. 11.

[6] »Und worin liegt Jenes, was uns, die Deutschen, erst zum Volk macht? Die Sage geht vom ›Volk der Dichter und Denker‹. Aber ›Dichter und Denker, das sind nur die Vorboten jener Schaffenden, die einstmals in der Geschichte des Abendlandes das Seiende noch einmal in die Entscheidung des Seyns stellen und so die Flucht Gottes oder seine Ankunft zu dem Ereignis werden lassen, durch das jene Geschichte erst Geschichte wird: Erkämpfung und Untergang der Wesung des Seyns.« *Überlegungen VII–XI*, VII, S. 10f.

»Und wird dieses Wesen – so vollendet in seinen ersten Anfang – den *anderen* Anfang anheben, in dessen Bahn die Einfachheit und Stille des Seyns erst ein Übermaß des Sichgehörens *im Kampfe* für Götter und Menschen schafft, in dessen Zeitalter nicht nur die *alten* Tafeln der ›Werte‹ zerbrochen sind, sondern auch alle ›neuen‹, weil die Erbärmlichkeit der ›Werte‹ keine Unterkunft mehr findet im Zeitspielraum der Wahrheit des Seyns – [...].« *Überlegungen VII–XI*, VII, S. 25.

befragt hatte, verengt sich jetzt auf die Fokussierung des einzigen Volkes, das von nun an Bedeutung hat. Dahinter steht die abstruse Überzeugung, daß Seinsvergessenheit für alle anderen Völker weniger dramatisch sei, weil »ihnen das Fragen nicht aufgegeben ist«.

Woher nimmt Heidegger jedoch die Idee des besonderen Auftrages, der an dieses eine Volk ergangen ist?[7] Eine dezidierte Herleitung hat er wohl zu keinem Zeitpunkt angestrebt. Daß sein Denken sich scheinbar perfekt den Parolen und propagandistischen Verlautbarungen jener Zeit anschließt, ist nicht zu bestreiten. Und doch muß es ein tieferes Motiv geben, daß die Verwurzelung des völkischen Ideals in seinem Denken erklärt. Denn immerhin präsentiert Heidegger seine Aussagen zum Auftrag und Wesen der Deutschen im Kontext seiner ontologischen Betrachtungen. Für deren heutige Interpretation entsteht der bekannte Konflikt: Entweder gelten diese von Anfang an als nationalsozialistisch durchdrungen, womit der Versuch einer Begründung überflüssig wird. Damit gehen dann jedoch philosophische Gedanken ein für alle Mal verloren, die noch immer bedenkenswert sein können. Oder es ist möglich, Heideggers Reflexionen auch trotz ihrer unbestreitbaren Nähe zu ideologischen Positionen zu lesen, was keinesfalls bedeutet, diese ausblenden zu wollen. Ganz im Gegenteil – für eine Diskussion Heideggerscher Philosophie vor, während und auch nach der NS-Herrschaft ist die Frage unumgänglich, welche Konsequenzen sein Einschwenken auf eine Verklärung der Deutschen für seine Philosophie gehabt hat. Dieses Fragen zielt mitnichten auf eine Rehabilitierung Heideggers oder eine Verharmlosung seiner antisemitischen Aussagen. Es beabsichtigt vielmehr, jenen Bruchstellen nachzuspüren, die philosophische Theorien scheinbar urplötzlich anfällig für ideologische Verzerrungen werden lassen.

Mit Blick auf Heideggers Werk kann eine Strategie der Argumentation aufgezeigt werden, die die Hervorhebung des Deutschen möglicherweise erklären kann. Im Vorgriff auf zu Zeigendes sei hier bereits Folgendes vermerkt: In seinem *Stern der Erlösung* geht Franz Rosenzweig ausführlich auf die Einzigkeit seines, des jüdischen Volkes ein und beschreibt dessen geschichtliche Besonderheit. Dabei hebt er spe-

[7] »Wenn nun ein Volk, das, wie die Deutschen, im Bezug auf die Rettung der Wahrheit des Seyn einen ungewöhnlichen Auftrag hat, [...].« *Überlegungen VII–XI*, VII, S. 27, oder auch: »Die Geschichte der Welt ist aufgegeben der *Besinnung* der Deutschen.« *Die Geschichte des Seyns*, VIII, S. 108.

ziell den Aspekt hervor, daß dieses Volk weder über eigenes Land noch eigene Sprache verfügt.

»[…] Land Sprache Sitte und Gesetz ist uns schon lang aus dem Kreise des Lebendigen geschieden und ist uns aus Lebendigem zu Heiligem erhoben; wir aber leben noch immer und leben ewig; mit nichts Äußerem mehr ist unser Leben verwoben, in uns selbst schlagen wir Wurzel, wurzellos in der Erde, ewige Wanderer darum, doch tief verwurzelt in uns selbst, in unserem eignen Leib und Blut.«[8] Und an anderer Stelle heißt es:

»Das jüdische Volk ist unter den Völkern der Erde, wie es sich selber auf der allsabbatlichen Höhe seines Lebens nennt: das eine Volk. Die Völker der Welt können sich nicht genügen lassen an der Gemeinschaft des Bluts; sie treiben ihre Wurzeln in die Nacht der selber toten, doch lebenspendenden Erde und nehmen von ihrer Dauer Gewähr der eigenen Dauer.«[9]

Vor diesem gedanklichen Hintergrund klingen Heideggers Aussagen zum Volk der Deutschen fast wie eine Antwort, mit der er Rosenzweigs Formulierungen zu übertreffen sucht. Nur hat er das Problem, daß er sich im Glauben an die Einzigkeit seines Volkes auf keine religiöse oder geschichtliche Fundierung berufen kann und sich – beinahe einem Akt der Ironie vergleichbar – letztlich auf genau jene Begründung völkischer Identität stützt, die Rosenzweig ›den Völkern der Welt‹ attestiert: die Verwurzelung in Erde und Heimat.

Für beide Denker besteht die Frage, wie ein Volk zu sich findet und sich seiner selbst bewußt ist. Und beide sind von der Einzigkeit ihres Volkes überzeugt. Ist es ein absurder Wettstreit, in den sich Heidegger begibt, um zu zeigen, daß nur den Deutschen dieses Prädikat gebührt? Es hätte für derartige Überlegungen seinerseits nicht der Vorgabe des Rosenzweigschen Denkens bedurft. Philosophische Reflexionen des Völkischen entsprachen gewiß dem Bedürfnis der Zeit, angefacht durch die Parolen der NS-Propaganda, die Identität heraufbeschwören sollten, um eine Gemeinschaft des Blutes zu schaffen. Doch sind Heideggers Formulierungen zumindest in einer deutlichen Nähe zu Rosenzweigs Gedanken zu lesen, die eine direkte Bezugnahme nahelegt.

---

[8] *Der Stern der Erlösung,* III, I, S. 338f.
[9] *Der Stern der Erlösung,* III, I, S. 332.

»Wesensfremdheit« attestiert Heidegger also dem Menschen, besonders dem Deutschen[10]. Da sie aber, so will er es verstanden wissen, in einzig legitimer Geistesverwandtschaft zu den Griechen stehen und diese den »ersten Anfang der abendländischen Geschichte wagen mußten«[11], obliegt es den Deutschen, jenen anderen Anfang zu denken – Erbe, Auftrag, Schicksal in einem. Angesichts der Größe der Aufgabe mag es nicht überraschen, wenn sich für einen kurzen Moment die Befürchtung einstellt, ihr womöglich nicht gewachsen zu sein, geschwächt durch das unwesentliche Bewußtsein der eigenen Natur. Denn ist Sorge das Wesen des Daseins, in dem sich ein Erfahren des Seyns nur ereignen kann, so verwirklicht sich das Wesen der Deutschen in der Sorge, nun im doppelten Sinne des ›Sorgens-für‹ und der ›Sorge-um‹ verstanden.

Bereits unter Hinweis auf den Begriff der Entscheidung hatte sich eine Variationsbreite der Bedeutung gezeigt – einmal als Wahl und einmal als Raum-geben, das sich nicht als konkreter Akt vollzieht. Wenn Heidegger nun den Ausdruck der Sorge aufgreift, der sein Denken seit *Sein und Zeit* durchzieht, ist ein ähnliches Changieren der Aussage festzustellen. In *Sein und Zeit* hatte Heidegger Sorge als Struktur der Verwiesenheit des Seins aus deren Aktualisierungsformen des Besorgens und der Fürsorge ermittelt. Gut zehn Jahre später kehrt er zu einer konkreten Erscheinung der Sorge zurück, wenn er fragt, »[...] ob wir – ob gerade die Deutschen – diese höchste und verschwiegenste Sorge, die Sorge um die Wahrheit des Seyns zu übernehmen stark genug sind.«[12]

Hier will Heidegger nicht auf die Sorge als ontologische Struktur, sondern als Phänomen hinweisen, auf die »Sorge um die Wahrheit«, auch wenn diese die »verschwiegenste« Form ist.

Eine Betrachtung solcher Textpassagen verdeutlicht etwas sehr Interessantes. Denn da Heidegger die Deutschen unter den Völkern der Neuzeit auszeichnen will, kann er darüber nicht in jener allgemeinen Form sprechen, die er sonst bei der Beschreibung des menschlichen Wesens gewählt hatte. Allzu pragmatische Aussagen verboten sich gerade, weil er sie – seinem eigenen Denken folgend – als Aus-

10 »Die Deutschen sind von ihrem noch nie gefundenen, geschweige denn gegründeten Wesensgrund überdies losgerissen und taumeln in der Wesensfremdheit, die ihnen die Neuzeit aufdrängte.« *Überlegungen VII–XI*, IX, S. 181.

11 *Überlegungen VII–XI*, IX, S. 186.

12 *Überlegungen VII–XI*, IX, S. 186.

sagen über Abläufe unter dem Diktat der Machenschaftlichkeit und damit als nicht wahrheitsführend werten mußte. Der Weg des Menschen in das Seyn folgt keiner direkten Weisung, die sich an Markierungen des Machbaren orientiert.

Jetzt stellt sich Heidegger selbst vor eine andere Herausforderung. Der Weg der Deutschen zur Wahrheit des Seyns bedarf der erkennbaren Markierungen, um als solcher verstanden zu werden. Bei seinen Betrachtungen zum Wesen der Deutschen kann er also weitaus weniger jene Bindung an die Realität der Seinsverlassenheit lockern, als er es bezüglich der Aussagen zum Wesen des Menschen in aller Allgemeinheit getan hatte.

Zwei Erwähnungen des Begriffes der Entscheidung in den *Überlegungen* hatten bisher darauf hingedeutet, daß sie nun doch im Sinne des schicksalshaften Entweder-oder verwendet werden.

Eine Äußerung Heideggers ist besonders aufschlußreich: »[…] sondern daß wir so wie jene [die Griechen] den ersten Anfang der abendländischen Geschichte wagen mußten, den ganz *anderen* Anfang vollziehen und – zu diesem Vollzug eine vielleicht sehr lange und auf weithinaus mißdeutbare und unkenntliche und lediglich ›phantastische‹ Vorbereitung übernehmen. Diese vorbereitenden *inneren* Entscheidungen heißen ›innere‹, weil sie der Verborgenheit des Seyns angehören und sich deshalb auch niemals wie ausführbare Berechnungen und Planungen innerhalb des Seienden verlegen lassen.«[13]

Da davon auszugehen ist, daß Heidegger mit seinen Anspielungen auf Berechnung und Planung auf vermeintlich jüdische Aktivitäten hinweisen will, enthalten diese Zeilen zunächst eine erneute Abgrenzung davon. Denn der Deutsche wird sich eben nur vorübergehend und zum Schein der Forderung nach Entscheidungen beugen, die dem Machenschaftlichen entstammen. Wie sich zeigen wird, richtet sich Heideggers Kritik aber auch noch auf ein anderes Merkmal jüdischer Lebenswirklichkeit – den Glauben an ein zukünftiges Reich. Auf diese Form bricht Heidegger die Erwartung des Kommenden in der jüdischen Religion herunter, um sie insgesamt dem Bereich des Machbaren und damit des Falschen zuordnen zu können.

Der Deutsche, das zeigen obige Worte, erwartet nicht, er bereitet nicht wirklich vor, sondern nimmt es auf sich, einen Übergang in das Seyn zu ermöglichen. Doch im Grunde seines Wesens lehnt er der-

---

[13] *Überlegungen VII–XI*, IX, S. 186 f.

artige Planungen ab, da er ihre irreführende Verheißung eines letztlich nicht zu Erzwingenden durchschaut.

Entscheidungen, die wie tatsächliches Abwägen zwischen Alternativen wirken, es aber in Wahrheit nicht sein können, weil sie sich damit stets von neuem im Machenschaftlichen verstricken würden, sind in Wahrheit innere Entscheidungen, die vom verborgenen Seyn künden. Tatsächlich folgen diese Entscheidungen der Alternativlosigkeit des Seyns, wirken jedoch wie das Abwägen zum Zwecke der Vorbereitung des Seyns.

Sonderbare Verdoppelung der Perspektiven, auf die sich Heidegger hier einläßt. Denn er unterscheidet zwischen dem Verborgenen, Wahren und dem Augenfälligen und Trügerischen, was entfernt wie eine Replik auf die Ideenlehre Platons anmutet. Fremd erscheint dagegen die Vorgehensweise jener Denker des Seyns, die zwar einerseits unverzichtbar sind, um Risse in das kompakte System des Machbaren zu bringen, andererseits aber nicht als Vor-Denker erscheinen dürfen, um nicht eben dieses System zu bestätigen.

»Was ist die deutsche Zukunft? Daß Einzelne aus den Deutschen Zukünftige werden, solche die – wenn auch je nur für Augenblicke – den Stoß des Seyns auf sich zukommen lassen und in dieses Kommende vor-denken [...]. Ihre Gefahr ist, daß, weil sie Fragende sind, ihnen das Fragen zur Gewohnheit und zum Verfahren, statt zu einem augenblicklich immer neu aufbrechenden Ab-grund wird.«[14]

Immer wieder warnt Heidegger vor dem Verharren, ja selbst dem Rückfall in ein zielorientiertes Denken, das selbst dann, wenn es der Überwindung der Mechanik des Gewohnten gilt, um eines Zweckes willen wirken würde[15]. Sogar die Bereitschaft der Wenigen selbst unter den Deutschen, der Zukunft entgegen zu denken, darf nicht auf das Erreichen eines Erstrebten ausgerichtet sein, sondern muß sich allein dem Ursprung der Seinsverlassenheit verdanken und verschreiben[16].

---

[14] *Überlegungen VII–XI*, IX, S. 198.

[15] »Wir sind abgerichtet auf das Betreiben – Berechnen – Besorgen der Dinge – [...].« *Zum Ereignis-Denken*, V, S. 539.

[16] »Wenige müssen den Anfang in das Anfängliche retten [...]. Weither und in allem fast dunkel kommen die Opfer, die noch einmal und vielleicht zur letzten Frist die Deutschen in die Zugehörigkeit weisen und ihnen zu wissen geben, daß keine Zwecke mehr taugen und alle ›Ziele‹ nur die Verirrung in die Machenschaft betreiben und alle ›Werte‹ nur der Einrichtung der Verwüstung dienen.« *Über den Anfang*, S. 91.

Vor diesem Hintergrund wird es nachvollziehbar, warum Heidegger wiederholt auf jenen anderen Anfang hinweist, den der Mensch zu initiieren hat. Denn jedes Ausstehende, das aus einer bloßen Kenntnis des Seienden erwartet werden sollte, verlängert dessen Natur, die Machenschaftlichkeit, nur für unbekannte Dauer. Daß Heidegger sich mit dieser Ablehnung einer Erwartung des Kommenden gegen religiöse Vorstellungen und speziell deren philosophische Reflexion wendet, wird sich zeigen. Damit das Verborgene also nicht aus dem Bestehenden »errechnet« werden kann, muß es Sein eigenen Anfangs sein.

Diesen begründen die wenigen Ahnungsvollen, nicht indem sie ihr Denken auf das Zu-Denkende konzentrieren, sondern indem sie es aus dem Bestehenden, der Verwüstung, befreien. Heideggers Absicht ist damit klar. Doch ob ihm auch deren Umsetzung gelingt, kann gefragt werden. Denn wie groß ist der Unterschied eines Denkens, das sich am Erwarteten orientiert, von jenem, das aus Bestehendem heraus das Kommende zuläßt?

Seine Ablehnung einer Erwartung des kommenden Reiches, wie er sie in jüdischer Glaubensvorstellung meint finden zu können, hält er auch in späteren Schriften konsequent aufrecht. Immer wieder distanziert er sich von Ansichten, die seiner Auffassung nach das Kommende als Gewißheit begreifen und dessen Vorbereitung als eine Aktion, deren Erfolg letztlich vorbestimmt ist.

Die Beschreibungen jenes Wirkens der Deutschen, die in der Entscheidung zwischen Seinsverlassenheit und Wahrheit des Seyns stehen, sollen sich deutlich von derartigen Überzeugungen abheben und die ganze schicksalhafte Dramatik dieses Wirkens bloßlegen, dessen Ausgang Heidegger keineswegs als vorhersehbar betrachten will[17].

In seinen *Anmerkungen* und *Überlegungen,* in denen er die aktuellen Geschehnisse laufend kommentiert, überlagert sich die Vorstellung der »verborgenen Deutschheit«[18] zunehmend mit einem Bild

---

[17] »Vielleicht ist an dieser Stelle der Besinnung in der Tat ein Scheideweg – von wo wir zumal abirren in das Meinen des Subjektiven und des Vorstellens, aber auch eingehen können auf den Weg zu einem ›Wesenden‹, was anfänglich dem Anfang [...] zugehört, ohne daß dieser Anfang *Anfang für* etwas wäre, von dem es ab-hinge.« *Zum Ereignis-Denken,* II, S. 26.

[18] »*Die verborgene Deutschheit* – unantastbar sei das Opfer der Gefallenen; jeder, auch der nachträglich darüber sagt, soll wissen, daß der Krieger wesentlicher war als es der Schreiber je sein kann.« *Überlegungen XII–XV,* XII, S. 29.

der Deutschen in der tatsächlichen politischen Situation, wodurch sich der Mythos ihrer Einzigartigkeit noch verstärkt. Denn ab 1939 identifiziert Heidegger den Deutschen, der in der Entscheidung des Seyns steht, wiederholt mit dem Krieger, dessen Kampf unmittelbare Folgen für die Gründung oder den Untergang zukünftiger Ordnung – sehr wohl auch im territorialen Sinne verstanden – haben wird.

»*Das deutsche Blut verströmt umsonst,* wenn die geistige Entscheidung der abendländischen Geschichte nicht aus dem verborgenen Geiste des Abendlandes für den aufbewahrten Geist Europas gewagt und in langer Besinnung erkämpft wird.«[19]

Wie läßt sich eine solche Feststellung Heideggers mit seiner bisher so deutlich erkennbaren Vorstellung vereinbaren, daß der Anfang des Seyns nicht als eine Fortsetzung des Seins der Machenschaftlichkeit aufgefaßt werden sollte? Er hatte erwähnt, daß sich die wenigen Vordenker des Seyns möglicherweise vordergründig auf eine Berechenbarkeit ihres Tuns einlassen, Taktik eher folgend als Überzeugung. Aber handelt es sich hier um diese Art der Konzession an die Erfordernisse des Denkbaren? Noch einmal versucht er, der Gefahr zu begegnen, daß das Opfer der Deutschen, an das er so unumstößlich glaubt, im Getriebe des Machbaren versiegen könnte.

»Der weit vorauswesende Augenblick der Entscheidung zum Wesen der Geschichte – ist den Deutschen zugesprochen – aber aus einem Anspruch, den das Sein an sie stellt. Deshalb läßt sich die Entscheidung nicht historisch aus dem Gegenwärtigen ausrechnen.«[20]

Selbst wenn berücksichtigt wird, daß Heideggers Äußerungen in seinen *Schwarzen Heften* nicht das Maß an systematischer Komplexität aufweisen, das in einer philosophischen Abhandlung vorauszusetzen ist, gerät sein Denken doch zunehmend in den Anschein, zuvor formulierten Prämissen nicht entsprechen zu können. Hatte er Seyn als Konzept der Gewahrung des Seins in seiner Gesamtheit einer nur partiellen gedanklichen Ausrichtung auf Seiendes entgegengesetzt, lag der Reiz dieser Konzeption gerade in der universellen Gültigkeit, die Sein als Verwiesenheit begreift. Dieses zu erfahren machte das Wesen des Menschen aus.

In mehreren Schritten entfernt sich Heidegger nun immer deutlicher von dieser Überzeugung. Zunächst ist es nicht mehr Sache aller Menschen, in ihrer Wesensgründung für eine veränderte Perspektive

---

[19] *Überlegungen XII–XV,* XIV, S. 226.
[20] *Überlegungen XII–XV,* XIV, S. 235.

der Seinserfahrung einzutreten, sondern diese Möglichkeit wird als Auftrag den Deutschen allein zugesprochen. Woher Heidegger die Legitimation für eine solche Auserwähltheits-Phantasie bezieht, bleibt trotz der gerade angestellten Vermutung noch immer unklar. Seine wiederholten Rückgriffe auf die Dichtung Friedrich Hölderlins, die hier Erklärung bieten soll, reichen als Begründungen keinesfalls aus.

In einem weiteren Schritt beginnt sich jetzt das seinsentscheidende Denken der Deutschen mit ihrem realen Agieren als Krieger zu decken. Es könnte gefragt werden, ob denn nicht gerade Krieg ein zielorientiertes Geschehen ohnegleichen ist, das schwerlich mit der Vorstellung eines unbegründeten Gründens des neuen Anfangs, wie Heidegger sie zuvor ausgedrückt hatte, vereinbar ist. Erklärungsbedürftig ist gewiß auch die Konsequenz, die sich aus seinem Verständnis des Kriegers, das er gänzlich undifferenziert verwendet, ergibt. Denn danach müßte theoretisch jeder Kämpfende, dessen Einsatz und Opferbereitschaft das Kriegsgeschehen fordert, im Kampf auch für die Wahrheit des Seyns stehen. Wollte Heidegger diese Folgerung, die kaum in seinem Sinne sein könnte, vermeiden, müßte er Differenzierungskriterien benennen, die es erlauben, den wahren und selbstbestimmten Krieger von jenem zu unterscheiden, der Befehlen folgt und damit den Typus des zielorientierten Wirkens vertritt, der der Besinnung auf die Möglichkeit reinen Denken des Seins entgegensteht.

Mit seiner Feststellung, der Krieger sei wichtiger, als es der Denker jemals werden könne, hat Heidegger das reale Agieren zum Inbegriff des seinsgeschichtlichen Denkens werden lassen, dessen Begründung Ziel und Inhalt seiner Philosophie war. Ja, er geht sogar so weit zu behaupten, daß es Wirkung des Krieges sei, die Wesensbestimmung des Menschen als animal rationale endgültig zu überwinden. Doch welche Idee des Menschen tritt an dessen Stelle? Ist es überhaupt noch der selbstbestimmte Mensch, der das Sein zu denken wagt?

Von dieser Vorstellung scheint sich Heidegger schon längst distanziert zu haben, als er diese Möglichkeit nur dem Deutschen zusprach und sich dabei auf dessen vermeintlichen Wesensgrund bezog, den er jedoch nie zu beweisen wußte. Und nun reduziert sich das Bild des Deutschen, der zwischen Seinsverlassenheit und seynsgeschichtlichem Denken zu entscheiden hat, abermals auf die Idee des Kriegers, der eine Entscheidung historischen Ausmaßes austrägt.

Diese Eingrenzung des Menschenbildes, die Heidegger in seinem Denken innerhalb weniger Jahre vollzieht, bedeutet eine Einschränkung philosophischer Glaubwürdigkeit. Selbst unter Berücksichtigung der Tatsache, daß von Philosophie zu sprechen nur den Kontext westlicher Rationalität meint, müssen Aussagen über den Menschen innerhalb dieses Rahmens doch uneingeschränkte Gültigkeit beanspruchen. Unter Berufung auf einen nebulösen Herkunftsanspruch nimmt Heidegger eine Reihe von Ausgrenzungsmaßnahmen vor, die das vormals denkbare Gesamt der Menschen willkürlich zerschlagen. Nur den Deutschen ist es wesentlich, nach dem Sein zu fragen, so heißt es, nur der Krieger trete tatsächlich für die Wahrheit ein, die Juden verspielen aufgrund ihrer Tendenz des Berechnens und Planens jegliche Aussicht, dem Sog des Machenschaftlichen zu entkommen. Allein diese drei Typisierungen, die um die Aussagen zu Amerikanern und Russen ergänzt werden könnten, veranschaulichen bereits, welch haltlose Beliebigkeit des Denkens hier um sich greift, die nicht philosophischem Weitblick, sondern ausschließlich subjektiven Interessen folgt. Der Philosoph wird damit zum Herrscher über die Entscheidung, wer das Sein denken kann und darf. Abgesehen davon, daß dieses ein inakzeptables Vorgehen ist, das die Mechanismen der Ausgrenzung nach eigenem Gutdünken betätigt, widerspricht es letztlich Heideggers eigener Ablehnung subjektiven Denkens.

Denn in den 30er Jahren hatte er noch zu zeigen versucht, daß nicht der Mensch das Sein in auktorialem Gestus befragt, sondern denkt, was ihn das Sein erfahren läßt. Wenn mit der Forderung ernst gemacht werden soll, daß das Sein in seiner Gesamtheit zu bedenken ist, dann läuft jede Differenzierung, die dazu dient, die einzig wahren Denker zu isolieren, ihrem Anspruch zuwider. Es geht schließlich nicht darum, den Ahnungslosen, der allzu tief im machenschaftlichen Geschehen befangen ist, von jenem Menschen zu unterscheiden, der vielleicht bereits spürt, daß es einen anderen Blick auf das Sein geben könnte. Was Heidegger in den 30er und 40er Jahren formuliert, ist die Ankündigung eines philosophisch zu rechtfertigenden Begriffes vom Menschen deutscher Herkunft.

Damit schwenkt er letztlich auf den Weg nationalsozialistischer Propaganda ein, die sich genau dieser Strategien der Ausgrenzung und Zuweisung bedient. Dabei ist es irrelevant, ob es darum geht, über Volks- oder Seinszugehörigkeit zu entscheiden, denn in beiden Fällen entstammen die Differenzierungskriterien purer Willkür. Einer solchen Quelle sollte sich Philosophie jedoch unter keinen Umständen verschreiben, zumal dann nicht, wenn sie als Instrument von Aufklärung und Kritik gewertet wird. Genau diesen Anspruch hatte Heidegger selbst mit seiner Distanzierung vom metaphysischen Denken erhoben.

Es spielt auch keine Rolle, daß er in seinen *Schwarzen Heften* wiederholt darauf hinweist, daß sich seine Sicht von der offiziell vertretenen Meinung durch ein tiefes Seinsverständnis unterscheidet, das nationalsozialistischen Meinungen völlig fremd sei.

In dem Moment, in dem Differenzierungskriterien erdacht werden, die bestimmten Menschen oder Menschengruppen den Zugang zu einer vermeintlich einzigen Wahrheit verwehren, fällt die Vorstellung des Seins, die durch das Merkmal des Mit-seins getragen ist, in sich zusammen.

Heidegger hat in *Sein und Zeit* den Gedanken eines solchen Mitseins formuliert, zugleich aber durch die Einführung des Begriffes der Eigentlichkeit einen Zugang für ein mögliches Unterscheidungsverfahren gelegt, ohne ihn bereits als solchen auszuweisen. Denn dort bezog sich die Möglichkeit, eigentlich zu sein, auf die damit einhergehende Befreiung aus dem Diktat des »Man«, das Meinungen und Ansichten vorgibt und über deren Gemeinschaftsverträglichkeit entscheidet. Befreiung aus dem Man kann – im Wissen darum, daß hierin bisweilen bereits ein Anzeichen ideologischer Infiltrierung gesehen wird – als ein Schritt zur Selbstbestimmtheit im Denken und Handeln betrachtet werden, der nicht per se gefährlich ist, sondern dieses erst dann wird, wenn Selbst-sein nicht in einem bewußt gewählten Bezug zur Gemeinsamkeit aufgefangen wird. Gerade dieser wird aber im Grunde durch den Begriff des Seins gewährleistet.

Wie Heideggers Vorgehen zeigt, reicht allein diese Einbettung in die Vorstellung eines Miteinanders jedoch nicht aus. Es ist erforderlich, diese so unspezifiziert wie möglich zu halten, um gerade das zu verhindern, was sich nun zeigt.

Differenzierungen jedweder Art, die den Einen vom Anderen unterscheiden und diesem grundsätzlich größere Kompetenz des Denkens oder Handelns zusprechen als jenem, isolieren den selbstbestimmt Denkenden aus seiner Verwiesenheit an die Anderen, die er mit der Lösung aus dem Man niemals aufgekündigt hat. Es zeigt sich eine kaum zu bändigende Spannung in Heideggers Bewertung eben dieser Verwiesenheit. Sie ist ein Seinsmerkmal, das niemandem durch ein Verfahren der Differenzierung abzusprechen ist.

Das Eis, auf das sich Heidegger mit seiner Theorie des Deutschtums begibt, ist noch sehr viel poröser als erwartet. Denn was macht er mit seinen Überlegungen zur Ausgrenzung der Nicht-Befugten tatsächlich? Er kündigt seine Bestimmung des Mit-seins aus *Sein und Zeit* auf. Denn nun müßte er konsequenterweise davon sprechen, daß zwar alle Menschen sind, daß aber einige seiender sein können als andere. Das Seyn steht nicht als Möglichkeit, sich im Sein zu verhalten, allen Menschen gleichermaßen offen, sondern nur den eigenen Volksgenossen. Wäre es nicht eine vollständige Widersinnigkeit, müßte in Anbetracht dieser Auffassung Heideggers von einer deutschen Ontologie gesprochen werden.

Entweder ist der Begriff vom Sein eine allgemeine Aussage über die Tatsache, daß Menschen miteinander existieren, oder es befähigt auf wundersame Weise von Anbeginn an einige zu einer vertieften Erkenntnis des Seins, die dann als Seyn bezeichnet wird. Hier hilft es nicht, Sein als ontische Grundlage und Seyn als dessen Verständnis deuten zu wollen. Denn welcher anderen Quelle verdankt sich die Befähigung zu einem solchen Verständnis für einige als ihrem Sein. Auch wenn sich Heidegger dagegen ausspricht, Rasse als ein Merkmal der Unterscheidung zu betrachten, da sie nur biologische Voraussetzungen berücksichtigt, öffnet er im Grunde seinen Begriff des Seins ein Stück weit genau dieser Kennzeichnung.

Heidegger gibt die Vorstellung der Universalität des Seins für einige Jahre auf und läßt es zu, daß es zu einer Eigenschaft der Deutschen verkommt. Und diese, so zeigt er wiederholt, wissen aufgrund eines »Erbfehlers« noch nicht einmal darum, weil sie der eigenen Größe nicht zu vertrauen wagen.

Mit fortschreitender Entwicklung des Kriegsgeschehens und vor allem im Zuge der Folgen der deutschen Kapitulation tritt zu dieser Sichtweise die Überzeugung, daß den Deutschen Unrecht widerfährt, von Seiten des Auslands und sogar von der eigenen Regierung. Zunächst notiert Heidegger 1942:

»Fremdes Wesen umstellt noch und verunstaltet unser noch uns vorenthaltenes eigenes Wesen. Woher stammt die Verführbarkeit der Deutschen zu fremdem Wesen, woher das Unvermögen zur Politik […], woher stammt die Anmaßung und woher die Gründlichkeit, mit der auch das Irrige und Maßlose betrieben wird, woher die Formlosigkeit und alles Unwesen, das sie begleitet?«[21]

---

[21] *Anmerkungen I–V*, I, S. 47.

Eine rhetorische Frage, so will es scheinen, die doch bereits in eine ungewohnte Richtung weist. Denn in zunehmendem Maße versucht Heidegger zu zeigen, daß das Wesen der Deutschen nicht mit den Ausdrucksformen nationalsozialistischer Herrschaft deckungsgleich ist. Letztere repräsentieren seiner Auffassung nach nur das scheinbar grenzenlose Wirkungsfeld des Machenschaftlichen und zählen insofern zu jenen Gründen, die die Deutschen daran hindern, ihr verborgenes Wesen zu suchen.

1948 schreibt er dann: »Das deutsche Volk ist politisch, militärisch, wirtschaftlich und in der besten Volkskraft ruiniert, sowohl durch den verbrecherischen Wahnsinn Hitlers als auch durch den endlich ›zum Zuge gekommenen‹ Vernichtungswillen des Auslandes. […] Unter mancherlei zum Teil nur allzu berechtigten Vorwänden will man jetzt die Deutschen zur Demokratie erziehen. Das unausgesprochene Ziel ist: die totale Verflachung zu erreichen, um ihnen jede Luft und jeden Boden zu entziehen, worin noch Gewachsenes gedeihen könnte.«[22]

Ob eine Behauptung wie die letztgenannte einem deutschen Denker nach Kriegsende zusteht, darf gefragt werden. Durch seine Unterscheidung von Volk und Führung meint Heidegger offensichtlich, daß sich jede Überlegung zu Verantwortung und Schuld der Deutschen erübrigen würde, da sie selbst zu Opfern ihrer irregeleiteten Regierung wurden. Diese Überzeugung fügt sich bruchlos in die Inszenierung des Mythos vom Deutschen, die Heidegger zwischen Mitte der 30er und 40er Jahre betreibt – interessanterweise am deutlichsten in seinen *Schwarzen Heften*, deren Veröffentlichung er selbst als Abschluß der Gesamtausgabe seiner Werke verfügte.

Für die Frage nach Heideggers Bild des Menschen entsteht eine alarmierende Situation. Um die Einzigkeit der Deutschen verkünden zu können, denen es aufgegeben ist, die Wahrheit des Seyns zu erwirken, hatte er es aufgegeben, das Wesen des Menschen bedenken zu wollen.

Bedeutet der ›Ruin‹ der Deutschen, der sie tiefer in die Gefilde des Machenschaftlichen stößt, als sie es jemals zuvor waren, denn zugleich auch das Scheitern ihrer Berufung? Und würde daraus nicht folgen, daß Heideggers Denken selbst am Ende angelangt ist, obwohl es doch gerade zu anderem Anfang in der Erfahrung des Seins inspirieren wollte? Die Träger der Idee des Seyns werden von den Sieger-

---

[22] *Anmerkungen I–V,* V, S. 444 und 460.

mächten – den Eindruck will Heidegger zumindest erwecken – daran gehindert, zu ihrem wahren Wesen zu finden. Ist dieses Wesen damit in unerreichbare Ferne gerückt und mit ihm das ursprüngliche Ziel, einen Wandel in der Selbstwahrnehmung wie auch in der Erfahrung des Seins einzuleiten? Gibt Heidegger, möglicherweise nicht ungeübt in strategischem Vorgehen, seine Stellungnahmen zum verborgenen Deutschtum auf, oder zieht er sich immer weiter in das selbstgefügte Szenario der Märtyrerschaft zurück, in dem er dessen Wesen verwahren kann?

Die Glaubwürdigkeit seines Denkens steht auf dem Spiel. Natürlich könnte festgestellt werden, daß damit allenfalls über die Überzeugungskraft eines individuellen Gedanken-Konstruktes zu befinden wäre – ein philosophiegeschichtlich aufschlußreicher Fall, doch letztlich auch nicht mehr als das. Doch der Blick auf Heideggers Konzeption vom Sein enthüllt eine weitaus dramatischere Dimension zeitgenössischer Geistesgeschichte.

Was besagt seine Vorstellung vom Seyn eigentlich? Sie plädiert dafür, daß es zusätzlich zum pragmatischen Denken, das sich auf Erfordernisse konkreter Situationen und Bedürfnisse konzentriert, noch eine weitere, nicht zielorientierte Form des Denkens gibt, die das Sein in seiner dem Menschen zugänglichen Struktur der Verwiesenheit denkt und erfährt. Dieser Blick könnte das Bewußtsein für den umfassenden Zusammenhang schärfen, in dem alles, was ist, immer auf anderes bezogen ist. Er könnte die Haltung der Aufmerksamkeit nahelegen, in der individuelles Agieren in seinen Auswirkungen für das umgebende Sein betrachtet wird. Er könnte immer wieder darauf hinweisen, daß es nur den einen gemeinsamen Raum des Da-seins gibt, in dem sich gelingendes Miteinander, aber auch dessen Irritationen und Verwerfungen abspielen.

Wenn dieses auch als Inhalt des Heideggerschen Denkens betrachtet werden kann, wäre es lohnend, nach seinem Verbleib nach Kriegsende zu fragen. Ist er gänzlich von der Idee des Deutschtums absorbiert worden? Oder hat das Denken des Seins noch Bedeutung für den Menschen, vielleicht sogar für den Menschen im 21. Jahrhundert?

Für die weiteren Überlegungen wird eine Unterscheidung zweier Begriffe wichtig. Bisher hatte Heidegger die Menschen, die um die Möglichkeit des Seyns wissen, als dessen Wächter bezeichnet. Vornehmlich die Deutschen sind als diejenigen berufen, die in Kenntnis des geheimen Wesens des Seins ausharren und die Ahnung davon lebendig erhalten. Die Wächter sind nicht zwingend die Agierenden, sondern jene, die das Wissen bewahren – selbst in Zeiten, in denen die Verwirklichung des Geahnten kaum noch realistisch erscheint. Die Hirten, von denen Heidegger in den folgenden Jahren immer häufiger sprechen wird und damit das Motiv des Wächters überformt, hüten das Verwirklichte, dessen sie sich in Verantwortung und Sorge angenommen haben. So könnte sich nun die Frage anschließen, ob Heidegger mit dem begrifflichen Übergang vom Wächter zum Hirten eine Re-Universalisierung des Menschenbildes einleitet?

V. »Erst wenn die Vierung von Welt ins Spiel kommt« – Das Geviert

In den *Anmerkungen* aus dem Jahr 1942 findet sich eine Formulierung, die aufhorchen läßt: »Niemand denkt daran, wie es mit den Deutschen steht, ob sie noch und erst einmal bei sich selbst sind, oder ob sie überhaupt wissen, wer sie selbst sind, ob sie zu denken vermögen, um in dieses Wissen zu gelangen, ob sie in die lange Zeit des Andenkens eingehen können, in der erst die Wahrheit ihres Wesens gedeiht, welche Wahrheit ist: das Hirtentum im Abendland zu seyn […].«[1]

Die ersten Zeilen vermitteln Bekanntes, doch dann erfolgt der Schwenk zum Begriff des Hirten, genauer gesagt des »Hirtentums«, das die Deutschen zu übernehmen haben. Im Folgenden soll der Entwicklung dieser Bildlichkeit nachgefragt werden. Zunächst findet sich fast ausschließlich die Metapher des Wächters, die dann etwa ab der Entstehungszeit der ersten *Anmerkungen* von jener des Hirten ergänzt und schließlich ganz durch diese ersetzt wird. Der Unterschied zwischen beiden Begriffen ist beträchtlich.

Ohne die jeweiligen Bilder interpretierend strapazieren zu wollen, kann doch ein grundsätzlich differenter Bezug des Wächters und des Hirten zu dem von ihnen in Acht Genommenen festgestellt werden. Ersterer ist, so stellt es Heidegger dar, in seinem Tun auf das Noch-nicht bezogen, weiß aber um die verborgenen Quellen, aus denen es zu gründen ist. Die Wächter wissen um die Seinsverlassenheit[2]. Immer wieder hatte Heidegger von dem Wesenswandel gesprochen, der dem Menschen möglich und seiner Deutung nach dem Deutschen aufgegeben ist. In seinen *Überlegungen* von 1938/39 findet sich folgende Formulierung: »Denn *diese* Verwandlung des Men-

[1] *Anmerkungen I–V*, I, S. 51.

[2] »Der Einfall des Seyns in das schon einmal […] entborgene Seiende ist das Ereignis der Ereignung, dem nur Jene als Wächter gewachsen sein können, die aus der großen Enteignung des Seienden im Ganzen (der Seinsverlassenheit) herstammen […].« *Besinnung*, III, S. 59.

schen vom Subjekt in den Gründer und Wächter des Da-seins ist die Notwendigkeit des Seyns selbst [...].«[3] Sein Amt erfüllt der Wächter, indem er jenes Wissen um das Ausstehende lebendig hält, das eines Tages das Sein durchwirken und damit das Seyn herbeiführen wird.

Die Tatsache, daß Heidegger auf das Da-sein als das zu Gründende deutet, ist insofern zu beachten, als damit nicht das Gegebene des Daseins gemeint ist. Vielmehr nutzt er die signifikante Schreibweise als Da-sein, um dessen zukünftigen Modus anzukündigen. Bereits an früherer Stelle hatte sich gezeigt, daß sich das Seyn nicht als Transzendierung des Seins zu verstehen gibt, sondern als Gründung inmitten des Seins, also nicht als temporäre oder gedankliche Fortsetzung, sondern als Einrichtung im Da-sein. »Das Da-sein – die Wesensstätte des Wesensumsturzes des Menschen zur Wächterschaft der Wahrheit des Seyns«[4], so heißt es auch.

Der Wächter ist somit nicht derjenige, der Bestehendes vor Veränderungen oder Eingriffen zu schützen hat, sondern derjenige, der dessen Veränderungspotential bewahrt. Es hatte sich gezeigt, daß Heidegger durchaus das Motiv des verborgenen Wesens der Deutschen nutzt, um eben dieses Potential anzusprechen. Verborgenes, auch Geheimes, wie in Erinnerung an Stefan Georges Verse zu ergänzen wäre, bedarf der Wächter, die es für jenen Augenblick bereit halten, an dem es in Erscheinung treten wird. Ganz anders als beim später gebrauchten Bild der Hirten schwingt in jenem des Wächters eine negative Konnotation. Denn es ruft, besonders dann, wenn es in den 40er Jahren in Deutschland verwendet wird, Assoziationen an Geheimbünde und esoterische Zirkel hervor, an Gralshüter und Ordensburgen, den Kult der Eingeweihten und die auch politisch ausgerufene Pflicht, ihn zu schützen. Selbst der Hinweis auf Platons Beschreibung des Wächterstandes in der *Politeia,* die auch eine philosophische Deutung zulassen würde, vermag dieses Zerrbild nicht zu glätten.

Es ist vermutlich kein Zufall, daß sich Heidegger während der Kriegsjahre gerade dieser Metaphorik des Wächters bedient, um seinen Glauben an die Exklusivität deutschen Denkens zu unterstreichen.

Doch wie so oft gibt es in seinen Aussagen dieser Zeit eben auch noch eine zweite Bedeutung, die sich in den Schriften nach 1945 fortsetzen wird und philosophisch Relevantes zum Ausdruck bringt.

---

[3] *Überlegungen VII–XI,* VII, S. 24.
[4] *Besinnung,* XXVI, S. 322.

Wenn er den Wesenswandel fordert, soll dieser einerseits die Befreiung der Deutschen zu ihrem Selbst ermöglichen. Doch andererseits löst sich dadurch auch die menschliche Haltung im Sein aus der Dominanz des Machenschaftlichen. Zwei Deutungsstränge liegen parallel, die einmal eine separierende und einmal eine universell gültige Sicht des Menschen beinhalten. Es hat eine gewisse Logik, wenn Heidegger den ersten der beiden Deutungswege nach Kriegsende allmählich auslaufen läßt und in seinen Vorträgen und Schriften nur noch den zweiten, der vom Menschen generell spricht, artikuliert. Für heutige Interpretationen, die um einen eindeutigen Standpunkt seinem Denken gegenüber ringen, resultiert daraus jedoch eine zutiefst unbefriedigende Situation. Denn vielleicht wird niemals unbezweifelbar zu entscheiden sein, ob Heidegger den ersten Weg aufgegeben oder lediglich verschwiegen hat. Wie sich immer klarer abzeichnet, sind jedoch die Aussagen des zweiten Weges so bedenkenswert, daß sie als für sich gültige Formulierungen der Suche nach einem neuen Denken betrachtet werden können. Dieses Neue Denken revolutioniert die Seinsrelation des Menschen grundlegend und setzt an die Stelle pragmatischer Bezüge eine grundsätzliche Haltung der Aufmerksamkeit.

Diese ist erforderlich, um über allem Drängen des zweckorientierten Treibens eine Qualität des Seins zu erspüren, deren Denkbarkeit sich nicht erzwingen läßt. In seinen späten Texten stellt Heidegger immer nachdrücklicher die Motive des Geschehen-lassens, des Horchens und der Stille in den Mittelpunkt. Ihre Einbindung in den Argumentationsgang hängt auf das engste mit den Aussagen über das Nicht-tun der Wächter und Hirten zusammen. Allmählich beginnt sich deren Bildlichkeit zu trennen.

»Das Warten auf die Wächterschaft ist kein Nichthaben und Erst-haben-wollen, auch kein ›Haben‹ bloß, sondern ist die Gestimmtheit auf die Stimme des Stimmenden selbst, […] ist das Nichtbedürfen der ›Macht‹ und damit die Verabschiedung aller Seiendheit des Seienden.«[5]

Die Eigenschaft, die den Menschen dazu befähigt, über das situative und zielgerichtete Agieren hinaus zu denken, ist zugleich jene Befähigung, die ihn dazu beruft, Wächter zu sein. Wiederholt hatte sich im Zusammenhang der Heideggerschen Aussagen zur Beauftragung der Deutschen die Frage nach deren Legitimierung gestellt. Eine

[5] *Über den Anfang*, I, S. 24.

Antwort zeichnet sich ab. Derjenige ist aufgerufen, für einen Wandel der menschlichen Relation im Sein einzutreten, der diese Möglichkeit überhaupt noch zu denken vermag. Wie riskant es auch in verschiedenen Bereichen der Ethik ist, die Rechtfertigung einer Handlung ausschließlich aus ihrer Machbarkeit abzuleiten, spielt für Heidegger keine Rolle. Denn wenn ein Mensch begreift, daß die Natur des Seins in seiner Relationalität und nicht in seiner Nutzbarkeit besteht, ist der Wesenswandel bereits eingeleitet. Von dem Moment an liegt alles daran, ihn nicht als eine zweckgerichtete Aktion zu verstehen, ihn also freizuhalten von der Inanspruchnahme durch das Wollen.

Wenn Heidegger in der *Geschichte des Seyns* von der »Verschwindung des Menschen« spricht, so fügt er sofort hinzu, daß dieser nicht mehr als animal rationale zu begreifen sei[6].

Die Wächter betrachtet er nicht als die Wissenden, die Vorkehrungen für die Verwandlung des Menschen im Sein treffen[7]. Er sieht sie vielmehr mitten in das Sein gestellt, wo sie durch ihr Aussetzen des strebenden Tuns Raum für ein ungebundenes Denken schaffen, das scheinbar nichts erreichen will[8].

Unter Zurückweisung religiöser wie auch anthropologischer Menschenbilder sieht er nicht die Gründung eines neuen Seins durch den Menschen, sondern des Menschen im Sein. Das heißt aber auch: seines Verhaltens zum Sein.

»[…] hier erst erreicht der Mensch die höchste Freiheit zu sich selbst –; hier bedarf es keiner Erlösung und gleichwenig ihres Gegenspiels: der Flucht in das nur sich erlebende ›Leben‹.«[9]

Bereits durch diese wenigen Bemerkungen zu einem Versagen des Agierens, das bestimmten Interessen folgt, und zum Erschweigen, das Zäsuren des Aushaltens in die Geschäftigkeit des Machbaren legt, wird absehbar, daß sich Heidegger damit an die Grenze dessen begibt,

---

6 »So bleibt die ›Besinnung‹ stets noch in der Gefahr, für eine ›existenzielle‹ ›Ethik‹ und dergleichen genommen zu werden und dem entgegenzuarbeiten, was die Geschichte des Seyns inskünftig vorhat: die Verschwindung des Menschen – des animal rationale und der Subjektivität.« *Die Geschichte des Seyns*, III, S. 30.

7 »Das Anfängliche sagen und *so* sagen, daß eine Erschweigung des Sichverschweigenden (des Seyns) von diesem er-eignet ist. Ob es ist, wissen die Wächter nicht.« *Die Geschichte des Seyns*, XI, S. 135.

8 »Fragen wir ›wann‹ und ›wo‹ und ›wie‹, dann stellen wir ein ›Seiendes‹ vor und sagen nicht aus der Geschichte des Seyns, wachen nicht über die Wahrheit des Ereignisses […].« *Die Geschichte des Seyns*, VIII, S. 109.

9 *Überlegungen XII–XV*, XIII, S. 81.

was mittels der sprachlichen Möglichkeiten des westlichen philosophischen Diskurses beschreibbar ist. Er selbst vermerkt, daß sich das Seyn als die Form ungebundenen Seins nie »erzählend sagen und beschreiben« läßt[10]. Und doch kann es im Denken präsent sein und das Verhalten im Sein verändern, solange es sich als Ver-halten begreift, das nicht über das Seiende verfügen will, sondern es in seiner Seiendheit sein läßt, was soviel heißt wie: ihm als dem Co-Präsenten einen eigenen Wert zuzuerkennen.

Es muß jedoch darauf hingewiesen werden, daß im Begriff des Lassens zwei Bedeutungen liegen, nämlich die des Eingelassen-seins in seinsgeschichtliches Ereignis und das Lassen als Nicht-tun.

Die Abgrenzung beider beschreibt Heidegger Mitte der 40er Jahre:

»Aber zuletzt ist das ›Lassen‹ das, was ganz dem Ereignis selbst überlassen bleibt, so daß dies Wort nicht mehr ein Verhalten und auch keinen Aufenthalt des Menschen nennen darf; von der Gefahr zu schweigen, daß sein Gebrauch das Mißverständnis bestärkt, hier sei ein Nichts-tun als Nicht-tun gemeint […].«[11] Und an anderer Stelle heißt es:

»Aber wie weit noch sind wir entfernt von der unscheinbaren stillen Stärke des reinen Wartenkönnens *im* höchsten stillsten Tun des *Denkens* […]. Wie leicht geraten wir in die bloße Enthaltung von aller Aktion als Re-aktion – ohne eigentlich zu Lassen: ohne zu Ge-hören? – Wie ent-scheidend aber ist dieser einzige Übergang – ja dieses Bleiben im Austrag der *Zweideutigkeit* des Lassens?«[12]

Auch der Begriff der »Gelassenheit« steht gegenwärtig im Verdacht ideologischer Prägung. Das »Ge-hören« in den seinsgeschichtlichen Bezug könnte als Indiz fatalistischer Ergebenheit gewertet werden. Vor diesem Hintergrund wäre zu fragen, wie dann die »Zweideutigkeit des Lassens« interpretiert werden kann, von der Heidegger spricht.

Charakterisiert er den Wächter als denjenigen, der durch seine Verweigerung eines zweckorientierten Denkens dem Wartenden ähnelt, nutzt er das Bild des Hirten zur Modifizierung dieses Gedan-

[10] *Die Geschichte des Seyns,* VI, S. 59. Möglicherweise bezieht Heidegger sich hier kritisch auf die Vorgehensweise Rosenzweigs, der das Erzählen zum Stilmittel seiner Darstellung der Offenbarung gewählt hatte.
[11] *Anmerkungen I–V,* III, S. 295.
[12] *Anmerkungen I–V,* II, S. 122.

kens. Damit führt er eine Metaphorik in seine Schriften ein, die aussagekräftiger kaum sein könnte – und kaum mißverständlicher.

Denn natürlich liegt es nahe, bei den Erwähnungen vom Hüten und Pflegen, von Erde und Landschaft, von den Furchen, die der Pflug in den Acker zieht, vom gleichmütigen Schritt des Bauern, an jene Ideologisierung von »Blut und Boden« zu denken, die in der nationalsozialistischen Propaganda betrieben wurde. So ist auch das heutige Sprechen über die Passagen Heideggerscher Texte, die diesen Themen gelten, nicht unproblematisch, da es in jedem Fall vermeiden muß, in diesem Sinne verstanden zu werden. Daß Heidegger sich selbst wiederholt gegen eine derartige Vereinnahmung des Ländlichen durch das NS-Regime ausgesprochen hat[13], vereinfacht die Situation nicht wirklich, zumal er es in seinen *Überlegungen* und *Anmerkungen* getan hat, die für eine Veröffentlichung in jener Zeit nicht vorgesehen waren.

Dem Motivkreis des Ländlichen trotz der genannten Bedenken nachzugehen, ist unerläßlich, um die Position des Menschen in Heideggers spätem Denken rekonstruieren zu können. Denn er veranschaulicht den Gedanken des Einfachen, auf dem die Konzeption des Neuen Denkens ruht.

Wenn Heidegger neben das Bild vom Wächter jenes des Hirten setzt, ist er sich der Gefahr von Fehlinterpretationen bewußt und warnt vor romantisierenden Assoziationen, die sich eventuell einstellen können.

»Der Mensch, der als der Hirt des Seins gedacht wird, hat mit dem Schäfer einer Schäfer-Idylle nichts gemein; nicht einmal die Benennung. […] Was wissen wir vom Hirten? Besonders wenn wir ihn nur von der Herde her denken? […] Der Hirt verhält sich zu solchem, was ein Zu-Hütendes ist.«[14]

---

[13] »Man predigt ›Blut und Boden‹ und betreibt eine Verstädterung und Zerstörung des Dorfes und des Hofes in Ausmaßen, wie sie vor kurzem noch niemand zu ahnen vermochte.« *Überlegungen VII–XI,* XI, S. 361. Mit Blick auf die moderne Verdrängung des »Bauerntums« durch die Technik schreibt Heidegger Anfang der 40er Jahre: »Die Gelehrten kommen sich vor, als seien sie die letzten Retter und Hüter des Bauerntums. […] Doch der völkische und andere Snob wird solche Bauerntumshistorie mit Behagen ›lesen‹ – und seine Genossen vielleicht noch damit ›schulen‹.« *Überlegungen XII–XV,* XIII, S. 90f. Und in XII, S. 54 heißt es: »Die Welt des abgelegensten deutschen Bauernhofes wird nicht mehr durch das Geheimnis der Gezeiten des Jahres, durch die ›Natur‹ bestimmt, in der noch die Erde waltet, sondern durch das illustrierte Blatt […].«

[14] *Anmerkungen I–V,* IV, S. 371.

Diese Zeilen aus den *Anmerkungen* von 1947/48 geben bereits eine deutliche Unterscheidung zum Bild des Wächters zu erkennen. Denn während dieser von Heidegger vornehmlich über seine Funktion des Bewahrens eines Wissens um das im Sein Mögliche gekennzeichnet wird, denkt er den Hirten stärker aus der Perspektive eines Miteinanders. Jedoch wäre es, zumindest mit Blick auf Heideggers Darstellung aus dieser Zeit, irreführend, hierbei eine Vorstellung von wohlmeinender Zuwendung zu entwickeln.

»Der Hirt des Seyns hat nichts mit der Herde zu schaffen, aber er hat es mit der Hut zu tun, auf der der Mensch sein muß. […] ›*Der* Mensch‹ ist der Hirt des Seyns, der künftige Mensch; aber nicht jeder beliebige ohne weiteres, sondern zuerst der wesentliche, d.h. der Denkende, der zwingt, indem er vorangeht.«[15]

Seit Ende der 30er Jahre verwendet Heidegger vermehrt die Signatur des ×, um eine Form des Seyns besonders hervorzuheben. Über den Ursprung dieses Zeichens wird in den beiden nächsten Kapiteln zu sprechen sein. Im Moment sei nur vorausgeschickt, daß das Symbol der Kreuzung graphischer Ausdruck des Gevierts ist, jener Denkfigur, mit der Heidegger höchste Aktualität der Bezogenheit darstellt.

Im Kontext des Gevierts verwirklicht sich jene Form eines zielunbedürftigen Denkens, das sich aus der früheren Bindung in das Machenschaftliche befreit. Die Möglichkeit eines solchen Denkens basiert auf der Bereitschaft des Menschen, dem Gedanken des Einfachen Raum zu geben. Stille und Klarheit setzt er als Eigenschaften eines Denkens ein, das nicht im Machbaren verharrt. Das »erfahrende Denken« wird er es in seinen späteren Schriften nennen.

Der Hirte als der Zwingende, der durch sein Vorangehen den zukünftigen Menschen in sein Wesen ruft – die Wortwahl Heideggers verdeckt kaum die Entschiedenheit, mit der hier die Aufforderung zum Wesentlich-werden erfolgt. Doch verbirgt sich in dieser eher hart klingenden Formulierung auch jenes Bild des Hirten, das ihn als denjenigen zeigt, der vor dem Zurückfallen in die Gewohnheit des bisherigen Denkens warnt. Denn hiervor gilt es auf der »Hut« zu sein.

Heidegger stand stets vor der Schwierigkeit, wie über jenes Denken zu sprechen sei, das nicht zweckorientiert, sondern frei, nicht auf Partielles, sondern das Gesamt des Seins ausgerichtet ist. Mit der mo-

---

[15] *Anmerkungen I–V,* IV, S. 383.

tivischen Überleitung zum Ländlichen findet er eine Bildlichkeit, die ihm erstmals Aussagen hierzu erlaubt. Denn nun kann das Denkbare, das sich vom Machenschaftlichen abhebt, in einer Form benannt werden, deren Verständnis keine rationale Schulung erfordert, sondern deren Gegenteil: das Sich-Einlassen auf das Einfache.

»Weil das Menschenwesen seit langem schon in das Verkehrte der Verwahrlosung verstrickt ist, kommt uns das Einfache des Denkens als das Verwickelte vor, wenn nicht gar als die Verwirrung selber [...].«[16]

Der so oft von Heidegger eingeforderte Wesenwandel des Menschen findet als Um-kehrung des Denkens statt. Zu dem vorstellenden Denken, das immer nur partiellem Sein gilt, tritt das relationale Denken hinzu, das sich auf den gesamten Zusammenhang des Seins richtet. In seinen *Anmerkungen* 1949/50 schreibt er:

»Der Mensch ist, sein Wesen aus dem Wesen von Welt gedacht, der Hirt des Seins; wobei allerdings Sein bedeutet: Seyn, [...] und dieses so gedachte Seyn als Seyn✕.«[17]

Die Verwandlung der Nennungen des Seins wird in dieser kurzen Passage deutlich. Es sind jeweils sich intensivierende Formen des Denkens, das sich der allgemeinen Struktur des Seins, seinem Verweisungscharakter, annähert. Das ist es, was Heidegger mit dem Begriff des Einfachen bezeichnet. Durch die Bildlichkeit des Ländlichen drückt er es aus.

---

[16] *Anmerkungen I–V,* III, S. 279.
[17] *Anmerkungen VI–IX,* VIII, S. 239.

V.1 »Eine andere Einheit ist es« – Im Zentrum des Sterns

Die wohl größte Herausforderung, vor der Franz Rosenzweig mit seiner Konzeption eines Neuen Denkens steht, liegt in der klaren Unterscheidung zwischen Denken und Erfahren. Dabei geht es nicht darum, eine Wertung vorzunehmen, die etwa das Denken für wichtiger als die Erfahrung erklärt. Auch soll keine zeitliche Abfolge in der Weise konstruiert werden, daß Erfahrung dem Denken vorausgeht. Statt dessen sieht Rosenzweig beide Formen des Weltbezuges in strikter Verknüpfung, die jedoch keinesfalls als Identität zu verstehen ist. Es gibt Denkbares, wie etwa der Blick auf den Begriff der Tatsächlichkeit bestätigt, und es gibt Erfahrbares. Beide Wege der Vergegenwärtigung sind notwendig, da sie sich auf Inhalte unterschiedlicher Relation zur Zeitlichkeit beziehen. Bis zu diesem Punkt weicht Rosenzweig nicht von der Position tradierter Philosophie ab.

Die Besonderheit seines Gedankens besteht darin, daß er der Erfahrung auch Inhalte öffnet, die vormals allenfalls dem Denken als abstrahierender Erkenntnis zugänglich waren.

Im Kontext des Neue Denkens, das Rosenzweig entwirft und in seinem *Stern der Erlösung* zum Ausdruck bringt, taucht der bereits erwähnte Begriff der Tatsächlichkeit auf. Er dient dazu, das Faktum der erfahrbaren Präsenz von Gegenständlichem in der Welt zu bezeichnen, nicht aber den einzelnen Gegenstand. So findet Erfahrung ausschließlich in der Begegnung mit diesem Gegebenem statt, das als solches unverwechselbar in der Zeit besteht. Erfahrungen sind so temporär wie die Situationen, denen sie entspringen, und die Dinge, die sie hervorrufen. Umgekehrt bedeutet dieses, daß nur zeitlich Veränderbares erfahren werden kann. Wird diese Folgerung an Beispielen von Erfahrungen mit Menschen oder mit Dingen in der Welt verdeutlicht, ergibt sich keinerlei Schwierigkeit, da deren zeitliches Gegeben-sein offensichtlich ist. Rosenzweig versucht jedoch, einen Schritt weiter zu gehen und auch die Erfahrbarkeit des Göttlichen zu denken. Die gerade gewählte Formulierung verwischt noch die Radikalität seines Gedankens, die in vollem Umfang zutage tritt, wenn es nun heißt: Auch die Erfahrung Gottes soll bedacht werden. Aber wie kann Rosenzweig diesen Gedanken begründen?

Zunächst bricht er, wie er in seinen Erläuterungen zum *Stern der Erlösung* betont, mit dem seiner Ansicht nach schwerwiegendsten Mißverständnis der bisherigen Philosophie, die alles Erkennen auf die notwendige Existenz eines erkennenden Ich zurückführt. Statt dessen beginnt er im ersten Teil des *Sterns*, der mit dem Titel »Die Elemente oder die immerwährende Vorwelt« überschrieben ist, damit, das, was dem Menschen erkennbar sein kann, in seiner Tatsächlichkeit, also der Tatsache seiner erfahrbaren Gegenwart, aufzusuchen. In klassischer Terminologie heißt dieses, daß Erkenntnis nicht vom Subjekt, sondern vor allem vom Objekt ausgeht.

Natürlich formuliert Rosenzweig zu diesem Zweck Fragen, die ein gerichtetes Verstehen-Wollen andeuten. Doch gilt es hierbei zu berücksichtigen, daß er selbst als der Fragende sich nicht in der Position des Subjekts verfangen darf, das in gewohnter Weise durch sein Fragen das Befragte nach dem Maß des eigenen Interesses aufsucht. Fällt die Idee eines Erkenntnis initiierenden Denkenden aus, liegt die Folgerung nahe, daß es kein Wissen gibt, das im Stil traditioneller philosophischer Praktik ermittelt wird.

So entsteht die zunächst verwirrend anmutende Situation, daß am Beginn eines Buches, das der Thematisierung von Gott, Welt und Mensch gewidmet ist, ein dreimaliges Nicht-Wissen ausgesprochen wird. »Von Gott wissen wir nichts.«, »Was wissen wir denn von der Welt?« und »Vom Menschen – sollten wir auch von ihm nichts wissen?« lauten die Formulierungen, mit denen Rosenzweig die drei Bücher von Teil I des *Sterns* einleitet. Diese dreimalige Beteuerung des Nicht-Wissens ist erforderlich, um die drei Inhalte in ihrer Tatsächlichkeit denken zu können. Um es noch einmal zu betonen: Ihre Tatsächlichkeit ist Voraussetzung ihrer Denkbarkeit, nicht ihrer Erfahrbarkeit, auch wenn nur solches erfahren werden kann, das auch als tatsächlich denkbar ist. Dreimal bricht Rosenzweig mit der philosophischen Irrmeinung, selbst diese Elemente auf das erkennende Ich zurückführen zu können. Daher ist die Erwähnung der Tatsächlichkeit für ihn so bedeutsam. Denn sie darf, soll sie auch von Gott festgestellt werden, nicht Produkt subjektiver Hervorbringung sein.

Sollte eine solche Rückführung dennoch geplant werden, würde sie am Platz des denkenden Ich nun eine Leerstelle vorfinden. Rosenzweigs Fokus liegt auf den drei Elementen Gott, Welt und Mensch und nicht mehr, wie bisher, auf ihrem Denker.

Diese Dezentralisierung des Denkens wird eingeführt, um es zunächst allein dem Gedachten zuwenden zu können, von dem dann allerdings festzustellen ist: »Wir wissen von allen gleich viel, gleich wenig. [...] Jedenfalls ist das die Pointe meines ersten Bandes. Er will weiter nichts lehren, als daß keiner dieser drei großen Grundbegriffe des philosophischen Denkens auf den andern zurückgeführt werden kann.«[1]

Statt dessen sollen sie in ihrer jeweiligen Tatsächlichkeit aufgesucht werden, in ihrer Präsenz und, wie vielleicht ergänzt werden darf: in ihrem Sein. Denn etwas in seinem Sein erfahren zu wollen, ist wohl noch immer der sicherste Weg, subjektbedingte Zentralisierung des Denkens auszuschließen.

Sein im Sinne von Gegebenem kann nicht auf anderes Sein zurückgeführt werden, sobald die Wirkung kausaler Einflußnahme ausgeblendet wird. Daß dieser entscheidende Schritt allzu oft unterbleibt, führte nach Heideggers Auffassung zu jener massiven Destabilisierung des Seins, die er unter dem Begriff der Seinsverlassenheit beschrieb. Denn in einem gebrauchenden Zugriff und selbst in fragendem Denken wird Seiendes aus anderem Seienden, nämlich dem denkenden Subjekt, abgeleitet und damit in seiner Tatsächlichkeit verfehlt.

Franz Rosenzweig verwendet nicht annähernd so viel Intensität auf die Darstellung dieses Prozesses, sondern bezeichnet dessen Folgen sogleich als Irrmeinung der Philosophie seit der Zeit der Vorsokratiker. Ob er auch in der Welt seine unheilvollen Spuren hinterläßt, erwähnt er im *Stern der Erlösung* kaum. Doch wird aus der konzentrierten Form, in der Rosenzweig die Arbeit der Philosophie kritisiert, deutlich, daß ihre Verfehlung darum so schwer wiegt, weil sie dem Menschen nicht Begleiterin in schwerer existentieller Bedrängnis sein kann, vielleicht nicht einmal sein will. Das Bild des »hohlen Lächelns«, mit dem sie auf dessen Not reagiert, ersetzt in seiner schlichten Eindringlichkeit manch ausführliche Erörterung. Ganz gleich, ob sich die Metaphysik der Beförderung der Seinsvergessenheit schuldig macht oder Philosophie dem Menschen nicht zur Seite steht, wenn es nötig wäre – sowohl Martin Heidegger als auch Franz Rosenzweig sehen in dem Versagen beider mehr als nur Diskurs-Unstimmigkeiten. Philosophie steht nicht an ihrem Platz, so

---

[1] *Das Neue Denken,* S. 145 und S. 144.

könnte die Überzeugung beider Denker in strikt vereinfachter Form zusammengefaßt werden.

Wenn nun Rosenzweigs Aufruf zum Neuen Denken nicht nur als ein Versuch gewertet wird, dem philosophischen Wort wieder einen Sinn unter den Menschen zuzuweisen, sondern er auch selbst als Teil philosophischer Arbeit betrachtet wird, muß er sich in der Gestaltung des *Sterns der Erlösung* ausdrücken. Denn fast unbemerkt hatte sich über der Faszination, die seine Forderung ausstrahlt, ein argumentatives Problem eingestellt, das der Klärung bedarf.

Die Suche nach einer Dezentralisierung des Denkens, die dem Subjekt seine traditionelle Stellung als Zentralinstanz abspricht, hebt als unbeabsichtigte Nebenwirkung die Möglichkeit auf, die nun ungefiltert auf den Menschen einbrechende Fülle an Eindrücken zu kanalisieren. Denn es wäre vielleicht zu einseitig gedacht, die Zurückführung des Erkennens auf das Ich ausschließlich negativ zu bewerten.

Um einen Schutz des Menschen vor erkennender Überfrachtung zu gewährleisten, könnte eingewendet werden, daß nicht jede Erfahrung zwangsläufig zu einer Erkenntnis führt. Weder Rosenzweig noch Heidegger gehen auf diesen Aspekt ein, wenn sie die Funktion des Subjekts im Erkenntnisprozeß kritisieren. Wer ist aber derjenige, der erfahrend denkt, wie Heidegger schreibt? Der Mensch als Subjekt kommt dafür weder für ihn noch für Rosenzweig in Betracht. Beide meiden sogar auffällig konsequent den Begriff der Erkenntnis, solange er in einem epistemologischen Sinne gebraucht werden soll.

Wie sich zeigen wird, setzen beide den ganzen Menschen in der ungeschiedenen Einheit seiner Vermögen an die Stelle des Subjekts. Denn nur der erfahrend denkende Mensch ist ihrer Auffassung nach dazu in der Lage, der Komplexität des Seins entsprechend zu denken. Diese kann nicht allein in allgemeingültigen Formeln der Metaphysik verstanden werden, sondern in der Parallelführung zweier vormals getrennt betrachteter Annäherungswege: als rationales Konstrukt und in erfahrbaren Konkretionen. In Rosenzweigs Differenzierung zwischen Tatsächlichkeiten und Gegebenem wird diese Unterscheidung greifbar. Erstere sind denkbar, letztere erfahrbar. Konventionell bleibt diese Überzeugung in der Hinsicht, daß ein komplettes Erfassen der Seinselemente und ihres gemeinsamen Wirkspektrums auf das Denken keinesfalls verzichten will. Innovativ ist sie deshalb, weil beide Wege nur in Verknüpfung dieses komplette Erfassen erschließen.

Zur Veranschaulichung dieses Gedankens sei noch einmal an Rosenzweigs *Büchlein über den gesunden und kranken Menschen-*

verstand erinnert, jenen unscheinbar wirkenden Text, der aufgrund seiner Form allzu leicht unterschätzt wird. Im Einbruch philosophischen Denkens in das bis dahin unhinterfragte Wirken des Menschenverstandes hatte er das Grundübel dingfest gemacht, das den Menschen, der bisher selbstverständlich in der Welt zu leben wußte, nun in die Irritation des doppelten Zugangsweges zu ihr stürzt. Wie soll er sich zur Welt verhalten? Wie er es gewohnt ist oder wie es ihm die Philosophen mit ihren Gedanken-Konstruktionen aus Ideen und logischen Gesetzmäßigkeiten vorführen?

Diese weisen nach Rosenzweigs Diagnose nur aus dem Leben heraus, was die Forderung nahelegt, das philosophische Denken wieder in dieses hineinzubringen[2]. Auch wenn die Begriffswahl hier sehr einfach wirkt, erzeugt sie doch eine Plastizität, die überrascht. Bei der gerade angesprochenen Idee, daß nur durch eine Kombination von Erfahren und Denken Sein erfaßt werden kann, geht es, um das noch einmal zu betonen, nicht um eine Aufforderung, Philosophie grundsätzlich zu verbannen. Sie soll vielmehr in neuer Weise definiert werden. Das umfassende Projekt, Sein in seiner Gesamtheit begreifen zu wollen, also als Relation von Gott, Welt und Mensch, kann nur gelingen, wenn es auf zwiefältige Weise verfolgt wird: denkbar, das heißt in Begriffen, die nicht der zeitlichen Veränderung unterliegen, und erfahrbar, also in situativen Gegebenheiten, die stets veränderbar sind.

Zur Vorbereitung dieser Vorstellung hatte Rosenzweig die Funktion des Subjekts als Zentralinstanz der Erkenntnis aufgehoben. Die jeweilige Tatsächlichkeit der drei Seinselemente sollte auf nichts zurückführbar sein, um sie nur an sich bedenken zu können. Doch zeigt sich hier nicht eine grundsätzliche Schwierigkeit? So nachvollziehbar der Wunsch auch ist, den Menschen nicht mehr als Strukturgeber der Welt-Erfahrung zu betrachten, trägt doch der neue Ansatz des Denkens dessen doppelter Existenz umso deutlicher Rechnung. Der Mensch ist einerseits ein vergängliches Wesen, das sich erfahrend in seiner Welt der konkreten Erfahrungen orientiert. Und zugleich ist er das reflektierende Wesen, das sich seiner Vergänglichkeit bewußt sein und dieses Wissen in Begriffen ungebrochener Gültigkeit ausdrücken kann.

In Ansehung der Seinselemente ergibt sich die vergleichbare Doppelung, von Rosenzweig in radikaler Weise selbst auf die Annäherung an das Göttliche angewandt. Dieses beschreibt er als denk-

---

[2] *Das Büchlein vom gesunden und kranken Menschenverstand,* S. 54 und S. 58.

bar in Formen reiner Abstraktion und zugleich als erfahrbar in Augenblicken konkreter Begegnung. Richtet sich das Erkennen nach dem Gegenstand, oder dieser nach dem Erkennenden? Oder ist es das Besondere der Rosenzweigschen Konzeption, daß diese Frage gar keinen Sinn mehr macht, weil der Mensch selbst eines der Seinselemente ist und sich somit in jedem Fall selbst bedenkt? Diese Charakterisierung des Verstehens, das sich auf die Gesamtheit des Seins richtet, entspricht seiner Überzeugung wohl am ehesten. Es ist schlichtweg nicht möglich, über Gott, die Welt und den Menschen zu sprechen, ohne über die Relation des Menschen zu Gott, zur Welt und zu den Menschen zu sprechen. In der graphischen Signatur des Sternes, die er in Entsprechung zum Davidstern konstruiert, versinnbildlicht er diese Tatsache. Denken, das nicht der Verweisungsstruktur des Seins Rechnung trägt, hat für ihn keinerlei Bedeutung.

Vor allem wird einmal mehr deutlich, wie entschieden Rosenzweig Philosophie in den Dienst des menschlichen Erlebens stellen will. Ihre existentielle Legitimation hängt davon ab, ob sie dem Menschen die Erkenntnis des Seins erschließt, nicht in Form entweder von abstrahierendem Wissen oder von Erfahrung, sondern in deren Kombination, die dem zwiefältigen Wesen des Menschen entspricht.

Und Heidegger? Auch er will die Aufgabe und Methodik des Denkens neu justieren. Doch akzentuiert er die Rolle des Menschen hierfür anders. Auf seine Zurückhaltung, ihn jemals in Situationen unmittelbarer Begegnung zu betrachten, wurde bereits hingewiesen. So oft er vom Wesenswandel spricht, der den Menschen und das Sein verändern wird, bleibt dessen Forderung doch stets etwas ungreifbar, so, als würde sie das Individuum in seiner existentiellen Bedingtheit fast nicht betreffen. In den 30er und 40er Jahren scheint ein Interesse am Einzelnen gänzlich zu versiegen. Zu groß ist das Gewicht, das Heidegger dem Menschen als Teil der Seinsgeschichte beimißt. Das Bild vom Wächter zeigte es sehr plastisch: Der Mensch wurde auf seine Funktion reduziert. Ab Ende der 40er Jahre setzt sich dann eine Begrifflichkeit durch, die zunächst anders klingt. Es ist vom Hirten die Rede, von der stillen Dankbarkeit, aber auch davon, daß der Mensch der Gebrauchte sei, derjenige, der durch sein Verhalten Sein prägt.

Doch sollte die Bildlichkeit der späteren Texte Heideggers nicht täuschen. Den Einzelnen in seiner Not und Würde, in seiner Bedrängnis und in seiner Freude läßt Heidegger nur in seltensten Formulierungen erkennbar werden. Dann nämlich, wenn nicht vom Menschen die Rede ist oder von dessen Wesen, sondern wenn Heidegger selbst spricht. Bei aller kritischen Distanziertheit, die die Lektüre der *Schwarzen Hefte* erfordert, sind sie zugleich der Ort, an dem sich diese Formulierungen finden. Stellvertretend sollen zwei Passagen aus der Mitte der 40er Jahre zitiert werden:

»Oft auf den stillen Waldgängen verweile ich bei den ›Beigen‹ frischgeschlagenen Eichenholzes. Sein einziger Ruch bringt mir die ausgeprägte Anwesenheit der Jugendjahre zurück [...]; denn wir schnitzten aus der tiefrotbraunen dicken Rinde unsere Schiffe, [...] unscheinbare Zeichen ungeahnter Fahrten eines Er-fahrens, das sich eines Tages zum Denken erwecken ließ, in dem wir zusammen den Weg gehen. Wie oft danke ich dem Seyn, daß es mir zugeboren hat die Liebe zum Namenlosen des unscheinbaren Denkens.«[3] Und:

»*Der Nordost wehet* – in die klare Frühe eines Sommermorgens. [...] Der Morgenstern übersteigt golden den Stübenwasen und grüßt den vollen Mond, der über das Horn nach dem Westen wandert. [...] Auf dieser Erde, die zum Irrstern geworden, wütet der Krieg.«[4]

Hier spricht nicht der Wächter, nicht der Hirte und schon gar nicht der Kämpfer, sondern der Einzelne, der erlebt. Hier zeigt sich die größte Nähe zum Begriff des Erfahrens bei Rosenzweig, der es als individuelles Erleben im Augenblick begreift. In seiner Auffassung korrespondiert diesem das Verstehen der Gesamtheit des Seins.

Wenn Heidegger von der Birke und der Distel spricht, dann sind dieses die intensivsten und selten intimen Momente unvermittelter Begegnung mit dem Sein, die der Vorstellung Rosenzweigs in nichts nachsteht. Denn auch für Heidegger bedarf es in diesen Augenblicken keiner Reflexion, um das Gesehene zu analysieren. Es ist in dem Moment der ganze Inhalt aller Seinserfahrung.

Doch dort, wo keine Interpretation erforderlich ist, ist sie seiner Auffassung nach wohl auch kaum möglich. Daher stehen diese seltenen Erwähnungen, die in ihrer fast beiläufig wirkenden Niederschrift eher befremden als informieren, als vereinzelte Aussagen in größter

---

[3] *Anmerkungen I–V*, I, S. 85. In den *Überlegungen XII–XV* von 1939/41 heißt es: »Silberdisteln glänzen ohne Aufdringen in die klare Luft des Spätsommerbeginns.« XIII, S. 107, oder: »Am ruhenden Pflug unterm überweißen Schlehdorn das einfache Mahl in mittäglicher Frühjahrssonne.« XIV, S. 187. Herrn Lukas Trabert vom Verlag Karl Alber verdanken wir den Hinweis, daß diese Zeilen die Anmutung eines Haiku haben.

[4] *Anmerkungen I–V*, I, S. 17.

Einfachheit. Genau diese fordert Heidegger als Merkmal des Neuen Denkens. Im Vorgriff auf die folgenden Kapitel kann an dieser Stelle bereits eines festgehalten werden: Heidegger will, wie auch Rosenzweig, die Gesamtheit des Seins denken, das heißt Sein in Relationalität. Während dieser dessen Elemente Gott, Welt und Mensch zunächst an sich thematisiert, um sie anschließend in ihren Bezügen zu beleuchten, ist der erste Schritt für Heidegger irrelevant. Von Anfang an steht für ihn fest, daß jede Aussage über den Menschen eine Aussage über das Sein ist. Den Fokus seiner Aufmerksamkeit richtet er auf dieses und erst in den späten Schriften läßt er wieder einen Blick zu, der den Dingen gilt, jenen Gegebenheiten, mit denen der existierende Mensch zu tun hat. Deren Bedeutung wird noch anzusprechen sein.

Um die Verknüpfung von Denken und Erfahren, die Rosenzweig in seinem Entwurf des Neuen Denkens präsentiert, intensiver zu beleuchten, lohnt eine Betrachtung der Weise, in der er seinen *Stern der Erlösung* konzipiert.

In dessen erstem Teil thematisiert er die Tatsächlichkeit der drei realitäts-bildenden Elemente Gott, Welt und Mensch. Wichtig ist es Rosenzweig dabei, diese nicht als Produkt subjektiven Denkens darzustellen. Denn die Tatsächlichkeit der drei hängt seiner Überzeugung nach gerade nicht vom denkenden Subjekt ab, sondern besteht aus sich selbst heraus – unbedingt.

So erklärt sich sein Versuch, die Dreiheit nicht rückführbar, nicht einmal rückführbar auf die Erfahrung, zu betrachten, sondern in ihrer kompakten Präsenz des Seins. Aber stehen sie dann nicht als drei separate Wesenheiten nebeneinander, die keinerlei Relation mehr verbindet, weil das Subjekt diese Verbindung nicht mehr durch sein Fragen vorherbestimmt? Rosenzweig nimmt dieser Überlegung von vornherein jede Berechtigung, indem er die Bezogenheit von Gott, Welt und Mensch aus ihrer Tatsächlichkeit entwickelt.

»Der Tatsächlichkeit, die dem Denken statt seines Lieblingswortes Eigentlich das seiner Zunge ungewohnte Grundwort aller Erfahrung, das Wörtchen Und, aufzwingt. Gott und die Welt und der Mensch.«[5]

An die Stelle des zentralisierten Denkens tritt das Denken der Tatsächlichkeiten. Das Entscheidende an dieser Vorstellung besteht

---

5 *Das Neue Denken*, S. 158.

darin, daß es nicht Aufgabe des Denkens ist, diese in einem Begriff ›eigentlicher‹ Zusammengehörigkeit zu überformen, sondern sie in derselben sich ergänzenden Präsenz zu begreifen, in der sie erscheinen, je für sich und doch aufeinander verweisend. Und wo erscheinen sie? In der veränderlichen Realität, in der der Mensch für gewöhnlich seinem »gesunden« Verstand gemäß agiert.

»Gott, Welt und Mensch erkennen heißt erkennen, was sie in diesen Zeiten der Wirklichkeit tun oder was ihnen geschieht. Aneinander tun und voneinander geschieht. Die Trennung ihres ›Seins‹ wird hier vorausgesetzt, denn wären sie nicht getrennt, so könnten sie einander nichts tun; wäre der andre mit mir ›im tiefsten Grunde‹ derselbe.«[6]

Erneut gilt es zu bedenken, daß Rosenzweig die Unterscheidung zwischen Denken und Erfahren keineswegs aufgibt. Denkbar sind die Drei unter der Maßgabe ihrer Präsenz, die als Tatsächlichkeit gefaßt wird. Aber erfahrbar sind sie in dieser Weise nicht, sondern in den Wirkungen ihrer Präsenz, die ein gemeinsames Wirken – ein Tun und Geschehen – ist. In Rosenzweigs Deutung erfolgt dieses in den Geschehnis-Formen von Schöpfung, Offenbarung und Erlösung, den Ereignissen, an denen das Zusammenwirken der Drei ablesbar ist. »Nur in ihren Beziehungen, nur in Schöpfung, Offenbarung, Erlösung, tun sie sich auf.«[7]

In diesen drei Beziehungsmomenten wird das »und« der additiven Erfahrung von Gott, Welt und Mensch selbst greifbar. Weiter nähern sich die beiden Erkenntnisformen des Denkens und der Erfahrung niemals an als in diesem Augenblick. Denn das Denkbare wird erfahrbar in seiner Begründung. Wie sonst hätten so unvergleichliche Elemente wie Gott, Welt und Mensch in einem gemeinsamen Befund ihrer Tatsächlichkeit gedacht werden können, wenn er sich nicht in der Erfahrung des Zusammenhanges der Drei zeigen würde?

Gott, Welt und Mensch sowie Schöpfung, Offenbarung und Erlösung bilden für Rosenzweig zwei separate Bezugsgefüge, die darin übereinstimmen, daß sie einen einzigen Raum umspannen, in dessen Mitte der Mensch existiert.

Doch bevor auf diese Vorstellung, die für den Vergleich zum Denken Martin Heideggers von auschlaggebender Bedeutung ist, ge-

---

[6] *Das Neue Denken*, S. 150.
[7] *Das Neue Denken*, S. 150.

schaut wird, muß der Blick noch einmal auf eine bereits angedeutete Frage zurückgelenkt werden.

Wenn Rosenzweig beide Bezugsgefüge als different denkt, müßte sich diese Unterscheidung dann nicht auch in ihrer Darstellung im *Stern der Erlösung* erkennen lassen? Der erste Teil, der der Thematisierung der drei Elemente gewidmet ist, mag wohl im Stil traditioneller philosophischer Texte verfaßt sein, da es Abstraktes zu benennen gilt. Doch scheint ein entsprechendes Verfahren ungeeignet, um die Erfahrungen ihres Zusammenspiels zu beschreiben, die Erlebnisse in der Zeit sind.

»So wird die Methode des zweiten Bandes eine andre sein müssen, eben die unsres letzten Gleichnisses: eine Methode des Erzählens. [...] Was heißt denn erzählen? Wer erzählt, will nicht sagen, wie es ›eigentlich‹ gewesen, sondern wie es wirklich zugegangen ist.«[8]

Wichtiger, als den Hergang von Geschehnissen zu rekonstruieren, ist es dabei, von der Zeit zu sprechen, in der sie sich ereignen. Erzählen ist Aussprechen der Veränderungen, an denen Zeit sich zeigt. Wird noch das zweite Charakteristikum des Erzählens hinzugefügt, wird der Reiz, der in dessen methodischer Aufwertung offenbar für Rosenzweig lag, nachvollziehbar. Im Erzählen wendet sich der Sprechende an ein Gegenüber. Nun kann Rosenzweig eine Benennung des alten und des Neuen Denkens in größtmöglicher Vereinfachung vornehmen:

»[...] denn natürlich ist auch das neue, das sprechende Denken, ein Denken, so gut wie das alte, das denkende Denken [...]; der Unterschied zwischen altem und neuem, logischem und grammatischem Denken liegt [...] im Bedürfen des andern und, was dasselbe ist, im Ernstnehmen der Zeit: denken heißt hier für niemanden denken und zu niemandem sprechen [...], sprechen aber heißt zu jemandem sprechen und für jemanden denken; und dieser Jemand ist immer ein ganz bestimmter Jemand [...].«[9]

Es ist hier nicht der Ort darüber zu entscheiden, ob Rosenzweig die Umsetzung seines Vorsatzes in der Ausführung des *Sterns der Erlösung* gelungen ist. Es genügt die Feststellung, daß er versuchte, das Geschehen der Erfahrung auch im Textkorpus erkennbar werden zu lassen, der damit selbst zu einem Geschehnis der Zeitlichkeit wird und nicht mehr den alten philosophischen Anspruch transportiert,

[8] *Das Neue Denken,* S. 148.
[9] *Das Neue Denken,* S. 151 f.

unwandelbare Wahrheiten, die der Abstraktion entstammen, zu verkünden. Um noch einmal an die Aussagen im *Büchlein über den gesunden und kranken Menschenverstand* zu erinnern: Es wäre ein Indiz für Verirrung, wenn er es zuließe, daß sich das in philosophischen Texten Erwiesene der Erfahrung der Wirklichkeit überlagern und sogar an dessen Stelle treten würde. Ein Buch sollte nach Rosenzweigs Überzeugung immer nur eine Grundlage für das Leben sein, wie seine Schlußzeilen eindringlich mehr veranschaulichen als belegen: »Wohinaus aber öffnen sich die Flügel des Tors? Du weißt es nicht? Ins Leben.«[10]

Mehrfach wurde bisher auf den Begriff des Lebens in Rosenzweigs Schriften hingewiesen. Obwohl er ihn nie erklärt hat, ist seine Bedeutung doch aus dem Kontext seiner Verwendung zu erschließen. Leben heißt: Tätig-Sein in der Zeit.

In den ersten beiden Teilen seines *Sterns der Erlösung* hat Franz Rosenzweig die Tatsächlichkeit von Gott, Welt und Mensch dargestellt und deren Relationsgefüge Schöpfung, Offenbarung und Erlösung beschrieben. Welche inhaltlichen Konsequenzen sich aus dieser Konzeption ergeben, wird im Kapitel XI.1 zu fragen sein. An diesem Punkt richtet sich der Blick ausschließlich auf das formale Konstrukt, das Rosenzweig schafft, indem er beide Relationsgefüge miteinander verbindet. Hier entwirft er eine Vorstellung, die nicht nur im Kontext seines Werkes auffällt, sondern darüber hinaus von höchster Bedeutung für das Verständnis von Martin Heideggers Idee des Gevierts ist.

Als Weg, die drei Tatsächlichkeiten von Gott, Welt und Mensch zwar getrennt zu denken, dabei aber doch ihre wechselseitige Bezogenheit zu erfahren, hatte Rosenzweig auf das Wort ›und‹ verwiesen. So tritt in der Darstellung jeweils ein Element zu dem anderen hinzu, ohne daß damit im mindesten eine kausale Relation angedeutet werden soll. Es ist bereits angesprochen worden, daß unter theologischer Perspektive diese Gleichstellung von Welt und Mensch mit Gott nicht unproblematisch sein könnte, da sie die Einzigkeit Gottes sowie seine Schöpfungstat zunächst unberücksichtigt läßt. Doch folgt Rosenzweig mit dieser Gleich-Setzung, wie sich gezeigt hat, vor allem jener im philosophischen Verständnis entstandenen Vorgabe, Rückführungen der Elemente auf das Subjekt, das sie denkt, ausschließen zu wollen. In seinen folgenden Ausführungen akzentuiert er dann weitaus

[10] *Der Stern der Erlösung*, Tor, S. 472.

stärker theologische Überlegungen und relativiert dabei die Annahme einer völligen Gleichstellung.

Wie er selbst in seinen Betrachtungen zum Neuen Denken schreibt, antwortet der erste Teil seines *Sterns* auf die philosophische Frage »Was ist?« Unter Zurückweisung der Möglichkeit, Wissen von den drei Elementen erlangen zu können, das ein Wissen um ihr Wesen und ihre Relation wäre, weist Rosenzweig lediglich auf deren Tatsächlichkeit hin. Die Präsenz der drei Elemente zeichnet sich durch völlige Eigenständigkeit aus. So sind sie nicht als Teile eines Ganzen vorstellbar, wie Rosenzweig es unter Bezug auf den idealistischen Begriff vom All feststellt, sondern nur an sich, unverwechselbar, beziehungslos und in sich ruhend. Auf die Frage, wie dieser Zustand, in dem sie denkbar sind, sich in eine Bewegung verwandeln kann, in der sie erfahrbar werden, wird später einzugehen sein, da es sich hierbei um ein sprachlich vermitteltes Geschehen handelt.

Zwischen dem ersten und dem zweiten Teil des *Sterns der Erlösung* hat Rosenzweig eine kurze Zwischenbetrachtung mit dem Titel »Übergang« gesetzt. Hier bringt er noch einmal sehr deutlich zum Ausdruck, daß seine bisherige Arbeit ein Werk der Dekonstruktion gewesen ist, das es ermöglichte, Gott, Welt und Mensch in ihrer jeweiligen Eigenheit zu thematisieren. Doch haben sie dadurch ihre Verbindung zueinander eingebüßt, nach der es im weiteren Verlauf seiner Betrachtungen zu fragen gilt.

»Wir haben wahrhaft das All zerschlagen. [...] Es sind die Elemente unserer Welt, aber wir kennen sie so nicht; es ist das, woran wir glauben, aber nicht so, wie es uns hier entgegentritt, glauben wir daran. Wir kennen eine lebendige Bewegung, einen Stromkreis, in dem diese Elemente schwimmen; nun sind sie herausgerissen aus dem Strom. In der Bahn des Gestirns, das über unserm Leben strahlt, sind sie uns vertraut und glaubwürdig in jedem Sinn; herausgelöst, abgezogen zu bloßen Elementen einer rechnerischen Bahnkonstruktion, erkennen wir sie nicht wieder. Wie sollten wir sie auch erkennen! Erst die Bahnkurve kann ja das Geheimnis der Elemente ins Sichtbare bringen. Erst die Kurve führt aus dem bloß Hypothetischen der Elemente ins Kategorische der anschaulichen Wirklichkeit.«[11]

---

[11] *Der Stern der Erlösung*, Übergang, S. 91. Die weltzeitlichen Aspekte dieser Aussagen, in denen Rosenzweig eine Entwicklung der Deutung von Wirklichkeit andeutet, werden hier nicht berücksichtigt.

Diese Passage ist für einen Vergleich mit dem Heideggerschen Konstrukt des Gevierts von unschätzbarem Wert. Denn wie sich zeigt, entsprechen dessen Elemente: die Göttlichen und die Sterblichen, Erde und Himmel in ihrer seinsbegründenden Funktion Rosenzweigs Elementen: Gott, Welt und Mensch. Für Rosenzweig, der aus der tiefen Verwurzelung im Religiösen denkt, kann es keine andere Konstellation von Einheiten geben, wenn das menschliche Erleben der Wirklichkeit beschrieben werden soll. Auf eine Gewißheit des Glaubens kann sich Heidegger nicht beziehen, was ihn jedoch nicht von der Begründung entbindet, warum er im Geviert gerade diese vier Elemente co-existent denkt. So beruft sich Heidegger auf die einzige seiner Überzeugung nach legitime Autorität, die Aussagen über das Sein zu treffen vermag – Friedrich Hölderlin. Bereits in den 30er Jahren hatte er sich auf das Werk des Dichters bezogen, um unter dessen vermeintlicher Auslegung zu rechtfertigen, wie allein das Wesen der Deutschen zu verstehen sei.

Nun entlehnt er also auch die Vorstellungen der vier Elemente dieser Dichtung, und implantiert sie seiner Konstruktion des Gevierts, für die selbst es kein Vorbild in den Hölderlinschen Versen gibt[12]. Selbst dann, wenn eine direkte Beeinflussung Heideggers durch das Denken Franz Rosenzweigs zurückgewiesen würde, bleibt doch das höchst erstaunliche Faktum, daß hier zwei Verortungs-Metaphern des Seins konzipiert werden, die beide aus einer graphischen Form entwickelt werden. Die Möglichkeit, vielleicht auch das Naheliegende dieser Fundierung ist für Rosenzweig durch das Graphem des Davidsterns gegeben. Für Heidegger gibt es keine vergleichbare Quelle, auf die er sich stützen könnte – außer der Darstellung im *Stern der Erlösung*.

In Anlehnung an die astronomischen Vorstellung des Bahnverlaufes der Gestirne formuliert Rosenzweig in den zitierten Zeilen die Notwendigkeit, die bloßgestellten Elemente der Wirklichkeit in ihrer »Bahnkurve« zu betrachten, die sie erst wieder in eine Relation zueinander setzt. Es ist gewiß kein Zufall, daß der Begriff der »Bahn« in

12 Bojda weist in *Hölderlin und Heidegger*, S. 369 darauf hin, »[...] dass Hölderlin ›das Göttliche‹ bzw. ›die Göttlichen‹ nicht im Sinne des heideggerschen ›Gevierts‹ versteht, sondern sich auf verschiedene einander widersprechende Weise entweder auf die antiken Götter oder auf den christlichen Gott bezieht, jedenfalls auf einen Träger schöpferischer Wirkungen, die dem Menschen vorausgehen [...].« Diese Deutung des Göttlichen läßt sich nicht dem Konzept des Gevierts einfügen, das gerade aus einer essentiellen Parallelität seiner Elemente resultiert.

Heideggers Schriften auffallend häufig auftaucht, verbindet doch auch er mit ihm die Assoziation an Veränderung im Rahmen einer Ordnung, die in seiner Sicht allerdings, wie sich immer wieder bestätigt, niemals Gegenstand der »Berechnung« sein darf. Denn das rechnende Denken bewertet er als Ursache und Erscheinung der Seinsverlassenheit.

Während Rosenzweig davon überzeugt ist, daß die Bahn des Sterns der Erlösung letztlich eine vorbestimmte Bahn ist, die es jedoch erst wieder kenntlich zu machen gilt, lehnt Heidegger einen solchen Gedanken strikt ab.

Wenn die Verwandlung des Seins zum Seyn stattfindet, dann ist sie einzig das Werk des Menschen, der sich auf keine Erwartungs-Sicherheit berufen kann, die das Ausstehenden als gewiß kommend begreift. Abgesehen davon, daß es für Heidegger keine Instanz gibt, die eine solche Bahnkurve festschreiben könnte, liegt ihm daran, die Möglichkeit des Seynswandels, aber auch diejenige des Scheiterns in die Hände des Menschen zu legen. In einer extrem schlichten Formulierung kommt diese Überzeugung zum Ausdruck: »Bahne Pfad um Pfad zum Seyn und sorge, daß sie nie eine Straße werden.«[13]

Diese Differenz zwischen den Vorstellungen beider Denker wirkt sich jedoch nicht auf ihre Bemühungen aus, die Geschehnis-Konstrukte von Stern und Geviert so plausibel wie möglich zu formulieren. Denn beiden geht es darum, die Entstehung eines Raumes zu beschreiben, in dem parallel zu Denkendes geschieht: Für Rosenzweig die Gestaltung der – zukünftigen – Welt, für Heidegger die Formierung des Seyns, die aber gerade in den späteren Schriften ebenfalls als das Erwirken von Welt dargestellt wird. Vorgreifend kann schon hier das wohl markanteste Bild genannt werden, mit dem Heidegger deren Bedeutung hervorhebt: »Rein im Tempel von Welt, in der Sprache, vermag nur das Denken zu wohnen.«[14]

Rosenzweig findet für diesen Raum, der durch die Konstruktion der Bahnkurve umgrenzt und damit erst erschaffen wird, einmal den Begriff des »Sehraumes«[15]; Heidegger prägt eine Formulierung, die besonders sein Spätwerk durchzieht: »Zeit-Spiel-Raum«. Während beide später näher zu betrachten sind, liegt im Moment der Fokus

[13] *Überlegungen XII–XV*, XIV, S. 238.

[14] *Anmerkungen VI–IX*, VII, S. 193. Und auf S. 255 heißt es: »Also wohnend baut die Sage des schonenden Denkens an der Sprache als dem Tempel des Verhältnisses (des Welt/Dings).«

[15] *Der Stern der Erlösung*, I, III, S. 90.

auf der Beschreibung, die Rosenzweig der Figur des Sternes gibt, die sich im entscheidenden Moment zur Gestalt weitet. Denn Figur und Gestalt sind keineswegs identisch. Figur enthält die Elemente, aus denen erst Gestalt zu schaffen ist – durch den Menschen im Wissen um Gott.

Noch immer stehen in seiner Deutung die drei aus früherer All-Einheit isolierten Elemente unvermittelt, aber ebenbürtig nebeneinander. Bislang hatte sich erst der eine Anhaltspunkt angedeutet, wie sich ihre »Insichgekehrtheit« zur Relationsbereitschaft wandeln kann. Dieser bestand in dem sprachlichen Akt, ›Gott und Welt und Mensch‹ zu sagen, um so die Möglichkeit ihres gemeinsamen Ortes vorzubereiten. Denn durch das Aussprechen überschreitet nach Rosenzweigs Auffassung das Denkbare die imaginäre Grenze zum Erfahrbaren. Für dasjenige, das in der Sprache durch einen scheinbar unbedeutenden Hinweis einander angefügt wird, kündigt Rosenzweig in dem bereits erwähnten kurzen Übergangstext zum zweiten Buch Erfahrbarkeit an.

Stilistisch bedeutet das die Notwendigkeit, eine neue Sprache zu finden, die ihr gerecht werden kann. Denn daß die Begrifflichkeit des Denkens Rosenzweig dafür ungeeignet erscheint, hat er betont. Während er im ersten Buch den Strukturvorgaben der Mathematik folgte, will er das zweite Buch nun also im Stil der Erzählung präsentieren. Denn jetzt soll die Zeitlichkeit der Erfahrungen, die ein Mensch macht, berücksichtigt werden, so daß ein Mittel gefunden werden muß, sich wandelnde Prozesse zu abzubilden.

Ob ein solcher Methoden-Wechsel von der Formelhaftigkeit mathematischer Darstellung zur lebendigen Unmittelbarkeit der Erzählung sein Ziel wirklich erreicht, ist vielleicht gar nicht entscheidend. Viel bedeutender ist es, Rosenzweigs außergewöhnliche Bereitschaf zu beobachten, selbst philosophisches Sprechen als Geschehnis zu begreifen. Um dieses zu gewährleisten, begibt er sich im zweiten Teil seines *Sterns* in die Rolle des Erzählers, der von eigenem Erfahren berichtet, anstatt Wahrheit zu vermitteln. Das Urteil der Unwissenschaftlichkeit einer solchen Vorgehensweise nimmt er nicht nur in Kauf, sondern beschwört es geradezu herauf. Denn es ist in seiner Sicht die Bestätigung des Funktionierens seines Stil-Bruches.

»So verwandelt sich das reine Tatsächliche in den Ursprung der wirklichen Bewegung. Aus fertigen Ringen werden Glieder einer Kette. Aber wie ordnen sich die Glieder? Zeigt sich trotz ihrer blinden

Insichgekehrtheit in den Elementen selber vielleicht doch schon eine Andeutung wenigstens ihrer Reihe und Ordnung zur Kette der Bahn?«[16]

Rosenzweig hat eine sehr dezidierte Vorstellung davon, wie die Anordnung seiner Texte deren Inhalt spiegelt. So verrät die Thematisierung der drei Elemente im ersten Teil keine Reihenfolge, während der zeitliche Ablauf der drei großen Glaubensinhalte Schöpfung, Offenbarung und Erlösung im zweiten Teil nicht anders hätte dargestellt werden können als in einem Nacheinander. Die gesuchte Bahnkurve entspricht der Zeitfolge ihrer Geschehnis-Momente, die sich Rosenzweigs Überzeugung nach nur erzählen lassen.

Die Grundlage für seinen Versuch, in der Form seiner Darstellung der Form des Dargestellten so weit wie möglich zu entsprechen, bedarf einer kurzen Erklärung. Rosenzweig thematisiert in seinem Schreiben nicht nur das zu Sagende, sondern unausgesprochen auch in jedem Moment dessen Einbindung in die Gestalt eines Buches. In dem bereits zitierten Text *Das Neue Denken* kommentiert er seine Sicht des *Sterns der Erlösung:* »Das Buch ist kein erreichtes Ziel, auch kein vorläufiges. Es muß selber verantwortet werden, statt daß es sich selber trüge oder von andern seiner Art getragen würde. Diese Verantwortung geschieht am Alltag des Lebens.«[17]

Damit eine so enge Entsprechung von Buch und Leben vorstellbar ist, muß sich nicht nur dessen »Verantwortung« im Alltag nach dem Dargestellten richten, indem sie zum Beispiel dessen Forderungen umsetzt. Eine solche Auffassung würde auf ethische Schriften zutreffen, die Maximen formulieren und deren Respektieren im Handeln empfehlen. Rosenzweig betrachtet auch die andere Seite der Relation von Buch und Leben. Danach gilt es, das Geschriebene selbst als eine Form von Realität zu begreifen, die nicht nur Handeln beeinflußt, sondern selbst Handlung des Sprechens ist.

Dieser Gedanke mag ungewohnt wirken. Ein Buch ist nicht nur ein unverzichtbares Medium, um Ideen zu fixieren und zu vermitteln. Es kann selbst als eine Gestalt eigener Wertigkeit betrachtet werden, in der sich Vorstellungen niederschlagen und nicht lediglich darin formuliert werden. Die Gestaltung eines Buches korrespondiert in subtiler Weise der Gestaltung der Wirklichkeit, denn es ist nicht

---

[16] *Der Stern der Erlösung,* Übergang, S. 97.

[17] *Das Neue Denken,* S. 160.

deren Abbild, sondern deren Bestandteil. Denn in beiden Fällen handelt es sich um Geschehnisse in und durch Sprache, die selbst als Gestalt und nicht nur als deren Vermittlung betrachtet wird.

Diese Auffassung, in der sich Motive kabbalistischen Ursprungs mit solchen der rabbinischen Theologie verbinden, ist Rosenzweig nicht fremd.

Wie sehr in seiner Auffassung die Gestaltung des Buches derjenigen der Welt entspricht, wird an der Konzeption beider ablesbar. Denn inzwischen sind zwei Funktionskreise festgestellt worden, die einmal aus drei Elementen der Gegebenheit und einmal aus drei Elementen der Bewegung bestehen. Es wurde bereits angedeutet, daß sich Rosenzweig darum bemüht, die Vorstellung des zentralisierten Denkens zu vermeiden, in der ein fragendes Subjekt Wirklichkeit nach seinem Interesse erschließt.

Auch hatte sich gezeigt, daß aus dieser Negation subjektiver Strukturierung des Erkannten die Notwendigkeit folgt, dessen Ordnung in anderer Weise zu begründen, nämlich nur aus dem Bestehen des Erkennbaren an sich. Die einzige Verbindung, die es zwischen den beiden festgestellten Funktionskreisen geben kann, ist die ihrer Addition. Denn Rosenzweig hatte erklärt, daß nur dadurch, daß der Mensch im Aussprechen des ›und‹ eine Verbindung zwischen den Elementen der Wirklichkeit setzt, deren Verbundenheit entsteht. Da sich das Aussprechen des ›und‹ nach dem zu Addierenden richtet, ist es gerade kein Beleg subjektiven Wirkens.

Mit Blick auf die Elemente, die in den beiden ersten Teilen des *Sterns der Erlösung* genannt wurden, ergibt sich so das Bild von zwei Dreiecken, in denen einmal Gott, Welt und Mensch und einmal Schöpfung, Offenbarung und Erlösung untereinander, aber noch nicht mit einander verbunden werden. Deckungsgleich dürfen die beiden Dreiecke nicht sein, da so ihre jeweilige Besonderheit aufgelöst würde.

Statt dessen müssen sie so ineinander gefügt werden, »daß also die beiden Dreiecke einander überschneiden. So aber entsteht nun wirklich eine zwar geometrisch aufgebaute, selber aber der Geometrie fremde Figur, nämlich überhaupt keine ›Figur‹, sondern – eine Gestalt.«[18]

Jedes der beiden Dreiecke für sich betrachtet stellt einen Seinskontext dar, um zu verdeutlichen, daß die drei Elemente, die jeweils

[18] *Der Stern der Erlösung,* Schwelle, S. 285.

verbunden werden, aus nichts anderem ableitbar sind als aus ihrem jeweiligen Bestand. In dem Moment, in dem das zweite Dreieck aus Schöpfung, Offenbarung und Erlösung sich über das zuerst genannte aus Gott, Welt und Mensch legt, verwandeln sich die beiden Kontexte in einen gemeinsamen Wirkungsrahmen. Aus zwei zweidimensional gedachten Figuren entsteht eine dreidimensionale Gestalt.

Es ist gewiß ein ungewöhnliches Verfahren, das Rosenzweig hier beschreibt. Doch spiegelt es die Konstruktionsweise seines *Sterns der Erlösung,* die er ebenfalls entwarf, um den Übergang von der reinen Denkbarkeit der Voraussetzungen allen Werdens zur Geschehnisstruktur der Welt veranschaulichen zu können.

Er wechselt die Form der Darstellung und trägt damit dem Umstand Rechnung, daß es letztlich nicht möglich ist, vom bloßen Sein von Gott, Welt und Mensch in einer Weise zu sprechen, die bereits deren Verknüpfung beschreibt. Die Sprache, die ihm am besten geeignet erscheint, um den Bestand von Elementen auszusagen, ist die Sprache der Mathematik.

Auch wenn sich Martin Heidegger dieser Ausdrucksform nie bedient hat, liegt doch eine nicht unähnliche Beschränkung auf das bloße Feststellen von Sein seiner Formulierung des ›es gibt‹ zugrunde. Auch die vier Elemente, die er in seiner Darstellung des Gevierts zusammenfügt, leitet er aus keiner vorgängigen Begründung ab, sondern führt sie als faktische Indikatoren des Seins ein. Für Rosenzweig steht fest, daß erst aus der Überschneidung der beiden Dreiecks-Figuren eine Gestalt denkbar wird, die das Entstehen von relationalem Sein erklärt. In deutlicher Parallelität ist auch Heidegger davon überzeugt, daß die Vierung der Elemente Göttliche und Sterbliche, Erde und Himmel allein nicht ausreicht, um das Geschehnis des Seins verdeutlichen zu können. Die Entstehensdynamik, die in Rosenzweigs Sicht aus der Überblendung der beiden Dreiecke folgt, wirkt vielleicht wie ein automatisch einsetzender Prozeß. Doch bedarf es letztlich des Menschen, der als der Erfahrende der geometrisch ermittelten Gestalt des Sterns Bedeutung im lebendigen Vollzug gibt. Und es bedarf des Menschen, der in der »Kreuzungsmitte des Seins«, wie sie das Geviert symbolisiert, erst die Bezüge der vier Elemente zueinander in Gang setzt.

Denn sowohl der Stern als auch das Geviert sind Veranschaulichungsformen des Seins, die durch ihre spezifische Konstruktion dessen Relationsstruktur vor allem anderen zum Ausdruck bringen sollen. Um hier für einen kurzen Moment zu verharren, sei an die bereits angesprochene graphische Signatur des X erinnert, die Heidegger gelegentlich dem Begriff des Seyns ergänzt. In dieser Schreibweise wird der relationale Charakter des Seyns in kompakter Weise darstellbar. Denn er bietet sich nicht nur als Begriff dem Denken, sondern als Symbol der Erfahrung dar. Eine vergleichbare doppelte Form, Ansprache zu sein, kann in Franz Rosenzweigs Signatur des Sterns erkannt werden, der zudem auf die Geschichte des jüdischen Volkes verweist. Abgesehen davon, daß ein solcher Aspekt in Heideggers Modell nicht enthalten sein kann, zeigen die Geschehnis-Embleme von Stern und Geviert doch eine deutliche funktionale Entsprechung.

Ihr vielleicht größter Vorzug liegt darin, daß sie als Muster des Gegebenen geradezu die Folgerung erzwingen, daß dessen bloßer Bestand nur Sein, aber kein Werden ermöglicht. Faktizität ohne Dynamik ist denkbar, aber nicht erfahrbar und mag als Spekulation befriedigen, doch nicht motivieren. Auch in dieser Vorstellung kommen sich die Auffassungen von Franz Rosenzweig und Martin Heidegger sehr nahe: Sein ist an sich noch kein Anfang, sondern dieser setzt erst mit der Bewegung ein, die der erfahrende Mensch durch sein Reflektieren des Seins schafft. Deshalb spricht Rosenzweig vom »neuen Adam«, der nicht nur das Produkt göttlicher Schöpfung, sondern gestaltender Selbstwerdung ist. Und deshalb spricht Heidegger vom »anderen Anfang«, von dem die Gestaltung des reflektierten Seins, nämlich des Seyns, ihren Ausgang nimmt.

Sollte der Sinn der beiden Veranschaulichungs-Metaphern von Stern und Geviert bis jetzt noch nicht überzeugt haben, kann deren Bildlichkeit noch für einen Moment weiter verfolgt werden. Beide fungieren nicht nur als Muster, in dem weltbildende Elemente benannt werden, sondern darüber hinaus als Denkformen von Räumlichkeit. Auch deren Bedeutung könnte bezweifelt werden, solange noch nicht aufgezeigt wurde, welcher Gedanke damit erschlossen wird. Es ist der Gedanke des existentiellen Raumes.

Durch die Kreuzungsweise der beiden Dreiecke entsteht ein Inneres, ein Raum im Zentrum der Verweisung. Nicht grundlos besteht Rosenzweig darauf, daß dieses »sternförmige Gebilde« Gestalt und nicht Figur sei. Denn nur die Vorstellung der Gestalt kann räumlich gedacht werden. Dieser Raum im Zentrum der Verweisung ist deshalb für Rosenzweig so wichtig, weil er ihn symbolisch als jenen Ort begreift, an dem die Vorbereitung der Erlösung durch den Menschen

Statt-findet. »Inmitten des Sterns brennt das Feuer«[19], so schreibt er und kennzeichnet dieses Ausmaß des Inneren, das erst durch die Kreuzung der beiden Linienführungen sichtbar wird, als Geschehnis-Stätte der Gründung von Welt.

Martin Heidegger wird von der »Topologie des Seyns«[20] sprechen, veranschaulicht durch die Konzeption des Gevierts. Das »inmitten« der Rosenzweigschen Terminologie erklingt in Heideggers Sprache als jenes »Zwischen«, das im Innersten des Zeit-Spiel-Raumes entsteht.

Die außergewöhnliche Bedeutsamkeit der Konstruktionen von Stern und Geviert resultiert aus ihrer formalen Reduktion, in der beide die Elemente des Seins darstellen. Dieses sind die Bedingungen des Seins, aus deren Bestand zwingend auf ihre Bezogenheit zu schließen ist. Und dieses ist der einzige existentielle Raum, der Ort für Gestaltung und Zerstörung, Sorge und Vernachlässigung ist. Selbst für Rosenzweig, der doch im Glauben an die Erlösung auch auf zukünftiges Sein hofft, gilt diese Ausschließlichkeit des einen Raumes menschlichen Seins. Verantwortung und Verpflichtung gelten hier und nirgendwo sonst. Ignoranz und Mißachtung wirken sich hier aus und nirgendwo sonst.

---

[19] *Der Stern der Erlösung*, III, I, S. 331.

[20] »Im ›Unterschied‹ wird die Verwindung des Seyns in das Sagen der Ortschaft der Wahrheit des Seyns [, in] ihre Ortschaft versammelt. [...] Die Topologie des Seyns ist der An-fang.« *Anmerkungen I–V*, II, S. 202.

VI. »Die Kreuzungsmitte alles Seienden« – Verantwortung

Diese Einsicht, so banal sie auch klingt, markiert den Ausgangspunkt ethischen Bewußtseins sowohl für Franz Rosenzweig als auch für Martin Heidegger. Rosenzweig kann sich für dessen Fundierung stets auf den Glauben berufen. Denn das religiöse Verständnis der Welt bringt bereits jenen Rahmen des Tuns und Wirkens mit sich, der keiner weiteren Befragung bedarf.

Heidegger hingegen kann eine solche Quelle nicht benennen und muß daher alle Begründung aus dem Sein selbst ableiten. Doch hat es sich gezeigt, daß diesem eine Forderungsstruktur inhäriert, die aus seiner Denkbarkeit resultiert. Die Gesamtheit des Seins zu bedenken heißt, Seyn zu gestalten. In beiden Fällen handelt es sich um Annahmen eines Optimums, das kaum eine vollständige Erfüllung, wohl aber eine permanente Annäherung als realistisch erscheinen läßt.

Aus der Möglichkeit, Sein zu denken, folgt die Notwendigkeit, es in maximaler Weise zu tun. Dem Sein entnimmt Heidegger die Beobachtung, daß ein intensiverer Umgang mit dem Seienden vorstellbar ist. So wird das Mögliche zum Maß des Defizits, das menschliche Seinsrelation zu erkennen gibt.

Woran sollte auch sonst jene noch nicht erreichte Qualität des Seinsbezuges ablesbar sein, wenn sie sich nicht auf eine externe Instanz berufen kann, die diese setzt? Solange im Sein mehr vorstellbar als zu beobachten ist, wirkt dieses ›mehr‹ als Aufforderung, Formen der Entsprechung zu suchen. Noch einmal wird spürbar, daß hierfür keine Gebote oder Weisungen zugrunde gelegt werden können, die sich über lange Zeit bewährt und bewahrheitet haben. So muß Heidegger einen Weg aufzeigen, auf dem der Mensch einen konzentrierteren Bezug zum Sein entfalten kann. Es handelt sich hierbei nicht um eine Schärfung der Rationalität, sondern tatsächlich um ein Handanlegen, wie Heidegger durch ein sprachliches Bild verdeutlicht. Das Denken und das Werk der Hand wirken nicht wie zwei grundsätzlich zu unterscheidende Verrichtungen des Menschen, sondern als ein und derselbe Akt der Einfindung in das Seyn.

Bevor diesem Gedanken im nächsten Kapitel nachzugehen ist, soll zunächst Heideggers Konzeption des Gevierts noch für einen Augenblick betrachtet werden. Denn sie bildet den Kontext jener Renaturierung des Denkens, die er durch die Titulierung des Denkens als Hand-Werk vornehmen wird[1]. Rückführung der Gewichtung des Tuns auf das Einfache[2] ist sein Ziel, das als wertvoll ausgewiesen wird, weil es einen unverstellten Bezug zum Sein schafft.

Mit der Formulierung des Einfachen, des »gegenstandsunbedürftigen Fragens«[3], dem sich das Denken zur Erfahrung des Seyns öffnen kann, benennt Heidegger nicht nur eine Forderung an den Denkenden selbst. Er verweist zugleich darauf, was es bedeutet, wenn sich das Denken dem Einfachen verschreibt[4]. Es geht ja nicht nur um einen Austausch des Gegenstandes, den es zu bedenken gilt, sondern um die Haltung des Fragenden. So nimmt ihn das Denken des Anderen in Anspruch, »er-eignet« ihn, wodurch sich wiederum eine Verwandlung des Seins, aus dem heraus gefragt wird, ereignet. Denn da Heidegger die Verwandlung des Denkens als Begreifen der Relationalität des Seins deutet, ist es fast unumgänglich, daß sich dessen Veränderung auch in der Erfahrung und Gestaltung des Mit-seins auswirkt.

Heidegger hat es zeitlebens vermieden, eine Theorie der Ethik aufzustellen und sogar die Unterscheidung zwischen theoretischem und praktischem Denken abgelehnt. Allmählich macht diese Zurückhaltung Sinn. Denn er behauptet damit keineswegs, daß Überlegungen zum Handeln des Menschen unnötig wären, ganz im Gegenteil. Die Verstrickung menschlichen Denkens in das Machenschaftliche fordert gerade dadurch, daß sie jede Veränderung menschlichen Erfahrens vereitelt, eine Auflösung, um das Ganze des Seins in seiner Bezugsstruktur aufzudecken. Der Aufruf, den Zusammenhang alles Seienden zu vergegenwärtigen, rückt die Tatsache in den Vorder-

---

[1] »Die Hand – als gereichte – *Handreichung* – Hilfe im Gebrauch. Die Hand bieten, freie Hand lassen, an die Hand gehen […].« *Anmerkungen I–V,* I, S. 77.

[2] In *Hölderlins Erde und Himmel* von 1959 heißt es: »Es gilt, einen Versuch zu wagen, unser gewohntes Vorstellen in eine ungewohnte, weil einfache, denkende Erfahrung umzustimmen.« In: *Erläuterungen zu Hölderlins Dichtung,* S. 154.

[3] »Diesen Bereich des gegenstandsunbedürftigen Fragens flieht alles gewöhnliche Meinen und Glauben wie die Pest.« *Besinnung,* III, S. 65.

[4] »Oft ist mir jetzt die Zwiesprache mit den Denkern, die still sinnende, nicht-schreibende, wie ein Begegnen im Wesen aller Dinge. Da erwacht das ruhige Wissen von dem noch Gesparten, Unerschöpften, an dem die nächste willentliche Weltordnung noch einmal vorbeigehen muß,« *Anmerkungen I–V,* I, S. 40.

grund, daß Denken Folgen hat, und ganz besonders jenes Denken, das meint, seine Folgen würden sich im Machbaren erschöpfen.

Zur Bedeutung des Seienden ist Heideggers letztes Wort noch nicht gesprochen. Durch seine Kritik der tradierten Metaphysik könnte es so wirken, als wolle er es als unbedeutend für den Prozeß des Seinsverstehens ausweisen. Doch tatsächlich geht es ihm immer wieder darum, die falsche Perspektive aufzuzeigen, in der metaphysisch der Umgang mit Seiendem praktiziert wird.

»Die Vollendung des metaphysischen Zeitalters erhebt das Sein im Sinne der Machenschaft zu einer solchen ›Herrschaft‹, daß in dieser zwar das Sein vergessen, und gleichwohl das Seiende solchen Wesens als das einzige betrieben, zur unbedingt sicheren Vor- und Herstellung gebracht wird. Solche einrichtbare Vor- und Hergestelltheit entscheidet über das, was als seiend zugelassen, als unseiend verworfen wird.«[5]

Mit seiner Einführung der Bildlichkeit des Ländlichen versucht Heidegger, einen Weg zu schaffen, um Seiendes wieder in seiner grundlegenden Schlichtheit denkbar werden zu lassen. Das Einfache ist das stets zu Grunde liegende, die unscheinbare Präsenz des Ursprünglichen, das es aus den vielfältigen Überformungen des einseitigen Umgangs, sowohl in pragmatischer als auch in philosophischer Weise, zu entbergen gilt. Mit Blick auf die Forderung an die Philosophie, dieser Einsicht Rechnung zu tragen, verschiebt Heidegger nicht nur deren Gegenstand und deren Methodik, wie sich später noch zeigen wird. Er verschafft ihr vor allem eine seiner Diagnose nach allzu lange vernachlässigte Wirk-Möglichkeit.

»In der Besinnung wagt sich die Philosophie in die Bestimmung des Voraus-gesetzten, des in ihr und durch sie zu Er-denkenden und kraft dieses Denkens in das Da-sein zu Gründenden, um so dem Menschen das Geheimnis seines Wesens zu *retten*, nicht aber aufzulösen.«[6]

Der Deutungsspielraum des »zu Gründenden«, von dem hier die Rede ist, ist umfangreicher, als es vielleicht wünschenswert ist. So kann es unter politisch-ideologischer Perspektive als Hinweis auf die Gestaltung einer neuen Gesellschaft gelesen werden, deren Verwirklichung der Untergang des Bestehenden vorausgehen muß.

---

[5] *Besinnung*, II, S. 26.
[6] *Besinnung*, III, S. 47.

Wird hingegen der Interpretationsschwerpunkt auf den Verweisungskontext des Seins gelegt, der aus ihren pragmatischen Verformungen sichtbar zu machen ist, dann kann es zwar auch auf eine Veränderung hinweisen. Diese wäre dann allerdings grundsätzlicher, als es eine ideologisch motivierte Gründung sein könnte, da sie menschliche Verhaltung im Sein insgesamt betrifft. Denn das hatten die bisherigen Überlegungen gezeigt: Ideologisches, sogar nationales oder völkisches Denken beruht auf der Möglichkeit der Separierung, die Heidegger selbst im Grunde durch seine Beschreibung des Machenschaftlichen verhindern wollte. Ob es letztlich einen Bruch innerhalb seines Denkens bedeutet, wenn er das Denken des Seyns zum Denken eines einzigen Volkes erklärt, konnte hier lediglich als Horizont des Fragens angedeutet werden.

Philosophie, so wie Heidegger sie denkt, ist keine Wissenschaft, die Gesetzmäßigkeiten des Seienden formuliert und damit immer ›über‹ dieses spricht.

»Sie setzt im Zeit-Spiel-Raum des Seyns dessen Wahrheit aufs Spiel. So gehört sie weder den Göttern noch den Menschen, ist kein Gewachsenes der Erde noch ein Gebilde der Welt; sie ist die Kreuzungsmitte alles Seienden im Sinne eines abgründigen Wirbels der Verwahrung aller einfachen Fragwürdigkeit.«[7]

Philosophie in diesem Sinne resultiert aus keinem Erkenntnisstreben, praktiziert keine Klassifizierung von Seiendem zum Zwecke seiner Verfügbarkeit, ist keine Kompetenz des Denkens, sondern Denken am Ort seiner Möglichkeit. So kann sie ein Gewahren sein, also selbst ein Geschehen und nicht dessen Kommentierung oder gar Beurteilung. Ungewöhnlich genug ist Heideggers Benennung als »Kreuzungsmitte«, weil er damit den Ort von Philosophie und ihren Wirkungsraum bezeichnet.

Bereits in früheren Betrachtungen hatte sich die besondere Bedeutung des ›Inzwischen‹ und ›Inmitten‹ für Heideggers Konzeption des Seyns angedeutet. Denn er sieht es nicht als Ablösung oder Transzendierung des Seins, sondern gestaltende Möglichkeit inmitten des Seienden, womit dessen wesentliche Beschaffenheit als Verweisung akzentuiert wird.

Sein als machenschaftlich Verstandenes bindet das Entfaltungspotential des Seienden an seine Beherrschbarkeit und verhindert dadurch, daß es sein Mögliches erkennen kann. Diese essentielle Behin-

---

[7] *Besinnung*, II, S. 41 f.

derung trifft den Menschen, der nicht zu denken wagt, was er denken könnte, prägt aber auch die Perspektive, in der Dinge in der Welt wahrgenommen werden. Ihr Nützlichkeitsquotient versperrt jeden Blick auf das, was sie darüber hinaus sind: Indikatoren des Seyns.

Mit seiner Plazierung von Philosophie inmitten des Seins versucht Heidegger, sie unmittelbar in dessen Verwandlungsprozeß einzubeziehen, nicht als Abstraktion, sondern als Aktionselement. Denn die Weise, wie gedacht wird, beeinflußt Sein, im positiven wie auch im negativen Sinne.

Ob Heideggers Kritik an der tradierten Gestalt westlicher Rationalität überzeugt, ist dabei nicht wirklich entscheidend. Für den Versuch, sich seinem Denken anzunähern, ist die Frage wichtiger, wie er sie zu erweitern versucht.

Daß er das zielgerichtete und zweckorientierte Denken durch »zielunbedürftiges« Denken ersetzen will, hat sich gezeigt. Doch wie ist es möglich, so zu denken? Interesselos? Wenn Interesse an etwas lediglich bedeuten würde, daß dieses auf seine Nützlichkeit hin untersucht wird, wäre es konsequent, tatsächlich Interesselosigkeit in der Seinsbegegnung zu fordern.

Doch darf diese Einstellung keinesfalls als Gleichgültigkeit verstanden werden. Denn es geht Heidegger darum, die Aufmerksamkeit auf das Seiende ohne vorherige Abschätzung seines Funktionswertes zu empfehlen. Diese Vorstellung führt ihn zum Begriff des »Lassens«, in dem verschiedene Assoziationen anklingen können: Das Sein-lassen, das Belassen, das Gelten-lassen und selbst das Zulassen. In seiner Schrift *Besinnung* formuliert er diesen Gedanken so:

»Das Sein-lassen des Seienden, wie und was es ist. Man meint, das gelinge am reinsten durch die Gleichgültigkeit, das Nichtsdazutun und Nichtswegnehmen. Aber das Sein-lassen setzt umgekehrt die höchste Inständigkeit in der Wahrheit des Seyns voraus. […] Das Sein-lassen des Seienden muß am weitesten entfernt bleiben von jeder Anbiederung an das gerade Wirkliche als das Wirksame und Erfolgreiche.«[8]

Nutzung ist Verfremdung, die einem solchen Selbst-sein-können entgegenwirkt. Klar bestätigen diese Zeilen, daß Heidegger nicht aus einer Position des Desinteresses spricht, sondern daß sein Werben für eine Haltung der Zurück-haltung Ausdruck geschärfter Aufmerksamkeit oder, wie er es nennt, der »höchsten Inständigkeit« ist.

---

[8] *Besinnung,* IV, S. 103.

Dieser Begriff ist gemäß seiner wörtlichen Bedeutung zu lesen – inmitten des Seienden stehend findet sich der Mensch aufgerufen, diesem Ort gemäß zu denken.

Und da Inanspruchnahme des Seienden, die Nutzen und Ziel verfolgt, situativ bedingt und insofern jeweils von begrenzter Dauer ist, erklärt es sich, daß dessen Sein-lassen zeitlos und unbedingt ist.

Fast ist es unnötig darauf hinzuweisen, daß der Geist desjenigen, der nicht interessegeleitet auf das ihn Umgebende schaut, selbst zu einer Haltung des Ruhens findet, die nicht mehr in einzelne Verhaltensweisen dividiert wird. Diese Haltung denkt Heidegger als Ausdruck einer Leere, die inmitten des Seienden Raum gibt[9] für einen Zustand des Seienden, der im Grunde nicht beschrieben werden kann. Er gibt ihm den Namen »Seyn«, was, wie sich bereits abgezeichnet hat, soviel bedeutet wie: das Gewahren der Contemporalität des Aufeinander-Bezogenen.

»Das Seyn […] kann durch keine herbeigesuchte Entsprechung und unbestimmte-wortlautmäßigen Anklänge zum bisherigen metaphysischen Denken erläutert und verständlich gemacht werden. Die Verständlichkeit ist seine schärfste Bedrohung.«[10]

»Verständlichkeit« wäre nach Heideggers Deutung die Forderung der Metaphysik, weshalb dieser Zugang zu einem Nachvollziehen seiner Gedanken wie auch zum Begreifen des Seyns zu meiden ist.

Verschiedentlich war in den vorausgegangenen Betrachtungen von der Erfahrung die Rede, die an die Stelle der Erkenntnis treten soll. Denn wird diese auf rationalem Wege gewonnen, kann die Alternative auf dem Wege der Annäherung an das Seyn kaum rationaler Natur sein. Erfahrung kann diese Voraussetzung erfüllen, wenn sie als komplexe Form der Vergegenwärtigung von Bestehendem interpretiert wird. Als Rationalität begleitende Form der Begegnung führt Heidegger Erfahrung ein, die als ein »Er-fahren« durchaus räumliche Vorstellungen des Öffnens von Wegen einschließen kann.

»Der Denker weiß Alles Seiende seyender zu erfahren, als man es gewöhnlich nimmt […]. Das Er-fahren ist das einbringende Sich-sammeln in das Gewesen des Kommens.«[11]

---

[9] »Der Raum räumt in der Weise des Einräumens, des Gewährens eines Zumal der Entrückungen und so im Gewähren *berückend.*« *Besinnung,* IV, S. 102.

[10] *Besinnung,* IV, S. 93.

[11] *Anmerkungen I–V,* I, S. 49.

Was läge also näher, als sie zur Erfahrung ›inmitten des Seienden‹ zu erklären, an jenem Ort also, den Heidegger auch schon Philosophie zugewiesen hatte. Im Folgenden wird er deren Artikulation als das »erfahrende Denken« bezeichnen.

Nun könnte sich allerdings eine Frage ergeben. Der Mensch, der Seiendes sein-läßt und in dieser Zurück-Haltung selbst in sein Wesen findet, ruht in einer nahezu kontemplativen Besinnung. Auf Heideggers punktuelle Bezugnahmen auf asiatisches Denken wird an späterer Stelle einzugehen sein. Dort wird auch der Begriff der »Achtsamkeit« zur Sprache kommen, den er verwendet und der wahrscheinlich schon in mancher Formulierung dieser Betrachtungen ausgemacht wurde.

Doch Mitte der 30er Jahre steht Heidegger noch unter anderem Einfluß, weshalb gefragt werden kann, ob seine Vorstellung vom Seyn tatsächlich die einer beruhigten Schau des Seins ist? Wenn wirklich nach seinem Denken dieser Zeit gefragt wird, fällt die Antwort negativ aus. Denn da Heidegger von dem Bild einer »Geschichte des Seyns« ausgeht und deren Prozeß seiner Ansicht nach noch nicht abgeschlossen ist, ist die Haltung des Menschen zum Sein zwar nicht mehr von dessen Vergessenheit, aber auch noch nicht von dessen komplexer Erfahrung gekennzeichnet. Wie sonst würden sich die nur mit kritischer Distanz zu lesenden Formulierungen Heideggers erklären, in denen er den »Untergang« des Bisherigen erwähnt, den »Übergang« in das Ausstehende? Wie sonst würden die Texte der 40er Jahre philosophisch Sinn machen, in denen er vom Kampf und der Entscheidung spricht, vom Krieger und seinem Opfer?[12] Warum sonst würde sich Heidegger immer wieder auf Heraklit berufen, den einzigen griechischen Denker, dem er sich scheinbar wirklich verwandt fühlt, während er schon das platonische Denken im Zusammenhang der Seinsverlassenheit thematisiert?

In den Jahren, in denen auch die Schriften *Besinnung* und Teile aus *Zum Ereignis-Denken* entstanden, denkt Heidegger jene Stätte, an der die Erfahrung des Seyns allmählich Raum zu greifen beginnt, noch unter den Vorzeichen des Streites, des Ringens und vor allem in

---

[12] »Das sind einmal die Einzelnen, die heute im unmittelbaren kriegerischen Kampf stehen und an nichts Vorhandenem, auch nicht an der Gemeinschaft und Kameradschaft eine Stütze haben. Sie müssen nach ihrer Weise ein anderes vorausahnen, wofür sie zum Opfer bereit sind und das sie doch nicht sagen können und doch ein Opfer erst schaffen.« *Überlegungen XII–XV*, XIII, S. 159.

einem Bild: dem Zeit-Spiel-Raum, dessen seinsgeschichtliche Deutung in späteren Jahren weniger akzentuiert wird[13].

Die Erinnerung an die teilweise veränderte Terminologie Heideggers in den Jahren von Krieg und nationalsozialistischer Herrschaft könnte den Eindruck erwecken, als wäre der Zeit-Spiel-Raum ein Ort gewaltvoller Kontroversen. Es ist ein Ort der Entgegensetzung, allerdings im produktiven Sinne. Und es ist ein Ort der Entscheidung, ob der Mensch im Sein seine »höchste Möglichkeit«[14] ergreifen kann, die darin besteht, Da-sein als Stätte der Erfahrung des Seyns zu gründen. Um es noch einmal zu betonen: Seyn ist keine spezielle Form des Seins, sondern die eigentliche Art, Sein zu begreifen. Und diese wäre nach Heideggers Auffassung nicht zu erreichen, wenn sich der Mensch nicht inmitten des Seienden vorfinden würde, das er nicht als Subjekt in Frage stellt, sondern als Teil des Seienden selbst begreift. Diese Stellung des Menschen im Sein kennzeichnet Heidegger mit dem Begriff des Spiels.

»Wir selbst kommen so bei der Frage nach Sein und Zeit ins Spiel nicht nur als die Frager, sondern als die Befragten. […] Indem wir solcher Art wir selbst sind, weist unser Menschsein in ein ursprünglicheres Sein zurück.«[15]

Wie außergewöhnlich wichtig ihm die Beschreibung jenes Ortes im Sein ist, an dem sich die menschliche Haltung des Seyns zu erkennen gibt, wird an seinen Bezeichnungen dieser Geschehnis-Stätte ablesbar. Zunächst ist noch einmal daran zu erinnern, daß er selbst das Seyn für nicht erklärbar und infolgedessen nicht verstehbar im herkömmlichen Sinne hält. Die folgende Formulierung verweist auf die ›andere‹ Möglichkeit, Seyn zu denken. »Der *Aus-trag* des ›*Zwischen*‹ – als das *Ereignis* des *Gevierts* – *Zeit-Spiel-Raum.*«[16]

Mit den Begriffen des ›inmitten‹ und »Zwischen« veranschaulicht er seine Überzeugung, daß die Entscheidung über das Seyn sich nicht im Raum des Transzendenten oder im Denken der Abstraktion ereignet, sondern in der Mitte des Seienden. Daß sich dort auch die Folgen dieses Entscheidens, wie immer es ausfallen mag, auswirken,

---

[13] Anfang der 40er Jahre heißt es noch: »Vorbeigehen am Rechnen der Macht. Einkehr in die Erwartung des Spielzeitraumes des Geschichts [!].« *Anmerkungen I–V,* I, S. 21.

[14] *Zum Ereignis-Denken,* II, S. 77.

[15] *Zum Ereignis-Denken,* II, S. 90 f.

[16] *Zum Ereignis-Denken,* XI, S. 1443.

ist ein Gedanke, der in seinen Arbeiten immer größere Bedeutung erlangen wird.

Der Begriff des »Gevierts« bezeichnet zwar auch die Stätte dieses Entscheidungs-Geschehens, jedoch in formalisierter Weise. In konzeptioneller Entgegensetzung stellt Heidegger die Verweisungsembleme Götter und Sterbliche, Erde und Himmel gegenüber. Hierbei handelt es sich nicht um Ausdrücke realer Gegebenheiten, sondern um Strukturelemente, die er zur Kennzeichnung der Ereignis-Dynamik nutzt, die im Entscheiden über das Seyn wirkt.

»Die Überwindung der Neuzeit kann sich daher niemals in der Aufstellung neuer Ziele anbahnen, sondern in der ›Erfahrung‹ des Seins, will sagen: in der Besinnung auf das Unentschiedene der Überkreuzung einer Entgegnung des Menschen und des Gottes mit dem Streit der Erwesung von Welt und Erde.«[17]

Diese vier Elemente sind seiner Ansicht nach erforderlich, um die Statik des Geschehens aufrechtzuerhalten, in dessen Verlauf sich der Mensch im Sein positioniert.

Der andere Begriff, den Heidegger zur Beschreibung der Stätte verwendet, an der sich die Seins-Entscheidung vollzieht, ist der des »Zeit-Spiel-Raumes«. Dieser setzt nicht, wie es beim Begriff des Gevierts der Fall ist, auf die Darstellung einer reinen Form des Denkbaren, sondern darauf, dessen Dynamik zu beschreiben. Diese findet innerhalb von Zeit und Raum statt, womit jedoch nicht die physikalischen Begriffe der Zeit und des Raumes gemeint sind.

»[…] denn wir finden uns nicht mehr an einer Stelle innerhalb des historisch feststellbaren Seienden, sondern wir wissen uns im Entscheidungsraum zwischen dem Seienden (und allem Historischen) und dem Seyn (und der Geschichte); es ist ein ›Ort‹, der erst dem Zeit-Raum eines Standorts, besser, der in ihm notwendigen Pfade zum Ursprung werden soll. […] Unser Standort ist kein ›Ort‹, keine vorhandene und unmittelbar zuweisbare Raumstelle im Raum des Seienden […]; unser Stand ist ortlos die Inständigkeit der Einräumung des Zwischen für die Götter und den Menschen, ohne jene zu kennen, ohne diesen in der zugehörigen Wesensursprünglichkeit zu erreichen.«[18]

---

[17] *Überlegungen XII–XV*, XIII, S. 106.
[18] *Überlegungen VII–XI*, VIII, S. 119f.

Auch Aussagen zum Raum können, wenn sie in der Zeit nationalsozialistischer Ideologisierung erfolgen, Anlaß zu entsprechender Deutung geben. Das propagandistische Wort vom »Lebensraum« im Osten drängt sich auf, vielleicht auch die Erinnerung an Hans Grimms Roman »Volk ohne Raum« von 1926, den Heidegger kannte und seinem Bruder in einem Brief vom März 1932 empfahl. Heidegger will offensichtlich einer solchen Interpretation seines Begriffes vom Zeit-Spiel-Raum zuvorkommen, wenn er um 1940 schreibt:

»Der Grundirrtum: daß ein Volk durch ›Räume‹ sich einen ›Lebens‹-Raum schaffe – wobei es die Entscheidung über das ›Leben‹ vergißt und verlernt und nur noch den ›Standard‹ als Maßstab gelten läßt. Hier ist das Nichtwissen an der Macht, dem das Wesen der Besinnung versagt bleibt: Das Wissen, daß diese allein Welten und Erde öffnet, indem sie Solches in die Einfachheit einer Entscheidung des Bezugs zum Seyn sammelt.«[19]

Statt dessen führt er Begriffe wie »Gangraum«, »Entscheidungsraum« oder auch »Schwingungsraum«[20] ein, um zu zeigen, daß er eine Geschehnis-Stätte beschreiben will, keinen Lebensraum[21].

Das »Nichtwissen«, in dem Heidegger die Ursache der irrtümlichen Vorstellung vom Raum sieht, ist nun nicht mit jenem Nichtwissen-wollen zu verwechseln, das sich bereits als Bedingung des Seynsdenkens gezeigt hat. Hier geht es um Entsagung, dort um Unkenntnis, hier um den Weg des Wesenswandels, dort um dessen Verhinderung. Der »Ort«, den Heidegger als Zeit-Spiel-Raum bezeichnet, kann seiner Auffassung nach nur in jenem Verhalten der Verhaltenheit gegründet werden, das auf das Denken-können verzichtet, um Denken wieder als Möglichkeit des Bezuges zum Seienden zurückzusetzen.

---

19 *Überlegungen XII–XV*, XIII, S. 131.

20 »Kommende Götter – erbauen ihre Gottschaft im vorausgewiesenen Gangraum eines Zu-kommens auf den selbst erst dem Seyn wieder *zu*-entschiedenen Menschen.« *Überlegungen XII–XV*, XIII, S. 136.

21 Den Begriff »Geschichtsraum« verwendet Heidegger in seiner Rede *Heimkunft/An die Verwandten* im Juni 1943 unter Bezugnahme auf Hölderlins Dichtung: »›Das Hauss‹ meint hier den Raum, der den Menschen jenes einräumt, worin allein sie ›zu hauss‹ und so im Eigenen ihres Geschickes sein können. Diesen Raum verschenkt die unversehrte Erde. Sie räumt den Völkern ihren Geschichtsraum ein.« (S. 16 f.) Daß sich Heidegger mit Blick auf das Motiv des Hauses und des Wohnens auf Hölderlin bezieht, schließt eine parallele Fundierung im Werk Franz Rosenzweigs keineswegs aus.

Es mutet fast wie ein Rückgriff hinter die Entwicklung der Rationalität an, was er dem Menschen abverlangt, wobei es einerlei ist, ob diese als theoretisch reflektierend oder praktisch motivierend verstanden wird. Jede Form einer unmittelbar erstrebten Wirkung würde es vereiteln, sich dem Unbedingten der Erfahrung auszusetzen, die keinem Ziel folgt, keinem Zweck dient und kein Ergebnis liefert[22].

Es ist sicherlich verwunderlich, daß Heidegger in seinen Schriften immer wieder auf die Metaphorik der Götter oder des Gottes zu sprechen kommt. Doch wirkt dieser Schritt nicht mehr so überraschend, wenn betrachtet wird, was er damit zu erreichen sucht. Wenn alle anderen Gründe für sein Erwähnen des Göttlichen für einen Moment ausgeblendet werden und nur nach dessen Funktion im Geschehnisraum des Gevierts gefragt wird[23], dann ergibt sich eine simple, doch nachvollziehbare Begründung, die Heidegger selbst liefert:

»Ein *Gott* ist nur Jener und Jene, die den Menschen dem ›Seienden‹ entreißen, das Seyn ernötigen als das Zwischen für sie selbst und für den Menschen […].«[24]

Konzentration auf das Göttliche enthebt das Denken seiner funktionalen Bindung an machenschaftlich geprägtes Seiendes und setzt es frei für sein Wirken jenseits aller Verfügbarkeit. Natürlich ist damit die Komplexität der Heideggerschen Verweise auf die Götter nicht erschöpfend erfaßt, was hier aber auch nicht beabsichtigt war. Es sollte vielmehr nur angedeutet werden, was geschieht, wenn der Mensch Göttliches denkt. In Heideggers Sicht ist es zweckfreies Denken schlechthin. Diese Beschreibung würde er nicht auf religiöse Vorstellungen anwenden. Denn sogar sie sind seiner Auffassung nach Formen zielgerichteten Denkens[25].

Göttliches in seinem Sinne zu denken hilft, nicht wollend zu denken, keine Wirkungen erzielen und nicht einmal neue Werte dort

---

[22] »Wir erfahren nicht. Wir lassen alles stehen und liegen durch den Betrieb des Bestellens.« und: »*Erfahren:* Gelangen in das sagende, entsprechende Schonen der Welt. Entsprechen: Dem Wort der Stille des Ereignisses.« *Anmerkungen VI–IX,* VII, S. 123 und S. 148.

[23] Stumpe verweist in *Geviert, Gestell, Geflecht. Die logische Struktur des Gedankens,* S. 70f. auf die zum Teil unterschiedliche Benennung der vier Elemente des Gevierts.

[24] *Überlegungen VII–XI,* VII, S. 25.

[25] »Aber nie ist der Gott ein ›Gegenstand‹ christlicher Taktik und politischer Maßnahmen und ›Erlebnis‹-betrunkener ›Beschwörungen‹ […].« *Überlegungen VII–XI,* VII, S. 25.

begründen zu wollen[26], wo deren bisherige Setzungen als Produkte der Seinsvergessenheit entlarvt wurden. Göttliches zu denken hilft, zu jener Ruhe zu finden, die Seiendes als das erscheinen läßt, was es ist: Grund des Seyns.

»Aber es sei uns auch für einen Augenblick der Besinnung anheimgegeben, was denn das *Nicht*denken und das *Nicht*-mehr-wissen *bewirkt, diese* ›Wirkungen‹ sind noch riesenhafter als aller Erfolge des Handelns […].«[27] Und an späterer Stelle heißt es:

»Niemand scheint zu begreifen, daß wir einer Entscheidungszeit entgegentreten, deren Vorraum erfüllt sein muß von *wesentlichen Entsagungen.* Niemand scheint ein Auge und ein Urteil für das zu haben, was aus einem vordenkenden Wissen *nicht* getan wird und nicht mehr getan werden darf, weil es nur eine verschleiernde Verhemmung der wesentlichen Entscheidung zeitigt.«[28]

Daß aus diesem Nicht-wissen eine verwandelte Sicht auch des Seienden erfolgt, hatte sich bisher verschiedentlich angedeutet. Nun spricht es Heidegger selbst aus, was es heißt, Seyn zu bedenken.

»Nur wenn der Mensch […] die Wahrheit des Seyns in ein Seiendes verwahrt und durch solche Verwahrung erst das Seiende *als* ein Seiendes in das Offene des Zeit-Raums des geschichtlichen Da-seins hervor-ragen läßt und den Augenblick des Seyns als seine höchste Möglichkeit behütet. Aus solcher Behütung findet sich erst wieder Seiendes zu Seiendem, weltet es aus einer Welt und übersteht als Erde die Vernutzung der bloßen Stoffe und Kräfte.«[29]

In seinem Vortrag *Der Ursprung des Kunstwerks* aus dem Jahr 1935 geht er auf die Unterscheidung von Erde und Welt ein, die auch seiner Vorstellung vom Geviert zugrunde liegt. Das absichtslose Gewahren, das die Elemente der Erde nicht mehr unter ihrem Gebrauchswert betrachtet, verändert auch die Einstellung der Welt gegenüber, in der sich die »Stoffe und Kräfte« der Erde einem achtsamen Blick darbieten.

Wohl niemals hat Heidegger diesen Gedanken eindringlicher ausgedrückt als in einem anderen seiner Vorträge, nämlich *Bauen Wohnen Denken* von 1951. Nichts spricht dagegen, daß der Mensch

---

[26] »[…] weil die Erbärmlichkeit der ›Werte‹ keine Unterkunft mehr findet im Zeit-Spiel-Raum der Wahrheit des Seyns […].« *Überlegungen VII–XI,* VII, S. 25.

[27] *Überlegungen VII–XI,* VII, S. 24.

[28] *Überlegungen VII–XI,* IX, S. 183.

[29] *Überlegungen VII–XI,* IX, S. 184.

Welt gestaltet, im Gegenteil. In seinen Bezügen kann Da-sein als Seinsweise gegründet werden, in der sehr wachsam die Möglichkeiten des umgebenden Seienden wahrgenommen werden, die Grund menschlicher Gestaltung und Formung werden.

Das Beispiel, das Heidegger für ein solches gelingendes Einräumen des Gevierts in der Welt gibt, mag aus heutiger Sicht eher abschrecken. Zu schnell stellen sich Assoziationen an idyllische oder ideologische Verklärungen ein. Wenn es hier dennoch angeführt wird, dann geschieht es im Wissen um diese Gefahr, zugleich aber auch als Versuch, einen wertfreien Blick zu wagen.

»Denken wir für eine Weile an einen Schwarzwaldhof, den vor zwei Jahrhunderten noch bäuerliches Wohnen baute. Hier hat die Inständigkeit des Vermögens, Erde und Himmel, die Göttlichen und die Sterblichen *einfältig* in die Dinge einzulassen, das Haus gerichtet.«[30]

Es könnte bezweifelt werden, ob sich Heidegger in dieser Sicht wirklich auf die Gegebenheiten der Natur einläßt oder diese nicht am Ende selbst unter das Diktat des Geviert-Denkens zwingt. Die Formulierung, dieses »in die Dinge einzulassen« erinnert an Vorstellungen subjektiver Inanspruchnahme der Dinge, wie sie Heidegger als Ausdruck machenschaftlichen Denkens ausgewiesen hatte.

Eine Entkräftung dieses Zweifels könnte unter Hinweis darauf erfolgen, daß im Geviert keine subjektive Perspektive zweckorientierter Planung besteht, sondern daß es reines Struktur-Denken ist, dessen einzig konkrete Aussage darin besteht, Sein als Verweisung zu begreifen.

Um an dieser Stelle einen kurzen Rückgriff auf Franz Rosenzweigs Aussagen im *Stern der Erlösung* vorzunehmen, kann folgendes festgestellt werden: Die Elemente des Gevierts haben die Funktion, Denken im Sinne der »Tatsächlichkeiten« zu ermöglichen, wie es Rosenzweig mit Blick auf Gott, Welt und Mensch beschreibt. Formen der denkbaren Präsenz werden damit gekennzeichnet.

Die Besonderheit des Vortrages, den Heidegger vor einer Gruppe von Architekten hielt, besteht darin, daß er sich hier darum bemüht, sein Denken des Seyns unter pragmatischem Blickwinkel zu erläutern. Was bedeutet es, angesichts der Wohnungsnot der 50er Jahre philosophisch über Bauen und Wohnen zu sprechen? Eine Gelegenheits-Reflexion, so könnte vermutet werden, in der Heidegger dem Anlaß entsprechend argumentiert und diesem eventuell nicht gerecht

[30] *Bauen Wohnen Denken*, S. 162.

wird. Denn verfehlt seine Erläuterung des Gevierts nicht letztlich die konkreten Bedingungen, unter denen das Bauen sich mannigfaltigen Erfordernissen sozialer, ökonomischer und politischer Natur zu beugen hat? Muß es nicht speziell in Anbetracht der Zerstörungen des Krieges, die erst allmählich aus den Stadtbildern des Landes verschwinden, fast befremdlich wirken, wenn Heidegger den Schwarzwaldhof als Ideal achtsamen Bauens nennt?

So berechtigt diese Überlegungen einerseits sind, läßt sich sein Vorhaben doch andererseits auch unter einer ergänzenden Perspektive betrachten. Würde er auf die Erfordernisse des Wohnungsbaus in jenen Jahren im Detail eingehen, würde er das Denken an die Zwänge der konkreten Bedingungen binden. Er will und kann nicht den Standpunkt städteplanenden Denkens einnehmen. Durch seinen fast deplaziert anmutenden Hinweis auf den Schwarzwaldhof folgt er nicht bestehenden Erfordernissen der Situation, sondern setzt diese für einen Augenblick außer Kraft. So schafft er den Raum, für einen kurzen Moment anders über das Bauen zu denken, und damit die vorübergehende Befreiung von Sachzwängen, um denkbar werden zu lassen, was Bauen für den Menschen und die Welt auch bedeuten kann. In komprimierter Form zeigt sich in diesem Vortrag die Abhebung des Denkens von seiner alleinigen Zweckorientiertheit. Aber ist es nicht der höchste Zweck, dem Menschen Raum zu schaffen, in dem zu leben und zu überleben ist?

Hier greift der Gedanke vom Geviert in einer Weise, die in der heutigen architekturtheoretischen Diskussion vielleicht leichter nachzuvollziehen ist als in den 50er Jahren. Heidegger wiederholt in rhapsodischem Gleichmaß, daß das Denken eines Elementes des Gevierts stets das Mit-Denken der anderen drei Elemente erfordert[31]. Und er betont: »Doch ›auf der Erde‹ heißt schon ›unter dem Himmel‹. Beides meint *mit* ›Bleiben vor den Göttlichen‹ und schließt ein ›gehörend in das Miteinander der Menschen‹. Aus einer *ursprünglichen* Einheit gehören die Vier: Erde und Himmel, die Göttlichen und die Sterblichen in eins.«[32]

Die Erfordernisse konkreten Handelns stehen außer Frage, doch

---

[31] Mit Blick auf die Erde etwa heißt es: »Die Erde ist die dienend Tragende, die blühend Fruchtende, hingebreitet in Gestein und Gewässer, aufgehend zu Gewächs und Getier. Sagen wir Erde, dann denken wir schon die anderen Drei mit, doch wir bedenken nicht die Einfalt der Vier.« *Bauen Wohnen Denken,* S. 151.

[32] *Bauen Wohnen Denken,* S. 151.

wäre es wünschenswert, wenn dabei die Folgen für das Sein im Zusammenhang berücksichtigt würden. Die Behebung der Not des Menschen ist die Herausforderung der Stunde, doch gilt es die Konsequenzen abzuschätzen, die sich daraus möglicherweise für die Natur ergeben. Der Schutz der Erde ist gleichermaßen Ziel, doch bedeutet dieses, auch die Folgen für den Menschen zu bedenken.

Als Heidegger seinen Vortrag hält, liegt der Blick der Zuhörer vielleicht nicht primär auf Erwägungen ökologischer oder sozialer Natur. Die Frage, ob Städte Orte des Miteinanders sein können, ist vielleicht nicht möglich und nicht angebracht angesichts des Ausmaßes an Zerstörung als Folge des Krieges. Doch gerade durch seine unzeitgemäßen Betrachtungen will Heidegger in Erinnerung rufen, daß es selbst hier den Zusammenhang zu bedenken lohnt, in dem alles Seiende zueinander steht.

So ist sein Vortrag der deutlichste Versuch einer Anwendung des Denkens vom Geviert und des Gedankens, daß Seyn Sein in Relation ist.

»Aus solcher Behütung findet sich erst wieder Seiendes zu Seiendem, weltet es aus einer Welt und übersteht als Erde die Vernutzung der bloßen Stoffe und Kräfte« – so hatte Heidegger es formuliert und damit selbst beschrieben, wie dieses Denken des Gevierts zu wirken vermag. Die Behütung als Technik des Denkens erfordert es, daß das pragmatische Streben neben sich das zielunbedürftige Denken zuläßt[33], das immer wieder die Frage erlaubt, welche Folgen das Handeln im Kontext seiner Bezogenheit hat. Der Ausdruck vom Nicht-Wollen bedeutet alles andere als Desinteresse, das macht Heidegger deutlich. Wenn er wiederholt vom Schritt zurück spricht, den es im Denken zu vollziehen gilt, um Seiendes zur Geltung kommen zu lassen, ohne es nur als Objekt der Verfügung zu betrachten, dann ist das keine Aufforderung zur Gleichgültigkeit, sondern zum Zulassen der Ebenbürtigkeit im Sein. Diese realisiert sich als Haltung zum Seienden, nicht in einem bloßen Wissen um dessen Dasein.

Eines fällt bereits an dieser Stelle auf: So sehr Heidegger auch die Gleichwertigkeit des Seienden hervorhebt, erklärt er doch nirgends

---

[33] In seiner Rede mit dem Titel *Gelassenheit* aus dem Jahr 1955 räumt Heidegger sogar dem rechnenden Denken eine gewisse Berechtigung ein: »So gibt es denn zwei Arten von Denken, die beide jeweils auf ihre Weise berechtigt und nötig sind: das rechnende Denken und das besinnliche Nachdenken.« S. 13.

unmißverständlich, wie diese sich auf menschliches Miteinander auswirken könnte.

Bezieht sich seine Forderung, »Vernutzung« zu vermeiden, in übertragendem Sinn auch auf das Individuum, das entfremdet, manipuliert und verführt werden kann? Schnell wird klar, daß diese Frage im Grunde unnötig ist. Denn wozu sonst sollten Heideggers Aufrufe zum Wesentlich-werden führen, als zum Erreichen dessen, was dem Menschen möglich ist? Das bedeutet aber auch, daß jedem Seienden Raum für seine Wesensfindung zuerkannt werden müßte.

Aus dem erfahrenden Denken folgt eine grundsätzliche Haltung der Aufmerksamkeit, die letztlich ethische Betrachtungen, die sich auf situativ bedingte Handlungen beziehen, überflüssig machen könnte. Damit würde jedoch ein Höchstmaß an Respekt und Integrität eingefordert, weil nur so der individuelle Entwicklungsrahmen jedes Menschen sichergestellt werden kann. Um diesen zu berücksichtigen, wird ihm ein Maximum an Verantwortung abverlangt, da es keine moralischen Regulative gibt, an denen er sein Verhalten dem Anderen gegenüber überprüfen und gegebenenfalls korrigieren könnte. Achtung des Anderen, sei es menschlicher oder dinghafter Natur, würde allein durch das Wissen um dessen Co-präsenz zu legitimieren sein. Eine solche Sicht, die Heideggers Seinsdenken impliziert, wurde in neueren Konzepten etwa von Jean-Paul Sartre oder Emmanuel Lévinas in ähnlicher Weise formuliert.

Warum Heidegger so zurückhaltend mit Aussagen darüber ist, was es für die Menschen bedeutet, wenn sie in ihr Wesen als das ihnen Gemäße finden, wäre in anderem Kontext zu fragen. Mitunter wirken seine Texte so, als sollten sie eine Philosophie einführen, die den Menschen nicht bedenkt. Doch geht es um nichts anderes als um diesen, denn nur er kann einen Wandel im Sein einleiten.

Unverzichtbar für dessen Verständnis ist nach Heideggers Überzeugung die Vorstellung des Gevierts als Wirkungsmuster der Relationalität[34]. Doch soll durch ein solches Schema nicht nur das Verständnis gefördert, sondern durch dessen Vergegenwärtigung Handeln und Verhalten reflektiert werden. Der kurze Blick auf den

[34] »Die Erde ist nur Erde als die Erde des Himmels, der nur Himmel ist, indem er auf die Erde hinabwirkt.« *Hölderlins Erde und Himmel,* in: *Erläuterungen zu Hölderlins Dichtung,* S. 161. Und S. 170: »Vier Stimmen sind es, die tönen: Der Himmel, die Erde, der Mensch, der Gott. In diesen vier Stimmen versammelt das Geschick das ganze unendliche Verhältnis.«

Vortrag *Bauen Wohnen Denken* hatte an einem Beispiel gezeigt, wie sich eine solche Reflexion auswirken könnte. Wesentliche Voraussetzung ist, daß im Sinne der Vierung nie eines ihrer Elemente isoliert bedacht wird, sondern daß stets die Konsequenzen einer veränderten Einstellung ihm gegenüber für das Gesamt berücksichtigt werden. So ergab sich in jenem Kontext beispielsweise die Ermutigung, bei der Schaffung von Wohn-Raum für den Menschen auch die Folgen für die Umwelt zu bedenken – heute fester Bestandteil ökologischen Bewußtseins.

Ganz gleich, ob Heideggers Denken nun als ontologischer Monismus bezeichnet wird oder nicht – in jedem Fall beschreibt es einen geschlossen ethischen Raum, dessen Ermöglichungsrahmen durch die ihn konstituierenden komplementären Elemente geschaffen wird. Die daraus resultierende Erkenntnis, daß sich alles menschliche Verhalten in einer Verschiebung der Relationsstruktur auswirkt, ist einerseits banal, andererseits dringend erwähnenswert. Denn gerade die im Geviert nachdrücklich veranschaulichte Notwendigkeit der Folgenabschätzung des eigenen Tuns unterbleibt viel zu häufig, nicht nur zu Heideggers Zeit.

Wird die Vorstellung der wechselseitigen Verwiesenheit im Sein auf der Grundlage des Modells vom Geviert gedacht, wird schnell ersichtlich, daß keine Aktion ohne Bezug auf anderes Seiendes möglich ist, sondern dort immer Resonanzen hervorruft, im positiven wie im negativen Sinn. Resonanzen sind Veränderungen, Reaktionen auf Impulse, die innerhalb der Vierungs-Dynamik stattfinden, wobei Heidegger sich nie dazu geäußert hat, ob für diese eine Balance ihrer Elemente erstrebenswert ist. Eine explizite Erwähnung erübrigt sich jedoch, da jedes von ihnen grundsätzlich als gleichwertig gedacht wird. Gleichwertigkeit bedingt für jedes Vierungs-Element den gleichen Anspruch schützenswerter Präsenz. Kein Teil des Gevierts ist wichtiger oder wertvoller als der andere.

In vergleichbarer Weise hat Franz Rosenzweig seine Konzeption des Sterns erläutert[35]. Für ihn besteht jedoch insofern Erklärungsbedarf, als er von einer religiösen Vorstellung Gottes ausgeht. Diesen in ein Gefüge gleichwertiger Elemente zu integrieren, ist philosophisch interessant, aber theologisch nicht unproblematisch.

---

[35] Für eine Erläuterung der historischen Bedeutung des Sterns ist G. Scholems *Unter dem Davidsschild* hilfreich.

Es spricht vieles für die Notwendigkeit einer balancierten Relation der Seins-Konstituentien. Jede zu einseitige Akzentuierung eines der vier beziehungsweise drei Elemente würde zwangsläufig zu einer Vernachlässigung der übrigen führen, wie es Heidegger etwa im Bild der einseitigen »Vernutzung« der Erde durch den Menschen gezeigt hatte.

Unter diesem Blickwinkel gewinnt der Begriff der Verantwortung eine sehr simpel wirkende, doch zugleich unmittelbar erfahrbare Bedeutung. Heidegger denkt ihn im Sinne von Ver-antwortung. Das Modell des Gevierts hatte veranschaulicht, daß individuelles Tun Resonanzen innerhalb des Bezugsraumes des Seins auslöst. Im Begriff der Ver-antwortung wird diese Tatsache denkbar.

Wird dieser Aspekt mit der Betonung relationaler Balance zusammengefaßt, ergibt sich sofort eine Folgerung, die auf das Bestehen tatsächlicher Verantwortung für das Gesamt des Seins hinausläuft, und zwar mit sehr konkretem Forderungscharakter. Werden zum Beispiel Verhaltensweisen beobachtet, die eine Dysbalance hervorrufen, wäre ein Eingreifen hiergegen wünschenswert. Wäre ein Mensch nicht dazu in der Lage, selbst für die Wahrung einer Haltung der Aufmerksamkeit zu sorgen, wäre Unterstützung oder eventuell sogar ein Handeln an seiner statt sinnvoll. Ist zu erwarten, daß das eigene Handeln zu einer Beeinträchtigung des Handlungsraumes eines anderen Menschen führt, wären diese Folgen gegen das eigene Wollen abzuwägen. Die Motive des Eingreifens, des Unterstützens, der Stellvertretung und der Folgenabschätzung kennzeichnen ethisches Verhalten, wie es im Gedanken der Verantwortung zum Ausdruck gebracht wird.

Wiederholt wurde darauf hingewiesen, daß Heidegger keine Theorie der Ethik formulierte. In Anbetracht der Konsequenzen, die ein Bedenken des Gevierts für das menschliche Handeln haben kann, ist diese nicht mehr erforderlich.

VII. »Wir gehören in das Einfache« – Land und Weg

Den einen Teil des Begriffes vom Zeit-Spiel-Raum beleuchtet Heidegger, indem er wiederholt auf das Einräumen hinweist, das dem Seyn eine Stätte gründet. Der Mensch, formal gedacht in dem dynamischen Ereignis-Schema des Gevierts, gründet das Da-sein, indem er das ihm Mögliche in jenen Erfahrungsmomenten erkennt, die ihn von Göttern, von Himmel und Erde unterscheiden, ihn aber zugleich gegengleich mit diesen verbinden.

Raum, so betont Heidegger, ist nicht als geographische Ausdehnung oder physikalische Größe gemeint, sondern als Topologie des Seyns. Und die Zeit? Nicht als lineare Entwicklungsfolge sei sie zu verstehen, innerhalb derer sich Geschehnisse mit kausaler Notwendigkeit aneinanderfügen. Doch in welchem Sinn spricht Heidegger dann von Zeit innerhalb jenes Spielraumes, in dem Seyn möglich wird?

Ab Anfang der 40er Jahre taucht des öfteren ein Begriff auf, der diese Frage zu beantworten hilft. Es ist der Begriff des »Bleibens«, den Heidegger ausdrücklich nicht metaphysisch verwenden will.

»Das metaphysische Wesen des Bleibens bestimmt sich aus der Anwesung. Dieser verhüllt bereits den Aufgang und die Entbergung und damit die Anfängnis des Anfangs. Das anfängliche Wesen des Bleibens besteht im Rückgang in den Anfang, im Abschied. Dieser ist das innigste Nicht-fort-gehen aus dem Anfang, weil der Abschied jeden Anfall eines Fortgangs hinter sich gelassen hat. Diesem anfänglichen Bleiben entspricht allein die Inständigkeit des Da-seins.«[1]

Während der herkömmliche Gebrauch des Wortes ›bleiben‹ den Eindruck erwecken könnte, als würde Zeitlichkeit in der Veränderung kaum noch erkennbar sein, soll das »Bleiben« laut Heidegger das Ereignis der Entscheidung zum Seyn immer wieder von neuem ansetzen lassen. Die Vorstellung von Zeit als Kontinuum der Veränderung entspricht nicht seinem Denken, denn sie setzt Zeitlichkeit zum Maß-

---

1 *Über den Anfang*, I, S. 28.

stab der Seinserkenntnis, so, als würde sich Sein in der Zeit verändern.

Diese Ansicht versucht Heidegger dadurch umzukehren, daß er Seyn als Maß der Zeitlichkeit ausgibt. Insofern fängt nicht Seyn in der Zeit an, sondern Seyn ist – immer und immer wieder – als anfängliche Zeit zu denken. Die Perpetuierung des Augenblicks, die dieser Vorstellung zugrunde liegt, ist jedoch bereits als abstrakter Gedanke schwer zu fassen. Wie kann er Inhalt jener Erfahrung werden, die Heidegger als Form aller Seynsbegegnung ansieht?

Um die Antwort auf diese Frage formulieren zu können, wird es erforderlich, einen Motivkreis innerhalb Heideggers Schriften anzusprechen, der wie erwähnt wohl stärker als manch anderer den Verdacht ideologischer Intention schürt. Es handelt sich um den Motivkreis des Ländlichen. Bereits im Vortrag »Der Ursprung des Kunstwerks« tauchte ein Hinweis hierauf in der Form jener Beschreibung der Arbeit auf, die die Bäuerin, deren Schuhwerk in dem Gemälde von Vincent van Gogh abgebildet ist, mit stillem Gleichmut tagaus, tagein verrichtet[2].

Es mag im ersten Moment allzu stark vereinfacht erscheinen, aber exakt in diesem ›tagaus, tagein‹ sieht Heidegger die Symbolisierung des Bleibens, der Dauer in der Veränderung. Für die Suche nach einem Bild dieser Auffassung von Zeit, wie sie im Zeit-Spiel-Raum erfahrbar wird, sind ländliche Motive dieser Art von unschätzbarem Wert. Doch nicht nur deshalb. Um der zielgerichteten und zweckorientierten Rationalität unter dem Diktat der Machenschaftlichkeit ein anderes Modell des Denkens entgegensetzen zu können, spricht Heidegger wiederholt von dem Einfachen. Auch hierfür, wie auch für den aufmerksamen Umgang mit den »Stoffen und Kräften« der Erde bietet sich das Ländliche als Metapher, ja sogar als Vorbild an.

Es sind diese drei Zusammenhänge des Bleibens, des Einfachen und des Sorgsamen, in denen es in Heideggers Schriften zur Sprache kommt – und genau in diesen drei Zusammenhängen soll es heute befragt werden. Natürlich liegt die Erinnerung an die bereits erwähnte Idealisierung von Blut und Boden, wie sie von nationalsozialisti-

---

2 »Aus der dunklen Öffnung des ausgetretenen Inwendigen des Schuhzeuges starrt die Mühsal der Arbeitsschritte. In der derbgediegenen Schwere des Schuhzeuges ist aufgestaut die Zähigkeit des langsamen Ganges durch die weithin gestreckten und immer gleichen Furchen des Ackers, über dem ein rauher Wind steht.« *Der Ursprung des Kunstwerks*, S. 27.

scher Propaganda betrieben wurden, auf der Hand. Und sicher erweckt heute die Verklärung von Heimat, die kein Ort für Fremde sein soll, Unbehagen, das zum Widerstand aufruft. Doch kann beides kein Grund sein, nicht über die Funktion zu sprechen, die die Bilder vom Weg des Bauern und der duldsamen Verständigkeit seiner immer gleichen Handgriffe in Heideggers Denken haben.

Es stellt sich wiederholt die Frage, über welche Möglichkeiten ein Denker denn verfügt, wenn er der Rationalität eine Alternative entgegensetzen will, in der festen Überzeugung, daß deren einseitige Kultivierung nicht ausreicht, um existentielle Krisen zu bewältigen? Nicht nur Heidegger verweist in diesem Kontext auf das Einfache. Emmanuel Lévinas, aus anderem Impuls nach einer Überwindung der westlichen Rationalität suchend, akzentuiert das »Elementale« als Inhalt unmittelbarer Erfahrung. Und Albert Camus erklärt, an der Verstandeszentriertheit des modernen Menschen fast verzweifelnd, die Erde zu seiner Gottheit.

Damit kein Mißverständnis entsteht – es geht nicht darum, Heideggers Verwendung der Motivik des Bäuerlichen durch Hinweise zu rechtfertigen, die in ihrer fast unzulässigen Kürze ohnehin kaum Aussagewert haben. Es geht um die Frage, auf welche Bezüge sich ein Philosoph berufen kann, wenn er Denken nicht allein als rationale Kompetenz begreifen will.

Eine zunehmende Abstraktion der Inhalte des Denkens wäre vorstellbar, würde das Problem seiner Anwendung aber nur vergrößern. Eine Fraktalisierung der Form des Denkens, wie sie in Texten postmoderner Klassifizierung eingesetzt wird, um den Gültigkeits-Anspruch der Rationalität zu relativieren, ist als stilistisches Mittel erprobt worden. Zu diesem Zweck wird Schrift teilweise durch graphische Elemente ergänzt oder sogar ersetzt, wodurch sich der Charakter des Aussagemediums drastisch verändert. Denn nun ist es nicht mehr Mittel, um Inhalt zu transportieren, sondern Verweisung auf eine andere Schriftlichkeit, die inspiriert, anstatt zu informieren.

Interessanterweise gibt es Vorformen dieses Versuches in Heideggers späten Schriften, die auch auf sein Bestreben hindeuten, durch Graphisierungen der Schrift Textualität als Geschehnis zu bedenken. Auf die Funktion des X im Zusammenhang mit seiner Deskription des Seyns ist hingewiesen worden.

Heidegger ist davon überzeugt, daß die Verfremdung der menschlichen Relation zur Welt, die er mit dem Begriff der Seinsverlassenheit benennt, nur durch den bereits erwähnten Schritt zurück in eine Annäherung verkehrt werden kann. Daß er mit dieser Idee den bäuerlichen Arbeitsalltag in allzu naiver Weise betrachtet, liegt nahe. Doch ist auch das nicht der Punkt, auf den es ankommt. Es gilt einzig zu fragen, für welche Eigenschaften des Menschen Heidegger das Bäuerliche als Symbol in Anspruch nimmt.

»Am ruhenden Pflug unterm überweißen Schlehdorn das einfache Mahl in mittäglicher Frühjahrssonne.«[3]

»Wenn Du dann zur Stunde vom Pfad des Denkens zurückkehrst in den gelösten Anblick des Waldes, kannst Du, um wieder heimisch zu werden, erst nur eine Zwiesprache mit dem Dorfhirten halten, der am Hag mit der Herde vorbeikommt. Dann öffnet sich etwas Unermeßliches in seiner Erzählung von der Empfindlichkeit und dem Eigensinn der Geißen zwischen den Kühen auf dem Weidegang.«[4]

»Der Bauer: der im Zu-Denkenden wohnt. Er bereitet den je gearteten Boden; überläßt ihm den edlen Samen.«[5]

Vielleicht genügt diese Auswahl bereits, um zu verdeutlichen, daß die – zumindest vorgestellte – Selbstverständlichkeit im Tun Heidegger offenbar so sehr bewegt. Verstärkt wird seine Empfänglichkeit für diese Art der Wahrnehmung wohl auch durch die Erinnerung an Großvater und Mutter, das Werkzeug, das immer wieder zur Hand genommen wurde, wie die »Schusterkugel«[6].

Eine biographische Komponente in Heideggers Affinität zum Bäuerlichen sollte nicht unterschätzt werden. Denn deren Metaphorik taucht verstärkt in seinen Werken ab Mitte der 40er Jahre auf, als die politischen Verhältnisse seine Aussagen zur Wirkmächtigkeit der Deutschen Lügen zu strafen scheinen.

In seinen *Anmerkungen* zu diesen Jahren kommen nicht nur einmal Enttäuschung und Verbitterung, Fassungslosigkeit und das Gefühl, mißverstanden worden zu sein, zum Ausdruck. Gerade in Augenblicken der intellektuellen und beruflichen Perspektivlosigkeit gewinnt die Erinnerung an frühe kindliche Erlebnisse leicht an Bedeutung.

---

[3] *Überlegungen XII–XV*, XIV, S. 187.

[4] *Anmerkungen I–V*, II, S. 202.

[5] *Anmerkungen I–V*, V, S. 465.

[6] »Als Bub sah ich noch in der ärmlichen Werkstatt des Bruders meines Vaters die Schusterkugel, deren Glimmen meinem Großvater Martin, der ein Schuster war, geleuchtet hat.« *Anmerkungen VI–IX*, VIII, S. 234.

Heidegger stellt sich in den Jahren nach 1945 immer wieder die Frage, wie zu sprechen sei – zu den Menschen, nachdem ihm die akademische Lehre untersagt wurde, und mehr noch von seinem Begriff des erfahrenden Denkens. Die Unmittelbarkeit des Anfänglichen wird ihm dabei zum Bild, dem er zu entsprechen sucht. Das bedeutet nicht, daß sich hier ein Desillusionierter im Gefühl des Verkanntseins in eine unverständliche Privatsprache flüchtet. Heidegger sucht nach einer Sprache als Medium der Mitteilung, betont aber zugleich, daß sie sich nicht in dieser Funktion erschöpfen darf.

Er setzt damit in weitaus ausgedehnterem Umfang jenes Streben fort, das Franz Rosenzweig in seinem *Stern der Erlösung* zeigt. Nicht zufällig finden sich parallele Begriffsbildungen und sogar die Vorliebe für die symbolhafte Verwendung von Bindestrichen in diesem Text und in Heideggers Schriften seit *Sein und Zeit.*

Um es noch einmal zu betonen: Heideggers Bildlichkeit des Bäuerlichen verlockt zu national-konservativen Assoziationen. Seine Metaphorik könnte ausschließlich als Kompensationsversuch psychischer und intellektueller Kränkung beurteilt werden. Und dennoch ist es sinnvoll, sie bezüglich ihrer Funktion innerhalb eines Denkens zu beleuchten, das sich an vermeintlichen Grenzen der Rationalität angekommen findet.

Das Motiv in der zweiten oben zitierten Äußerung Heideggers könnte ein Anhaltspunkt hierfür sein. Auch wenn es sich um ein atmosphärisch stark überzeichnetes Bild handelt, ist doch seine Aussage ein Verharren wert. Das Denken findet sich wieder in das eigentlich Existentielle ein.

Doch sofort zeichnet sich das nächste Hindernis einer Lektüre derartiger Passagen ab, dieses Mal allerdings inhaltlicher Natur. Denn ist es nicht eine allzu beschönigende Perspektive, das Tun des Bauern und Hirten so völlig im Einklang mit der Natur sehen zu wollen? Dienen nicht auch ihnen Erde und Tiere letztlich als Mittel, um bestimmte Zwecke zu erreichen, womit auch dieses Verhalten zu Seiendem am Ende machenschaftlich geprägt ist? Der Einwand könnte mit Berechtigung erhoben werden. Wenn es aber überhaupt Formen eines Verhaltens der Aufmerksamkeit gibt, die einem vorstellbaren Ideal zwar nicht gänzlich entsprechen, ihm aber nahekommen, dann sind es die Tätigkeiten des Einfachen, die sinnlich zu erfahren geben, wie der Mensch mit dem Seienden verbunden ist. Fast wie ein Bauer zu denken, so scheint sich Heidegger sein eigenes Wirken zu wünschen, also in vergleichbarer Unmittelbarkeit. Im Kontext seiner Suche nach einer Sprache, die diesem Anspruch gerecht werden könnte, verweist er auch immer wieder auf das Werk des Dichters, das in Gedanken fügt, was die Hand des Menschen in der Natur ergreift.

In der Mitte der 40er Jahre entstehen zwei außergewöhnliche Schriften, in denen Heidegger seine Vorstellung einer Analogie zwischen Denken und dem Gehen des Landmannes inhaltlich, vor allem aber formal ausführt: die Sammlung der *Feldweg-Gespräche,* die er im Winter 1944/45 verfaßt hat, und *Der Feldweg,* nach eigener Auskunft 1946 auf der Hütte in Todtnauberg geschrieben.

In seinen *Anmerkungen* faßt Heidegger das Wesen dieser motivischen Entsprechung zusammen:

»*Der Feldweg* – damit wir dem Gang einer Schrift oder einer Rede eines Denkens nachgehen können, bleibt Eines unumgänglich: wir müssen zuvor in der Dimension heimisch werden, worin der Gang des Denkens seinen Weg nimmt. Die Dimension ist, meistens dem Denker selbst verborgen in ihrer Fügung, das Feld; der Weg, den es zu weisen und zu gehen gilt, ist der Feld-weg.«[7]

Vielleicht wird es jetzt sichtbar, daß es Heidegger bei aller unleugbaren Liebe zur Heimat und der Verhaftung in den Erinnerungen an frühere Tage nicht um die Verklärung eines Idylls bäuerlicher Lebenswelt geht. Statt dessen soll gezeigt werden, daß das Denken sich in der gleichen Selbstverständlichkeit und Aufmerksamkeit auf sein zu Denkendes beziehen kann wie der kundige Blick des Bauern, der seine Kenntnisse vornehmlich einer Quelle verdankt: der Erfahrung.

Heidegger will die Umkehrung des Denkens, speziell seiner metaphysischen Form, betreiben, die es von dem vorstellenden zum erfahrenden und schonenden Denken, wie es auch heißen wird, wandelt. Damit setzt er letztlich das Vorhaben um, das Franz Rosenzweig in kurzen Andeutungen skizzierte, wohl wissend, daß er damit den Menschen Neues, Ungewohntes und vielleicht sogar Beunruhigendes zumutet.

Auch Heidegger betont verschiedentlich, daß das Einfache zu denken den Menschen mit etwas zutiefst Ungewöhnlichem konfrontiert. Denn gewöhnt ist dieser an jene Formen metaphysischen und pragmatischen Denkens, die sich jedoch beide dem Machbaren verschreiben.

---

[7] *Anmerkungen VI–IX,* VI, S. 38.

Was zeigt nun das Bild vom Feldweg? Es führt den aufschlußreichen Gedanken der Dimension ein. Ursprünglich dem Kontext topographischer Sprache entstammend, veranschaulicht er in Heideggers Verwendung die Notwendigkeit, für einen einzelnen Gedanken stets den Zusammenhang mit zu denken, dem er sich verdankt und dem er verpflichtet ist. Alle Aussagen über das Sein geben, sogar dann, wenn es unausgesprochen geschieht, Auskunft nicht nur über den einzelnen Weg, den sie verfolgen, sondern auch über die Dimension, das Um-Feld, in dem sie stattfinden. Da alles Denken des Seins diesem Um-Feld entspringt, kehrt es auch – so oder so – in dessen Dimension zurück, das heißt, es hat Folgen für das Sein in seiner Gesamtheit. Diese Folgen können negativer Art sein, wie es beim machenschaftlichen Denken der Fall ist, das die Aufmerksamkeit des Menschen nur von dem Wissen um den Zusammenhang des Ganzen ablenkt. Sie können sich aber auch positiv auswirken. Dann vermitteln sie die Einsicht, daß Wege Feldwege sind, um diese Metaphorik noch einmal zu nennen.

Erfahrung ist kein Lernen, durch das einzelne Inhalte vertraut werden, sondern es ist eine Haltung, die Heidegger als »Einübung des Denkens«[8] bezeichnet. Denn mit jedem Moment des erfahrenden Denkens würde sich das Verhältnis zum Sein intensivieren. Jedoch:

»Noch sind wir entwegt, nicht auf dem Weg, der ein Feldweg ist. Wer entzieht uns den Weg, daß wir nicht gehen als Erfahrende? Wir erfahren nicht. Wir lassen alles stehen und liegen durch den Betrieb des Bestellens.«[9]

Unter formalen Gesichtspunkten zeichnet sich hier noch einmal die Abkehr vom metaphysischen Fragen ab, die Heidegger nun Ende der 40er Jahre zum Begriff der Welt zurückführt. Im Geschehenskonstrukt des Gevierts war er auch in den Jahren zuvor nie unerwähnt geblieben, doch jetzt kommt ihm besondere Bedeutung zu.

»Das Abschiedswort an die Metaphysik lautet: Sein ist Welt.«[10] und etwas später in den *Anmerkungen* vom Herbst 1949 heißt es in aller Kürze: »*Sein ist Welt.* Die Tragweite des Wortes habe ich erfahren.«[11]

---

[8] *Anmerkungen VI–IX,* VI, S. 38.
[9] *Anmerkungen VI–IX,* VII, S. 123.
[10] *Anmerkungen VI–IX,* VII, S. 161.
[11] *Anmerkungen VI–IX,* VII, S. 163.

Der Ausdruck des In-der-Welt-seins hatte Heidegger schon in *Sein und Zeit* zur Bezeichnung des existentiellen Ortes gedient, ohne daß damals die Motivik von Räumlichkeit, Stätte und Feld argumentativ weiterführend genutzt worden wäre. Das ändert sich nun deutlich. Warum sich Heidegger in diesen späteren Jahren dazu veranlaßt sieht, neben den beiden formal und funktional gedachten Bestimmungen von Geviert und Zeit-Spiel-Raum den Begriff der Welt aufzugreifen, mag sich wiederum unter Hinweis auf seinen Glauben an die Einfachheit des Denkens erklären. Von der Welt zu sprechen, ist etwas anderes, als Geviert und Zeit-Spiel-Raum zu reflektieren. Es senkt Denken und Sprache unmittelbar in den Verweisungskontext existentieller Befindlichkeit, wobei dieser Ausdruck keine emotionale Stimmung, sondern Sein in Welt meint.

»Das seyns✕geschickliche Denken, das wir vielleicht in Einigem versuchsweise vermögen, erfährt erst Welt; […] Welt finden; nie als Befund eines Vorstellens, sondern *in sie* finden, als die Unter-Kunft, […]. Wir müssen verlernen, kausal (nach Wirkungen) und rational (nach gerechneten Gründen) zu denken.«[12] und: »Welt können wir weder vernehmen […], noch vornehmen […], noch an uns nehmen […]. Welt vermögen wir höchstens zu finden […].«[13]

Obwohl es hier noch nicht um die Konzeption von Sprache geht, mit der Heidegger versucht, seinem Denken eine angemessene Form zu geben, soll doch auf seinen kurzen Text *Der Feldweg* hingewiesen werden. Dieses fast unscheinbare Schriftstück kann gar nicht genug beachtet werden. Denn auf den beiden sich gegenüberliegenden Seiten des aufgeschlagenen Buches läßt Heidegger zwei Texte parallel laufen, links in lyrischer, rechts in philosophischer Sprache. Auf den ersten Blick scheinen beide Textteile nichts miteinander zu tun zu haben. Doch eine eingehendere Betrachtung zeigt, daß es sich in beiden Fällen um Gleiches handelt – einmal in der Bildlichkeit des Beschreibenden und einmal in der Sprache des Neuen Denkens, das Heidegger zu einem Medium der Vermittlung von Erfahrung gestalten will, sowohl für den Lesenden als auch für den Schreibenden. Eine eindrucksvollere Bemühung darum, nicht nur für ein gewandeltes

---

12 *Anmerkungen VI–IX*, VI, S. 61 ff.

13 *Anmerkungen VI–IX*, VI, S. 76.

Denken einzutreten, sondern es auch in der eigenen Sprache zum Ausdruck zu bringen, ist kaum vorstellbar[14].

Wenn wir zur Motivik des Feldes zurückkommen, zeigt sich noch eine weitere Erklärung für dessen intensive Verwendung. Denn sowohl die Konzeption vom Geviert als auch die des Zeit-Spiel-Raumes lassen die Erörterung eines Gedankens nur schwer zu, der für Heideggers Werk zentral ist: Das »Offene«.

Im ersten seiner drei *Feldweg-Gespräche* schreibt er: »Mir kommt dies Offene so vor wie eine Gegend, durch deren Zauber alles, was ihr gehört, zu dem zurückkehrt, worin es ruht. [...] Die Gegnet [!] ist die verweilende Weite, die, alles versammelnd, sich öffnet, so daß in ihr das Offene gehalten und angehalten ist, Jegliches aufgehen zu lassen in seinem Beruhen. [...] Weil die Welt, insofern sie weltet, alles zueinander versammelt und zu sich selbst in das eigene Beruhen im Selben zurückkehren läßt.«[15]

»Gegend« und »Welt« erscheinen als Synonyme für den Ort der Versammlung, an dem alles in ihm Befindliche in sein ihm entsprechendes Sein finden kann, jedoch nicht automatisch, sondern als Folge jenes Wesenswandels des Menschen, den Heidegger vor allem in seinen Schriften der 30er Jahre thematisiert hatte. Es ist keine sprachliche Extravaganz, wenn er von »weltet« und von »Gegnet« spricht, will er doch durch diese zunächst befremdlich anmutenden Ausdrükke genau die Notwendigkeit des Geschehens signalisieren, das der Rückkehr »in das eigene Beruhen« vorangehen muß. Und das Offene? Ist es nur ein anderes Wort für Lichtung, die Heidegger seit den Anfängen seines Denkens unter Berufung auf griechisches Erbe des Denkens immer wieder kommentiert?

---

[14] Im ersten seiner *Vier Hefte* schreibt Heidegger 1947: »Der Feldweg ist kein erdachtes Gespräch, sondern die Sprache des Denkens: ein Geschick der Jähe der Kehre. [...] Das Gespräch im Sinne des Feldweges ist keine Form des Sprechens. Es ist das Ereignis des weltischen Wesens der Sprache.« S. 8.

[15] *Feldweg-Gespräche,* I, S. 112, 114 und 149. Da in den vorliegenden Überlegungen einer Spur des Denkens gefolgt wird, die nicht dem Quellgrund griechischer Theoreme und Terminologie entstammt, wird die Deutung des Offenen im Sinne des logos nicht berücksichtigt.

VII.1 »Einfältig wandeln mit deinem Gott« – Inständigkeit

Durch seine Beschreibung des Vorganges, bei dem sich die beiden Funktionsgefüge Gott, Welt und Mensch sowie Schöpfung, Offenbarung und Erlösung ineinander verschränken und somit die Gestalt des Sterns erzeugen, hat Franz Rosenzweig ein Bild für den Geschehnis-Raum des Seins formuliert. Natürlich könnte bezweifelt werden, daß eine solche symbolhafte Darstellung für das Verständnis seiner Aussagen über das Verhältnis des Menschen zu Gott und zur Welt erforderlich oder auch nur hilfreich ist. Denn innerhalb dieses Raumes geschieht nichts anderes als im Dasein. Wozu dient dann also noch eine solche Darstellung? Skepsis dieser Art wäre ohne Frage angebracht. Doch erübrigt sie nicht die Überlegung, warum mit Stern und Geviert zweimal in der Philosophiegeschichte des 20. Jahrhunderts ein solches Modell entwickelt wurde? Worin sehen sowohl Rosenzweig als auch Heidegger dessen Vorzug, könnte doch auch festgestellt werden, daß es das Verständnis des Geschehens eher erschwert als erleichtert. Denn es ist eines, die Struktur dieser Seinsgefüge zu erläutern, ein anderes, diese auf reale Abläufe im Leben zu übertragen. Warum meinen Rosenzweig und Heidegger, diese Modelle zu benötigen?

Beide verfolgen ein vergleichbares Ziel. Sie wollen durch die neue Bestimmung des Denkens den Menschen für die Erfahrung des Seins empfänglich machen. Diese Formulierung orientiert sich zweifellos an philosophischer Begrifflichkeit, so daß zu fragen wäre, ob sie Rosenzweigs religiös motiviertem Ansatz überhaupt gerecht wird? Er selbst setzt Philosophie und Theologie in eine Stellung zueinander, in der sie sich dort ergänzen können, wo sie selbst Defizite aufweisen. So diagnostiziert er bei der Philosophie einen Mangel an Objektivität, den die Theologie durch den Beitrag des Offenbarungsbegriffes kompensieren kann. Denn Rosenzweig sieht in der neueren Philosophie die Tendenz, ein Denken von »Weltanschauung« zu sein, indem »ein individueller Geist auf den Eindruck, den die Welt auf ihn macht, reagiert«. Der Vielfalt solcher Anschauungen »entspricht nur eine vieldimensionale Form, und gehe sie bis an die äußerste Grenze eines Philosophierens in Aphorismen.«[1] Den Zweifel an der Wissenschaftlichkeit solcher Schriften sieht Rosenzweig nicht nur auf das Werk Friedrich Nietzsches bezogen, auf das er hier schaut, sondern auf das Gesamt des »neuen Philosophiebegriffs«, der wohlgemerkt nicht der seine ist. Die Aufnahme des Offenbarungsgedankens könnte der Philosophie wieder zur verlorenen objektiven Einheitlichkeit ihres Gegenstandes verhelfen.

Die Theologie könnte durch ihre Allianz mit der Philosophie im Gegenzug von einem Zuwachs an Denk-Möglichkeit profitieren, indem sie sich Schöpfung und Offenbarung unter dem Begriff des Seins zuwendet.

»Von der Theologie aus gesehen, ist also das, was die Philosophie ihr leisten soll, nicht etwa die Nachkonstruktion des theologischen Inhalts, sondern seine Vorwegnahme oder vielmehr richtiger seine Grundlegung, das Aufzeigen der Vorbedingungen, auf denen er ruht.«[2]

So verfügt Philosophie in ihrer Fusion mit der Theologie über eine Begrifflichkeit, die denkbar werden läßt, was sich sonst allenfalls als Inhalt persönlichen Erlebens erschloß. Schöpfung und Offenbarung denken und in einer wissenschafts-adäquaten Weise ausdrücken zu können, macht die Aufhebung der traditionellen Unterscheidung zwischen beiden Disziplinen erforderlich. Fraglich ist allerdings, ob das Konzept der Zusammenführung, das Rosenzweig hier in extremer Kürze anspricht, wirklich trägt. Kann gerade die Einbeziehung der Offenbarung in den Reflexionsrahmen der Philosophie deren Abdriften in scheinbar subjektive Perspektivlosigkeit aufhalten? Während diese Überlegung in anderem Kontext zu diskutieren wäre, bringen Rosenzweigs Aussagen für die vorliegende Betrachtung den Ertrag, daß er es grundsätzlich für möglich, ja sogar für erforderlich hält, philosophisch über Inhalte des Glaubens zu sprechen. Diese Bestätigung ist eine unverzichtbare Voraussetzung dafür, seine Gedanken zum Geschehen im Inneren des Sterns mit Heideggers Beschreibung des Gevierts zu vergleichen, die sich verbieten müßte, wenn Rosenzweig Philosophie und Theologie in strikter Trennung sehen würde.

---

[1] *Der Stern der Erlösung*, II, Einleitung, S. 116 f.

[2] *Der Stern der Erlösung*, II, Einleitung, S. 119.

Zusätzlich zu dieser indirekten Rechtfertigung schafft er durch seine Verwendung des Begriffes »Dasein« die Grundlage für diesen Vergleich. Bevor dieser zu betrachten ist, soll jedoch noch einmal die eingangs gestellte Frage in Erinnerung gerufen werden. Warum halten es sowohl Rosenzweig als auch Heidegger für hilfreich, Funktionsmodelle des Seins zu entwerfen?

Beide haben sich eine Aufgabe gestellt, die bereits in der Ankündigung als Herausforderung besonderen Ausmaßes erscheint und in der Umsetzung beide Denker bis an die Grenze der Formulierbarkeit führt. Sie wollen eine Rundum-Erneuerung in Gang setzen, in der nichts beim Alten bleibt. Das philosophische Denken soll aus zweitausendjähriger Irrmeinung geführt werden, das brachliegende Potential des Menschen freigelegt und seine Erfahrung der Welt in bisher ungeahnter Intensität initiiert werden. Keine dieser Zielsetzungen könnte von den anderen losgelöst verfolgt werden, da sie sich alle bedingen. Ein Mensch, der falsch denkt, kann niemals derjenige sein, der im Gebrauch all seiner Vermögen Welt in ihrer Tatsächlichkeit und ihrer Faktizität begreift.

Um dieses großangelegte Projekt einer Verwandlung des Relationsgefüges, in dem sich der Mensch befindet, bewältigen zu können, ist es gewiß sinnvoll, dieses zunächst in seine Strukturelemente zu zerlegen, um deren Eigenständigkeit, doch vor allem ihr Zusammenspiel beleuchten zu können. Die Funktionsmodelle von Stern und Geviert dienen dazu, aus einem geometrischen Schema eine Konzeption des Wirkungsraumes zu entwickeln, in dem sich zeigen läßt, wie ein Erfahrungs-Wandel stattfinden kann, nämlich immer nur unter Berücksichtigung der gesamten Struktur. Rosenzweig bezeichnet diesen Raum als das Inmitten des Sterns, Heidegger als den Zeit-Spiel-Raum. In philosophischer Terminologie werden beide Benennungen durch den Begriff des Daseins abgedeckt.

Es ist sicher nicht selbstverständlich, daß Rosenzweig in seinem *Stern der Erlösung* diesen Begriff verwendet, handelt es sich doch um einen Text, der genuin religiöse Inhalte zur Sprache bringt. Daß dieses für ihn allerdings nicht im Widerspruch zum philosophischen Sprechen steht, betont er selbst. Denn auch das ist Ausdruck seines Begriffes vom Neuen Denken: es bestätigt, daß mehr als eine Weise des Ausdrucks erforderlich ist, um Schöpfung, Offenbarung und Erlösung erfassen zu können. Es gibt nicht die eine Sprache der Theologie oder der Philosophie, die zur Thematisierung jeglichen Inhalts taugt, sondern die Formen des Zur-Sprache-Bringens müssen dem Inhalt entsprechen. So kann über Schöpfung nur in Formeln der Logik gesprochen werden, über Offenbarung in der Form der Erzählung und von der Erlösung nur in einem Wort, das im Grunde Geste ist, sich verhaltendes Zuwenden zum Anderen.

Den Begriff des Daseins setzt Rosenzweig in zweifacher Ausrichtung ein, um seine Deutung von Welt darstellen zu können.

Die erste Ausrichtung bezieht den Begriff auf das göttliche Schöpfungswerk, durch das ›etwas da ist‹. Hier zeigt sich eine Abweichung vom philosophisch üblichen Gebrauch.

»Dies Wesen, das alle Besonderheit einschließt, aber selber allgemein ist und sich in jedem Augenblick als Ganzes erkennt, ist das Dasein. Dasein bedeutet im Gegensatz zum Sein das Allgemeine, das des Besonderen voll und nicht immer und überall ist, sondern – darin von dem Besonderen angesteckt – fortwährend neu werden muß, um sich zu erhalten.«[3]

Es müßten sich an diesem Punkt intensive Erläuterungen des theologischen Gehaltes dieser Auffassung anschließen, die Rosenzweigs Auslegung der Begriffe von Schöpfung und Vorsehung sowie von Sein und Dasein die ihnen gebührende Aufmerksamkeit schenken. Allerdings ist hierfür nicht der rechte Ort. Denn es gilt nach der Verwandlung der Welt in eine Stätte der Seinserfahrung zu fragen, an der der Mensch mitzuwirken gefordert ist. So muß die Diskussion der Voraussetzungen dieses Wirkens notgedrungen vernachlässigt werden, um die zweite Ausrichtung des Begriffes vom Dasein betrachten zu können.

In der einen Weise zeigt der Begriff Da-sein also das Faktum, daß überhaupt etwas ist. In der anderen Weise, daß Welt ist. Das Sein, dessen das Da-sein nach Rosenzweigs Auffassung bedarf, ist kein anderes Sein, sondern eine andere Art, Da-sein zu denken, oder richtiger: Da-sein zu be-zeichnen.

»Die Welt ist kein Schatten, kein Traum, kein Gemälde; ihr Sein ist Dasein, wirkliches Dasein – geschaffene Schöpfung. Die Welt ist ganz gegenständlich, alles Tun in ihr, alles ›Machen‹, ist, da es in ihr ist, Geschehen; […] Die Welt besteht aus Dingen, sie ist trotz der Einheit ihrer Gegenständlichkeit kein einiger Gegenstand, sondern eine Vielzahl von Gegenständen, eben die Dinge.«[4]

---

[3] *Der Stern der Erlösung*, II, I, S. 134.
[4] *Der Stern der Erlösung*, II, I, S. 147f.

Die Dinge interessieren Rosenzweig nun vor allem aus einem Grund: Mit ihrer Erwähnung kann er die Natur des Seins aufzeigen. Ein Schritt zurück kann hier hilfreich sein. Da-sein als ›es ist etwas da‹ bedarf des Seins, so hieß es. Dieses, so kann jetzt ergänzt werden, verändert es nicht qualitativ, sondern fügt ihm eine Komponente hinzu, nämlich seine raum-zeitliche Verortung. Diese schafft erst die Möglichkeit, daß Dinge gezeigt werden können, was bedeutet, daß sie in ihre Besonderheit thematisiert werden.

»Seiner Einzelheit, seiner Individualität ist es [das Ding] nur gewiß in der Vielheit der Dinge. Es kann gezeigt werden nur im Zusammenhang mit andern Dingen; seine Bestimmtheit ist raumzeitliche Beziehung auf andere Dinge in einem solchen Zusammenhang. Das Ding hat auch als bestimmtes kein eigenes Wesen, es ist nicht in sich, es ist nur in seinen Beziehungen.«[5]

In vergleichbarer Weise denkt Martin Heidegger den relationalen Charakter des Seins, der besonders dann erkennbar wird, wenn es in der Funktionsgraphik des Gevierts vorgestellt wird.

Rosenzweig betont, daß im Akt des Zeigens auf ein Ding ein räumlicher Bezug entsteht, der möglich wird, weil es »raumbezogen« ist[6]. Aus der Schöpfung im Denkbaren wird so die Welt als die »geschaffene Schöpfung«, als Sein des Daseins.

Denn Sein heißt für Rosenzweig gerade nicht das Allgemeine, sondern das Besondere, dasjenige, das erst den Menschen auffordert, zeigend zu ihm Stellung zu nehmen. Die reine Denkbarkeit des Daseins konnte noch nicht unvermittelt in »raumzeitlicher Beziehung« erfahren werden, da es gleichsam ein Sein vor der Schöpfung ist. Erst indem sich dieses – in Rosenzweigs Benennung – Da-sein verdinglicht, wird es erfahrbar, unterliegt von dem Augenblick an allerdings auch wie alles Erfahrbare in der Welt der Vergänglichkeit. Die unterschiedliche Schreibweise, die in den letzten Zeilen aufgefallen ist, folgt Rosenzweigs eigener Verwendung. Da-sein bezeichnet das ›es ist schon etwas da‹, Dasein dessen vom Menschen angeeignete Form.

Für eine philosophische Betrachtung könnte an dieser Stelle die Argumentation enden. Die Vielfalt konkreter Gegebenheiten kann mehr oder weniger zufriedenstellend begründet werden. Fortan würde es dann nur noch darum gehen, die Weise des menschlichen Um-

[5] *Der Stern der Erlösung*, II, I, S. 148.
[6] *Der Stern der Erlösung*, II, I, S. 148.

gehens mit den Dingen zu reflektieren, seine Rolle im Prozeß der Erkenntnisgewinnung zu erörtern und eine ethische Position der Verantwortung dem Seienden gegenüber, zu dem auch der Mensch zählt, zu formulieren. Die Zeitlichkeit des Seienden wird bleibender Bestandteil dieser Wirklichkeit sein, die der Mensch als Welt erfährt.

Auch Franz Rosenzweig und Martin Heidegger werden Aspekte wie diese ansprechen, doch sind sie für beide lediglich Ausgangspunkt einer ganz anderen Fragestellung. Wie kann der Begriff der Unendlichkeit selbst noch in diesem raum-zeitlichen Geschehen des Daseins gedacht werden? Daß diese Überlegung für Rosenzweig von außerordentlicher Bedeutung ist, ist offensichtlich. Denn ein Inhalt des Glaubens besteht in der Erwartung des kommenden Reiches, das als ewig vorgestellt wird. Auf eine vergleichbare Gewißheit greift Heidegger nicht zurück, was nicht heißt, daß die Annahme eines Kommenden für ihn unattraktiv wäre. Obwohl erst am Ende auf seine diesbezüglichen Andeutungen einzugehen ist, kann bereits hier ein Hinweis gegeben werden. Seine Deutung von Geschichte entspricht im Wesentlichen der Vorstellung Rosenzweigs. Danach ist sie nicht Abfolge von Situationen, die sich im Grunde beliebig fortsetzen kann, sondern Reihung einander ablösender Geschehnis-Muster, die einer inneren Struktur folgt. Zukunft ist für Heidegger insofern weitaus mehr als nur ein noch unbekanntes Morgen. Es ist die Existenz-Dimension, in die sich das Seyn entwirft.

Wie kann Rosenzweig nun versuchen, inmitten des Seins, das zeitlich bestimmt ist, die Ahnung von Un-Zeitlichkeit zu wecken?

Nicht Aufhebung der Zeitlichkeit hält er für möglich, sondern Verwandlung der Ewigkeit in den Augenblick. Das Kommen und Vergehen, das zyklische Entstehen und Schwinden in der Natur läßt sich nicht leugnen. Und warum sollte auch nur der Wunsch entstehen, weiß sich doch der Gläubige in der Gewißheit, daß jeder Augenblick, der vergeht, Maß des Schöpfungswerkes Gottes ist. Wird nun ein Augenblick als kurzes Erfahrungsmuster von Zeit erlebt, würde diese als Aneinanderreihung solcher Momente erkennbar. Jede Erfahrung wird für unwiederbringlich gehalten.

Genau hier setzen Rosenzweigs Überlegungen ein. Ein Augenblick folgt auf einen anderen; doch muß das nicht zwangsläufig bedeuten, daß damit immer wieder ein anderer Augenblick anhebt. Hiergegen setzt Rosenzweig den Gedanken der »Wiederholung«.

»Dazu genügt es nicht, daß er [der Augenblick] immer neu

kommt. Er darf nicht neu kommen, er muß wiederkommen. Es muß wirklich der gleiche Augenblick sein. […] Der Augen-blick zeigt dem Auge, so oft es sich öffnet, immer Neues. Das Neue, das wir suchen, muß ein Nunc stans sein, kein verfliegender also, sondern ein ›stehender‹ Augenblick. Ein solches stehendes Jetzt heißt man zum Unterschied vom Augenblick: Stunde.«[7]

Im immer wieder sich abspielenden Durchlaufen der Stunde wird ihre Augenblicklichkeit in Ewigkeit umgeschaffen. »Im täglich und jährlich immer wiederholten Dienst der Erde spürt der Mensch in der Gemeinschaft der Menschen seine irdische Ewigkeit […].«[8]

Mit dem Begriff des »nunc stans«, des verharrend Gegenwärtigen, kann sich Rosenzweig auf ein wohlbekanntes Motiv philosophischen Zeit-Denkens berufen, das bereits in den Schriften des Boethius oder des Thomas von Aquin genannt wurde. Ungewöhnlich ist nur die Verknüpfung mit dem Bild des Dienstes, in dem der Mensch seine Verbindung zur Welt und seine Verbundenheit mit Gott demonstriert. Denn in den rituellen Handreichungen, deren Wiederholung den Ablauf des Jahres in Stunden verwandelt, die jene Gründe sind, an denen sich Ewigkeit in die Zeit des Daseins senkt, kann der Mensch – davon ist Rosenzweig überzeugt – nicht nur dessen Zeitlichkeit verändern. Er kann darüber hinaus den Ort seines Daseins in die Stätte des Göttlichen verwandeln, in »zeitliche Behausungen, in die das Ewige eingeladen wird«[9].

Vor diesem Hintergrund gibt die Metapher des Wohnens ihre ganze Bedeutung zu erkennen. Denn sie beschreibt nicht nur das Verweilen des Menschen an einem Ort, den er durch sein Verhalten prägt und gestaltet, sondern vor allem dessen Möglichkeit der Verewigung des Zeitlichen. Für Rosenzweig hängt diese unauflöslich mit dem rituellen Handeln des Menschen zusammen.

»Ist denn der Kult mehr als bloß ein Zurüsten der Speisen und Getränke, ein Decken des Tischs, ein Aussenden des Boten, der den Gast bitten soll? […] Auch der Kult scheint nur das Haus zu bauen, worin Gott Wohnung nehmen mag, aber kann er den hohen Gast wirklich nötigen, einzuziehen? Ja, er kanns. Denn die Zeit, die er bereitet zum Besuch der Ewigkeit, ist nicht die Zeit des Einzel-

[7] *Der Stern der Erlösung*, III, Einleitung, S. 322.
[8] *Der Stern der Erlösung*, III, Einleitung, S. 323.
[9] *Der Stern der Erlösung*, III, Einleitung, S. 324.

nen, […]. Die Zeiten, die der Kult bereitet, sind keinem eigen ohne alle andern.«[10]

Erst im Wirken in der Gemeinschaft, die das jüdische Volk ist, richten sich Tun und Gebet auf die eine einzige, aber allen gemeinsame Gewißheit aus – auf das Kommen des Reiches Gottes. Die »Versammlung« der Gläubigen am Ort des gemeinsamen Gebetes ist dabei entscheidend, denn erst durch sie bestätigt sich die Tatsache, daß das Hoffen des Einzelnen erst im Hoffen der Gemeinschaft Grund und Bestätigung findet.

»In der Erleuchtung nun also, da sie allen gemeinsam sein soll, soll allen das Gleiche erleuchtet werden. Dies für alle Gemeinsame, über alle Standpunkte der Einzelnen und die durch die Verschiedenheit dieser Standpunkte bedingte Verschiedenheit der Perspektive hinaus, kann aber nur eines sein: das Ende aller Dinge, die letzten Dinge.«[11]

Es könnte gewiß so wirken, als hätten diese Aussagen Rosenzweigs, so tief im religiösen Empfinden verwurzelt, nicht die geringste Beziehung zum Denken Martin Heideggers. Doch wird dieser Eindruck nicht lange aufrechtzuerhalten sein. Es sind im ersten Moment nur Begriffe, an denen das Auge beim Lesen verweilt. »Versammlung«, von der Rosenzweig spricht, ist in Heideggers Schriften ein häufig auftauchender Ausdruck, mit dem er das Geschehen inmitten des Gevierts beschreibt. Die Überwindung der »Standpunkte«, die für Rosenzweig aus der Fokussierung des gemeinsam zu Glaubenden folgt, stellt für Heidegger eine Forderung dar, mit der er sich gegen Positionen der Philosophie wendet. Denn der Anspruch, den er an das Neue Denken stellt, besteht gerade darin, individuelle Ansichten zu überwinden und zu einem einzigen Begriff der Wahrheit zu gelangen. Daß dieses keine logisch zu ermittelnde Wahrheit ist, sondern Bewahrheitung des Seyns-Geschehens, ist dabei zu berücksichtigen.

Doch es sind nicht nur Begriffe, die aufhorchen lassen. Entspricht die starke Betonung des bäuerlichen Tuns, die in Heideggers Denken bisweilen so fremd anmutet, nicht exakt der Konzeption der »Wiederholung« im Sinne Rosenzweigs?

Die wenigen Beispiele, die im Kapitel V.1 herangezogen wurden, um Heideggers Wahrnehmung der Natur zu belegen, machten deut-

---

[10] *Der Stern der Erlösung*, III, Einleitung, S. 325.
[11] *Der Stern der Erlösung*, III, Einleitung, S. 325.

lich, daß er dort sehr bewußt den Wandel der Jahreszeiten und den Übergang von Nacht in Tag zur Kenntnis nahm. 1946 spricht er in seinen *Anmerkungen* von deren »Stundengang« und notiert:

»Unscheinbar und in langmütigem Lernen bildet sich erst die Verwandtschaft derer, die suchen, dichterisch zu wohnen, zu vertrauen in die Stetigkeit des Gleichmuts, der im Innersten beruht der Vereinigung. Wir möchten es, täglich uns helfend-zudenkend, einüben, das Tägliche in den Einklang mit jenem Gleichmut zu bringen.«[12]

Es scheint Heidegger zwar nach 1945 nicht mehr darum zu gehen, die Vorstellung eines kommenden Reiches zu artikulieren, für das durch die Einsenkung der Ewigkeit in das zeitliche Dasein der Ort zu bereiten wäre. Doch plädiert er für die Verwandlung des Seins in das Seyn als jener äußersten Möglichkeit, zu sein. Zur Vertiefung sei der Blick auf ein bislang ausgeklammertes Motiv gelenkt, und zwar den »Vorbeigang des letzten Gottes«.

Die Frage, warum Heidegger vom Gott oder auch von den Göttern spricht, kann unter Hinweis darauf ansatzweise beantwortet werden, was er mit diesen sprachlichen Signaturen andeuten will. Denn darum handelt es sich – um Verweisungsmetaphern, die das Äußerste des Möglichen anzeigen. So markieren sie eine Ausweitung des Denkbaren über das Erfahrbare hinaus, ohne jedoch dessen Voraussetzung jemals zu verleugnen. Diese Ausweitung ist zum einen zeitlich zu verstehen, insofern das Göttliche das Denkbare in seiner letzten Dimension puren Ausstehens bedeutet. Sie betrifft zum anderen aber auch die Qualität der Seinserfahrung, wenn deren Komplexität nicht mehr intensivierbar ist. Denn Göttliches zu denken heißt bei Heidegger, das Gesamt des Seins zu denken, wie es im Geviert visualisiert wurde. Die Göttlichen zu denken heißt aber auch, Entscheidung zu bedenken, ob die Erfahrungs-Präsenz des Seyns jemals erreicht wird oder ob der Mensch weiterhin in der Seinsverlassenheit verharrt und damit sein Möglichstes verfehlt. Die Rede vom Göttlichen dient Heidegger dazu, der Reflexion einen Maßstab zu geben, an dem es die eigene Intensität überprüfen kann.

Die Formulierung des Vorbeigangs des letzten Gottes signalisiert diese Entscheidung in der ganzen Dramatik, die Heidegger ihr zuweist. Es ist die Entscheidung über das Wesen von Mensch und Welt, insofern keine Frage metaphysischer, sondern zutiefst existentieller Bedeutung. Denn immer klarer zeigen seine Schriften der späteren

---

[12] *Anmerkungen I–V*, II, S. 109.

Jahre seine Überzeugung, daß das Dasein Sein auf der Erde ist, so daß jede Form des unaufmerksamen oder des achtsamen Verhaltens des Menschen sich unmittelbar dort auswirkt. Immer wieder lohnt sich der Hinweis, daß es sich hierbei im Grunde um eine unnötige Feststellung handelt, da sie Selbstverständliches benennt. Aber gerade auf dieses gilt es im »Schritt zurück« aufmerksam zu machen, den das Denken geht.

An diesem Punkt angelangt, macht Heideggers tiefe Wertschätzung des bäuerlichen Tuns Sinn. Denn es repräsentiert gerade für den intellektuellen Menschen der Seinsferne jenen selbstverständlichen Bezug zur Erde, der durch die immer gleichen Verrichtungen des Säens und Erntens, des Pflegens und des Hütens Erde in den Ort des Seyns verwandelt. Gerade das Denken des Ländlichen hat den Verdacht allzu großer Nähe zur nationalsozialistischen Ideologie erregt. Diesem Verdacht unter Bezugnahme auf Heideggers eigene Distanzierung begegnen zu wollen, reicht keineswegs aus, weil diese Produkt der Selbstrechtfertigung sein könnte. Der Vergleich zum Bild der Wiederholung und zum Dienst der Erde aus Rosenzweigs *Stern der Erlösung* bietet sich an, ist allerdings mit äußerster Vorsicht vorzunehmen.

Für Rosenzweig stellt das rituelle Tun im Jahres-Lauf die Bedingung für das Kommen des Reiches Gottes dar, das das jüdische Volk erst eigentlich zu sich im Angesicht seines Gottes kommen läßt.

Entsprechend könnte gefolgert werden, daß auch Heidegger das ländliche Tun zur Bedingung der Seinsverwandlung erklärt, die letztlich nur durch das Volk der Deutschen erwirkt werden kann, womit es den anderen Völkern der Erde voranschreitet. Auf Äußerungen, die diese Auffassung belegen, wurde hingewiesen. Beide würden damit die Handreichungen des Kultes und des Bäuerlichen zu Vorbereitungen eines kommenden Seins erklären, das in letzter Konsequenz das Sein ihres eigenen Volkes erfüllen würde.

Eine solche Deutung ist möglich, keine Frage. Aber ist es auch die einzig vorstellbare? Kann sie ausgesprochen werden, da sie zwei Begriffe vom Volk in Verbindung setzt, die unterschiedlicher nicht sein könnten? Und vor allem: Darf sie überhaupt gedacht werden, da sie die Vorstellungen von jüdischem und deutschem Volk in Verbindung setzt?

Die religiöse Begründung des vorbereitenden Tuns, auf das Rosenzweig verweist, hebt dessen Bedeutung aus dem Rahmen des Kritisierbaren. Das gilt für Heideggers Bewertung des Ländlichen keineswegs. Allenfalls in Ansehung seiner Nennungen des Göttlichen könnte eine schicksalshafte Notwendigkeit im Sein nachgewiesen werden, der der Mensch zu entsprechen hat.

Doch wie wäre es, wenn statt dessen die Parallelisierung von Denken und Gehen betrachtet würde, die sich seit der Schrift *Der Feldweg* immer wieder artikuliert? Was wäre, wenn der »Schritt zurück«, der das denaturierte Denken wieder in ein Gleichmaß der Selbstverständlichkeit im Wissen um die Relationalität des Seins lenken könnte, für einen Moment losgelöst von den genannten Aspekten bedacht würde? Nur für einen Augenblick, um anschließend wieder in jenen Zusammenhang gestellt zu werden, so wie jede Interpretation Heideggerscher Aussagen die mögliche ideologische Affinität mitdenken muß.

Dann ginge es nicht um eine konservativ-nationalistische Verklärung des Bäuerlichen, sondern um den Versuch, das funktionale Denken der Neuzeit in ein kontextuelles Denken auszuweiten, das die Folgen des Tuns und Wollens für das Gesamt des Seins bedenkt. Vor diesem Hintergrund mag es legitim sein, den Gedanken der Bereitung der Stätte, wie ihn Franz Rosenzweig und Martin Heidegger formulieren, zu vergleichen.

Es wurde bereits angedeutet, daß sich in Heideggers spätem Denken ein Aspekt finden läßt, dem Rosenzweigs Schrift nicht als Anregung dienen konnte, weil er dort nicht berücksichtigt wird. Damit soll gewiß nicht behauptet werden, daß Heidegger sich in all seinen Aussagen in direkter oder indirekter Weise auf den *Stern der Erlösung* bezieht. Doch ist der Umfang der Entsprechungen so massiv, daß es auffällt, wenn in seinen Schriften ein Motiv an Bedeutung gewinnt, das aus anderer Quelle stammt.

In der Deutung, die gerade erwogen wurde, dient der Rückgriff auf das Schlichte und Einfache der Vorbereitung eines kommenden Seyns in deutlicher Entsprechung zu Rosenzweigs Konzeption. Damit wäre es Teil eines seinsgeschichtlichen Begriffes von Zukunft. Vor diesem Hintergrund die Zukunft des eigenen Volkes zu denken, mag für Heidegger naheliegen.

Doch ab Ende der 40er Jahre nimmt er den Gedanken des achtsamen Denkens immer häufiger in seine Schriften auf, das sich wesentlich durch seine Zweckfreiheit bestimmt. Würde das Denken des Ländlichen tatsächlich der Vorbereitung eines völkisch-nationalistischen Endzeit-Denkens dienen, wäre es zweckgebundenes Denken schlechthin, selbst wenn sein Ziel seinsgeschichtlich definiert wäre. Es würde also einen eklatanten Widerspruch in Heideggers Vorstellungen bedeuten, wenn gerade das achtsame Denken, das er in Analogie zum selbstverständlichen Tun des Bauern konzipiert, in dieser Weise zielführend sein sollte.

Statt dessen bietet sich folgende Lesart an: Die mit dem *Feldweg* verstärkt einsetzende Hinwendung zur Simplifizierung des Denkens greift Inspiration aus dem asiatischen, speziell taoistischen Denken auf. Die deutliche Nähe zu Motivik und Gestus Rosenzweigscher Philosophie scheint von nun an weniger präsent zu sein. Damit verliert auch das religions-ähnliche Verständnis eines Kommenden, das seinsgeschichtlich vorbestimmt ist, seine allein beherrschende Attraktivität und öffnet sich einem anderen Einfluß, der Sein universeller denkbar werden läßt und eine andere Qualität ontologischer Verantwortung mit sich bringt.

VIII. »Woran legt das Denken seine stille Hand?« – Denken

Der Wesenswandel des Menschen, für dessen Notwendigkeit und Ermöglichung Heidegger plädiert, verändert grundlegend die Sichtweise des Seins. Denn so soll es einen Weg geben, es als Gesamt der gegenwendigen Bezogenheit denken zu können. Der Wandel, in dessen Verlauf der Mensch in sein Wesen findet, ist also ein Wandel des Denkens.

Wie dringend dieser erforderlich ist, zeigt Heidegger an zwei Entwicklungen auf, die in traditionell philosophischer Weise als die praktische und die theoretische Ausrichtung des Denkens bezeichnet wurden.

Beide Formen unterliegen laut Heideggers Diagnose dem Irrtum, daß sie Zielorientiertheit und Zweckgebundenheit zu ihren obersten Grundsätzen erklären. So strebt das pragmatische Denken nach Verwirklichung im Bezug zu Seiendem, das es dem Primat der Machbarkeit folgend in Anspruch nimmt und sich dabei nicht darüber im Klaren ist, daß tatsächlich dieses menschliche Denken von seinen Bindungen an das Seiende absorbiert wird.

Auch das theoretische Denken fragt interessegeleitet und disqualifiziert damit seinen Versuch, Sein zu verstehen, als untauglich für eine Annäherung. Denn das vorstellende Denken, das Heidegger als Werk der Metaphysik betrachtet, ist nicht minder stark als sein pragmatisches Pendant dem Seienden verhaftet, das ihm den Ursprung des Fragens diktiert.

Heideggers Zurückweisung dieser im philosophischen Diskurs üblichen Unterscheidung ist insofern konsequent, als die Klärung des Denkens von seiner unerkannten Verstrickung ein rein praktisches Denken ebenso überflüssig macht wie ein rein theoretisches. Der Entwurf des »schonenden Denkens«, der sich in den späten Schriften Heideggers findet, zeigt, daß die Zurücksetzung des Denkens in einen Zustand komplexer Unmittelbarkeit[1] Folgen für beide scheinbar getrennte Gültigkeitsbereiche haben wird.

---

[1] »Niemand darf von uns fordern, wir sollten denken wie die Philosophen. Aber es

In doppeltem Sinne bedingt also die Ausrichtung des Denkens seinen Irrtum. Zum einen in der Ausrichtung auf das Seiende als vermeintlich einzigen Grund, auf den es sich beziehen könnte, und zum anderen in der Ausrichtung des Fragens, das immer einem Zweck dient, selbst dann, wenn dieser der Wunsch ist, Sein verstehen zu wollen. Entsteht nicht hieraus sofort ein massives Hindernis für Heideggers Versuch, Denken neu zu begreifen? Handelt es sich dabei nicht um zielgerichtetes Fragen ohnegleichen? Heidegger will zeigen, wie das Sein denkbar ist, und verwendet einige argumentative Mühe auf den Nachweis dieser Möglichkeit. Praktiziert er damit nicht letztlich genau jenen Typus des rechnenden Denkens, den er nicht nur wegen der vermeintlich jüdischen Herkunft ablehnt? In übertragender Bedeutung ist das Berechnen das Vorbestimmen eines zu erwarteten Erfolges unter kalkuliertem Einsatz der erforderlichen Mittel. Trifft diese Kennzeichnung nicht ebenso auf sein Bestreben zu, neues Denken zu begründen, das heißt tatsächlich Grund zu sein für das Neue?

Die vermutlich kaum zu überwindende Schwierigkeit, das Wollen durch ein Nicht-wollen aufheben zu wollen, hatte sich bereits an früherer Stelle gezeigt und durch eine Erinnerung an den entsprechenden Versuch von Arthur Schopenhauer in seiner Schrift *Die Welt als Wille und Vorstellung* bestätigt.

Schopenhauer schlägt im Bewußtsein dieser scheinbaren Unmöglichkeit einen für seine Zeit sehr ungewöhnlichen Weg ein, indem er Aspekte der indischen Weisheitslehren seiner eigenen Philosophie integriert. Die Spur, die ihm die erstmals aus dem Sanskrit übersetzten Texte der *Veden* weist, ist eindeutig: Nicht im Nicht-wollen kann das Wollen überwunden werden, sondern im Aussetzen jeglicher Strebung, die nach den Begriffen der westlichen Rationalität Wollen ausdrückt. Der ewige Kreislauf des Begehrens läßt sich nicht argumentativ auflösen, sondern – wenn überhaupt – durch ein existentielles Freisein selbst vom Nicht-wollen. Dieses mag in der Askese gefunden werden.

Die Frage ist angesichts dieser Lösung, die im Grunde als einzig

könnte, wer weiß woher, von uns erwartet werden, daß wir lernen, zu unter-scheiden, weil sich Unterschiede entfachen, durch die hindurch wir in das Einfache zurück- und einkehren, damit wir es, das Einfache, als das Erstaunliche nie wieder preisgeben.« *II. Freiburger Vortrag*, S. 97 aus dem Jahr 1957.

Mögliche erscheint, ob das Problem, vor dem Schopenhauer stand, damit aufgehoben ist? Dieser Zweifel verstärkt sich noch, wenn berücksichtigt wird, daß der junge Denker Arthur Schopenhauer seine Philosophie insgesamt auf dem »Satz des zureichenden Grundes« aufbaute und damit Kausalität zur grundlegenden Bedingung allen Geschehens in der Welt erklärte. Trifft dieses auch für die Relation von Denkendem und Gedanken zu, dann schmilzt die Aussicht, auf dem Wege des Denkens das Dilemma des Nicht-mehr-wollens zu lösen, auf ein Minimum zusammen. Selbst der Weg der Askese wäre, wenn er willentlich beschritten würde, ein Schritt des Wollens als dessen Ursache. Die Konsequenz dieser Schwierigkeit mag Schopenhauer gesehen haben. Doch bleibt er in deren Formulierung eher zurückhaltend. Er wahrt die Regeln des damals herrschenden philosophischen Diskurses, berücksichtigt die sprachlichen Vorgaben der Grammatik und überschreitet allenfalls im Stil seiner Ausführungen gelegentlich das wohl vertraute Bild abgeklärter Wissenschaftsprosa. Ungewöhnlich ist gewiß die Einbeziehung religiöser Motive außereuropäischer Provenienz und – eher konventionell – die Unterscheidung zwischen dem Schönen und dem Erhabenen anläßlich seiner Erörterung des Kunstwerkes. Denn deren Erleben öffnet Dimensionen des existentiellen Verstehens, die durch eine rationale Begründung aus dem eben erwähnten Grund kaum gelingen kann.

Diese wenigen Anmerkungen sollen ausreichen, um ein Dilemma zu skizzieren, das in etwas anderer Form nun erneut begegnet. Martin Heidegger steht an einer vergleichbaren Klippe innerhalb seiner Argumentation. Das Ziel seines Denkens liegt darin, dessen Zielunbedürftigkeit aufzuzeigen, weil er, wie er immer wieder betont, nur so das Denken für das Begreifen des Seins freisetzen kann. Es ist eine der noch immer zu wenig berücksichtigten Parallelen innerhalb der Geschichte westlicher Philosophie, daß Heidegger ähnlich vorgeht wie Schopenhauer[2].

Auch er sieht offensichtlich einen besonderen Reiz in der Einbeziehung asiatischen Denkens in seine Schriften, wie seine verschiedenen Bezüge auf taoistische Texte belegen. Und auch er ist davon

[2] Bezüglich des Willens und der Erwägung, ihn durch ein Nicht-wollen zu neutralisieren, schreibt Heidegger: »Der Wille ist die Versperrung. Alles Sperrige kommt aus dem Willen. Dabei will er noch den Anschein machen, als sei er derjenige, der sich zu etwas *frei* gibt.« *Anmerkungen I–V*, I, S. 23.

überzeugt, daß es nahezu aussichtslos ist, eine Problematik, die im Kontext des Geltungsrahmens der Logik entstanden ist, unter Verwendung ihrer Mittel auflösen zu können. Anders als Schopenhauer ist Heidegger jedoch entschlossen, den Bruch mit den tradierten Reglementierungsmechanismen des Denkens zu vollziehen. Seine Zurückweisung der Metaphysik ist hierfür ebenso Beleg wie auch seine Bereitschaft, Sprache neu zu formen, bisweilen fast über das Maß der Nachvollziehbarkeit hinaus.

Interessant ist, daß sich sein Ringen um das erfahrende Denken auch in der Genese seines eigenen Denkens spiegelt. In besonders anschaulicher Weise wird dieses durch einen Vergleich seiner Antrittsvorlesung, die er am 24. Juli 1929 in der Universität Freiburg im Breisgau gehalten hat, mit deren Vorwort von 1949 und dem Nachwort von 1943 deutlich. Drei Texte, wie sie unterschiedlicher kaum sein könnten, aus drei Phasen eines Denkens, das erst im Verlauf seiner Entwicklung seinen eigenen Anspruch einzulösen wagt.

Gemeinsam ist den beiden später hinzugefügten Teilen, daß Heidegger dort seine eigenen Aussagen von 1929 kritisch reflektiert und sie, erstaunlich genug, vor dem hypothetischen Vorwurf rechtfertigen will, daß sie im Grunde selbst in der Weise metaphysisch fragen, die er später ablehnt.

In dem Nachwort, das in seinem sprachlichen Gestus durchaus die Zeit seiner Entstehung zu erkennen gibt, greift Heidegger Vorbehalte gegen seine Vorlesung auf, die vorwiegend in eine Richtung weisen. Durch ihre Thematisierung der Angst als jener Stimmung, die das Nichts begreifbar macht, würde sie eine jede Handlung lähmende Haltung des Nihilismus verbreiten.[3] Dagegen erklärt Heidegger:

»Der klare Mut zur wesenhaften Angst verbürgt die geheimnisvolle Möglichkeit der Erfahrung des Seins. […] Diese Vorlesung betreibt weder eine ›Angstphilosophie‹, noch sucht sie den Eindruck einer ›heroischen Philosophie‹ zu erschleichen. Sie denkt nur das, was dem abendländischen Denken seit seinem Beginn als das zu Denkende aufgegangen und gleichwohl vergessen geblieben ist: das Sein.«[4]

Unverzichtbar für die Entscheidung darüber, ob Sein gedacht wird, ist die Frage nach der Art des Denkens. 1943 verweist Heidegger

---

[3] *Was ist Metaphysik?* S. 45.
[4] *Was ist Metaphysik?* S. 47 f.

auf die Form des »wesentlichen Denkens«, das er als »Ereignis des Seins« tituliert. Gerade diese Sichtweise findet sich in seiner Vorlesung jedoch noch nicht, weshalb Heidegger, diese Tatsache vor Augen, fortfährt:

»Darum wird jetzt auch die kaum ausgesprochene Frage nötig, ob denn dieses Denken schon im Gesetz seiner Wahrheit stehe, wenn es nur dem Denken folgt, das die ›Logik‹ in seine Formen und Regeln faßt. Warum setzt die Vorlesung diesen Titel zwischen Anführungsstriche? Um anzudeuten, daß die ›Logik‹ nur eine Auslegung des Wesens des Denkens ist, und zwar diejenige, die schon dem Namen nach auf der im griechischen Denken erlangten Erfahrung des Seins beruht.«[5]

Diese Auffassung entspricht sicherlich Heideggers Verständnis Mitte der 40er Jahre. Ob es jedoch auch seine Position 1929 ist, kann bezweifelt werden. Die Auslegung seines eigenen Textes fügt diesem in jedem Fall einige Facetten hinzu, die ursprünglich nicht bedacht wurden. So wirkt die Behauptung, die Vorlesung wolle die Gültigkeit der Logik relativieren, eher wie ein nachträglich akzentuierter Aspekt, um zu verhindern, daß das Fragen der Vorlesung am Ende selbst noch als metaphysisch erscheinen könnte.

Eindeutig dem späteren Denken Heideggers entstammt die Unterscheidung zwischen »rechnendem« und »wesentlichem Denken«, das auch »anfängliches Denken« genannt wird, in dessen Ausübung der Mensch die »Wächterschaft des Seins« übernimmt[6]. Eine solche Betonung der Bedeutung des Denkens für die Wesensausbildung des Menschen spielte für Heidegger in den 20er Jahren noch keine vergleichbare Rolle. Gleiches gilt für das Motiv des Rechnens als Synonym für den zweckorientierten Anspruch des Denkens, Ziele durch entsprechende Maßnahmen zwingend verwirklichen zu können. Auf seine Überzeugung, im Rechnen das Wesen des jüdischen Menschen vor Augen zu haben, ist bereits kurz hingewiesen worden. In jedem Fall ist auch dieses ein Element, das sich in Heideggers Denken vermehrt erst in der Zeit der nationalsozialistischen Herrschaft zeigt.

Ebenfalls das Bild des »Opfers« zählt zur Terminologie und Motivik dieser Jahre. Mit Blick auf das wesentliche Denken schreibt Heidegger:

[5] *Was ist Metaphysik?* S. 48.
[6] *Was ist Metaphysik?* S. 49.

»Statt mit dem Seienden auf das Seiende zu rechnen, verschwendet es sich im Sein für die Wahrheit des Seins. Dieses Denken antwortet dem Anspruch des Seins, indem der Mensch sein geschichtliches Wesen dem Einfachen der einzigen Notwendigkeit überantwortet, die nicht nötigt, indem sie zwingt, sondern die Not schafft, die sich in der Freiheit des Opfers erfüllt. [...] Das Opfer ist der Abschied vom Seienden auf dem Gang zur Wahrheit der Gunst des Seins.«[7]

Der angefügte Hinweis, daß ein Berechnen des Nutzens von Denken das Wesen des Opfers »verunstalten« würde, verweist recht klar auf Heideggers Bestreben dieser Zeit, Denken als Würde und Wesen der Deutschen auszuweisen. In diesem Zusammenhang läßt er sich sogar zu der Feststellung hinreißen, alle realen Opfer des Krieges seien unbedeutend im Vergleich zum Opfer des deutschen Volkes, das im Verlust oder selbst nur im Verfehlen seines Wesens besteht.

Auch wenn Heidegger sich in seinem Nachwort nicht eindeutig von der Aussage seiner Vorlesung distanziert, überformt er diese doch, indem er das Fragen nach der Erfahrung des Nichts von 1929 vierzehn Jahre später zu einer seinsgeschichtlichen Frage erklärt, die darüber entscheidet, ob der Mensch, der unausgesprochen der deutsche Mensch ist, in sein Wesen findet oder nicht. Diese Einbindung der Erläuterung von Metaphysik in den Kontext der Seinsentscheidung mag Heidegger schon während der Formulierung seiner Antrittsvorlesung bewegt haben. Zur Sprache bringt er sie nicht.

Das Vorwort, noch einmal sechs Jahre nach dem Nachwort zur Vorlesung entstanden, entstammt unverkennbar bereits wieder einer anderen Phase des Heideggerschen Denkens. Andere Begriffe stehen im Mittelpunkt der Ausführungen, und vor allem eine andere Haltung des Denkenden selbst. Während der Vorlesungstext hauptsächlich der Klärung einer wissenschaftstheoretischen Frage dient und das Nachwort im Pathos der Kriegsjahre das Schicksal des Menschen an die Entscheidung über die Hinwendung zum Sein bindet, fokussiert Heidegger im Vorwort den Gedanken, daß Sein nicht Produkt des Denkens, sondern dieses Ereignis des Seins ist.

Damit verwandeln sich die Bestimmung des Denkens und der Anspruch des Denkenden maßgeblich. Es gilt nicht mehr, etwas denken zu wollen, und sei es auch das Sein, sondern dem Sein Grund zu sein, und sei es im Nicht-denken. Was Heidegger hier im Vergleich

[7] *Was ist Metaphysik?* S. 49 f.

zum Baum, der sein Wurzelwerk in tiefen Grund senkt, beschreibt, ist nur ein anderes Bild für jene Gründung der Stätte zum Gewahren des Seins, die er formalisierend auch als Geviert und Zeit-Spiel-Raum bezeichnet. Der Denkende ist in einem solchen Verständnis nicht mehr Initiator des Fragens, sondern er ist der Raum-Gebende, der Erfahrung von Sein zuläßt, indem er es unterläßt, dieses logisch erschließen zu wollen.

Für Heidegger resultiert die Notwendigkeit der Überwindung der Metaphysik genau aus dieser gewandelten Sicht des Denkens, das er im Vorwort so kommentiert:

»Dasjenige aber, was ein solches Denken auf seinen Weg bringt, kann doch nur das Zu-denkende selbst sein. Daß das Sein selber und wie das Sein selbst hier ein Denken angeht, steht nie zuerst und nie allein beim Denken. Daß und wie das Sein selbst ein Denken trifft, bringt dieses auf den Sprung, dadurch es dem Sein selbst entspringt, um so dem Sein als solchem zu entsprechen.«[8]

Dieser Aspekt bleibt in der klassischen Metaphysik unberücksichtigt. Und genau die Gefahr einer solchen perspektivischen Verzerrung im Blick auf das Sein könnte, so stellt Heidegger fest, auch in seiner Vorlesung ausgemacht werden. Denn die abschließende Frage »Warum ist überhaupt etwas und nicht vielmehr nichts?« könnte selbst nicht der Erfahrung des Seins, sondern dem Befragen des Seienden dienen. »Fällt also, was an sich bei der Schwere des Übergangs von der Metaphysik in das andere Denken möglich wäre, die Vorlesung hinter ihr eigenes Vorhaben zurück?«[9]

Die sofort angeführte Entschuldigung für einen solchen Rückfall angesichts der Schwere des Unterfangens belegt Heideggers Befürchtung, daß seine Vorlesung seinen eigenen Vorstellungen des erfahrenden Denkens am Ende nicht gerecht werden könnte. Doch muß sich ein Denken entwickeln dürfen, erst recht eines, das in so starkem Maße von persönlichen Erfahrungen geprägt ist wie das Heideggersche.

Um also den bloßen Verdacht, die Vorlesung gehe noch metaphysisch vor, zu entkräften, interpretiert Heidegger deren Abschlußfrage in überaus freier Weise:

»Hier kann auch, gesetzt daß wir nicht mehr innerhalb der Metaphysik in der gewohnten Weise metaphysisch, sondern aus dem

---

[8] *Was ist Metaphysik?* S. 10.
[9] *Was ist Metaphysik?* S. 22.

Wesen und der Wahrheit der Metaphysik an die Wahrheit des Seins denken, dies gefragt sein: Woher kommt es, daß überall Seiendes den Vorrang hat und jegliches ›ist‹ für sich beansprucht, während das, was nicht ein Seiendes ist, das so verstandene Nichts als das Sein selbst, vergessen bleibt?«[10]

Unausgesprochen transformiert er damit aber die Intention seiner ursprünglichen Frage der Vorlesung. Denn gilt sie dort einem ontologischen Interesse, resultiert sie nun aus der Erfahrung der Seinsverlassenheit. Daß deren Beobachtung Heidegger schon während der Niederschrift von *Sein und Zeit* umtrieb, verdeutlichen die ersten Paragraphen, in denen er den irreführenden Weg, nach dem Sein zu fragen, seit der Zeit der griechischen Philosophie beklagt. Die Vorlesung gibt von diesem Bewußtsein allerdings kaum etwas zu erkennen.

Tatsächlich verzichtet Heidegger dort fast vollständig auf die Erwähnung des Begriffes vom Sein, was natürlich nicht zwangsläufig heißen muß, daß er es nicht bedenkt. Seine Frage danach, was Metaphysik sei, entwickelt er aus dem »Weltbezug« des Menschen, der dessen Relation zum Seienden beschreibt.

»Dieser ausgezeichnete Weltbezug zum Seienden selbst ist getragen und geführt von einer frei gewählten Haltung der menschlichen Existenz. [...] In solcher Sachlichkeit [der Wissenschaft] des Fragens, Bestimmens und Begründens vollzieht sich eine eigentümlich begrenzte Unterwerfung unter das Seiende selbst, auf daß es an diesem sei, sich zu offenbaren.«[11]

Diese Beurteilung der Vorgehensweise von Metaphysik deckt sich durchaus mit jener Kritik, die Heidegger später offen artikulieren wird. Auch in seiner Frage, ob sich »die Herrschaft der ›Logik‹ antasten« lasse[12], klingt seine Forderung eines neuen Denkens zumindest ansatzweise an.

Das gilt auch für seine Feststellung, daß der Mensch zwar offenbar das Nichts nicht widerspruchsfrei zu denken, ihm aber sehr wohl zu begegnen vermag[13]. Diese Begegnung erschließt sich im Erleben der Angst. Auch wenn Heidegger es in seiner Vorlesung kaum andeu-

---

[10] *Was ist Metaphysik?* S. 23.

[11] *Was ist Metaphysik?* S. 25.

[12] *Was ist Metaphysik?* S. 28.

[13] »Wenn das Nichts, wie immer, befragt werden soll – es selbst –, dann muß es zuvor gegeben sein. Wir müssen ihm begegnen können.« *Was ist Metaphysik?* S. 29.

tet, geht er doch von einer Eingrenzung des Gültigkeitsbereiches der Logik aus, da es nicht das von ihr geleitete Denken ist, das den Menschen zum Fragen veranlaßt, sondern die Tatsache, daß er nur Seiender ist, insofern er Fragen stellt[14], und zwar in einer Weise, die als philosophisch, jedoch nicht gleichzeitig als metaphysisch bezeichnet werden kann.

»Philosophie – was wir so nennen – ist das In-Gang-bringen der Metaphysik, in der sie zu sich selbst und zu ihren ausdrücklichen Aufgaben kommt.«[15] Zu diesen gehört »das Freiwerden von den Götzen, die jeder hat und zu denen er sich wegzuschleichen pflegt«, jenen Götzen nämlich, die es verhindern, die Frage nach dem Nichts zu stellen.

»Hierzu wird verlangt, daß wir die Verwandlung des Menschen in sein Da-sein, die jede Angst mit uns geschehen läßt, nachvollziehen, [...].«[16]

Schon in dieser frühen Phase sieht Heidegger den Wesenswandel des Menschen als Voraussetzung für ein Denken an, das über das Seiende hinaus blickt. Dieses Denken ist zunächst kein wissenschaftliches Fragen, sondern existentielles Erleben der Konfrontation mit dem Nichts. Gilt es diese Erfahrung der Angst für ein Begreifen des Seins zu erhalten, ist die Metaphysik in ihrer erweiterten Dimensionierung, die Heidegger hier anspricht, gehalten, nach dem Nichts zu fragen. »Nur wenn die Wissenschaft aus der Metaphysik existiert, vermag sie ihre wesenhafte Aufgabe stets neu zu gewinnen, die nicht im Ansammeln und Ordnen von Kenntnissen besteht, sondern in der immer neu zu vollziehenden Erschließung des ganzen Raumes der Wahrheit von Natur und Geschichte.«[17]

Eine solche Perspektive des Fragens nach dem Nichts zuzulassen, verlangt nicht die komplette Ausblendung des Seienden, ganz im Gegenteil. Das menschliche Dasein kann sich nur zu Seiendem verhalten, wenn es sich in das Nichts »hineinhält«.[18]

Werden die wichtigsten Aspekte des Vorlesungstextes mit den Kommentierungen verglichen, die Heidegger im Vorwort 1949 und im Nachwort von 1943 vornahm, zeigt sich eine deutliche gedank-

---

[14] »Sofern der Mensch existiert, geschieht in gewisser Weise das Philosophieren.« *Was ist Metaphysik?* S. 42.

[15] *Was ist Metaphysik?* S. 42.

[16] *Was ist Metaphysik?* S. 33.

[17] *Was ist Metaphysik?* S. 41.

[18] *Was ist Metaphysik?* S. 41.

liche Kontinuität. Mittelpunkt seiner Ansichten ist über diesen gesamten Zeitraum und noch weit darüber hinaus die Überzeugung, daß das Denken, so wie es sich im Kontext der westlichen Rationalität entwickelt hat, in entscheidendem Umfang zur Seinsverlassenheit beigetragen hat, deren Ausmaß im 20. Jahrhundert nicht mehr länger zu ignorieren ist.

Hinsichtlich jenes Erlebens, das dem Menschen die Augen für das Sein – aber auch das Nichts – öffnet, zeigt sich eine Veränderung. Spätestens ab Mitte der 40er Jahre sieht Heidegger nicht mehr in der Angst jene Stimmung, die das Sein als solches erfahrbar werden läßt, weshalb er auch auf ihre Thematisierung ab diesem Zeitpunkt fast gänzlich verzichtet. Statt dessen macht er in der Erfahrung der Welt jenen Grund aus, Sein zu denken, und zwar nicht jener Welt als Ansammlung von Seiendem, wie er sie in seiner Vorlesung ausweist, sondern der Welt als Ort komplexer Bezogenheit des Seienden.

Der Anlaß für Heideggers zweimalige Kommentierung seines Vorlesungstextes bestand offensichtlich in seiner Befürchtung, daß sein früher Text den eigenen Ansprüchen an das Denken, wie er sie später formuliert, nicht gerecht werden könnte. So zumindest lassen sich seine Versuche lesen, Kontinuität im Wandel zu betonen und vermeintliche Kritik vorgreifend zu entkräften.

Diese Beobachtung könnte auf eine Besonderheit des Heideggerschen Denkens hinweisen. In seinen Aussagen relativ konstant bleibend, zeigt es doch erhebliche Differenzen in der jeweiligen Begriffswahl und vor allem der Atmosphäre, die seine Werke erzeugen. Aus großer Distanz betrachtet wird jede Schrift von Martin Heidegger immer als solche zu identifizieren sein. Doch je näher ein Text betrachtet wird, werden Veränderungen erkennbar, die es erlauben, ihn allein aufgrund der Sprachfärbung einer bestimmten Zeit seines Schaffens zuzuordnen.

Da der Wesenswandel des Menschen ein Wandel der Einstellung des Denkens ist, drückt sich in ihren verschiedenen Formulierungen auch eine nuancierende Sicht des Denkenden aus. Auf den unterschiedlichen Verweisungskontext der Begriffe vom Wächter und vom Hirten ist bereits hingewiesen worden.

Ein kurzer Überblick soll die Etappen der Entwicklung eines Denkens noch einmal zusammenfassen, das neben seiner motivischen Variationsbreite noch eine weitere Eigenheit aufweist. Jede Forderung an das Denken versucht Heidegger in der Gestaltung seiner

Texte sprachlich umzusetzen. Daß sich im Laufe dieser Entwicklung eine zunehmende Schwierigkeit zeigt, seine Aussagen rational zu verstehen, ist durchaus beabsichtigt.

Das anfängliche Denken

Die Interpretation des Denkens als Entscheidung von seinsgeschichtlicher Bedeutung, wie Heidegger sie dem Nachwort seiner Vorlesung zugrunde legt, findet ihre deutlichsten Niederschläge in den Ende der 30er Jahre entstandenen Schriften. Hier ist vor allem *Besinnung* von 1938/39 zu nennen, in dem die Funktion des Denkens, eine Zäsur im vermeintlich linearen Ablauf der Zeit zu setzen, im Mittelpunkt steht. Die Denomination des Denkens lautet daher »anfängliches Denken«.

»Das anfängliche Denken, das eine Bereitschaft zur Entscheidung zwischen der Gründung der Wahrheit des Seyns und der Losgelassenheit der Machenschaft des Seienden vorbereitet, steht, bereits außerhalb des erst seine Vollendung beginnenden Zeitalters gerückt, unter eigenen Bedingungen. Kein Erfolg und Mißerfolg darf solches Denken locken und abschrecken; nicht Hoffnung und nicht Hoffnungslosigkeit kann solche Besinnung antreiben oder niederdrücken.«[19]

Wiederholt versucht Heidegger, seine Neubegründung des Denkens aus dessen Gegenstandslosigkeit zu schließen. Insofern kann es sich niemals an einer Wirkung ablesen lassen, wenn diese als das Eintreten kausal gedachter Folgerichtigkeit verstanden wird. Hier insistiert Heidegger nun darauf, daß das anfängliche Denken nicht selbst Reaktion auf eine emotionale Regung wie die Hoffnungslosigkeit ist. Eine solche Bindung an eine Ursache würde das Denken bereits wieder im Gültigkeitsbereich der Logik festsetzen, wonach ein sich selbst verursachendes Geschehen kaum vorstellbar ist. Gerade hierauf will Heidegger aber hinaus: Das anfängliche Denken durchkreuzt kausale Bedingtheiten in der Demonstration seiner Möglichkeit, Anfang zu sein und einen Anfang zu initiieren. Angesichts dieser funktionalen Bestimmung ist es extrem wichtig, zumindest den Versuch zu wagen, grundloses Denken zu beschreiben. Es hat weder Grund im Seienden, noch ist es Grund des Seyns, sondern hat nur

---

[19] *Besinnung*, II, S. 40 f.

eine einzige entscheidende Aufgabe. Es soll Besinnung ermöglichen[20].

Fraglich ist allerdings, wie aussichtsreich Heideggers Vorhaben ist, auch wenn er selbst diese Frage zurückweisen würde, da sie das Denken an seinem »Erfolg« messen wollte.

Eine auffällige Passage des obigen Zitates ist bisher unerwähnt geblieben. Das anfängliche Denken stehe »außerhalb des erst seine Vollendung beginnenden Zeitalters«. Auch diese Feststellung dient dazu, kausale Vorstellungen so weit wie irgend realisierbar von seinen Aussagen fernzuhalten. Es soll eben nicht der Eindruck entstehen, das Neue Denken sei Anfang ›für‹ ein kommendes Zeitalter, da diese Verbindung nur ein weiterer Beleg für die machenschaftliche Herrschaft des rechnenden Denkens wäre.

Steht seine Vision des anfänglichen Denkens damit nicht unter der reglementierenden Obhut der Logik, bedarf auch die Charakterisierung des anfänglich Denkenden einer eigenen Beschreibung. Er darf nicht mehr vom Typus des interessegeleiteten Fragenden sein, ja das Fragen generell wird problematisch, da es jene Form der intellektuellen Fixierung ist, die wie keine zweite die Begründung eines zu erwartenden Erfolges impliziert. Eine Antwort wäre in diesem Sinne bereits eine berechenbare Folge.

Wie sehr Heidegger darum bemüht ist, Denken nicht als eine Betätigung allein der Vernunft zu begreifen, wird allmählich immer erkennbarer. Doch welche Alternative steht ihm zur Verfügung? Das Denken soll sich nicht auf ein Objekt beziehen, das es erst zu einem solchen stempelt, sondern es soll Zäsuren in dieses machenschaftlich geprägte Vorstellen ziehen. Somit ist Denken vor allem ein Geschehen der Unterbrechung dieses Vorstellens und insofern alles andere als konstruktiv. Die Aufgabe des Denkenden verändert sich vor diesem Hintergrund erheblich. Anfängliches Denken soll Demonstration der Bereitschaft sein, der anderen Möglichkeit des Denkens, Denken-geschehen-zu-lassen, stattzugeben.

Alle Maßnahmen der Erziehung zu solchem Denken scheinen angesichts seiner Objektlosigkeit zu versagen. Allein das Vor-Denken könnte Beispiel sein, indem es Räume der Besinnung schafft.

»In langen Zügen denken, auf die *Wahrheit des Seyns zu* denken und diese Gedankenbahn selten durch einen kurz hingeworfenen

---

[20] Auf Heideggers Deutung des Begriffes der Besinnung wird hier nicht eingegangen. Im vorliegenden Kontext wird der Ausdruck zur Kennzeichnung der Konzentration auf das Sein verwendet.

Satz vom *Seyn der Wahrheit* unterbrechen. […] Die Gänge in die Ergründung der Wahrheit des Seyns streifen an verlorenen Punkten zeitweilig die Grenzen menschlichen Vermögens und besitzen in dieser Eigenschaft die Gewähr, den Zeit-Spiel-Raum des Seyns zu lichten, der durch kein Seiendes je abstützbar ist.«[21]

Zu diesem Zeitpunkt spricht Heidegger noch nicht ausdrücklich vom Nicht-wollen und vom Sein-lassen, wie es in späteren Schriften immer häufiger geschieht. Aber schon hier bemüht er sich darum, den Eindruck zu vermeiden, als handele es sich bei Entscheidung, die den künftigen Denker auszeichnet, um einen willentlich zu fassenden Entschluß.

»Die Entscheidung gehört in das Wesen des Seyns selbst und ist kein Gemächte des Menschen, weil dieser selbst jeweilen aus dieser Ent-scheidung und ihrer Versagung das Grund- und Gründerhafte oder das Betriebsame und Flüchtige seines Wesens empfängt.«[22]

Wiederum geht es um die Aufhebung kausaler und konditionaler Vorstellungen. Es ist nicht so, daß der Mensch beschließt, anfänglich zu denken, woraufhin sich dann sein Wesen und seine Erfahrung des Seins wandeln. Ohne einen Wesenswandel wäre seine veränderte Haltung des Denkens nicht möglich, die der Denkende im Erfahren des Seins gewinnt. In einem Text aus der Sammlung *Zum Ereignis-Denken*, vermutlich zeitgleich zu *Besinnung* entstanden, findet sich eine sehr hilfreiche Erklärung zum Begriff des Daseins, die dieses Wechselgeschehen beschreibt:

»Das Da – die Stätte; Da-*sein* = *Statt-geben. Das Da* selbst muß erwirkt werden und bewahrt werden – in seinen Möglichkeiten und Verhärtungen. Das Da – erwirken – das *Da-Geschehnis* übernehmen, ertragen – vollziehen, austragen und anbahnen. […] Das Da-*sein* und der Mensch. Die vorstehende Erläuterung ist scheinbar nur sprachlich – aber dieser Wortwandel ist *mehr* – eine Um-wälzung des Menschseins auf dem Grunde und im Bunde mit einer Umwälzung von Wahrheit und Seyn selbst.«[23]

Besonders auf diese letzte Formulierung kommt es als Beleg für die versuchte Aufhebung kausal-konditionalen Denkens an. »Auf dem Grunde und im Bunde« – in diesen Worten fallen Vorstellungen von Vorausgehendem und Folgendem zugunsten der Idee einer wech-

---

[21] *Besinnung*, II, S. 41.
[22] *Besinnung*, III, S. 46.
[23] *Zum Ereignis-Denken*, III, S. 422.

selseitigen Bedingung von Mensch, Denken und Seyn zusammen. Der Gedanke der Wahrheit fügt sich in dieses Bild des Zusammenfallens dessen, was nach gewohnter Logik aufeinander folgen müßte. Denn auch sie will Heidegger nicht mehr als Produkt einer vorausgehenden kognitiven Operation betrachten, sondern als Geschehnis-Synonym.

Bisweilen mögen seine diesbezüglichen Aussagen so wirken, als würde der Mensch als gänzlich unbedeutender Faktor vom Sein ergriffen. Dieser Anschein täuscht jedoch. Sein ohne den Menschen, der es denkt, würde keinen Sinn machen. Warum sonst würde dieser als Wächter und Hüter tituliert, auch als der »Gebrauchte«?

Das anfängliche Denken bricht in seiner Besinnung mit der Vernunft[24], was auch bedeutet, daß es nicht im Zuge folgerichtiger Zergliederung seiner Abläufe rekonstruiert werden kann. Am ehesten ist es als Negation des zeitlich bedingten Verstehens zu begreifen, das nur in Abfolgen Organisiertes erkennt. Wie paßt dieser Gedanke jedoch zu Heideggers Idee der Seynsgeschichte? Er paßt so gut, wie zwei Gedanken am Rande des Sagbaren überhaupt nur zueinander passen können. Denn seit *Sein und Zeit* weist Heidegger immer wieder darauf hin, daß Geschichte für ihn eben nicht Abfolge von Geschehnissen ist, sondern auf den Augenblick zusammenfallende Ermöglichung des Ereignisses, in dem sich das Denken, der Mensch und das Sein wandeln. Geschichte beinhaltet seiner Auffassung nach nicht das Erwarten einer Zukunft, das sich eventuell in der Erwartung eines kommenden Reiches ausdrücken würde. Vielleicht erwecken seine Formulierungen vom geheimen Wesen der Deutschen, das noch verborgen ist, jedoch genau diesen Eindruck. Mitunter trägt sein Denken Züge des Geheimnisvollen, das sich nur den wenigen Eingeweihten zu erkennen gibt. Doch auch dieser Anklang in seinen Schriften ist von vorübergehender Dauer und gewinnt ab Ende der 40er Jahre eine deutlich andere Färbung. Als geheim und verborgen mag er das Seyn bezeichnen, weil es die Vorstellungskraft des Menschen übersteigt. Würde Heidegger daraus aber tatsächlich auf das Kommen eines noch Zukünftigen schließen, würde er damit letztlich genau jener rechnenden Erwartung verfallen, die er vermeiden will.

[24] *Besinnung*, III, S. 48.

Das dichtende Denken

Nach Aussagen Heideggers gibt es im Grunde nur eine einzige Dichtung, die seynsgeschichtliche Bedeutung beanspruchen kann – diejenige von Friedrich Hölderlin. In dessen Hymnen und Versen meinte er, die Idee der Deutschen verbürgt zu sehen, was für ihn den unschätzbaren Vorteil bedeutete, sich mit seinen eigenen Vorstellungen von Volk und Vaterland auf eine quasi geschichtliche Quelle von unbezweifelbarer Autorität berufen zu können. Ob die Legitimation seiner Theorie der Einzigkeit und des Auftrages der Deutschen in seinen Tagen überzeugt hat, wäre zu fragen. In heutiger Zeit ist der Verdacht unüberhörbar, daß Heideggers vermeintliche Auslegung Hölderlinscher Dichtungen eher einer Aneignung gleicht, die teilweise Züge der Verfremdung nicht verbergen kann.

Zur Fundierung von zwei Gedanken nimmt Heidegger Hölderlin zunächst in Anspruch: des Gedankens der Sonderstellung der Deutschen und des Motives des Wohnens.

Ein drittes Element seiner Theorien bezieht Heidegger vor allem in einer Schrift aus *Zum Ereignis-Denken* auf Hölderlin, und zwar den Begriff des »dichtenden Denkens«.

Gerade ging es um Heideggers Versuch, kausale Vorstellungen zu vermeiden, da sie seiner Auffassung nach Belege für berechnendes Denken sind. In diesem Kontext weist er den Begriff des Historischen als Vorstellung zeitlicher Abfolge von Geschehnissen zurück und ersetzt ihn durch jenen der Geschichte, speziell der Seinsgeschichte. Sie soll keine Abläufe sichtbar werden lassen, sondern Ereignis-Spuren, die immer wieder, aber eben nicht linear, das Da-sein als Ort des menschlichen Wesenswandels durchkreuzen. Durchkreuzung ist hier im bildlichen Sinne zu verstehen. Denn Heidegger nutzt sie als Signatur eines solchen Statt-findens von Veränderung und demonstriert damit seinen Mut, diesen Gedanken tatsächlich bis auf die Sichtbarkeit der graphischen Gestalt der Kreuzung zu verdichten.

Geschichte bedeutet für Heidegger also keine Entwicklung als chronologische Abfolge, sondern Einfallen des Wandels in den Raum des Da-seins.

»Das Grundgeschehnis des Mensch-seins – ist die In-ständigkeit. *Inständigkeit* (Zeit-Raum) ist Zeitlichkeit – aber diese gerade als *In der Zeit – Nicht / in /* der Zeit sein. Dieses aber ist die Bereitung der Ewigkeit – nicht sie selbst.«[25]

Das Denken sieht sich der Herausforderung konfrontiert, diese

Verschränkung von Zeitlichkeit im Raum, ihre Inständigkeit, zu begreifen und zu verbalisieren. Die Feststellung, daß metaphysisches Fragen diesem Anspruch nicht gerecht werden kann, führt Heidegger zum Versuch, diese und mit ihr Philosophie anders zu begründen. Von Anfang an steht dabei für ihn fest, daß keine zunehmende Verfeinerung der Denk-Technik hierfür taugt, solange sich diese an den Gesetzmäßigkeiten der Logik orientiert. Für das Denken des einzelnen Menschen mag ein Weg zur Besinnung darin liegen, das Einfache denkend zu erfahren. Doch ist diese Simplifizierung auch für philosophisches Denken geeignet?

Noch in seiner Antrittsvorlesung hatte sich Heidegger ausführlich zur Beschaffenheit wissenschaftlichen Fragens geäußert, um sein eigenes Fragen nach dem Wesen der Metaphysik hiervon abheben zu können. An einer Neugründung von Wissenschaft ist ihm weder damals gelegen noch in den 40er Jahren.

»Das Wesen der Philosophie erfahren heißt, daß wir uns auf das Verhältnis der Philosophie zur Poesie einlassen. [...] Im Verhältnis, das die Dichtung als die Sage des Winkes und des Klanges ist, sind Philosophie und Poesie das Selbe.«[26]

Bemerkenswert ist es, daß Heidegger Erfahrung nicht nur zum Erschließungs-Erleben des Seins, sondern ebenso der Philosophie erklärt. Damit verliert sie ihre traditionelle Aufgabe, Erkenntnis zu vermitteln, und wird selbst Inhalt der Erkenntnis. Soll diese sich nicht mehr als Gefüge analysierender Aussagen über die Wirklichkeit und formulierter Gesetzmäßigkeiten darstellen, sondern erfahrbar und selbst denkbar sein, muß sie sich in anderer Form artikulieren.

So oft bisher der Begriff der Erfahrung erwähnt wurde, ist dessen Besonderheit noch nicht ausreichend benannt worden. Nach herkömmlichem Gebrauch des Begriffes wäre wohl zu erwähnen, daß er nicht nur eine rationale, sondern zumindest teilweise auch eine sensitive Weise bezeichnet, sich zu Seiendem zu verhalten, was für Heidegger heißt: sich im Sein zu halten. Zu diesem Aspekt tritt in seiner Verwendung nun noch die Vorstellung, daß etwas zu erfahren bedeutet, immer wieder neue Zugänge zu dem Erfahrbaren zu finden, weshalb auch mitunter die Schreibweise »er-fahren« gewählt wird. Erfahrend zieht das Denken Wege im Sein und denkt in jenen »langen Bahnen«, von denen Heidegger in auffälliger Häufigkeit spricht. Da-

[25] *Zum Ereignis-Denken,* III, S. 423.
[26] *Zum Ereignis-Denken,* V, S. 675 ff.

bei dient ihm der Ausdruck der Bahn, dessen Bezug zum Denken Franz Rosenzweigs bereits angedeutet wurde, als Synonym für Bewegung, die keinem feststehenden Ziel und keiner Erwartung folgt, sondern in ihrer wesentlichen Unabgeschlossenheit richtungsloses Er-fahren im Sein veranschaulichen soll.

Wenn nun also Philosophie nicht Erkenntnis vermittelt, sondern statt dessen selbst erfahrbar im Denken ist, bedarf das Denken unter dieser Voraussetzung einer besonderen Gestalt. Heidegger führt im Laufe der Jahre zwei Formen an, in denen sich erfahrendes Denken ereignen und als Denken erfahren werden kann. Die eine Form ist die des Ländlichen, die andere die der Dichtung. Ihr massives Auftreten in seinen Schriften ist ungefähr zeitgleich, die Ausrichtung hingegen unterschiedlich. Im »dichtenden Denken« sucht Heidegger eine Möglichkeit aufzuzeigen, wie ein sprachlich vermitteltes Geschehen, in dem Sein erfahrbar wird, sich formieren kann. Da er diese Frage mit Blick auf die Philosophie stellt und sogar so weit geht, diese mit Poesie gleichzusetzen, gilt die Suche einer Sprache, die einerseits Medium der Vermittlung von Erfahrung und andererseits selbst deren Gegenstand ist – so wie es Heidegger auch für die Philosophie fordert. Sprache, die diesem Gedanken entsprechen soll, kann nicht mehr nur bezeichnende Funktion haben, sondern muß in ihrem Verweisungscharakter erfaßt werden, in dem sie über sich hinaus auf ein anderes deutet. Dieses andere ist das Sein, das sich im dichtenden Denken abzeichnet.

Das erfahrende Denken, wie es in der Metaphorik des Feldweges präsentiert wird, geht, so wird noch zu zeigen sein, über diese Betrachtung von Denken, das sprachlich vermittelt ist, hinaus und bezieht sich unmittelbar auf das Sein, für das es letztlich keine Begrifflichkeit mehr gibt, sondern nur noch Er-fahrung.

Das schonende Denken

In Heideggers Konzeption des schonenden Denkens wird schließlich eine Weise, Sein zu denken, ausgedrückt, die sich von bisherigen Formen nicht unerheblich unterscheidet. Denn in ihr geht es um die Denkbarkeit des Seyns✕, das nun aus einer verwandelten Perspektive die Erfahrung von Sein spiegelt. Die größte Schwierigkeit, der es im Sprechen über dieses Denken zu begegnen gilt, liegt wohl darin, daß es im Grunde kein Denken, das sich auf ein Zu-Denkendes bezieht, mehr ist, sondern ein Schaffen. Das bedeutet freilich nicht, daß hier etwas als Folge eines produktiven Prozesses entsteht, sondern daß im Gegenteil Raum für die Auslassung geschaffen wird, oder anders formuliert: daß dieser stattgegeben wird.

So greift Heidegger ab Mitte der 40er Jahre verstärkt auf die formale Bildlichkeit des Gevierts zurück, jener Struktur-Metapher, durch die er die Denkbarkeit des Seyns ermöglichen will. Denn was besagt das Modell des Gevierts, jener gegenwendigen Verweisungsstruktur, in der die Elemente der Sterblichen und der Göttlichen, der Erde und des Himmels in ihrer komplementären Bezogenheit vorgestellt werden?

Es soll reine Denkbarkeit gewährleisten, wobei Heidegger selbst den Begriff des Reinen nicht verwendet, vielleicht weil er zu stark an die Terminologie der Metaphysik erinnert. Hier dient er als ein Hilfsmittel für eine Annäherung an die Frage nach dem Seynsdenken, das die herkömmliche Differenzierung zwischen Denken und seinem Gegenstand in einer Bildlichkeit purer Zirkularität auflösen soll.

»*Der Zirkel:* erst müssen wir in die Wahrheit des Seyns✕ vereignet seyn✕, um ihre Sage zu denken. Nur im Denken als der Sage des Unterschieds vermögen wir's, vereignet zu seyn✕. Der Zirkel west im Ring, als welcher das Ereignis sich weltend er-ringt aus dem Ungesprochenen in dieses. Das Ereignis entringt sich zur Welt. Der Zirkel ist nur der Anschein des Spiels des Spiegels. […] *Der Zirkel,* an dem sie sich stoßen, weil sie das Lineal einer fragwürdigen Logik zu ihrem Gott gemacht haben, ist nicht ein Zirkel des Denkens, sondern der Ring des Seyns✕.«[27]

Entfernt könnten diese Zeilen an Heideggers Aussage zu Beginn von *Sein und Zeit* erinnern, wonach die Frage nach dem Sinn von Sein nur deshalb möglich ist, weil der Fragende selbst bereits in das Sein gestellt ist. Ein nicht unwichtiger Punkt würde damit allerdings übersehen. Denn in der Beschreibung des Seyns✕ als Ereignis geht es nicht um ein vorsätzliches Erfragen. Wohl eher könnte von einer Demonstration des Seyns✕ gesprochen werden, die auch nur deshalb stattfinden kann, weil der Zeigende bereits Seyn✕ erfahren hat. Jedoch wird der Gestaltungskreis des Seins, in dessen komplementärer Dynamik Seyn✕ als Verwiesenheit aktuell erfahrbar wird, zu keinem Zeitpunkt durch eine Zäsur, wie sie das ›Fragen-nach‹ bedeuten

---

[27] *Anmerkungen I–V,* V, S. 474 f.

würde, gestört. Der bisher nicht berücksichtigte Begriff »Sage« versucht, diesem Umstand Ausdruck zu geben.

Sage heißt nicht, daß über etwas gesprochen oder daß nach etwas gefragt wird. In der Sage werden Formulierungen des ›nach‹ oder des ›über‹ hinfällig, weil Heidegger hier ein unvermitteltes Sich-Aussprechen andeuten will. Dieses ereignet sich nicht, weil es einen Sprechenden gäbe, sondern weil die Erfahrung des Seyns✕ den Menschen zum Hörenden macht, was er wiederum nur zu sein vermag, weil er sich dieser Erfahrung bereits übereignet hat.

Das ›Sich er-ringen‹, in dieser so fremd anmutenden Form der gerade zitierten Zeilen, verweist auf jenes Geschehen, das Heidegger mit Hilfe des Gevierts veranschaulichen möchte. Am ehesten ist es einem Hervorgehen vergleichbar, nicht als Folge kausaler Bedingtheit verstanden, sondern als Stattfinden eines Wesentlich-werdens.

Ein Innehalten kann vielleicht klarer veranschaulichen, worum es an diesem Punkt geht. Heidegger fordert wiederholt dazu auf, die Logik als alleiniges Regelwerk des Denkens aufzugeben und, wie es auch heißt, den Verstand zu überwinden. Diese Forderung läßt sich zwar sprachlich eindeutig formulieren, doch was bedeutet sie, wenn auch nur ansatzweise versucht wird, ihr nachzukommen? Heideggers Schriften ab Ende der 40er Jahre führen es vor.

Warum meint er, sich von den Vorgaben der Logik distanzieren zu müssen? In erster Linie aus dem Grund, daß sie es verhindern, Widersprüchliches vereint zu denken. Allein die Klassifizierung zweier Vorstellungen als widersprüchlich setzt einen Differenzierungsprozeß in Gang, der unter Umständen Zusammengehörendes als unvereinbar ausweist. Für Heidegger gipfelt dieses Verfahren in der Behauptung, etwas kann nicht zugleich sein und nicht sein. Denn diesem Satz zufolge müßte stets entschieden werden, ob etwas ist oder wird, ob es statisch verharrt oder sich in Veränderung befindet. Wenn es diese Möglichkeit zu erweisen gilt, muß Heidegger zwangsläufig die Gültigkeit der logischen Ausgrenzungen des Nicht-Denkbaren zurückweisen.

Mit diesem Akt einer letztlich nicht zu begründenden Sanktionierung des Zulässigen, der vor allem im Werk des Aristoteles seinen Ausdruck findet, setzt der Prozeß der Seinsvergessenheit ein, den Heidegger zu revidieren sucht. Kein Zufall, daß er sich verschiedentlich auf das Denken Heraklits beruft und in diesem den letzten Vertreter einer Dynamik des Denkbaren sieht. Denn in seiner Überzeugung, daß alles Werden ein Geschehen des Widerstreites sei, artikuliert Heraklit jenen Gedanken, den Heidegger aufgreift und – im positiven Sinne gemeint – radikalisiert.

Was bedeutet es also, wenn sich Heidegger das Ziel setzt, jenseits der Logik zu denken? Die Konsequenz dieses Vorsatzes könnte kaum schwerwiegender sein. Bislang folgte das Denken den Vorgaben des Denkenden, deren Geltung es durch jede seiner Artikulationen bestätigte. Damit war ihm aber auch ein Rahmen gegeben, der ihm selbst eine bestimmte unhinterfragbare Gültigkeit garantierte. Wenn dieser Rahmen nun abgelehnt wird, verliert das Denken nicht nur seine weithin anerkannte Form, sondern zunächst auch seinen ausgewiesenen Geltungsraum.

Um dieser scheinbar beunruhigenden Bodenlosigkeit des Denkens entgegenzuwirken, greift Heidegger zur Geschehnis-Metapher des Gevierts. Denn durch die Benennung seiner vier Elemente erzeugt er einen neuen Rahmen für das Denken, der nicht mehr, wie im Fall der Logik, aus dessen Möglichkeiten resultiert, sondern aus dessen Gegenstand.

Es geht für Heidegger nicht mehr darum, zu zeigen, was denkbar ist und was nicht. Gegen diese vermeintlich absolute Festlegung setzt er sich mit größter Vehemenz zur Wehr. Statt dessen will er verdeutlichen, wie regelloses Denken stattfinden kann. Regellos muß es nach herkömmlichem Maßstab tatsächlich wirken, was jedoch nicht heißt, daß es gegenstandslos ist. Im Zusammenhang seiner Äußerungen zum Geviert verwendet Heidegger wiederholt den Ausdruck »Spiegel-Spiel«. Dieser verdient eine nähere Betrachtung, wenn es nachzuvollziehen gilt, wie Heidegger das freigesetzte Denken, das sich nach seiner Lösung von den Bedingungen der Logik in einer Art Schwerelosigkeit befindet, wieder stabilisiert.

Die Vierung der gegenwendigen Elemente Götter und Sterbliche, Erde und Himmel ist der Gegenüberstellung zweier Spiegel vergleichbar. Wechselseitige Spiegelung erzeugt jedoch, wenn kein Objekt in deren Mitte angenommen wird, nur eine Leere, die sich in keinem Bild fassen läßt. Wenn Heidegger dann den Begriff des Spiels zu jenem des Spiegels hinzufügt, unterstreicht er die außerordentliche Bewegung innerhalb des gedachten Gevierts, in der sich ununterbrochen für sich nicht erkennbare Elemente spiegeln. Ob diese Metapher unter physikalischen Gesichtspunkten korrekt ist, ist momentan nicht entscheidend. Wichtig ist die Vorstellung, die sie vermittelt. Ein ununterbrochener Prozeß der Reflexion des Reflektierten setzt jenen Raum, in dem Heidegger Denken sehen möchte – begrenzt durch die Elemente seines Denkens, die jedoch niemals als solche erkennbar sind, sondern immer nur in der höchsten Auflösung ihres Spiegelbildes wirken. Denn auf diesen Aspekt muß Heidegger Wert legen: Das Spiel der Spiegelungen erzeugt gerade nicht Nichts, sondern ein Kondensat des Denkbaren.

Einmal findet sich in Heideggers Schriften der Ausdruck »unfaßbarer Wirbel«, der so gut beschreibt, was er im Inneren des Gevierts für möglich hält. Es ist die undeutbare Präsenz des Gegebenen, die sich noch zu keiner Gestalt des Gedachten formiert.

Die Ausdrücke, die Heidegger zusätzlich zur Umschreibung des Gevierts ersinnt, sprechen für sich, besonders jener des »Schwingungsraumes«. Hier erscheint noch einmal das Wesentliche des Spiegel-Spiels, nämlich der Versuch, die sich im Leer-lauf haltende absolute Denkbarkeit zu visualisieren. In religiöser Form gedacht könnte es sich um das Sein vor der Schöpfung handeln. Daß die Konzeption des Heideggerschen Bildes vom Geviert in strenger Entsprechung zu Franz Rosenzweigs Vorstellung jenes Raumes inmitten der doppelten Dreiecksstruktur des Davidsterns steht, hat sich bereits gezeigt.

Doch wie kommt es innerhalb des Schwingungsraumes des Gevierts, also des Denkens, das sich an seinen Elementen, nicht an logischer Regelkonformität orientiert, jemals zur Bildung eines Gedankens? Hier werden Heideggers unterschiedliche Aussagen zum Wesen des Menschen noch einmal aus anderer Perspektive nachvollziehbar. Denn derjenige, der sich aus dem Machenschaftlichen befreit und gegenstandslos denkt, tritt, ohne es im eigentlichen Sinne zu wollen, in die Mitte des Gevierts, exakt in die »Kreuzungsmitte des Seienden«, wie es auch heißt. Selbst nicht wollend und nach nichts fragend, unterbricht er die scheinbar leeren Reflexionen des Spiegel-Spiels und wirkt als jener opake Grund, vor dem erst ein gespiegeltes Bild entstehen kann. So reflektiert er sich zunächst nicht selbst, denn dieses Selbst muß er sich erst aneignen, sondern die Elemente des Gevierts, die ihm als solche und in ihrer unauflöslichen Verwiesenheit aufeinander denkbar werden. Inmitten des Gevierts positioniert, findet das Denken zu sich, weil es nichts anderes ist als das Spiegelnde des Seyns. Diese Tatsache begreifend, stellt der Mensch keine Fragen nach diesem mehr, was bedeutet, daß er genau an diesem Ort steht, an dem er der Gebrauchte ist. Denn er ist es, der das Spiegel-Spiel für Augenblicke, aber immer wieder von neuem, beruhigt. Der unfaßliche Wirbel kommt zur Ruhe, das Denken senkt sich in die von ihm in den Anfang gesetzte Stille, in der die gegenwendigen Elemente erstmals die Möglichkeit erhalten, sich als solche zu erkennen zu geben. Noch einmal drängt sich der Eindruck auf, wie nahe Heideggers Deutung des Geschehnisses im Geviert einer Vorstellung von Schöpfung kommt. Denn Denken, um das es Heidegger geht, schafft Seyn, und zwar genau unter den Bedingungen des Spiegel-Spiels.

Das Sein des Menschen ist sein Bleiben, durch das er diesen Geschehnis-Raum zum Ort des Da-seins macht. Das Sein des Menschen ist sein Denken, ist sein Wohnen. Wenn immer wieder die Voraussetzung berücksichtigt wird, daß sich die Gedanken von Franz Rosenzweig und Martin Heidegger darin unterscheiden, daß ersterer in religiösen Begriffen denkt, ist hier eine bemerkenswerte Parallele erkennbar. Denn genau das, was Heidegger beschreibt, stellt in Rosenzweigs Vorstellung den Übergang von der Schöpfung zur Offenbarung dar, die dann Voraussetzung jener zweiten Schöpfung wird, in der sich Welt bildet.

Doch kann das, was als Modell Heideggers überzeugend wirken mag, tatsächlich Aussage über das menschliche Denken sein? Schafft es die Visualisierungsgestalt des Gevierts, dem Menschen den Weg in sein Wesen zu weisen? Ist es ein in sich stimmig konstruiertes Konzept, um die Möglichkeit einer veränderten Sicht des Seins zu veranschaulichen, das zudem den Anspruch erhebt, Pendant zur religiösen Vorstellung der menschlichen Beteiligung an der Offenbarung zu sein, wie sie Franz Rosenzweig in seinem *Stern der Erlösung* ausdrückt? Wenn Heidegger es als die Aufgabe der Vor-Denkenden ansieht, Wege des Denkbaren zu zeichnen, wo sie bisher nicht wahrgenommen wurden, wohin führt dann sein eigenes Denken? Taugt es als Beleg für das aberwitzige Unterfangen, jenseits der Logik denken zu wollen und sich trotzdem nicht in der Grenzenlosigkeit subjektiver Visionen zu verlieren?

Jede dieser Fragen kann bejahend beantwortet werden. Damit sein Modell des Gevierts mehr ist als nur Konstrukt des Denkbaren, ist seine funktionelle Struktur dorthin zurück zu projizieren, woher sie stammt, nämlich in das Da-sein des Menschen, was konkret bedeutet: in die Welt. In seinen *Anmerkungen* schreibt Heidegger im Jahr 1948:

»Nie kommt ein Denker durch einen Denker zum Denken, sondern stets nur aus dem Seyn. […] *Der Acker und die Eiche.* […] Das Denken entdeckt nichts und bringt keine Ergebnisse und Verfahren.

Es erfährt nur sein Gedachtes als das Wesende des Seyns✕. Dies Erfahren ist die Einfahrt des Denkens in das Welten der Welt.«[28] Und etwas später mündet diese Aussage in eine der wenigen Postulate ethischer Natur, die Heidegger formuliert: »Bewohnet die Welt.«[29]

Zur Absicherung der bisherigen Deutung ist ein Blick auf die Bildlichkeit des Wohnens hilfreich. Was geschieht, wenn sich ein Mensch niederläßt, wenn er beschließt, genau dort zu bleiben, diesen Ort zu bewahren und schonend mit dessen Gegebenheiten zu arbeiten? Es schadet nicht, dieses Bild in seinem ursprünglichen archaischen Sinn zu bedenken und zu fragen, was es heißt, eine Wohn-Statt zu finden. Heidegger verbindet mit diesem Bild Begriffe wie Einwilligen, sich Einfinden, sich Ereignen, aber auch sich Einfügen in die Gegend, jenes Geschehen, für das er sogar die Verbform des Gegnens bildet. Wenn einmal der Ort des Bleibens gefunden ist, dann mögen sich andere Möglichkeiten oder Versuchungen zeigen, ohne daß der Mensch sich auf sie einläßt. Er läßt sie vorüberziehen. Es wurde bereits angedeutet, daß die Vorstellung des Lassens weiten Raum in Heideggers Denken einnimmt. Dabei würde die gewohnte Verwendung vielleicht auf eine einzige Bedeutung hinweisen, die als eine Art von Gleichgültigkeit dem zu Lassenden gegenüber verstanden wird. Für Heidegger schwingt in dem Begriff die positive Konnotation, etwas so sein zu lassen, wie es an sich ist. Nun tritt ein dritter Aspekt zum Vorschein, wenn er anhand der Metaphorik des bleibenden Wohnens den Verzicht auf bislang favorisierte Verhaltensweisen anspricht. Denn soviel steht wohl fest – mit dem Bleiben im Ort des Gevierts, also der neu gewonnenen Perspektive auf das Seyn, verlieren die Anforderungen und Ansprüche des Machenschaftlichen, die bisher das Denken und Wollen des Menschen bestimmten, nicht automatisch ihre Geltung.

»Gehen-lassen west aus an-denkendem Hüten der Gewahrnis der Enteignis. Dieses Gehen-lassen ist dann in der Folge auch das Fahren-lassen des Vorstellens; doch dieses ist nicht der Grund von jenem. Der Anlaß jenes Gehen-lassens ereignet sich im Ereignis. Zum Gehen-lassen gehört, daß wir still stehen, d.h. in der Stille des Zu-spruchs stehen, d.h. hören.«[30]

---

[28] *Anmerkungen I–V,* V, S. 448f.

[29] *Anmerkungen I–V,* V, S. 473.

[30] *Anmerkungen I–V,* III, S. 256f.

Das Hören, für Heidegger eine so zentrale Vorstellung, wird nun in seiner mehrfachen Bedeutung als Erhören, Hörig-sein und Gehören wichtig, um die Frage zu beantworten, wie denn ergründet werden kann, ob der Ort tatsächlich zum Bleiben auffordert[31]. Im Bild des Gevierts gesprochen heißt dieses, die Elemente seines Spiegel-Spiels zu gewahren, was kein Erkennen, sondern ein Erfahren ihrer Präsenz ist.

»So lange das Denken nicht gehörig aus dem Zuspruch des Austrags denkt, bleibt es in der Gefahr, solchen Rückzug als Reflexion mißzuverstehen und gar reflektiert auszusprechen. Vielleicht bleibt die Gefahr ständig, so daß es nötig bleibt, daß das Denken gegen sich selbst denkt, nicht, um sich zu hemmen, nicht auch, um sich vorwärts und weiter zu bringen, sondern um sich im andenkenden Wesen zu halten.«[32]

Wenn Heidegger hier vom Andenken spricht, meint er damit zweierlei. Zum einen, der gebräuchlichen Verwendung des Ausdrucks entsprechend, Wahrung der Erinnerung an Vergangenes, Zurückliegendes oder auch an Zurückgelassenes. Zum anderen orientiert sich der Begriff an der Gegenwart des Gegebenen. An-denken im Geviert meint, in der Überkreuzung seiner Elemente zu denken und so ihre Vermittlung zu bedenken. Hierfür ist es mitunter erforderlich, bisherige Gewohnheiten zurückzulassen.

»Andenken ist die unscheinbare erste Spur der menschlichen Gebärde der Vergessenheit. Diese Gebärde möchte das Menschenwesen auf den Weg zum Wohnen in der Gewahrnis der Enteignis bringen. Die Gebärde ist die aus dem Zu-Tragenden Aus-trag ereignete Sammlung des Wesens des Menschen in das Tragen im Sinne des Andenkens. [...] Andenken wahrt die Rückkehr der Vergessenheit in ihre Einfalt.«[33]

Auf zwei noch nicht berücksichtige Begriffe ist hier einzugehen. »Enteignis« symbolisiert als Entgegensetzung zum Ereignis den Moment der Lösung von bisher für bedeutend Gehaltenem. »Austrag« bezeichnet das Geschehen innerhalb des Gevierts, wobei Assoziatio-

---

[31] »Mit der Welt ist selbig im Hüten und Schonen das reine Gehören in das Ereignis und der höchste Befehl des Unbefohlenen. Solches Befehlen ist gehorsamer denn jegliche Art von Dienen. Dieses Selbe verbirgt sich im Lassen, das leicht im Anschein der untätigen Unbekümmerung auftritt.« *Vier Hefte I und II*, I, S. 31.

[32] *Anmerkungen I–V*, III, S. 226.

[33] *Anmerkungen I–V*, III, S. 278 f.

nen an Bilder des Widerstreites, der ausgetragen wird, die Dynamik des sich dort abspielen Prozesses noch unterstreichen.

Die Frage, ob auch die Symbolik von Kampf und Krieg, Opfer und Verwüstung, die Heidegger während der Jahre der NS-Herrschaft favorisiert, der Vorbereitung des Denkens im Geviert dient, ist nicht eindeutig zu beantworten. Das Bild des Gevierts begleitet ihn auch in dieser Zeit. Allerdings kümmert er sich kaum um die Beschreibung dessen, was der Austrag innerhalb der gegenwendigen Vierung bedeutet, sondern viel stärker darum, welch schicksalhafte Dimension die Entscheidung um die Gewinnung des Wesens des Menschen hat.

Es ist wohl kaum noch erforderlich, darauf hinzuweisen, daß Andenken nicht gewollt und nicht erstrebt werden kann. Denn damit würde es wieder zu einem Aspekt des machenschaftlichen Verlangens. Statt dessen ist es das dem Mensch zu denken Aufgegebene, das schlichte Erfordernis eines Denkens, das sich vom scheinbar Notwendigen abwendet und auf das Mögliche, das das eigentlich zu Bedenkende ist, achtet. Denn nichts anderes geschieht im Eintritt des Menschen in das Spiegel-Spiel des Gevierts – losgelöst von aller Zielgerichtetheit konzentriert sich das Denken auf das Wesentliche, von Heidegger versinnbildlicht in den vier Elementen Götter und Sterbliche, Erde und Himmel. Und um es noch einmal zu betonen: Er versucht keineswegs zu ergründen, was jedes dieser Elemente für sich betrachtet sein mag, sondern was sich ereignet, wenn sie als Symbole der Verweisungsstruktur des Seins reflektiert werden. Dieses ist aber nur möglich, wenn bisherige Prioritäten des Denkens zurückgelassen werden, um sich dem eigentlich zu Denkenden zuwenden zu können.

»Das Zu-Denkende ist Jenes, was in das Denken ereignet, so daß Denken zum Andenken wird. Das Zu-Denkende bleibt darin es selber; Es wird nie zum Gedachten im Sinne eines Vorgestellten, das dargestellt abgelagert wird ins Vorhandene. Jedes echt Gedachte ist solches nur, wenn es Anlaß bleibt für das Andenken an die An-kunft, als welche das Zu-Denkende ist.«[34]

Es bietet sich an, aus dieser Perspektive an Franz Rosenzweigs Deutung des Offenbarungsgeschehens zu erinnern. Denn diesem entspricht Heideggers Vorstellung der Brechung des Spiegel-Spiels im Eintritt des Menschen in das Geviert exakt. In einer Offenbarung

[34] *Anmerkungen I–V,* III, S. 263.

werden, so beschreibt es Rosenzweig, die Tatsächlichkeiten von Gott, Welt und Mensch, die bislang lediglich in ihrer auf sich ruhenden Eigenständigkeit denkbar waren, in ihrer Bezogenheit aufeinander erfahrbar. Ohne den Menschen, der schauend und nennend in diesen Raum der Vereinzelung der drei Elemente eindringt, wären sie niemals erfahrbar, das heißt in ihrer Realität-stiftenden Präsenz erkennbar.

Wird am Ausgang dieser Überlegungen noch einmal nach dem Ertrag dieses Denkens gefragt, für das Martin Heidegger eintritt, so wird die Antwort vermutlich unbefriedigend wirken. Denn es schreibt keine Regeln vor, die zu seiner Ermöglichung einzuhalten sind, benennt keinen Nutzen, der aus ihm entspringen könnte. Seyn zu denken ist nicht Ziel einer Verstandestätigkeit, nicht einmal deren Gegenstand, wie sich bei näherer Betrachtung zeigt. Seyn zu denken unterscheidet sich nicht vom Denken selbst, sondern verändert dessen Perspektive. Insofern ist es auch kein Sprechen über das Gedachte, das Heidegger versucht, sondern das Sprechen ist selbst Ereignis dieses perspektivischen Wandels, der Zweckorientiertheit und pragmatische Ausrichtung des Denkens zurückläßt und sich dem Gewahren der Bezogenheit des Seins verschreibt. Denn darauf läuft Heideggers Bestreben, durch die Geschehensmetaphorik von Geviert und Zeit-Spiel-Raum Denkräume zu öffnen, hinaus: Die äußerste Möglichkeit des Denkens besteht darin, die Verwiesenheit allen Seins als seine Struktur zu begreifen. Ein schlichter Ertrag für einen solchen sprachlichen und gedanklichen Aufwand, den Heidegger betreibt? Gewiß, doch ist es genau das, wofür er eintritt. Ein Zurücksetzen des Denkens auf seine Fähigkeit, jene elementare Beschaffenheit des Seins erfahren zu können, deren Mißachtung fatale Folgen hat. Die Tatsache, daß er immer wieder auf das Bild des Weges hinweist, macht deutlich, daß dieser Standpunktwechsel des Menschen, von dem aus er dasselbe Seiende nun in seiner Kontextualität betrachtet, nicht ein für alle Mal erreicht wird. Er ergibt sich vielmehr aus einem immer wieder von neuem zu vollziehenden Überprüfen der eigenen Stellung im Sein, die sich vor allem in der Verhaltensweisen von Verantwortung ausdrückt.

»Wenn das Denken ein Weg ist, dann gelangen wir mit ihm dorthin, wo wir sind: in die Ortschaft unseres Wesens, […]. Das Seltsame des Denkens erfahren, heißt, dessen inne werden, daß hier ein Weg ist, der erst dahin gelangen läßt, wo wir doch schon sind. […] Der

Weg ergibt nichts. Er nimmt nur weg, dasjenige nämlich, was verwehrt, daß der Ort, an dem wir sind, unser Aufenthalt sei.«[35]

Auf diesen Gedanken kommt Heidegger immer wieder zurück, so daß man ihn, auch wenn er selbst sagt, er habe stets nur »in Blöken« gedacht[36], als Leitmotiv seiner intellektuellen Suche bezeichnen kann. Es zieht sich in nunancierenden Variationen durch seine Schriften der verschiedenen Phasen und gibt immer wieder besonders dieses eine Streben ihres Verfassers zu erkennen, das im Grunde gerade kein Streben sein darf. Der Mensch sollte in sein Wesen finden und den Dingen sollte ihr vermeintliches Wesen zugestanden werden. Grundlage dieser Hoffnung ist Heideggers Überzeugung, daß es sowohl dem Menschen als auch der Welt Schaden zufügt, wenn er nicht sein Potential, selbst zu sein, ausschöpft.

Im 21. Jahrhundert mag dieses Feststellung fast zu banal wirken angesichts des reichhaltigen Angebotes von Techniken zur Selbstfindung. Doch um 1950 ist das Bewußtsein für die therapeutische Bedeutung des Auslotens der Möglichkeiten, über die ein Individuum verfügt, nicht auf vergleichbarem Stand. Damit kein falscher Eindruck entsteht – es geht hier keinesfalls darum, Heideggers Denken ausschließlich in diesem Sinne zu deuten. Doch es ist ein Aspekt, der seine Aussagen zum Wesentlich-werden begleitet und denkbar sein sollte, ohne daß dadurch das philosophische Gewicht seines Denkens geschmälert wird.

Es ist vor allem zu berücksichtigen, daß sein Aufruf, in das Wesen zu gelangen, keine Aufforderung zu egozentrischer Abkapselung von der Umwelt ist, sondern gerade deren Gegenteil. Denn immer wieder betont er den relationalen Charakter des Seins, der gewiß am anschaulichsten in seinem Bezugskonzept des Gevierts zum Ausdruck kommt. Mit-sein ist seiner Auffassung der späteren Jahre nach nicht nur das Faktum contemporären Seins, wie er es in *Sein und Zeit* thematisierte. In den Jahren während der NS-Herrschaft scheint sogar das Bewußtsein dieser Faktizität vor der vermeintlichen Notwendigkeit, dem Deutschen zum Weg in sein Wesen zu verhelfen, zu weichen. Die entscheidende Entwicklung seines Denkens besteht darin, daß er in seinen späteren Schriften zu einem Verständnis von Welt gelangt, das ohne die Beachtung des anderen Seienden nicht denkbar

---

[35] *Anmerkungen I–V*, III, S. 306.

[36] *Anmerkungen I–V*, II, S. 113.

wäre. Damit weitet sich die Aufforderung, wesentlich zu werden, zu der Ermutigung, wesentlich im Angesicht des Seins zu werden.

Dem Denken kommt in Anbetracht dieser Situation des Seins diese Aufgabe zu:

»Denken ist Schonen alles Wesenden in sein Wesen. [...] Das schonende Denken geht Wege; es bezieht keine Standpunkte. Wege sind immer Bereitschaften zur Wendung und Wandlung; [...].«[37]

Zugleich ist sich Heidegger darüber im klaren, daß seine Bestimmung des Denkens, das nur Anlaß sein will, in der Erfahrung des Denkens Welt zu erkunden, unter dem Gesichtspunkt ergebnisorientierten Fragens sehr unattraktiv wirken muß:

»Im Zeitalter des Aussagens, das sich bis zur Erschöpfung ins leere Herumsprechen des Gesprochenen ›aus‹-spricht, ist eine Sage des schonenden Denkens nicht möglich.«[38] Und: »Das schonende Denken kommt in die Bedrohung, daß sein Einfaches als bloße Dürftigkeit zu leicht befunden wird; daß man an seinen Wegen die Beziehungen zur gerade gültigen Wirklichkeit vermißt; daß man es unter Ansprüche und Formen der Mitteilung und Darstellung zwingt, die ihm ungemäß geworden sind [...].«[39]

Welche Sprache verbleibt, um schonendes Denken im Wissen um diese Mißverständnisse verlautbaren zu lassen?

---

[37] *Anmerkungen VI–IX*, VIII, S. 275 und S. 278.

[38] *Anmerkungen VI–IX*, VIII, S. 250.

[39] *Anmerkungen VI–IX*, IX, S. 340.

IX. »Wann lernt der Mensch das Wohnen auf dieser Erde?« – Sprache

»Wann lernt der Mensch das Wohnen auf dieser Erde?«[1] So fragt Martin Heidegger und antwortet selbst: »Erst wenn er in sein Wesen gerufen wird und zuerst die einzige Behausung seines Wesens, die im Wort des Ereignisses geborene Sprache, hören und sagen gelernt hat.« Formulierungen wie diese stehen eindeutig unter dem Eindruck jenes Bildes vom Wohnen der Sterblichen, das Friedrich Hölderlin verwendet[2].

In diesen wenigen Zeilen kommt eine Auffassung von Sprache zum Ausdruck, die sich kaum weiter von traditionellen Theorien der Sprachphilosophie entfernen könnte. Daß Heidegger die Metapher des Wohnens nutzt, um das gedankliche Verweilen im Geviert anzudeuten, hat sich gezeigt. In seinem Sinn heißt Wohnen Denken, was wiederum nichts anderes meint als: Bezogen-sein, Ausgerichtet-sein auf die Elemente des Seins und in übertragener Bedeutung: Eingerichtet-sein in deren Kreuzungsmitte. In seinem wohl wichtigsten Text zu diesem Thema, dem bereits erwähnten Vortrag *Bauen Wohnen Denken* demonstriert Heidegger einmal mehr seinen Versuch, jenseits der Gültigkeit von Logik zu denken. So wäre es vielleicht naheliegend, das Wohnen als Ergebnis des relationalen Denkens – im Symbol des Gevierts gezeichnet – zu begreifen, allerdings heißt es dort: »Die Sterblichen *sind* im Geviert, indem sie *wohnen*.«[3] Das Wohnen ist nicht Folge der Art zu sein, es ist selbst Ausdruck des Seins.

Es ist also nicht möglich, sich für das Verständnis seiner Aussagen an Vorstellungen kausaler Bedingtheit zu halten, da das Wohnen erst im Denken der Bezogenheit statt-finden kann, die sich ihrerseits erst als Beleg des Wohnens ereignet. Bereits in anderem Kontext

---

[1] *Zum Wesen der Sprache*, S. 49.

[2] In seinem Vortrag ›*... dichterisch wohnet der Mensch ...*‹ von 1951 stellt Heidegger die Verbindung zu Hölderlins Dichtung explizit her.

[3] *Bauen Wohnen Denken*, S. 152.

hatte Heidegger auf das Bleiben als wichtigstes Kriterium des Wohnens hingewiesen. Diese Form des Ausharrens und des Aushaltens setzt er jener Umtriebigkeit entgegen, die nicht nur das Tun des Menschen bestimmt, soweit es sich an seinem Erfolg messen läßt, sondern, wie nun ergänzt wird, auch das Sprechen. Im kurzen und flüchtigen Bezeichnen der Dinge und Gedanken, das in erster Linie dem schnellen Austausch von Mitteilungen dient, drückt sich die mangelnde Konzentration des Menschen auf das Wesentliche aus. Immer neue kurzfristig erstrebenswerte Ziele werden durch Begriffe benannt, die austauschbar nur dem Abbilden des Beliebigen dienen.

Heidegger spart nicht mit pointierten Skizzierungen solcher verbalen Geschäftigkeit, die in der Sprachphilosophie letztlich bestätigt wird, wenn auch mit wissenschaftlichem Anspruch. Aus seiner Sicht ist es konsequent, dem Gerede die Stille und der Getriebenheit im Wollen das Stehen im Denken entgegenzusetzen. Diese beiden letztgenannten Motive fließen in seinem Begriff der »Inständigkeit« zusammen, jenem sich verhaltenden Sein, das sich als Da-sein ausdrückt. Da-sein, so war bereits zu lesen, heißt nicht das Vorhandensein, sondern die sich ausdehnende Anwesenheit im Sein, die in der Stille auszuharren wagt. Rund 30 Jahre zuvor hatte Heidegger diesen Gedanken in *Sein und Zeit* artikuliert, als er jene ›Unheimlichkeit‹ ansprach, die der Mensch als das vermeintlich Fremde wahrnimmt, nicht ahnend, daß gerade das Aussetzen des Gewohnten Zugang zum Wesentlichen seiner Selbst und seines Erlebens werden kann.

Bleibend vermag der Mensch also zu wohnen und im Wohnen sein Bleiben zu bestätigen. Doch woran ist es erkennbar, das eine wie das andere? In der Sprache.

»Das Wohnen ist die Innigkeit des Verhaltens im Da-seyn aus dem Verhältnis. Das Wohnen ist, wo und wann es eigentlich ist, d. h. ins eigene Wesen vereignet, das Wohnen in der Sprache des Gesprächs.«[4]

Das Verhältnis, das Heidegger hier erwähnt, ist ereignete Bezogenheit, was mehr bedeutet als die Feststellung zeitgleichen Seins. Es gibt verschiedene begriffliche Annäherungen, die auf den Charakter des Geschehens im Kreuzungsraum des Seins anspielen. Vom Lassen war die Rede, von der Versammlung. Das Schonen wiegt in Heideggers Sprachempfinden schließlich so schwer, daß er es zum Attribut des Neuen Denkens ernennt.

---

[4] *Zum Ereignis-Denken*, V, S. 705.

»Das Verhältnis verhält nicht sich zu etwas, sondern es verhält Alles zu sich als dem Be-ruhenden (das alles mit seiner Ruhe be-eignet), in die Ruhe Lassende. Das Verhältnis ist das Ereignis des Ansichhaltenden, sammelnden Schonens dessen, was im Sanften seine Hut findet.«[5]

Wie weit hat sich diese Aussage sprachlich und vor allem atmosphärisch von jenen Bildern des Kampfes entfernt, die sich in den Schriften der 40er Jahre fanden. Heidegger sieht sich und die Menschen insgesamt in einer Bahn denkend, wie er es immer wieder nennt, die keine zielgerichtete Bewegung ist, sondern eine konzentrische Annäherung. Dabei wäre es unbegründet, aus den Begriffen des Sanften und der Hut auf einen idyllischen Zustand schließen zu wollen, in dem sich alles Ringen in einer beschaulichen Ruhe legt. Denn unmißverständlich warnt er davor, daß selbst das Sprechen, das sich dem machenschaftlichen Gerede entwunden zu haben glaubt, noch der Bedrohung durch erneuten Verlust der wesentlichen Ausrichtung ausgesetzt ist. Selbst noch im Bild des Wohnens schwingt die Gewißheit mit, daß dieses nicht Ideal an sich ist, sondern derselben Beugung durch die Erfordernisse des Pragmatischen unterliegen kann. So unterscheidet Heidegger zwischen dem realen Wohnen und dem Einfinden in die »ursprüngliche Behausung des Menschen«[6] und streift, wie er selbst erwähnt, mit seiner Vorstellung des notwendigen Zugrundegehens des Einen zur Ermöglichung des Anderen nicht nur entfernt Friedrich Nietzsches Gedanken[7].

Vielleicht bedarf die Tatsache, daß sowohl Franz Rosenzweig als auch Martin Heidegger das Wohnen des Menschen zum tragenden Bild seines Seins erklären, gar keiner expliziten Erwähnung. Zu auffällig ist die Entsprechung ihrer Ansichten. Auch wenn Heidegger als Quelle des Gedankens vom Wohnen auf Hölderlins Verse verweist, ist damit eine Beeinflussung durch Rosenzweigs Denken keineswegs ausgeschlossen. Denn sie zeigt sich nicht als einziges Beispiel, sondern besteht in einem weit gefächerten Kontext von Überschneidungen und Entsprechungen, der nun unter einem weiteren Aspekt betrachtet werden soll.

---

[5] *Zum Ereignis-Denken,* V, S. 704.

[6] »Das beste Haus muß zerstört und die kärglichste Hütte muß verlassen sein, damit das menschliche Wohnen in den Wink der ursprünglichen Behausung des Menschen erst sich selbst finde im Ereignis-Wesen und erahne.« *Zum Ereignis-Denken,* V, S. 760.

[7] *Zum Ereignis-Denken,* V, S. 763.

Die vielleicht ungewöhnliche Kombination zweier Sprachbilder kennzeichnet Heideggers Denken Ende der 40er Jahre. Er spricht noch von der Verwüstung des Bestehenden, die der Besinnung auf das Sein vorausgehen müsse, nennt aber auch schon das schonende Wesen des Wohnens, das sich bis zum Vortrag *Bauen Wohnen Denken* als primäre Metaphorik für das Seyn durchsetzen wird.

In dieser Zeit des denkenden Übergangs formuliert Heidegger aber auch einen Gedanken, den in paralleler Weise Franz Rosenzweig in seinem *Stern der Erlösung* artikulierte. Seine Bedeutung ist deshalb immens, weil er die Begründung für das Heideggersche Sprachverständnis enthält.

Nahezu unvermittelt kommt er in einem Text aus *Zum Ereignis-Denken* auf das Gedächtnis zu sprechen, in dem sich die Ahnung des menschlichen Wesens bewahrt. Diese Funktion ist nicht mit dem Erinnern identisch, sondern stellt den entscheidenden Zusammenhang zum Sein her, aus dessen Wahrung Seyn sich ermöglicht.

»Jetzt bestimmt sich das Gedächtnis zu dem Gedenken, das andenkend an das Einstige dem Einzigen dankt. […] Das Gedächtnis denkt in die Ferne dieser Einen Ankunft, als welche die Nähe des Einzigen sich lichtet.«[8]

Selbst in der thematisch mitunter heterogenen Struktur der Texte, die in diesem Band zusammengefügt sind, überrascht diese Formulierung. Denn sie ist die exakte Übertragung jener Darstellung der Erwartung des Kommenden aus dem Bewußtsein der eigenen Geschichte, mit der Franz Rosenzweig das Wesen des jüdischen Volkes beschreibt. Dabei besteht, wie sich bereits gezeigt hat, die Besonderheit seiner Auffassung darin, daß sie in der Skizzierung des Kernbereiches des Davidsterns genau jenen Raum der Verwandlung von Schöpfung in Offenbarung zeichnet, den Heidegger im Bild des Gevierts als Ereignis-Raum erklärt.

Heideggers Verknüpfung der Ausdrücke des Gedächtnisses, des Andenkens und des Dankens, die sich kaum ernsthaft auf etymologische Verwandtschaft stützen kann, verbindet drei Formen des Sich-Beziehens. Denn sie alle erhalten erst dadurch Sinn, daß sie in ihrer durchaus ungebräuchlichen Verwendung auf etwas hinweisen, das Heidegger hier als »das Einzige« bezeichnet. In Rosenzweigs Denken ist diese Demonstration der Bezogenheit ihrer Form nach vergleichbar beschrieben, jedoch ist für ihn das Einzige das Göttliche. In sei-

---

[8] *Zum Ereignis-Denken*, V, S. 743.

nem *Stern der Erlösung* findet sich die Beschreibung der täglich zu verrichtenden rituellen Handgriffe, durch die der jüdische Mensch das Jahr hindurch aus der Kenntnis der geschichtlichen Begründung seines Tuns den Ort für das Kommende bereitet. Diesen Ort bezeichnet Rosenzweig als das Haus. Heidegger schreibt: »Die im Wohnen waltende Gewohnheit, in der alle Beständigkeit des Ursprünglichen eingelassen ist, bleibt durch die Wiederholung vor dem Gewöhnlichen und dessen Roheit bewahrt. […] In seinem [des Gedächtnisses] Lichte erscheinen die Tage der Alltäglichkeit täglich neu. Sein in die fernste Nähe hinausdenkender Dank durchblickt das lichte Dunkel der heiligen Nächte.«[9]

Danken ist das Äußerste des Sich-Verhaltens in einem denkbaren Bezug. Zur Kennzeichnung einer Lehre als religiös oder philosophisch ist es entscheidend, wie dieser Bezug vorgestellt wird – ob auf Göttliches ausgerichtet oder als Seinszusammenhang. Aber gilt eine vergleichbare Unterscheidung auch für das Verhalten des Menschen, der sich andenkend und dankend verneigt? Handelt es sich nicht in beiden Fällen um die Anerkennung eines Zusammenhanges in der Welt, der den Gedanken einer komplexen Einbindung des Menschen in ein Gefüge aus Verantwortung und Verdanken nahelegt? Der Versuch, hier die grundsätzliche Möglichkeit einer Analogie zu sehen, trägt bis zu dem Punkt, an dem im religiösen Verständnis von Hoffnung zu sprechen ist, die sich mit diesem Gedanken verbindet.

Heidegger zumindest erwähnt diese Empfindung nicht, was auch seiner Überzeugung entspricht, daß die Verwandlung des Seins in Seyn ausschließlich durch den Menschen zu erreichen oder zu verfehlen ist. Hoffnung würde vom Vertrauen auf eine fremde Mitwirkung zeugen, wer auch immer deren Initiator ist. Um die beiden Begriffe zur Erinnerung noch einmal in Relation zu setzen: Sein ist Bezogensein, Seyn ist Sich-Verhalten. Heideggers ganze Aufmerksamkeit gilt dem Nachweis der beiden gedanklichen Schritte, deren Realisierung seiner Ansicht nach das Mögliche des Menschen, sein Wesen, ausmacht. Der erste Schritt besteht darin, aus der Verstrikkung in zielgerichtetes Treiben, das sich nur am Seienden orientiert, zur Einsicht in das faktische Bestehen des Zusammenhanges alles Seienden zu gelangen. Diese Einsicht eröffnet den Gedanken des Seins als Bezogenheit. Der zweite Schritt setzt das Geschaute in den

---

[9] *Zum Ereignis-Denken,* V, S. 744.

Formen des Denkens und Sprechens um, ist also nicht nur Bestätigung des Faktums ›Sein‹, sondern Ermöglichung der Seins-Weise ›Seyn‹. Dieser zweite Schritt findet als jenes Einschwingen im Augenblick statt, das Heidegger mit dem Bild des Wohnens umschreibt. Dabei legt er, nicht anders als Rosenzweig, äußersten Wert auf das Wissen um ein ursprüngliches Sein, dessen zurückzugewinnende Kontinuität sich für ihn nicht in rituellen Handreichungen repräsentiert, sondern in den fast vergessenen Formen bäuerlichen Tuns erhalten hat. Es sei an dieser Stelle nur noch einmal an die Parallelen zwischen Denken und Feldarbeit erinnert. In wenigen Formulierungen greift Heidegger sogar auf das Bild der Hand zurück, deren Begreifen er zum Symbol des Denkens erklärt.

Die Bewahrung des Einfachen ist für Heidegger Sinn und Auftrag des Menschen, der in seinem Verständnis, anders als bei Rosenzweig, mit der Beobachtung der dramatischen Vernachlässigung in der Vergangenheit einhergeht. Wie nahe sich beider Auffassungen dennoch kommen, zeigen folgende Worte Heideggers: »Der andenkende Dank fügt sich dem einstigen Wink der Stille des Einzigen. Die winkende Stille des Seyns ist das ursprüngliche, noch saglose und vollends lautlose Wort.«[10]

Seyn ist für ihn das Einzige – wie weit ist aber von hier aus der Weg zur Vorstellung göttlicher Einzigkeit? Für Heidegger würde sich diese Frage nur insofern stellen, als er religiöse Zukunftserwartung, die das Eintreten des Erwarteten für einen Teil göttlichen Planens hält, ablehnt. Denn selbst in der Dimension dieses Gedankens sieht er einen Beleg für das berechnende Denken, das das Eintreten des Kommenden niemals ernstlich in Zweifel zieht.

Gegen diese Haltung, die dem religiösen Glauben nicht wirklich gerecht zu werden versucht, will Heidegger die Bedeutung des Menschen akzentuieren. Findet dieser in sein Wesen, wandelt sich mit diesem auch sein Bezug zum Sein. Es wäre nach seiner Auffassung sogar irreführend, von einer Vorbereitung des Seyns zu sprechen, da auch diese nur die überall waltende Haltung des Berechnens bestätigen würde.

So richtet er sein Augenmerk auf die Beschreibung des Wohnens als Metapher für das Denken, in dem sich die Haltung des Seyns manifestiert. Von diesem als dem Möglichen, das sich vielleicht einstellen wird, kann im Grunde nicht gesprochen werden, da es keine

---

[10] *Zum Ereignis-Denken*, V, S. 744.

Begriffe gibt, die es beschreiben könnten. Vom Seyn als dem Ursprünglichen jedoch ist ein Ausdruck denkbar, denn es hinterließ Spuren des Einfachen im Gedächtnis des Menschen. Für Rosenzweig, der diesen Gedanken formuliert, ist es relativ unproblematisch, unter Hinweis auf die Handlungen des Menschen im rituellen Jahreslauf die Kontinuität seiner Erfahrung des Göttlichen zu gewinnen und als Hoffnung auf die Zukunft zu entwerfen.

Heidegger stehen beide Ausrichtungen des Denkens nicht in vergleichbarer Weise zur Verfügung. Die Kontinuität des Tuns muß er im Hinweis auf das ländliche Schaffen konstruieren und das Vertrauen in eine Zukunft im Seyn kann er nicht einmal versprechen. Umso entscheidender ist für ihn die gedankliche Fixierung jenes Zeit-Spiel-Raumes, in dem sich die Begründung eines eigenen Anfangens der Geschichte als Geschehen am Ort des Seins zu erkennen gibt. Aus diesem Raum, der zugleich der Raum des Wohnens ist, entwickelt Heidegger eine Begründung von Sprache.

»Nach-sagend – vorsagend vereignet sie [die Dichtung] das Wort in die ›Sprache‹; deren Wesen ist es deshalb, die Wahr-heit des Seyns zu ahnden und ahnend das Seyn zu bergen dergestalt, daß in diesem Bergenden-Verberg (in der Burg des Seyns) sich die Behausung gründet für das Wohnen. […] Wir lernen langsam das Wohnen im Wort. Wir lernen es nur, wenn uns die Behausung der Sprache ursprünglich gewährt ist.«[11]

Doch wie kann diese ursprünglich gewährt werden? In der Dichtung, oder wie Heidegger es nennt: in der »Sage«.

»Wort« und »Sprache« sind für ihn nicht identisch, ja nicht einmal verbale Formen, die zwingend zusammen erkennbar sind. Sprache ist anfällig für diverse Verfälschungen und Verzerrungen, wie das Gerede im Machenschaftlichen auf der einen, die Theorien der Sprachphilosophie auf der anderen Seite zeigen. In beiden Fällen wird dieselbe Fehldeutung von Sprache erkennbar, die in ihr lediglich ein Mittel zum Transport von Mitteilungen sieht, wobei es gleichgültig ist, ob es sich um Informationen praktischer Natur oder Analytik der Funktionsmuster von Sprachlichkeit handelt. Das Wort, so deutet es Heidegger an, verdankt sich einem ursprünglichen Grund. Es ist vor allem das Werk der Dichtung, dieses Wort in die Sprache des Menschen zu übersetzen, es nach-zusagen, Sage zu sein.

[11] *Zum Ereignis-Denken*, V, S. 685 und S. 762.

Diese Vorstellung setzt jedoch voraus, daß es einen Zugang zum Erfahren dieses an sich verborgenen und nicht vernehmbaren Wortes gibt, das nur in Form seiner Übertragung zugänglich ist. Assoziationen an göttliches Wort, ausgesprochen in der Schöpfung, drängen sich buchstäblich auf. Ist es tatsächlich das, was Heidegger meint: die Annahme der Urworte des Seins, die in die Sprache des Seyns übersetzt werden können und als solche die Sprache des wohnenden Menschen sind, der sie seinerseits erst zu übertragen weiß, indem er wohnend ist? Und wenn es so sein sollte, würde sich Heidegger damit nicht unkalkulierbar weit in eine Vorstellung wagen, die begrifflich kaum noch vermittelbar ist – was im Übrigen gerade deren Geltung bestätigen würde? In seinem kurzen Text mit dem Titel *Das Wesen des Menschen* in der Sammlung *Zum Ereignis-Denken*, in dem schon vom Gedächtnis und vom Danken die Rede war, findet sich nun auch die folgende Passage:

»Die winkende Stille des Seyns ist das ursprüngliche, noch saglose und vollends lautlose Wort. Der andenkende Dank empfängt die winkende Stille. Er sagt erst das ursprüngliche Wort. Die erste Sage ist das andenkende Nach-sagen des schon ereigneten Wortes. Das andenkende Nach-sagen sagt die Sage in die Weite des Wohnens des Menschen.«[12]

Das ursprüngliche Wort ist Geschehen, in dem das noch nicht Sagbare Laut wird[13].

Die intensivste Auseinandersetzung Heideggers mit dem Besonderen, das Sage sein kann, findet sich in den drei Vorträgen *Zum Wesen der Sprache* aus dem Winter 1957/58. In deren Zentrum steht die Überlegung, wie es möglich sei, eine Erfahrung mit der Sprache zu machen, eine sehr naheliegende Frage, arbeitet Heidegger doch seit vielen Jahren daran, Denken als erfahrend auszuweisen. Daß er durchaus so weit geht, erfahren im Sinne von er-fahren in die gedankliche Nähe zum Gehen der Wege zu setzen, hatte sich in anderem Zusammenhang schon angedeutet.

---

[12] *Zum Ereignis-Denken*, V, S. 744.

[13] Die Besonderheit Heideggerschen Sprachdenkens charakterisiert Löwith in *Heidegger – Denker in dürftiger Zeit*, S. 131 wie folgt: »Und da Heidegger die Sprache nicht mehr, wie in *Sein und Zeit*, als die Artikulation der Verständlichkeit unseres In-der-Welt-Seins denkt, sondern darüber hinaus und vor allem als das ›Haus des Seins‹, wird seine Behausung in der Sprache mehr als in jeder anderen Philosophie zum Unterscheidungsmerkmal der von ihm beanspruchten Nähe zur Wahrheit des Seins und zum Sein der Wahrheit.«

»Etwas erfahren heißt: unterwegs, auf einem Weg, etwas erlangen. Mit etwas eine Erfahrung machen, heißt: daß jenes, wohin wir unterwegs gelangen, um es zu erlangen, uns selber belangt, uns trifft und beansprucht, insofern es uns zu sich verwandelt.«[14]

Eine kleine, aber gewichtige Variation bisheriger Formulierungen fällt hier auf. Bislang war immer wieder die Rede davon, daß das Wesen des Menschen zu verwandeln sei, was als eine Hinführung zum eigentlichen Selbst-sein gedeutet wurde. In diesem späten Text formuliert Heidegger, »insofern es uns zu sich verwandelt«, was darauf hindeutet, daß die Verwandlung Verschränkung in das Selbst und zusätzlich eine Öffnung für dasjenige, das den Menschen »beansprucht«, ist. Eine »denkende Erfahrung« mit der Sprache zu machen, kann, diese Einschränkung überrascht nicht, keinesfalls als ein Fragen verstanden werden, das ein klares Ergebnis ermittelt. Auf die diesem Verfahren anhängenden Gefahren der Verflachung zu rechnendem Denken weist Heidegger auch in diesem Vortrag hin. Dabei hat sich sein Argumentationsrahmen insofern ausgeweitet, als er nun nicht mehr das Machenschaftliche als Synonym der andauernden Gefährdung des Denkens und Sprechens benennt, sondern das Maschinenwesen, zu dem das Menschenwesen entfremden kann. Denn mit zunehmender Aufmerksamkeit und Besorgtheit verfolgt und kommentiert Heidegger die Entwicklungen des Machbaren, wie sie sich in technischen Möglichkeiten zeigen[15].

Die denkende Erfahrung ist also niemals zu erwirken oder zu wollen, sondern sie ergibt sich möglicherweise – und zwar im Hören auf das Wort der Sage. Motivisch durchzieht der Gedanke eines »Leitsatzes« die drei Vorträge, den Heidegger aus der Umkehrung der Titel-gebenden Formulierung gewinnt: »Das Wesen der Sprache: Die Sprache des Wesens«. Dieser Satz ist nicht Produkt logischer Herleitung, sondern er ist selbst ein Gegebenes, das den Menschen beansprucht, um vernehmbar zu sein. Daß sich Heidegger zur Verdeutlichung auf dichterisches Sagen beruft, verwundert nicht in Erinnerung an die Inanspruchnahme der Werke Friedrich Hölderlins, die besonders in den 30er und frühen 40er Jahren erfolgte. Die Anlehnung seines Denkens an dessen Verse hatte vor allem einen Zweck: sie diente dazu, in der Dichtung eine Art deutscher Urschrift

---

[14] *Zum Wesen der Sprache*, II, S. 177.

[15] Auf Heideggers Aussagen wird in diesem Zusammenhang nicht weiter einzugehen sein, da sie sich letztlich aus dem bisher Dargestellten ergeben.

zu finden, die über das Wesen der Deutschen und ihre Berufung zur Wahrheit Auskunft geben sollte.

Interessant ist vor diesem Hintergrund die Auswahl der Dichter, auf die er sich jetzt beruft – Stefan George und Gottfried Benn, zeitgenössische Lyriker, deren Werk nicht unabhängig von der politischen Situation ihrer Zeit zu rezipieren ist. Es hat jedoch nicht den Anschein, als würde dieser Aspekt Heideggers Auswahl beeinflußt haben. Georges Dichtung, die er besonders mit Blick auf den 1928 erschienen Gedichtband »Das Neue Reich« betrachtet, attestiert er eine Entwicklung, die sie »mehr und mehr dem Gesang«[16] annähert und damit jene Form des Sagens ausdrückt, die Hölderlins Dichtung auszeichnete. Für das Interesse am Werk Gottfried Benns gibt Heidegger keine andere Begründung als die, auch in ihm einen Anklang des Leitsatzes zu finden, den er in seinem Vortrag formuliert.

Das Wesen der Sprache läßt sich nicht technisch-analytisch ergründen und nicht in Definitionen fassen. Statt dessen läßt es sich nur erfahren in jener Bewegung, die den Menschen an den Ort führt, an dem er sich immer schon befindet, ohne dort zu sein. Dieser Ort ist kein anderer als das Geviert, die Bezeichnung jener ursprünglichen Gemarkung des Seyns, die deren gegenwendige Verwiesenheit symbolisiert. Es ist schon lange Heideggers Vorstellung, daß dieses der eigentliche Denk-Raum ist, der allerdings noch zu erschließen und zu er-fahren sei. Dessen Denkbarkeit hatte ihn weit über das gewöhnliche und gebräuchliche Denken hinausgeführt, ihm die Nennung der Göttlichen abverlangt, und hatte sich doch der geläufigen Aussagbarkeit beharrlich entzogen. Gleichwohl ist Heidegger davon überzeugt, daß es ein Sagen innerhalb dieses Raumes der reinen Erfahrung gibt, das nicht dauerhaft unerhört bleiben wird.

»Die Kennzeichnung des Denkens als eines Hörens klingt befremdlich, genügt auch nicht der Deutlichkeit, deren es hier bedarf. Allein, dies macht das Eigentümliche des Hörens aus, daß es seine Bestimmtheit und Deutlichkeit aus dem empfängt, was ihm durch die Zusage bedeutet wird. Doch eines zeigt sich schon: das hier gemeinte Hören ist der Zusage als der Sage zugeneigt, mit der das Wesen der Sprache verwandt ist.«[17]

Bei der Formulierung »Die Sprache des Wesens«, die den zweiten Teil des erwähnten Leitsatzes ausmacht, handelt es sich nicht um

[16] *Zum Wesen der Sprache,* II, S. 183.
[17] *Zum Wesen der Sprache,* II, S. 180.

eine Ableitung, sondern um das gegenspielende Erfahren des Wesens der Sprache. Um diese so schwer zu vermittelnde Feststellung in einer Art hypothetischer Begründung dem Mit-denken zu erschließen, verweist Heidegger auf die Parallelität von Dichten und Denken, die beide einen nachbarschaftlichen Ort teilen:

»Die Nähe aber, die Dichten und Denken in die Nachbarschaft zueinander bringt, nennen wir die Sage. In dieser vermuten wir das Wesen der Sprache. Sagen, *sagan* heißt, zeigen: erscheinen lassen, lichtend-verbergend frei-geben als dar-reichen dessen, was wir Welt nennen. Das lichtend-verhüllende, schleiernde Reichen von Welt ist das Wesende im Sagen.«[18]

Das Wesen der Sprache ist es nicht, etwas bislang Verborgenes zu bezeichnen und damit zu enthüllen. Dazu bedarf es nicht der Sprache, die Heidegger hier selbst als Erfahrung darstellen möchte. Das Wesen der Sprache besteht darin, selbst jenes Wesentliche zu sein, das sich zu erkennen gibt, nicht als dauerhaften Besitz des Verstandes etwa, sondern als Erfahrung desselben Ortes, an dem sich der Mensch denkend seit jeher befindet, ohne diesen Ort auch be-gangen, er-fahren zu haben. Denn jetzt erst erfüllt er die Qualität, die Heidegger als Charakter der Erfahrung benannt hatte: ›er beansprucht uns‹. Die Wege, die hier in expliziter Analogie zur Bedeutung des Tao vorgestellt werden, erschließen kein Neuland, sondern öffnen die vertraut geglaubte Gegend in ihrem An-spruch an den Menschen. Zunächst als sprachliches Geschehen gedeutet, beinhaltet dieses Wort zugleich den fordernden Aspekt, sich zum Erfahrenen zu verhalten.

Das graphische Bild des Gevierts kommentiert Heidegger in seinem dritten Vortrag als »Gegen-einander-über« von Göttlichen und Sterblichen, Erde und Himmel.

»So ist denn die Sprache keine bloße Fähigkeit des Menschen. Ihr Wesen gehört in das Eigenste der Be-wegung des Gegen-einander-über […]. Die Sprache ist als die Sage des Weltgevierts nicht mehr nur Solches, wozu wir, die sprechenden Menschen, ein Verhältnis haben im Sinne einer Beziehung, die zwischen Mensch und Sprache besteht. Die Sprache ist als die Welt-bewegende Sage das Verhältnis aller Verhältnisse.«[19]

---

[18] *Zum Wesen der Sprache,* III, S. 199f.

[19] *Zum Wesen der Sprache,* III, S. 214f.

IX.1 »Über dem Hause der Sprache« – Wort und Schweigen

Schöpfung ist für Franz Rosenzweig nicht nur sprachlich vermitteltes Geschehen; sie ist selbst Sprach-Geschehen. Daß er diese Gewißheit überhaupt ausdrücken kann, bedeutet, daß es eine grundsätzliche Möglichkeit des Verstehens von Sprache geben muß, oder besser: daß es möglich ist, das Geschehen der Schöpfung in seiner Sprachlichkeit zu denken. Nun wäre die Annahme irreführend, daß das Wort der Schöpfung in derselben Qualität auch dem menschlichen Verstehen zugrunde liegt, da es Verlautbarungsformen vor der Zeit und solche zeitlicher Natur zu unterscheiden gilt. Mit dem göttlichen Wort entsteht erst jene Zeitlichkeit, die den Menschen zum Aufnehmenden der Sprache werden läßt. Es ist letztlich die Sprachlichkeit, die Gott und Mensch verbindet. Franz Rosenzweig formuliert es so:

»Gottes Wege und des Menschen Wege sind verschieden, aber das Wort Gottes und das Wort des Menschen sind das gleiche. Was der Mensch in seinem Herzen als seine eigene Menschensprache vernimmt, ist das Wort, das aus Gottes Munde kommt.«[1]

Das zehnmalige Anheben des Wortes, durch das Gott dem Schöpfungsbericht zufolge sein Schaffen begleitet, ist ein Klang, den der Mensch zu verstehen vermag, weil er in ihm sein eigenes Sprechen erkennt.

Für Rosenzweig basiert alles Nachdenken über Sprache auf jenen ersten Zeilen der Thora, die vom Hervorgang erzählen, womit gleichermaßen der Hervorgang des Wortes und der Schöpfung gemeint ist. Interessant ist es, daß er selbst in diesen Überlegungen den Bezug zur philosophischen Begrifflichkeit sucht.

»Was ist ›gut‹? Was bejaht dies sechsfache göttliche Ja? Das Tagewerk je eines Schöpfungstages. Das Ding nicht einfach als Ding, sondern als Werk, als gewirktes, das Dasein als Schon-Dasein. [...]

---

[1] *Der Stern der Erlösung*, II, I, S. 167f.

Die Schöpfung, für Gott Gemachthaben, ist für die Welt Gewordensein. Was ward? das gleiche, was Gott schuf: die Dinge.«[2]

Abgesehen davon, daß es nicht selbstverständlich ist, die Begriffe von Schöpfung und von Dasein in einem Atemzuge zu nennen, ist besonders der zuletzt artikulierte Gedanke beachtenswert. Denn er verdeutlicht, warum Rosenzweig vom ›gleichen Wort‹ sprechen kann, das Gott und Mensch verbindet. Es verleiht den Dingen eine zweifache Signatur – einmal als das Geschaffene und einmal als das Empfangene. Erst diese Doppelstruktur des Daseins erlaubt es, ein Verstehen der göttlichen Worte für möglich zu halten. Denn als der Empfangende wirkt auch der Mensch in seiner ihm wesentlichen Artikulation: dem Zeigen.

Bereits an früherer Stelle hatte sich eine Frage gestellt, die ursprünglich theologischen Diskussionen entstammt. Wie ist die Verwandlung vorstellbar, die im Prozeß der Schöpfung aus dem Gedachten Gottes das Gegenständliche der menschlichen Realität werden läßt? Jetzt, da Rosenzweig Schöpfung als Geschehen im Wort darstellt, findet diese Frage möglicherweise eine Antwort. Dem göttlichen Wirken entstammt das Da-sein, durch das wiederholte Testat des ›es ist gut‹ in seinem Sein bestätigt. Doch zeigt Rosenzweig zugleich, daß Da-sein zunächst lediglich das reine Sein, also die Tatsache, daß etwas ist, benennt. Dieses noch unspezifizierte Sein ist wohl im Wort Gottes, nicht jedoch in jenem des Menschen sagbar, solange letzterer nicht selbst zum Sprechenden wird.

Zwei Momente seines Sprechens sind dabei zu unterscheiden: Im ersten Moment zeigt der Mensch auf Dinge, ohne sie bereits in ihrer Gegenständlichkeit bezeichnen zu können.

»Das ›Dies‹ zeigt auf das Ding bloß hin und drückt in diesem Zeigen aus, daß hier ein ›Etwas‹ zu suchen sei. Im ›Hier‹, das im ›Dies‹ steckt, ist also der Raum gesetzt als die allgemeine Bedingung, unter der das Ding, bisher nur als ein Etwas bestimmt, zu suchen ist.«[3]

Im zweiten Moment weist der Zeigende dem Ding seinen bestimmten Artikel zu, wodurch es »nun als dieses einzelne erkannt« ist. »Das einzelne, durch den bestimmten Artikel festgelegte Ding kann nun also endlich mit Ruhe als Gegenstand bezeichnet werden. Es ›steht‹ jetzt auf eigenen Füßen einem etwaigen Schöpfer ›gegen‹-über da, ein bestimmtes, bejahtes Ding im unendlichen Raum des

---

[2] *Der Stern der Erlösung*, II, I, S. 168f.
[3] *Der Stern der Erlösung*, II, I, S. 142.

Erkennens oder der Schöpfung.«[4] Es ist fast ein analoges Geschehen, in dem Gott sein Werk mit dem Siegel des Wortes versieht und der Mensch sein Wort in das göttliche Werk führt, um zu bezeichnen, was als Einzelnes Gegenstand des Zeigens sein kann. Der Akt des Bezeichnens verwandelt also Da-sein in Dasein, indem er es erst in jenen Raum der Bezogenheit setzt, der Welt ausmacht. Im Werk der göttlichen Schöpfung gibt es keine Relationen, die Einzelnes erkennbar werden ließen. Das wiederholte ›es ist gut‹ am Ende jedes Tages attestiert dem Geschaffenen keine Besonderheit, sondern sein Sein. Erst indem das göttliche Wort die Schaffung des Menschen ankündigt, benennt es ein noch zu Schaffendes, das nicht durch die Signatur des Seins als vollendet, sondern durch die Benennung als unvollendet ausgewiesen wurde. Die Erfüllung seines Wesens, die den Menschen das Merkmal des ›es ist gut‹ verdienen ließe, steht noch aus. Sprechend wirkt der Mensch ihm entgegen.

Denn noch ist erst der erste Schritt jenes Weges getan, der den Menschen zu der Vollendung seines Wesens, das Wesen in der Zeit ist, führt. Schöpfung schafft das Da-sein, das durch die menschlichen Akte des Bezeichnens zum Dasein der Welt wird. Doch ist dieses Dasein damit in eine Distanz zu seinem Ursprung gerückt, der diesen kaum noch erkennen läßt.

Was nun nach Rosenzweigs Überzeugung erforderlich ist, ist der Rückschluß des Begreifens, der Dasein als göttliches Wort erfahrbar werden läßt. Denn selbst im Kontext dieser religiösen Betrachtung, die sich nicht scheut, auch in philosophischen Begriffen zu denken, verliert seine Forderung eines Neuen Denkens nicht seine Gültigkeit. Schöpfung soll als solche erfahrbar werden. Und wie sonst wäre dieses möglich als in ihrer Erfahrung als Offenbarung? Denn nun tritt Gott als Schöpfer des Seins im Dasein in Erscheinung.

»Es muß aus dem Dunkel seiner Verborgenheit ein andres hervortreten als die bloße Schöpfermacht, etwas, worin die breite Unendlichkeit der schöpferischen Machttaten im Sichtbaren festgehalten wird, so daß Gott nicht wieder hinter diese Taten ins Verborgene zurückweichen kann.«[5]

Für Rosenzweig ist es das Bekenntnis der empfindenden Seele, in dem sie sich Gott als ihrem Gegenüber zuwendet, das dessen Zurückweichen in die Verborgenheit vor der Schöpfung verhindert.

---

4 *Der Stern der Erlösung*, II, I, S. 143.

5 *Der Stern der Erlösung*, II, II, S. 179.

»Nun, nachdem Gott innerhalb und auf Grund der Offenbarung Sein gewonnen hat, ein Sein also, das er nur als offenbarer Gott gewann, […]: nun kann er sich auch seinerseits zu erkennen geben […].«[6]

Auch diesen Augenblick des Sich-zeigens Gottes denkt Rosenzweig als sprachliches Geschehen. Denn ihm geht das Zeigen des Menschen voraus, in dem er liebend auf Gott deutet, zugleich aber sich selbst als den Zeigenden preisgibt. Denn es ist die Gebärde des Zeigens, die Relation schafft, selbst in der Hinwendung des Menschen zu Gott. So sind Schöpfung und Offenbarung Geschehnisse des Sprechens, in denen sich Gott und Mensch als die Sprechenden zu erkennen geben. Damit wird zumindest eine Vergleichbarkeit beider denkbar, da sie beide das ihnen Wesentliche im Schaffen des Wortes, dem Zeigen, ausdrücken.

»Was bei Gott und beim Menschen voranging, die breite Erstellung ihres Seins, das dann durch die eigne Tat nur noch innerlich zusammengefaßt und zur Gestalt geeinigt wurde, das muß bei der Welt erst folgen. […] während bei Gott und Mensch das Wesen älter ist als das Erscheinen, ist die Welt als Erscheinung geschaffen, längst ehe sie zu ihrem Wesen erlöst wird. […] So ist sie jeden Zoll ein Kommendes, nein: ein Kommen. Sie ist das was kommen soll. Sie ist das Reich.«[7]

Denn die Welt, Dasein und gegenständlich erst mit jeder Benennung werdend, ist Sprach-Schöpfung in der Zeit, woraus ihre Unfertigkeit resultiert. Solange das menschliche Sprechen sich der Bezeichnung der Dinge in der Welt verschreibt, wird sich ihr Dasein ständig erneuern, wodurch Welt ständig im Werden begriffen ist.

Für die vorliegenden Überlegungen steht nicht die Frage im Mittelpunkt, wie diese Aussagen Rosenzweigs unter theologischem Gesichtspunkt zu bewerten sind. Statt dessen gilt es zu fragen, was sie für seine Auffassung von Sprache bedeuten, auch wenn klar ist, daß eine solche Frage nicht gänzlich vom religiösen Kontext zu lösen ist.

Bereits anläßlich der Betrachtung des Funktionsgefüges von Gott, Welt und Mensch, das Rosenzweig durch das Bild Sterns symbolisiert, hatte sich das Bestreben gezeigt, das Geschehen im Inneren des Sterns als zeitlos zu begreifen. Die Wiederholung des Augen-

---

[6] *Der Stern der Erlösung*, II, II, S. 203.
[7] *Der Stern der Erlösung*, II, III, S. 244 f.

blicks durch die rituellen Handreichungen hatte sich als Wirkungsform ergeben, die Beständigkeit im scheinbaren Wandel der Zeit schaffen kann.

Eine vergleichbare Annahme kommt nun zum Tragen. Denn ist es die Eigenart des menschlichen Sprechens, bezeichnend stets Einzelnes zu benennen, das als solches Sein in der Zeit ist, ist es konsequent, ein Sprechen zu suchen, das Zeitliches unter dem Aspekt der Unendlichkeit aussagt. Diese Möglichkeit schafft nach Rosenzweigs Darstellung die Sprache der Liturgik.

»Aber für Mensch und Welt, denen das Leben von Haus aus nicht ewig ist, sondern die im bloßen Augenblick oder in breiter Gegenwart leben, ist die Zukunft nur faßbar, indem sie, die zögernd herangezogen kommende, in die Gegenwart vorgezogen wird. [...] Das Gebet um das Kommen des Reichs vermittelt also zwischen Offenbarung und Erlösung, oder richtiger zwischen Schöpfung und Offenbarung einerseits und Erlösung andererseits [...].«[8]

Bereits mit Blick auf die rituellen Verrichtungen hatte sich gezeigt, welch gewichtige Aufgabe ihnen zukommt. Denn diese schaffen, indem sie den Augenblick in der steten Wiederholung ihres Tuns gleichsam zum Stehen bringen, Raum für die Einwohnung des Göttlichen. Sie setzen die Zeitlichkeit des Daseins aus, um das Erleben der Dauerhaftigkeit im Sein zu ermöglichen. Dadurch tragen auch sie, wie nun die Worte des Gebets, dazu bei, die Überzeitlichkeit des kommenden Reiches bereits im Dasein erfahrbar werden zu lassen. Diese Vorbereitung ist aber weniger Vorwegnahme, sondern das Bereiten der Stätte zur Einladung Gottes.

Die Sprache des Gebets ist kein Bezeichnen mehr, das durch das Wort auf Einzelnes hinweist und dieses erst als Besonderes erscheinen läßt. Dieses Sprechen ist jedem Individuum zu eigen, während die Sprache des Gebets im Miteinander erklingt, ohne Laut werden zu müssen. Denn der Laut ist immer Zeichen tatsächlichen Sprechens, das so unterschiedlich sein mag, wie die Situation, der es dient. Soll Sprache sich von der Bindung an die Zeit lösen, um Wort des Ewigen sein zu können, gibt es für Rosenzweig nur eine Artikulation, die dieser Bedingung gerecht wird – die Gebärde.

»Daher kommt es, daß das Höchste der Liturgie nicht das gemeinsame Wort ist, sondern die gemeinsame Gebärde. Die Liturgie

[8] *Der Stern der Erlösung*, III, Einleitung, S. 303 und S. 326.

erlöst die Gebärde von der Fessel, unbeholfne Dienerin der Sprache zu sein, und macht sie zu einem Mehr als Sprache.«[9]

Dieses »Mehr als Sprache« ist das Schweigen, tonlose Bezeugung des Sprachgeschehens in Schöpfung, Offenbarung und Erlösung. Denn nun gibt es nichts mehr zu bezeichnen, wie es noch für die Gestaltung der Welt in ihrer Gegenständlichkeit unabdingbare Voraussetzung war. Das Sein ist entfaltet, wie Rosenzweigs Formulierung der »breiten Gegenwart« zeigte, es ist ganz Anschaulichkeit und damit doppelt geschaffenes Sein: Von Gott als Schon-Da-Sein und vom Menschen als Dasein im Einzelnen.

Religiöser Gewißheit folgend steht der Welt ihre Erfüllung noch aus, da sie Dasein nur in der Zeit sein kann. Aus philosophischer Perspektive, wie sie Martin Heidegger vertritt, entspricht dieser Ansicht die Überzeugung, daß das Äußerste des Möglichen in der Denkbarkeit des Seins noch nicht erreicht ist. So spricht nichts dagegen, für religiöses und philosophisches Denken folgende Aussage zu formulieren: Das Sein der Welt ist noch im Werden.

Rosenzweig hatte gezeigt, daß zwar das Kommende eine Vorstellung des Zukünftigen ist, die aber die Gegenwart verwandelt, insofern sie als dessen Vorbereitung verstanden wird. Den Augenblick gilt es zu verewigen, um Unendlichkeit vorstellen zu können. Heidegger akzentuiert etwas stärker diesen Verwandlungsprozeß des Seins in Seyn, dem auch eine unzeitliche Denkbarkeit eignet.

Mit dem Hinweis auf die Sprache der Liturgie hat Rosenzweig eine dritte Form des Sprechens, das in ein Schweigen mündet, benannt, die er nun neben Logik und Grammatik als formale Äquivalente der Sprachgeschehnisse von Schöpfung, Offenbarung und Erlösung einsetzt. Denn seiner Überzeugung nach kann der einzige Ausdruck, der Sein vor der Schöpfung benennt, in der strikt formalisierten Weise der Logik beziehungsweise der Mathematik gefunden werden. Im Gegensatz dazu erlaubt es die Betrachtung der Grammatik, Sprach-Geschehen zu thematisieren, wie es dem Erkennen des Offenbarten entspricht. Denn Grammatik zeigt Verbindungen von Worten zu Sinneinheiten auf, die nicht nur Tatsächlichkeiten aussagen, sondern regelhafte Strukturen von Veränderbarkeit abbilden. Die liturgische Sprache drückt nichts mehr aus, benennt nicht, sondern ist Geste des Dankens, also selbst Tat des sich Zeigens im Sein der Welt.

---

[9] *Der Stern der Erlösung*, III, Einleitung, S. 329.

In allen drei Kontexten nutzt Rosenzweig je eigene Form-Sprachen, um dem zu artikulierenden Gegenstand möglichst nahekommen zu können. So sind es im ersten Teil seines *Sterns der Erlösung* Symbole, die ihm dazu dienten, die Elemente des Werdens zu denken. Daß dieses in sprachlichen Signaturen wie Worten und Bezeichnungen noch nicht zu erfassen ist, verbietet seiner Meinung nach nicht den Versuch, ihm in der halb bildlichen, halb sprachlichen Form der Symbole ein denkbares Konzept zu geben. Dieses ist, da es auf der Darstellung algebraischer Gleichungen basiert, zunächst reine Feststellung jener Glieder, die später in Gleichungen nebeneinander gesetzt werden können. Doch gehen diese den Menschen noch nicht an, da sie sich seiner Erfahrung noch nicht erschlossen haben.

Diese ist Grund und Inhalt der Offenbarung, die in den »Formen der Grammatik« begrifflich faßbar wird. Denn Rosenzweig geht davon aus, daß der tonlose Laut der Schöpfung, der allenfalls der stummen Artikulation von Urworten vergleichbar ist, erst durch die Selbst-Differenzierung in verschiedene Arten von Worten und die Bestimmung ihrer Beziehung zueinander denkbar wird. In der Offenbarung geht es nicht mehr um die Frage, wie etwas entsteht, sondern darum, wie es sich zeigt. So müssen die Formen, die dieses erkennende Zeigen ermöglichen, dem Menschen verständliche Formen der Strukturierung von Welt sein. Das Da-sein, das Rosenzweig als die noch nicht erfahrbare Tatsache deutet, daß ›etwas schon da ist‹, wird durch das Erleben der Offenbarung in Dasein verwandelt, in erkennbare, benennbare Wirklichkeit.

Mit den »Gestalten der Liturgik«[10] tritt schließlich eine Form des Ausdrucks hinzu, die ihm geeignet erscheint, die Versammlung der Erscheinungen dieser Wirklichkeit unter dem einenden Gedanken des Kommenden zu schaffen. Alles Trennende, das zuvor im zeigenden und bezeichnenden Sprechen noch unverzichtbar war, um Welt als diese Welt erfahren und ihre Vielfalt begreifen zu können, komprimiert sich durch die Gebärde des Schweigens zur gemeinsamen Bezeugung des Erwartens. Diese vermittelnde Geste, die, wie bereits zitiert wurde, »Mehr als Sprache« ist, bewahrheitet, der Schöpfung nicht unähnlich, die reine Bezogenheit des Daseins. Dieses wendet sich in einer konzentrierten Bewegung dem Kommenden zu, indem sich alles Wollen und Denken, alles Tun und Sein dem einen Gedanken überantwortet.

---

[10] *Der Stern der Erlösung*, III, Einleitung, S. 327.

Bereits mit Blick auf die rituellen Handreichungen, deren Bedeutung für die Verewigung des Augenblicks Rosenzweig herausgestellt hatte, wurde eines deutlich: Obwohl sie konkrete Verrichtungen sind, dienen sie nicht mehr vielgestaltigen Zielen, sondern nur dem einzigen Ziel der Bereitung der Stätte, in die Gott eintreten mag. Ebenso benennen die Worte des Gebets nicht mehr Zweckgebundenes im Dasein, sondern sprechen – oder schweigen – dem Einen entgegen.

Vielleicht kommt in diesem Zusammenhang ein Gedanke in Erinnerung, der an früherer Stelle angesprochen wurde. Dabei ging es darum, daß Rosenzweig unterschiedliche Darstellungsformen verwendet, um die verschiedenen thematischen Aspekte im *Stern der Erlösung* angemessen zum Ausdruck bringen zu können. Von der Sprache der Mathematik und der Erzählung war dort die Rede. Um diese nicht mit den Differenzierungen von Sprache zu verwirren, um die es gerade ging, kann auf Folgendes hingewiesen werden: Im ersten Fall handelt es sich um Darstellungsformen, im zweiten um Sprach-Gestalten. Diese werden nicht vom Menschen ausgewählt, um einen Text in der gewünschten Weise formulieren zu können. Es sind vielmehr nach Rosenzweigs Ansicht erkennbare Markierungen der Genese von Sprache, die allen stilistischen Erwägungen stets zugrundeliegen.

Immer wieder zeigt sich, daß die vorliegenden Überlegungen den Gedanken Franz Rosenzweigs nicht wirklich gerecht werden können, sondern sie in ihrer Charakteristik zu erfassen suchen. So muß auch hier auf eine annähernd ausreichende Darstellung seiner Sprach-Lehre verzichtet werden, in der sich seine Vorstellung von der notwendigen Verschränkung von Philosophie und Theologie abbildet. Als Merkmal des letzten Teils dieser Lehre, der der Sprache der Liturgie gewidmet ist, tritt ein Aspekt deutlich hervor. Das Werk von Hand und Wort, das im rituellen Tun und im liturgischen Sprechen zum Ausdruck kommt, verfolgt keinen pragmatischen Zweck mehr, sondern ist reine Demonstration der Erwartung. Diese ist kein untätiges Verharren, sondern Vor-bereitung, Bereitung der Stätte für das Sein mit Gott. In Rosenzweigs Terminologie zeichnet sich damit eine ganz bestimmte Folge von Seinsformen ab, die noch einmal benannt werden soll. Ausgehend vom Da-sein des Geschaffenen, doch noch nicht Erfahrbaren, ergänzt der Mensch durch sein zeigendes Bezeichnen Schöpfung zum Dasein der Welt. Rosenzweig geht davon aus, daß für deren Gestaltung tatsächlich göttliches und menschliches Wort zusammenklingen müssen, das eine unvernehmbar und nur in

Form algebraischer Gleichungen denkbar, das andere Laut gebend und die Relationen dieser Gleichungen in lebendiger Weise umsetzend. Denn die besondere Bedeutung des Zeigens von Gegenständlichem liegt darin, daß es Dinge in Beziehungen zueinander bringt und damit erfahrbare Verhältnisse an die Stelle mathematischer Formeln setzt. Das Dasein ist also erst eigentlich das Gestaltete, das Welt-Sein, das in der Erwartung des Zukünftigen auf sein wesentliches Merkmal, sein Sein, eingeschworen wird. Dieses ist purer Ausdruck der Bezogenheit auf Gott.

X. »So reicht sich eines dem anderen hinüber« – Das Gegnen

Vielleicht wäre es verlockend, bei dem Begriff des Verhältnisses an die Relation zweier differenter Gegebenheiten zu denken, die erst dadurch, daß sie aufeinander bezogen werden, in eine Verbindung über ihre Unterschiedlichkeit hinaus gelangen. Gegen ein solches Verständnis spricht Heideggers Prägung des Ausdrucks »Gegen-einander-über«. Denn dadurch, daß er scheinbar Gegensätzliches als sich gegenüber Befindliches kennzeichnet, verweist er es in eine Struktur der Zusammengehörigkeit, die nicht erst durch das In-Relation-setzen geschaffen wird. Bezogenheit ist immer schon gegeben und kennzeichnet Sein, ohne daß es dadurch zu einer homogenen und dadurch undifferenzierbaren Form würde. In seiner Beschreibung der Weise, wie die Dinge durch das Bezeichnen zur Ruhe kommen, hatte Rosenzweig auch vermerkt, daß sie dem Göttlichen »›gegen‹-über« stehen. Wenn Heidegger vom »Gegen-einander-über« spricht, um die Seins-Positionierung innerhalb des Gevierts zu verdeutlichen, mag es sich um eine zufällige Ähnlichkeit der Formulierung handeln. Es ist jedoch ebenso gut möglich, daß es sich dabei um eine Bezugnahme auf Rosenzweigs Konzeption dynamischer Übertragung vom Da-sein zum Dasein handelt.

Seiendes ist individualisiert und je besonders, was Heidegger in der Vorstellung der vier gegenwendigen Repräsentationsfiguren innerhalb des Gevierts veranschaulicht. Gleichwohl bildet das so konstruierte Schema der aufeinander verweisenden Bezogenheit die Versichtbarungsgestalt des Seins in seiner Einheit. In Heideggers Deutung gibt es nichts, das nicht dem Sein zugehören würde, wie die Integration selbst des Göttlichen in das Wirkungskonzept des Gevierts belegt.

»Darum ist auch die Sprache unendlich anderen Wesens als jenes, das die Metaphysik kennt, wenn sie das Wort zusammensetzt aus dem sinnlichen Leib des Lautes und dem übersinnlich Geistigen der Wortbedeutung. Und dennoch: Das Rätsel des Lebens und das Geheimnis der Sprache ruhen einfach geschieden in der selben Wiege des Seyns, die das Denken jetzt das Ereignis nennt. Alles, was diesem eignet, ist das Selbe. Die einigende Einheit des Ereignisses ist das Rätsel des Rätsels.«[1]

An früherer Stelle konnte bereits die Abstufung der Begriffe ›Sein‹ und ›Seyn‹ in der Weise formuliert werden: Sein ist Bezogenheit, Seyn ist sich-Verhalten. Diese Deutung liegt Heideggers Sprachdenken zugrunde. Zunächst überrascht in obigen Zeilen der Begriff des Lebens, den er für gewöhnlich mit allem Nachdruck meidet, um sein Denken nicht einem leichtfertigen Vergleich zur Lebensphilosophie auszusetzen. Leben ist Faktizität, Sprache deren gestaltetes Gewahren – eine Differenzierung, die im Gedanken des Seyns für einen kurzen Augenblick geschaffen wird, nur um sofort danach im Geschehen des Ereignisses wieder vermittelt zu werden. Leben und Sprache in ihrer vermittelten Unterscheidung verortet Heidegger nicht im Sein, sondern im Seyn, das als Ereignisraum schlechthin – als Ort des sich-Verhaltens – erscheint.

Zugleich zeigen seine Worte aber auch, daß die Differenzierung für den Moment erforderlich ist, um in seiner Überwindung die »einigende Einheit« zu erschaffen, die immer schon bestand, aber durch das denkende Sprechen des Menschen in Bewegung versetzt wird. Denn wie sollte etwas, in dem alles das Selbe ist, zu Worte kommen, wenn es sich nicht in verbundener Gegenbildlichkeit setzen würde?

»Was in der Sage, als Aussage genommen, und in der durch sie zunächst erweckten Vorstellung wie ein Setzen von Gegensätzen und als ein Spielen mit ihrer Aufhebung erscheinen mag, ist das Gegnen des Ereignisses.«[2]

Das »Gegnen des Ereignisses« kann letztlich nur als eine Bewegtheit im Bleiben erahnt werden, die jedoch nicht linear und als einmaliger Ablauf stattfindet, sondern die sich immer wieder ereignet. Ohne diese Bewegung, die sich nicht von ihrer Stelle entfernt, wäre Sein nicht als Seyn erfahrbar. Denn nur dasjenige, das den Menschen betrifft, stellt für ihn eine Erfahrung dar. Diese muß sich, um überhaupt realisiert werden zu können, als eine Form scheinbaren Fortschreitens geben, das niemals seine Stätte verläßt, doch sie als Ort begreift, an dem es wesentlich zu werden gilt.

---

[1] *Zum Wesen der Sprache,* S. 51.
[2] *Zum Wesen der Sprache,* S. 52.

»Wann lernt der Mensch das Wohnen auf dieser Erde?« fragte Heidegger, weil das Gegnen des Ereignisses ein anderer Ausdruck für das sich-Setzen ist, das wohnend geschieht. Und er antwortet selbst: »Erst wenn er in sein Wesen gerufen wird und zuerst die einzige Behausung seines Wesens, die im Wort des Ereignisses geborene Sprache, hören und sagen gelernt hat.«[3]

Doch zugleich verbalisiert er die extreme Herausforderung, die darin besteht, so zu denken, daß diese Sprache vernehmbar wird. »Alles als das Selbe zu denken ist das schwerste Denken. [...] Alles Gegnende ist einstig überholt im Eigenen des Ereignisses, worin alles das Selbe ist. Wenn das Denken alles als das Selbe erfährt, kehrt jedes Gedachte zu jedem zurück und zeigt sich in der ständigen Rückkehr des Einen zum Anderen.«[4]

Diese Formulierung Heideggers verdeutlicht, was das Selbe seiner Auffassung nach ist, nämlich nicht das Identische, sondern das Zusammenhängende, das Einige und, wie er es nennt: das Einzige.

»Das Ereignis ist das all-ein Einzige; das einzig, das Wesen des ursprünglichen Einens bergende, Einzige. [...] Ausgesprochen in dem Namen ›das Einzige‹ begegnet uns das Ereignis immer wieder leicht wie ein Gegenständliches, das es ausgesondert zu geben scheint, gleich den unter den Wörtern der Sprache ausgesprochenen Namen, die als gesprochene und nur so gehörte doch niemals nennen, das heißt das ursprüngliche Wort antwortend zum Sagen bringen.«[5]

Wie bereits beim Begriff des Selben geht es auch hier nicht um eine Vorstellung von Identität, sondern von Verwiesenheit. Es wird aber auch noch einmal erkennbar, daß das Einzige keine seit jeher unverändert bestehende Möglichkeit darstellt, Sein als Seyn zu beschreiben. Vielmehr spricht er vom ›Bergen‹ des »ursprünglichen Einens«, was ein Geschehen des Zurück-setzens des Denkbaren in seine Struktur der Bezogenheit bedeutet. Der Zurück-setzende ist der Mensch.

Bevor diese Überzeugung verfolgt werden kann, muß jedoch die zweite Hälfte der zitierten Passage in ihrer ganzen Erstaunlichkeit betrachtet werden. Denn was macht Heidegger hier eigentlich?

Er formuliert ein Problem, das aus religiösen Schriften, besonders jenen jüdischer Provenienz, bekannt ist, wenn es die Unaus-

---

[3] *Zum Wesen der Sprache,* S. 49.
[4] *Zum Wesen der Sprache,* S. 52. Die Reihenfolge der Sätze wurde umgedreht.
[5] *Zum Wesen der Sprache,* S. 54f.

sprechlichkeit des göttlichen Namens festzustellen gilt. Natürlich hatte seine Entscheidung, den Begriff des »Einzigen« zu verwenden, bereits an die Vorstellung des Göttlichen erinnert. Nicht einmal seine Bezeichnung des Ereignisses mit diesem Begriff hatte daran etwas ändern können. Denn Heidegger akzentuiert die Wirkweise des Ereignisses, in dessen Geschehen disparat Erscheinendes in einer grundlegenden Vorstellung der Zusammengehörigkeit geeint wird, und umgeht damit die Notwendigkeit, Spekulationen über das Einzige als solches anstellen zu müssen. Diese hätten ihn dazu veranlaßt, dessen Personalität, wie sie in religiösem Denken präsent ist, zu bestreiten.

Warum spricht er dann aber den Namen ›das Einzige‹ an und tritt damit die ganze Assoziationskette von Negativer Theologie bis zum Begriff des »shem-ha-mephorasch«, des »Unaussprechlichen Namens«, los? Daß er hier eine gedankliche Verbindung zur rabbinischen Deutung des göttlichen Namens herstellen will, der nicht artikulierbar ist, weil jeder Laut Verlautbarung menschlichen Sprechens wäre, ist kaum vorstellbar. Doch er benötigt die Idee, daß selbst der Name »das Einzige« nicht als solcher auszusprechen ist, um seine Theorie der Verschränkung von Seyn und Sprache zu erklären. Das »ursprüngliche Wort«, also jenes, das das Faktum der Bezogenheit des Seins nennen könnte, ist unsagbar, weil kein Begriff jene grundsätzliche Einheit im Sein abzubilden vermag. Und dennoch gibt es eine Möglichkeit, den Sinn dieses ursprünglichen Wortes, ›das Faktum der Bezogenheit des Seins‹, zu erfahren, und zwar »antwortend«. Der Mensch fühlt sich gerufen und antwortet.

»Die der Sage eigene Sprache bleibt im Ungesprochenen. Sie kann nie im gewohnten Tag unmittelbar gesprochen und zur Verständigung gebraucht werden. Ungesprochen ist sie einzig der Zuspruch und der Spruch des beginnlichen Gesprächs.«[6]

Wie es sich zeigt, ist das »beginnliche Gespräch« unvernehmbar, was jedoch nicht bedeutet, daß es auch nicht erfahrbar ist. Denn denkend, in jenem neuen Sinn, den Heidegger diesem Begriff gibt, findet Seyn in der Verwiesenheit statt. An diesem Punkt angelangt, ist es sinnvoll, daran zu erinnern, wie eng er die Begriffe des Denkens, Sprechens und Erfahrens aufeinander bezieht[7]. Insofern besteht für ihn

---

[6] *Zum Wesen der Sprache,* S. 52.

[7] »*Er-fahren* – Gelangen in die Be-wegung des wohnenden Bauens. [...] Er-fahren ist

keine Veranlassung, eine Abfolge etwa von Denken und Sprechen zu diskutieren und das eine als Grund des anderen festzulegen. Sehr wohl ist es aber notwendig, die Natur des Sprechens näher zu betrachten. Daß diese sich nicht in den Formen des Geredes ausdrückt, deuten noch einmal obige Zeilen an[8].

Dann wäre zu vermuten, daß Heidegger von dieser Un-form eine andere Weise des Sprechens abhebt, die geeignet erscheint, Ausdruck des Seyns zu sein, etwa in Analogie zu jenem Nicht-wollen, das er als Kennzeichen des erfahrenden Denkens erklärt hatte. Diente ihm die Formulierung dieser Bedingung dazu, das Denken freizusetzen, damit es Seyn bedenkend erfahren kann, müßte er eine vergleichbare Forderung auch für das Sprechen erheben, um auch dieses für die erfahrende Denkbarkeit des Seyns freizusetzen.

Ein Gebot des Nicht-ausdrückens wird damit der Sprache auferlegt, das sie aber keinesfalls zu einem Nicht-sprechen verurteilt. Auch das Nicht-wollen des Denkens führte nicht zur Erklärung des Nicht-denkens, sondern im Gegenteil zur Ermöglichung des eigentlichen Denkens. Denn nur nicht-sprechend nähert sich die Sprache der Erfahrung des Wortes, die Heidegger im Seyn ermöglicht sieht.

»[…] denn das Seyn selbst und nur es […] ist *Wort;* und nur weil der Mensch darin sein anfängliches Wesen gründen *kann,* daß er sich die Wächterschaft der Wahrheit des Seyns erringt, d.h. umgrenzt wird, deshalb kann *er,* der Mensch, das Wort nehmen und ›Sprache‹ – (das Sagen) ›haben‹ […].«[9]

Nur im Nicht-ausdrücken entsteht jenes momenthafte Innehalten des Sprechens, in dessen Stille sich Wort in Sprache findet.

»Das Seyn beim Wort nehmen, heißt: es selbst als Wort sagen; dieses Sagen als Da-sein ist die Wesung der Wahrheit des Seyns und somit dieses selbst in seiner Er-eignung. Sprache ist Ausspruch des Wortes und gründet in diesem, nicht aber entstehen Worte durch die Sprache.«[10]

Be-wegen, be-wegen ist Denken […] Das Denken ist das eigentliche und darum einzige Erfahren.« *Vier Hefte I und II,* II, S. 106f.

[8] Ergänzend dazu: *Anmerkungen I–V,* III, S. 313: »Darum geht die Rede, das vorstellend-handelnde Besprechen und Sichaussprechen, leicht in das Gerede über, worin das Sprechen sich nicht mehr aus dem Besprechbaren und Besprochenen bestimme, sondern aus dem inzwischen angewöhnten Modus des Sprechens um des Sprechens wegen.«

[9] *Überlegungen VII–XI,* X, S. 307.

[10] *Überlegungen VII–XI,* X, S. 308. Dazu auch: »Das ›Wort‹ ›hat‹ den ›Menschen‹ (Dasein ›gründet‹ – […].« *Vom Wesen der Sprache,* S. 3.

Damit werden alle Versuche, aber auch alle Erfordernisse hinfällig, die Relation zwischen Wort und Ausgesagtem zu erfragen. Denn weit weist Heidegger die Vorstellung zurück, daß es sich bei Worten um Zeichen handeln könne, die dem von ihnen zu Bezeichnenden etwa durch Konvention zugewiesen werden. Welche Funktion hat »das Wort« dann aber, von dem Heidegger im Singular spricht? Es nennt. Damit ist noch kein Benennen von etwas gemeint, sondern der erste grundlegende Akt der Verweisung, in dem anderes überhaupt erst als Anderes erscheint. Obwohl Heidegger immer wieder versucht, kausale Vorstellungen innerhalb des erfahrenden Denkens zu vermeiden, scheint in diesem Fall eine eindeutige Folge erkennbar zu sein. Das Wort als die Tatsache der Nennung bedingt die Ermöglichung der spezifizierenden Benennung.

»Nun steigert sich die Grunderfahrung des seynsgeschichtlichen Denkens: für das ihm auferlegte Sagen wird die bisherige Sprache kraftlos, wobei ›bisherige Sprache‹ die ausgebildete, früh schon vorgeprägte Begriffsrede des abendländischen Denkens meint. Zugleich aber entspringt jedes Wort *unserer* Sprache [...] aus dem Erdenken des Seyns und in dessen Lichtung zu seiner ursprünglichen Nennkraft.«[11]

Das Wort benennt selbst noch nichts, sondern ermöglicht überhaupt erst ein Nennen, da es gleichsam die Niederlassung des Denkens im Seyn versinnbildlicht. Innerhalb dieser Topographie zeichnen sich Bezüge ab, die der Mensch denkend zu Elementen des Seins herstellt. Doch wie erfolgt nun das Benennen, das einzelnes als Einzelnes meint? Es findet in einer Form des Antwortens statt. Worte, nun in ihrer Vielfalt gedacht, werden gebildet, um der lautlosen Ansprache innerhalb des Seins eine vernehmbare Erwiderung zu schaffen. Von hier aus gelangt noch einmal das Bild der Sprache als Haus des Seins in Erinnerung, das Heidegger relativ oft zitiert. Denn es geht ihm nicht darum, eine Begründung von Sprache zu formulieren, sondern deren Herkunft zu erklären. Daß dieser Begriff auch räumliche Vorstellungen einschließt, kommt dem Gedanken Heideggers entgegen. Das Bild, aus demselben Ort zu stammen, an dem Wohnstatt gefunden wird, veranschaulicht noch einmal einen ganz zu Beginn rekonstruierten Gedanken. Danach findet der Wesenswandel des Menschen, der ein Wandel seines Denkens ist, an ein und demselben Ort statt und verwandelt diesen – das Sein, selbst. Es hatte sich

[11] *Überlegungen VII–XI*, X, S. 309.

aber auch abgezeichnet, daß diese Verwandlung des Seins nicht als dessen Überformung oder Überhöhung zum Transzendenten vorzustellen ist, sondern im Grunde als die Einsenkung der Perspektive des achtsamen Denkens inmitten der Verwüstungen der Seinsvergessenheit.

So ist es nicht verwunderlich, daß auch die Nennungen, in der das Wort zur Sprache kommt, sich unmittelbar im Seienden auswirken und dessen bloßen Bestand in Da-sein verwandeln. Heideggers Gebrauch der Schreibweise dieses Ausdrucks ist derjenigen bei Franz Rosenzweig genau entgegengesetzt, benennt inhaltlich aber das Gleiche.

Denn das Da-sein zeichnet sich dadurch aus, daß es das gegebene Einzelne in solches verwandelt, das in seiner Verweisungsstruktur erfaßt wird, also nicht als beliebige Manifestationen des Seins, sondern als dessen Erscheinungsformen.

»Das Denken ›des‹ Seyns muß mit seinen ersten Schritten dem Wesen des Wortes hörig werden, da es den Ur-sprung als Er-eignis erdenkt und in seiner Wahrheit inständig wird, in deren Umkreis das Seiende eine andere Geschichte beginnt [...].[12]

Diese Geschichte wird dadurch zu einer »anderen«, daß sie kontextuell gedacht wird, nicht partikulär.

Könnte nun der Eindruck entstehen, als sei das zur Sprachekommen des Wortes lediglich ein Aussprechen von bisher Ungesagtem, kommt Heidegger ihm durch seinen Hinweis darauf zuvor, daß das Ungesprochene nicht mit dem Noch-nicht-Gesagten der Sprache zu verwechseln sei[13]. Beide unterscheidet ihre grundsätzlich differente Natur. Das Ungesprochene wahrt die Möglichkeit, daß überhaupt Nennung als Bezogenheit stattfinden kann; das Noch-nicht-Gesagte hat nur einzelne Benennungen als Ausdruck des Sichverhaltens noch nicht artikuliert. An dieser Unterscheidung wird die Besonderheit des Heideggerschen Sprachdenkens ablesbar. Es gilt der Verwandlung des Seins in Seyn und dessen Einwirkung auf die Erfahrung von Seiendem. Die Klärung der Differenzierung von Bezogenheit und Sich-verhalten wird so reflektierbar. Die Formulierung irgendwelcher Regeln, die für einzelne Akte der Bezeichnung ersonnen werden können, um die logische Beschaffenheit von Sprache zu erweisen, interessiert ihn nicht einmal entfernt, ganz im Gegenteil –

---

[12] *Überlegungen VII–XI,* X, S. 309.
[13] *Anmerkungen I–V,* IV, S. 357.

sie wäre Beispiel des vorstellenden Denkens, das Ziele setzt, an deren Verwirklichung es zu messen ist.

Daß Heidegger die Aufmerksamkeit im Rahmen seiner Sprach-Gedanken auf das Seiende lenkt, mag verwundern. Und doch ist dieser Blick von entscheidender Bedeutung. In den 50er Jahren wendet er sich in mehreren Vorträgen Sprache und Wort zu. Der früheste dieser Texte stammt aus dem Jahr 1950 und ist in großer Schlichtheit mit dem Titel *Die Sprache* überschrieben. Darin beleuchtet Heidegger das Gedicht *Ein Winterabend* von Georg Trakl, dessen Zeilen er als ein nennendes Sprechen deutet. Den Gedanken, daß das Benennen von etwas Ausdruck des sich-Verhaltens ist, erläutert er nun ausführlicher, um zu zeigen, was geschieht, wenn Dinge genannt werden.

»Das Nennen ruft.«[14], so schreibt er. Durch das Rufen wird eine Beziehung zu dem Gerufenen hergestellt, zu den Dingen, wie es weiter heißt, die als Gerufene »die Menschen angehen«[15].

Über dieses Rufen, das scheinbar ein solitärer Akt des Nennens ist, ereignet sich jedoch zugleich eine Einfügung des Genannten in das Bezugsschema des Gevierts[16]. Denn jedes gerufene Ding verweist auf eines der Elemente des Gevierts und bezieht die vier in ihrer gegenwendigen Zusammengehörigkeit erst eigentlich aufeinander. Heidegger spricht davon, daß die Dinge den Himmel und Erde, die Sterblichen und die Göttlichen »versammeln« – ein Ausdruck, der mit Bedacht gewählt sein wird. Die Verse von Trakl bedenkend, schreibt er:

»Die Dinge lassen das Geviert der Vier bei sich verweilen. Dieses versammelnde Verweilenlassen ist das Dingen der Dinge. Wir nennen das im Dingen der Dinge verweilte einige Geviert […]: die Welt. […] Denn Welt und Dinge bestehen nicht nebeneinander. Sie durchgehen einander. Hierbei durchmessen die Zwei eine Mitte. In dieser sind sie einig.«[17]

Diese sich fernhaltende Verwiesenheit bezeichnet Heidegger mit dem Begriff des »Unter-schieds«: »Der Unter-schied ermittelt als die

[14] *Die Sprache*, S. 21.
[15] *Die Sprache*, S. 22.
[16] »Einzelne ›Gegenstände‹, Dinge, überhaupt je dieses und jenes – als eines: immer schon aus und in die Welt-Erde. Das ›als‹ der verschwiegene und in diesem Wort nur kaum faßliche Abgrund des Wortes.« *Vom Wesen der Sprache*, S. 55.
[17] *Die Sprache*, S. 24.

Mitte erst Welt und Dinge zu ihrem Wesen, d.h. in ihr Zueinander, dessen Einheit er austrägt.«[18]

Durch das Nennen fügt der Mensch Dinge, die ihn »angehen«, in ihre Beziehung zueinander, die sie als Bezugspunkte des Gevierts erscheinen läßt[19]. Welt ist nichts anderes als der durch das Nennen gestiftete Bezug der Dinge zum Menschen.

Diese Formulierung könnte nun allerdings zu einer ungewollten Assoziation verleiten. Sie könnte das Bild einer Ordnung innerhalb der Welt erzeugen, die der Mensch nach dem Maßstab des für ihn Nützlichen schafft und willkürlich verwaltet. Gerade diese Vorstellung will Heidegger aber zurückweisen, wäre sie doch nur ein erneuter Ausdruck für das machenschaftliche Verfremden des Seienden, durch das dieses nur in seiner Wertigkeit für den Menschen, nicht in seinem Wert an sich eingeschätzt wird. Der Unterschied der beiden Möglichkeiten des Menschen, sich zur Welt zu verhalten, erscheint minimal, ist jedoch von grundsätzlicher Bedeutung. In beiden Formen agiert der Mensch, einmal Nutzbarkeit der Dinge bestimmend, ein andermal nennend und auf die Dinge verweisend. Im ersten Fall ordnet er das Gegebene nach seinem Gutdünken, im zweiten Fall gibt er ihm keine Ordnung, sondern weist auf das Genannte hin. Dieses nennende Heißen erfolgt nicht um eines Zweckes willen, sondern erfüllt seine Möglichkeit im Moment des Hinweisens. Heidegger findet für dieses Zeigen, das keiner Absicht entspricht, den Ausdruck des »es gibt«, der keine Aufzählung von Verfügbarem ist, sondern Aufmerksam-machen auf das, was ist. Damit fügt das Zeigen jedes Gezeigte nicht in eine beliebige Struktur, die situativ je wieder neu definiert werden kann, sondern in das Relationsgefüge des Gevierts.

Um noch einmal daran zu erinnern: das Geviert begreift Heidegger als formales Schema des erfahrenden Denkens. Sein wesentliches

---

[18] *Die Sprache*, S. 25.

[19] In seinem Text *Das Ding* aus dem Jahr 1949 unterstreicht er diesen Aspekt, indem er das Dingliche eines Kruges mit Blick auf das Geviert reflektiert: »Diese vier gehören, von sich her einig, zusammen. Sie sind, allen Anwesenden zuvorkommend, in ein einiges Geviert eingefaltet.« S. 12. und S. 20: »Wenn wir das Ding in seinem Dingen aus der weltenden Welt wesen lassen, denken wir an das Ding als das Ding. Dergestalt andenkend lassen wir uns vom weltenden Wesen des Dinges angehen.« Und in *Das Wesen der Sprache* heißt es: »Das innere Wort *die Er-messung von etwas zu etwas,* auf- und feststellen als …; erst dann: *Benennung!*«, S. 112.

Merkmal besteht in dem Gegenüber sich bedingender und sich zugleich tragender Elemente, deren Vergegenwärtigung jene Aufmerksamkeit weckt, die Heidegger für das Mögliche schlechthin hält. In ihr sieht er kein Vermögen des Menschen unter anderen, sondern das Wesentliche des Menschseins.

Aussagen wie diese umgeben sich bisweilen mit einer unbeabsichtigten Aura des Pathetischen. Für Heidegger ist es vermutlich die einzig zulässige Weise, vom Menschen zu sprechen, da jede Frage danach, welcher Nutzen aus einer solchen Sicht resultieren könnte, das Denken von Anfang an disqualifizieren würde.

Wenn schon nicht mit diesem Ziel gefragt werden sollte, bleibt aber doch die Überlegung legitim, ob es Welt verändert, wenn sie im Sinne des Gevierts gedacht und erfahren wird. Die Ausweitung des Denkens, die Heidegger durch dieses Modell sichtbar werden läßt, besagt, daß beim Erfassen des Einen stets das Andere mit-gedacht wird. So heißt, den Menschen zu nennen, zugleich, das Göttliche zu denken; Erde zu nennen, bedeutet, sie als Welt zu denken. Welche Räume der Veränderbarkeit und der Entwicklung werden durch diese Form, das Komplementäre zu denken, eröffnet? Das Mit-denken des Anderen überschreitet das Genannte, ohne daß es hier angebracht wäre, von einem Transzendieren zu sprechen. Denn dieses würde nach traditioneller Deutung ein Aussetzen in einen gedanklichen Raum des Nicht-mehr-Erreichbaren andeuten. In Heideggers Vorstellung würde damit der Rahmen des Gevierts überschritten. Vielleicht wirkt es verwirrend, daß er innerhalb dieses Rahmens auch von den Göttlichen spricht. So könnte doch die Mutmaßung naheliegen, auch er wolle sinnlich zu begreifende Realität auf die Idee eines ganz Anderen hin überschreiten.

Umso bemerkenswerter ist es, daß er die Vorstellung des Göttlichen, umspannt vom Nimbus der Andersheit schlechthin, dem Geviert integriert. Damit weist er das Göttliche nicht als etwas aus, das dem Menschen für alle Zeit unerreichbar sein wird, sondern öffnet in der Aufforderung, im Denken an den Menschen Göttliches mitzudenken, den Weg zur Frage, was dem Menschen tatsächlich möglich ist. Dieser Abgleich dessen, was der Menschen zu sein meint, mit jenem, das ihm darüber hinaus möglich ist, erfolgt in Sprache, genauer gesagt in jenem Aufrufen, das nie nur das eine Bezeichnete nennt, sondern simultan das ihm scheinbar Konträre mit-ruft. In diesem sprechenden Verweisen sieht Heidegger das Wesen des Menschen.

»Sprache ist weder nur ein Vermögen des Menschen, noch ist Sprache nur ein Besitz (Wortschatz). Vielmehr ist das Wesen der Sprache Jenes, was unser Wesen vermag, was unser Wesen ereignet.«[20]

[20] *Anmerkungen VI–IX*, VIII, S. 303.

XI. »Du kamst als Gruß mir entgegen« – Gespräch

Immer wieder verwendet Heidegger den Begriff »das Gespräch«, um das Eigentümliche der Sprache zu benennen. Bereits in den 30er Jahren greift er zu dieser Vorstellung, deren Quellgrund er in der Dichtung Friedrich Hölderlins sehen will. So bezieht er sich auf dessen Worte »Seit ein Gespräch wir sind« aus dem Gedicht *Friedensfeier*. Nun wäre es allerdings nicht ausreichend, hierbei an eine Art des Meinungs- oder Informationsaustausches zu denken. Nicht einmal eine Form der sich vorstellenden Gegenrede erfaßt Heideggers Verständnis des Begriffes. Ob man das, was er unter dem Gespräch versteht, als Bereicherung oder dessen Verlust begreifen mag, weil es die Aktualität des Sich-austauschens scheinbar vernachlässigt, soll hier nicht entschieden werden. Gleiches gilt für die Frage, ob er sich mit seiner Verwendung des Begriffes vom Kommunikations-Gedanken distanzieren will, den Karl Jaspers vertritt. Zumindest vordergründig scheint er eine andere Akzentuierung zu verfolgen. Jaspers bezeichnete, wie kurz erwähnt, Heideggers Denken 1945 als »kommunikationslos«, womit er jedoch wohl eher dessen Stil des Lehrens eine gewisse autoritäre Ausschließlichkeit attestieren wollte.

»*Das eigentliche Gespräch:* das *andeutende,* schweigend-wartende, schonend-scheuende, unvordenkliche Sicheinander-Zu-sagen – und Sich-Über-sagen. Bringen – *Befreien* – Gegenklang als Einklang in der Vereignung.«[1]

Gespräch wird nicht primär als verbales Geschehen gedeutet, in dessen Verlauf die beiden Sprechenden sich begegnen und Worte wechseln[2]. Statt dessen hebt Heidegger es in den Rang einer ethi-

---

[1] *Zum Wesen der Sprache,* S. 103. In demselben Text heißt es: »Nicht nur Aussprache und Ausdruck sonstiger Bezüge, sondern als die Verwandlung des Zu-spruchs ist es [das Gespräch] in sich der stillste Bezug der Menschen *Zu*-einander […].« S. 111.

[2] Im Gegensatz dazu heißt es: »Das Gespräch ist die brauchende Versammlung der Sprache, zu der das Ungesprochene kommt, um in ihr ungesprochen zu bleiben. […] Das Gespräch ist das Zwischen, innerhalb dessen die Denkenden, zu einander sprechend, die Sage vollbringen.« *Vier Hefte I und II,* I, S. 7.

schen Situation, wenn man das, was er mit Sprache verbindet, als eine Form von Ethik zuläßt. Schon hier von Situationen zu sprechen, würde er ablehnen. Denn das ›unvordenkliche Sich-einander-Zu-sagen‹ stellt die Grundform der Erfahrung dar, in diesem spezifischen Sinn, der Heideggers spätes Denken durchzieht. Es heißt nicht, daß im Gespräch Erfahrungen gemacht werden, wie es vielleicht nach herkömmlichem Verständnis vorstellbar wäre. Erfahrung im Gespräch ist eher das Zulassen einer Offenheit, die Wesen einander begegnen läßt. Denn das Nennen, das ein Ding in sein Wesen ruft, findet auch mit Blick auf den Menschen statt, so daß im Gespräch ein Sich-zeigen möglich erscheint. Weit ist Heidegger von jedem Ansatz entfernt, der Gespräch als ein linguistisches Phänomen versteht, dessen Verlauf und Gelingen in Sprechakttheorien zu analysieren wäre.

Wenn es überhaupt ein sicheres Merkmal gibt, das Gespräch hier charakterisiert, dann besteht es darin, Sprechen als hörende Zuwendung zuzulassen. »Sprache ›ist‹ im Sprechen. Sprechen geschieht als Rede. Die Rede ist Geschichte als Gespräch. Das Gespräch ist Da-sein, inständiges Er-hören.«[3]

Es wurde bereits darauf hingewiesen, daß es nicht darum geht, eine Rechtfertigung für willkürliche Inanspruchnahme von Dingen in der Welt zu liefern, die sie nach dem Maßstab ihrer Nützlichkeit klassifiziert und benennt. Die Sicht, die Heidegger hier präsentiert, zeigt den Menschen gerade nicht als den Gestalter von Welt, der schafft und wirkt und sich die Erde untertan macht. Vielmehr besteht die menschlichste Möglichkeit des Menschen darin, sich – um die Formulierung aufzugreifen – der Erde zu unterstellen und sie als Gegebene und Gebende zu begreifen. Gespräch ist insofern ein »Er-hören«, das nach traditioneller Unterscheidung weit eher rezeptiv als aktiv stattfindet. Gespräch ist aber auch der Name für das Geschehen, dessen Struktur Heidegger im Konzept des Gevierts darstellt, wenn der Unterschied der entgegnenden Elemente zur Sprache kommt. Diesen »Unter-schied« zu bewahren, ist von höchster Bedeutung, da dieses eben heißt, Begegnung ohne Vereinnahmung, Erfahrung ohne Verfremdung zu ermöglichen. »Sprache ist das Haus des Seyns✕, d. h. weltisch-dingendes Ereignis des Unter-schieds.«[4]

»Vermöchten wir das Sagen im gediegenen Wort, so würde das

[3] *Zum Wesen der Sprache,* S. 135.
[4] *Anmerkungen VI–IX,* VI, S. 11.

Sprechen seltener; Sprache bliebe wahrender; das Menschenwesen wäre wohnender […].«[5]

Als wohnend denkt Heidegger den Menschen zugleich als den Zeigenden, der durch Zeichen hin-weist. Dabei wird auf das Angezeigte nicht in seiner vermeintlichen Faktizität hingewiesen, sondern im Zeichen zeigt sich das Andere als Möglichkeit des Seyns, als möglicher Bezugspunkt des Denkens, ohne dadurch dessen Objekt zu werden. Es kommt Heidegger, wie zu erwarten war, nicht darauf an, die Weise zu beschreiben, wie ein Zeichen sich auf seinen Gegenstand bezieht. Eine solche Fragestellung entspricht metaphysischem und vor allem sprachphilosophischem Vorgehen, die beide der Dimension des hier zu Denkenden nicht gerecht werden[6]. Viel eher interessiert ihn das Geschehen, das sich im Zeigen ermöglicht. »Das Zeichen muß sich, um sein zu Zeigendes zeigen zu können, selbst zeigen, aber so, daß es sich dabei gerade übergehen und sich übergehend weisend ist. […] Das ereignishafte ursprüngliche Zeigen ›bezeichnet‹ nichts. […] Das ereignishafte Zeichen als Zug des *Seyns* – nicht des Seienden.«[7]

Unbeantwortet beläßt Heidegger die von ihm selbst gestellte Frage, ob das Zeichen Wort sei[8], weil sogar deren Klärung letztlich wenig zum Verständnis des Geschehens des Zeigens, das im Zeichen-sein stattfindet, beitragen würde. Er will nicht zeigen, wie der Mensch bezeichnet, sondern wie er im Zeigen in sein Wesen findet. So lautet die Frage an dieser Stelle nicht, was ein Zeichen ist, sondern wie es der Mensch wieder lernt, Zeigender zu sein, der das Ereignis im Seyn stattfinden läßt. Für den Übergang zu Betrachtungen eventueller ethischer Konsequenzen ist diese Perspektive ausschlaggebend. »Zeichen – nicht auf den Menschen bezogen, sondern Wesung des Seyns und erst *als* diese im Bezug zum Menschen.«[9]

In all den zitierten Formulierungen fällt auf, daß eine klare Abgrenzung der einzelnen Begriffe wie Sprache, Sprechen, Wort und

---

5 *Anmerkungen VI–IX*, VI, S. 6.

6 »Dagegen hält sich die bloß metaphysische Umgrenzung des Wesens der Zeichen unversehens nur an die vorhandenen Zeichendinge. Das Zeichen ist Zeichen für … und bezeichnet. Das Wesen des Zeichens bleibt unbestimmt, oder aber es wird nur gefaßt als Vor-stellen, Vor-zeichen, Bei-bringen für das Vorstellen und Auffassen.« *Zum Wesen der Sprache*, S. 79.

7 *Zum Wesen der Sprache*, S. 80f.

8 »Sind die Worte Zeichen? Sind die Wörter Zeichen? Was ist ein Zeichen? Wie vernehmen wir das Wort? Wir sind nicht geradehin im Besitz des Wesensursprungs, weder des Wortes noch des Zeichens.« *Zum Wesen der Sprache*, S. 91.

9 *Zum Wesen der Sprache*, S. 90.

Nennen in Heideggers Augen weder notwendig noch sinnvoll ist. Denn wie er selbst gelegentlich betont, verortet er seine Aussagen zur Sprache in größtmöglicher Distanz zur Sprachphilosophie. Nach deren Erwartung wäre ein differenzierender Gebrauch der Begriffe gewiß erstrebenswert, um vielleicht gerade das Vage, aber Bedeutungsvolle der Heideggerschen Sprache dem Verstehen zu öffnen.

In seinen *Anmerkungen* von 1948/49 reflektiert Heidegger auch das Wesen der Sprachlichkeit von Schrift.

»Aber Schrift ist nicht notwendig und zuerst Mitteilung. Schrift könnte als Sage des Unter-schieds eine verborgene Gebärde einer unbekannten Verwandtschaft bleiben [...].[10]

Dieses ist wahrscheinlich die zutreffendste Charakterisierung der eigenen Bewertung von Sprache – als Gebärde und erst in nachgeordneter Bedeutung auch als deren Verlautbarung. Hier zeigt sich überdeutlich, daß alle Aussagen zur Sprache in einem Begriff des sich-Verhaltens münden. Einige der wenigen persönlichen Kommentare zum eigenen Werk entstammen ebenfalls diesen Jahren.

»Auch jetzt, in der Sage des Unterschieds, vermag ich nicht hinreichend zu sagen, was ich sagen möchte. Ich bin von dem zu Denkenden so weit entfernt wie in ›Sein und Zeit‹, nur in anderer Weise.«[11] Und die vehemente Ablehnung seiner Sprache in *Sein und Zeit* reflektierend, die ihren Kritikern nur wie ein »Wörtergeschiebe« erscheinen muß[12], schreibt er:

»Doch wäre es an der Zeit, sich einmal zu überlegen, woher diese Sprache stammt; ob sie nicht in der Zwiesprache mit einer Sache entstand, die vordem noch niemand zu Gesicht bekommen, so daß sie ohne die entsprechende Sprache geblieben.«[13]

Heideggers Einschätzung der Bedeutung, die dem eigenen Denken zukommt, klingt selbstbewußt. Doch heißt das nicht, daß sie dadurch unzutreffend würde. Denn unübersehbar besteht ein Mangel an geeigneter Begrifflichkeit, um ein Denken zu artikulieren, das jenseits der Logik zu Wort kommen soll.

---

[10] *Anmerkungen VI–IX*, VI, S. 16.

[11] *Anmerkungen VI–IX*, VII, S. 106.

[12] »Man findet dann diese Sprache, die ein bloßes Wörtergeschiebe geworden ist, mit Recht schauerlich.« *Anmerkungen VI–IX*, VII, S. 107.

[13] *Anmerkungen VI–IX*, VII, S. 107.

XI.1 »So siegelt Gott und so siegelt der Mensch auch« – Offenbarung

Franz Rosenzweig betrachtet Schöpfung als Sprach-Geschehen, als Ereignis im Wort, das durch seine Möglichkeit, Aussage zu sein, die Einwurzelung göttlicher Präsenz im Sein vorbereitet. Es hatte sich gezeigt, daß dieses Geschehen inmitten der Welt stattfindet, wodurch sich das geschaffene Da-sein zum Ort des Daseins wandelt.

In einem erneuten Ansatz gilt es nun, die Funktion des Menschen in diesem Raum-gebenden Ereignis zu beleuchten. Vielleicht mag der Begriff der Funktion abschrecken, da er auf eine Betrachtung unter dem Aspekt des Nutzens deutet, den der Mensch zu erbringen hat. Doch kann im Sinne Rosenzweigs tatsächlich von einer Aufgabe des Menschen gesprochen werden, da erst sein Tun die Verwandlung vom Da-sein in Dasein ermöglicht.

Rosenzweig weist wiederholt darauf hin, daß Schöpfung seiner Deutung nach nicht Hervorbringen der Welt ist, die sodann als abgeschlossen zu denken ist. Welt-Sein ist für ihn ein ununterbrochenes Sein-im-werden, beständiges Ausstehen, das als Kommen vergegenwärtigt und als Erwartung erfahren wird.

Wie immer seine Ansicht der unfertigen Schöpfung theologisch bewertet wird – philosophisch lenkt sie den Blick mit großer Zielstrebigkeit auf den Menschen, den er in Anlehnung an das Bild Adams im Schöpfungsbericht skizziert.

Aus philosophischen Diskussionen ist eine gewisse Skepsis gegen die Rolle des Subjekts im Erkenntnisprozeß bekannt, da es alles Fragen und Begreifen der eigenen individuellen Perspektive unterwirft. In Anbetracht einer solchen zentrierenden Erkenntnis von Objektivität des Erkannten sprechen zu wollen, fällt schwer.

Die zentrierende Funktion des Namen-gebens ist es, die Rosenzweig nun anspricht und damit nicht die erkennende, sondern die einräumende Kompetenz des Menschen thematisiert.

Geschaffenes ist unstrukturiertes Da-sein, so hatte sich bereits gezeigt, das durch das Zeigen, mit dem der Mensch auf einzelne Dinge hinweist, zu einem unterscheidbaren Seienden wird. Denn erst in dem Moment, in dem von einem bestimmten Ding gesprochen werden kann, wird es zu einem Gegenstand der Welt, der sich durch seine Hervorhebung ebenso kennzeichnet wie durch seine dadurch geschaffene Abgrenzung von anderem.

In dem Gedanken, den Rosenzweig nun formuliert, geht es darum, wie die Vielfalt des Gegenständlichen im Begriff eines Seins vor Ort wieder zusammengefaßt werden kann.

»Mittelpunkt und Anfang gab es in der vielverflochtenen Welt der Dinge überhaupt nicht; das Ich mit seinem Eigennamen aber, indem es, gemäß seiner Schöpfung als Mensch und ›Adam‹ zugleich, in sich selber Mittelpunkt und Anfang ist, bringt nun diese Begriffe Mittelpunkt und Anfang in die Welt; denn es fordert in der Welt seinem Erlebnismittelpunkt einen Mittelpunkt, seinem Erlebnisanfang einen Anfang.«[1]

Entscheidend ist hier das zweimalige Nennen vom Erlebnis. Dabei handelt es sich nicht um beliebige Geschehnisse, sondern um das Erleben der Offenbarung Gottes in der Schöpfung. Rosenzweig verbindet diese mit der Vorstellung eines Sich-angesprochen-fühlens, einer Erfahrung des lebendigen Gegenübers, in dem sich dem Menschen die Präsenz des Göttlichen ebenso vermittelt wie die eigene Gegenwart im Erleben. Damit bindet sich Offenbarung in besonderer Weise in die Bedingtheit dieses Erlebens, das sich, insofern es Erleben des individuellen Menschen ist, in Raum und Zeit abspielt.

»Die Begründung muß dem Erleben also in der Welt sowohl einen Mittelpunkt wie einen Anfang stiften, den Mittelpunkt im Raum, den Anfang in der Zeit.«[2]

Raum und Zeit entstehen damit erst, so ungewöhnlich diese Vorstellung auch ist, durch das Erleben von Offenbarung und gehen dieser nicht als Bedingungen schlechthin voraus.

Erst wenn der Mensch sich in seiner Individualität durch das Geschehnis der Offenbarung erfährt, eignet er sich Schöpfung an, macht sich das Da-sein zu eigen. Das Bild des Raumes dieses ereigneten Seins hängt nach Rosenzweig Überzeugung ebenso vom Bestand des Geschaffenen wie von der Inständigkeit des Menschen im Sein ab. Denn nun steht er inmitten des Seins, das Rosenzweig bildlich als das Innerste des Sterns zeichnet, der sich aus den Überschneidungslinien

[1] *Der Stern der Erlösung*, II, II, S. 208.
[2] *Der Stern der Erlösung*, II, II, S. 209.

der beiden Wirkungsmuster von Gott, Welt und Mensch sowie Schöpfung, Offenbarung und Erlösung ergibt.

Könnte eingewendet werden, daß damit zwar die Bedeutung der Offenbarung, nicht jedoch die der Erlösung angesprochen wurde, so ergibt sich deren Zugehörigkeit zum Gesamt des Seins aus der Zeitlichkeit, die das Erleben des Menschen ebenso prägt wie die Räumlichkeit. Denn welchen Sinn hätte es, vom kommenden Reich zu sprechen, wenn dessen Erwartung nicht im Erleben des Menschen wurzeln würde?

»Zwar nicht fertig ist die Welt im Anfang geschaffen, aber mit der Bestimmung, fertig werden zu sollen. […] Das Reich, die Verlebendigung des Daseins, kommt von Anfang an, es ist immer im Kommen.«[3]

Noch einmal ist aber darauf hinzuweisen, daß dieses Kommen an einem Ort und in einer Zeit geschieht, die der Mensch im Angesicht des Göttlichen bereitet hat. Erst seine Beglaubigung formt Raum und Zeit zu veränderbaren Dimensionen, insofern Raum Geschehnisort des Werdens und Zeit Ermessenszeit der Unendlichkeit wird. Ungewöhnlich genug ist dieser Gedanke, der Rosenzweig zur entsprechenden Frage führt: »Doch wie kann solche Einigung von Menschentat und Gotteswerk statthaben […]?«[4]

Rosenzweig sieht, ganz ähnlich wie Martin Heidegger, im Menschen den ›Gebrauchten‹. Jeder Mensch wird gebraucht, um Schöpfung zu verweltlichen, um ihr jene Ausdehnung im Raum und Erstreckung in der Zeit zu geben, die nur durch sein individuelles Wesen hervorgebracht werden können. Und diese Individualität resultiert allein aus seinem Erleben. Selbst von der Sprache kann noch festgestellt werden, daß sie Gott und Mensch gleichermaßen eignet. Doch das Erleben, in dem der Einzelne sich die Schöpfung zu eigen macht, ist das menschliche Vermögen, dem in Rosenzweigs Denken kein göttliches Pendant entspricht.

Gelegentlich tauchte in den zurückliegenden Betrachtungen der Begriff der Wahrheit auf, ohne daß seine Bedeutung für Rosenzweig bereits erklärt worden wäre. Nun tritt dieser Begriff in aller Deutlichkeit hervor.

»Wir finden uns wieder. Wir finden uns vor. Aber wir müssen den Mut haben, uns in der Wahrheit vorzufinden, den Mut, inmitten

---

[3] *Der Stern der Erlösung*, II, III, S. 250.

[4] *Der Stern der Erlösung*, Schwelle, S. 289.

der Wahrheit unser Wahrlich zu sagen. Wir dürfen es. Denn die letzte Wahrheit – sie ist ja keine andre als unsre.«[5]

In diesem Kontext präsentiert Rosenzweig zwei Ausdrücke, die das Wesen des Menschen wie keine anderen beschreiben: »Stand und Sendung«. Gestellt ist der Mensch nicht nur in das Da-sein, um zu sein, sondern um es in Dasein, und das heißt: in Welt zu verwandeln. So besteht hierin seine Sendung, seine Aufgabe, die viel eher davon zeugt, daß ihm etwas übergeben wurde, als davon, etwas erfüllen zu sollen.

»Die Wahrheit, die von Gott urspringt, erkannten wir als das Wesen der Wahrheit überhaupt. So muß sie auch dem Menschen als Seine Wahrheit kommen, und als solche kann er sie nicht anders erfahren, als indem er sie sich im Wahrlich zu seiner zueignet. Denn nur was man als Gabe empfängt, nur das lehrt einen den Geber erkennen.«[6]

Diese An-eignung ist es, deren Symbol Franz Rosenzweig als das Innerste des Sterns zeichnet, den Geschehnisraum, an dem der Mensch Stand und Sendung zeigt, wodurch wiederum dieser Raum überhaupt erst zum Ort der individuellen Bestätigung jener dynamischen Trias von Schöpfung, Offenbarung und Erlösung wird.

»Wo die Offenbarung geschah und die Brücke vom Himmel zur Erde, vom Ewigen zum Eigenen geschlagen ward, da ist mit dem einen Schlage gleich beides, das Hier und das Jetzt, festgelegt; von der Offenbarung aus gliedern sich Raum und Zeit.«[7] In umgekehrter Perspektive bedeutet dies:

»Das Eigne wird zur ewigen Wahrheit bewährt: Geburt und Wiedergeburt, Standort und Sendung, vorgefundenes Hier und entscheidendes Jetzt des Lebens.«[8]

Es ist diese doppelte Ausrichtung des Blicks, die Rosenzweigs Deutung der Wahrheit kennzeichnet. Denn sie entsteht erst dort, wo sich göttliches Wirken und menschliche Bestätigung verbinden, und erst dann, wenn der Einzelne sich das Da-sein zu eigen macht.

Deshalb kann Rosenzweig von der Verschränkung des menschlichen Schicksals mit dem Schicksal der Welt sprechen, deren eines nicht unabhängig vom anderen vorstellbar ist. Auf den Menschen

---

5 *Der Stern der Erlösung*, III, III, S. 436.
6 *Der Stern der Erlösung*, III, III, S. 437.
7 *Der Stern der Erlösung*, III, III, S. 438.
8 *Der Stern der Erlösung*, III, III, S. 438.

bezogen weist diese Tatsache auf einen Gedanken hin, den er im letzten Kapitel seines *Sterns der Erlösung* ausdrückt. Denn diese Bewährung der Wahrheit, in der der Mensch das Faktum seines Seins in Gott bestätigt und damit der göttlichen Wahrheit Raum in der Welt gibt, bleibt keine Aufgabe für den Einzelnen. Es ist hier nicht der Ort, um über Rosenzweigs Theorie der Verwandlung des Menschen vom Selbst zur Persönlichkeit zu sprechen. Aber es ist der Moment, um die Verwandlung des Einzelnen zum Einzelnen der Gemeinschaft zu erwähnen. Denn jedes Individuum trägt zwar als sein Schicksal Stand und Sendung, doch führt ihn dieses letztlich zum Schicksal des Volkes.

»Des Juden – denn von ihm reden wir – Wiedergeburt ist nicht seine persönliche, sondern die Umschaffung seines Volks zur Freiheit im Gottesbund der Offenbarung.«[9]

Wenn Rosenzweig dann etwas später auf das mystische Bild der Schechina hinweist, kommt zusätzlich noch einmal das Motiv des Wohnens, nun um bisher unberücksichtigten Sinn erweitert, zum Ausdruck. Die Schechina, die »Niederlassung Gottes auf den Menschen und sein Wohnen unter ihnen«[10], ist wiederum eine Vorstellung vom Geschehnis-Ort göttlich-menschlichen Mitseins, das jetzt allerdings den Fokus ganz auf den jüdischen Menschen lenkt. Denn ihm obliegt es, die Veräußerung Gottes in die Welt, die als ein Leiden bezeichnet wird, wieder zu binden und in den Begriff des einen Gottes zurückzuführen. In dieser Sicht, wie sie sich in Texten der Kabbalah findet, erlangt die Vorstellung der Präsenz des Göttlichen in der Welt eine zusätzliche Dimension, da davon die Rede ist, daß Gott selbst durch seine Präsenz in der Welt der Erlösung, d.h. der Einigung, bedarf.

»Die in zahllose Funken in alle Welt zerstreute Gottesherrlichkeit, er wird sie aus der Zerstreuung sammeln und zu dem seiner Herrlichkeit Entkleideten dereinst wieder heimführen. [...] Der jüdische Mensch und das jüdische Gesetz – zwischen beiden spielt sich da nicht weniger ab als der gott-, welt- und menschumfassende Vorgang der Erlösung. [...] In der innersten Enge des jüdischen Herzens leuchtet der Stern der Erlösung.«[11]

---

[9] *Der Stern der Erlösung,* III, III, S. 440.
[10] *Der Stern der Erlösung,* III, III, S. 455.
[11] *Der Stern der Erlösung,* III, III, S. 456 f.

Erlösung als Geschehen der Versammlung unter Gleichen – so beschreibt Rosenzweig neben Schöpfung und Offenbarung nun das dritte Element der Welt-Bildung. Der Gedanke der Versammlung ist dabei nicht nur von mystisch-religiöser, sondern auch philosophischer Bedeutung, da er angibt, wie eine Gemeinschaft zu sich findet. Es ist die Ausrichtung auf eine gemeinsame Erwartung, die sich im Tun ausdrückt. Für Rosenzweig ist diese Vorstellung unauflöslich mit der Beachtung der Geschichte des jüdischen Volkes verbunden, das aus seinem Wissen um sein Werden die Gewißheit seines zukünftigen Seins schöpft. Es bestätigt diese Kenntnis seiner Vergangenheit in dem Bekenntnis zu einem gemeinsamen Ziel, dem nur in Gemeinschaft entgegenzuwirken ist. Nach Rosenzweigs Verständnis handelt es sich hier tatsächlich um ein Wirken, kein stilles Ausharren in der Erwartung. Seine Darstellung der rituellen Handreichungen ist der deutlichste Ausdruck dieser Überzeugung, daß sich die Gebrauchtheit des Menschen bis in diese äußerste Perspektive der Erwartung erstreckt. Ungewöhnlich ist dabei gewiß jene Vorstellung mystischer Provenienz, die er in seinem *Stern der Erlösung* aufgreift, daß selbst Gott der Erlösung bedarf. So akzentuiert er in extremer Weise den Forderungscharakter menschlichen Seins, der sich nicht in der Nennung der Möglichkeiten, die ihm übertragen wurden, erschöpft. Diese können immer nur als Voraussetzungen betrachtet werden, die zur Verpflichtung für denjenigen werden, der sie erkennt. Das Bild von »Stand und Sendung« faßt diesen Gedanken in kompakter Form zusammen.

XII. »Ein fester Stern über dem Land des Herzens« – Achtsamkeit

Heideggers Aussagen zur Sprache verdeutlichen, daß er diese als Geschehen ethischer Tragweite begreift, ohne sie jemals als Sprache des Ethischen zu definieren. Besonders mit Blick auf zwei Begriffe seines Sprachdenkens bestätigt sich dieser Eindruck: das Zeigen und das Gespräch.

Vielleicht wird es beim Versuch, das Zeigen zu erläutern, am deutlichsten, daß es nicht aus einer willentlichen Orientierung des Menschen in der Welt resultiert, sondern daß selbst dieses als ein Aufnehmen des Anderen erscheint, das durch sein Auftauchen in der Aufmerksamkeit des Menschen zur Bezeichnung einlädt.

»Zeigen ist weisendes Entgegnenlassen des gelichteten Seins. Zeigen ist das dem Seienden im Ereignis zugeeignete ›Übereignen‹ in die Hut und Wachsamkeit für den Anfang. [...] Dann wird das Seiende ein Zeigendes; da zeigt es aber nicht sich selbst als Gegenstand und zeigt nicht in den Verfolg der Gegenstände, sondern es weist in das Seyn, weil das Seiende selbst zuvor aus der Lichtung des Seyns her dem Seinlosen entnommen wurde.«[1]

So gleicht das Zeigen viel eher der Fähigkeit, sich ansprechen zu lassen, um hierauf zeigend zu antworten. Es setzt im Menschen die Offenheit[2] voraus, das eigene Streben, Wollen und selbst das Fragen zurückzustellen, um aufmerksam für dasjenige sein zu können, das das eigene Streben, Wollen und Fragen überschreitet.

Der zweite Begriff, an dem die Deutung des Sprechens als das sich-enthaltende Angehen-lassen besonders klar zum Ausdruck kommt, ist der des Gesprächs. Daß Heidegger darunter keinen Austausch von Ansichten oder Informationen versteht, hat sich gezeigt. Wie stark in seiner Vorstellung dessen, was Gespräch sein kann, der Aspekt des Sich-angehen-lassens wirkt, wird daran ablesbar, daß er in

---

[1] *Zum Wesen der Sprache,* S. 88.

[2] »Der Mensch muß schon bzw. zumal *ereignet* sein für den Anfang, wenn er offen sein soll für die Zeichen.« *Zum Wesen der Sprache,* S. 89.

seinem Geschehen das »Danken« des Menschen verwirklicht sieht. Unter den verschiedenen Bezeichnungen, mit denen Heidegger das Neue Denken versieht, um es vom rechnenden und vorstellenden Denken abzugrenzen, findet sich auch die Formulierung des »andenkenden Denkens«. Dieses ist in seiner ursprünglichen Natur ein Danken, da es sein zu Denkendes nicht wie ein Objekt versteht, das der Auswahl und dem beliebigen Austausch durch den Denkenden ausgesetzt ist, sondern als ein Gegenüber, dem der Denkende sich zuwendet. Dieses Zukehren ist, wie bereits der Begriff zu erkennen gibt, die Folge jener Abkehr, in der das für einzig wertvoll gehaltene Denken aufgegeben wird. Sich zuzuwenden bedeutet für Heidegger »Danken« und gleicht einem Sich-öffnen für das, was den Menschen angeht, was ihn anspricht, ihn hörend verharren läßt. Dieses Bild kann nun auf die Vorstellung vom Gespräch angewandt werden. Auch hier zählt die Bereitschaft, sich ansprechen zu lassen, und nicht der Wille zur Mitteilung, welchen Inhalts diese auch immer sei.

»Die Antwort ist ereignete, Gedächtnis, das schweigend die Stille vernimmt, der sinnende *Dank* – das Entgegnen.«[3] Und einige Seiten später wird dieser Gedanke aufgegriffen und das Wesen des Gespräches benannt:

»Nicht nur Aussprache und Ausdruck sonstiger Bezüge, sondern als die Verwandlung des Zu-spruchs ist es in sich der stillste Bezug der Menschen *Zu*-einander (nicht das bloße Mit-einander) [...]. Gespräch – kein fortlaufendes Reden; das Schweigen, das Überraschtwerden, das Unerwartete, das Unsägliche – und doch gerade in der *Sage* – das *Bleiben.*«[4]

Die einleitenden Worte dieser Passage stellen eine der seltenen und darum umso kostbareren Erwähnungen menschlicher Relation dar. Auch hier gilt als Forderung des Optimums, das zu erreichen ist, die tatsächliche Zuwendung, die mit einer interessanten Ergänzung gedacht wird. Denn wenn von »Überrascht-werden« die Rede ist, erschließt sich nicht sofort, ob Heidegger dieses als Bedrohung oder Bereicherung versteht. Daß es einen Aufenthalt des Menschen im nicht-Planbaren andeuten soll, ist erkennbar. Welt kommt auf den Menschen zu, wenn er es zuläßt. Was bedeutet dieses aber für den Denkenden, der es gewohnt ist, zu ordnen und zu organisieren, auszuwählen und auszuschließen? Heidegger verwendet zur Beschrei-

---

[3] *Zum Wesen der Sprache,* S. 62.
[4] *Zum Wesen der Sprache,* S. 62 und S. 111.

bung der menschlichen Verfassung im Modus des Zu-lassens, der Bereitschaft für das »Unerwartete« und sogar das »Unsägliche« einen Ausdruck, der auch deshalb sofort auffällt, weil es der Titel einer Schrift von Emmanuel Lévinas geworden ist: Der Mensch tritt in das »Außer sich«, wenn er das Da der Welt zum Da-sein verwandelt, den Ort, an dem seyend zu denken ist.

»Das Da – ist das Ver-schlossene – von Verschlossenheit umwaltete *Außer-sich*. Um das Da – zu sein, muß der Mensch in dieses Außer-sich treten – in ihm *In-ständig* werden. [...] Die In-ständigkeit im *Außer* sich des Da ist aber keine *mystische Verlorenheit* an etwas – sondern *Stehen* und doch nicht Stehen – Über-windung, Anstrengung, Wissen.«[5]

Bisher weisen alle Verlautbarungen Heideggers in die eine Richtung. Der Mensch sollte, um andenkend denken zu können, Verzicht leisten. Er sollte auf das interessegeleitete Fragen verzichten, auf das Vorstellen, das ihm über knapp zweitausend Jahre von der Philosophie als Form seines Denkens anempfohlen wurde. Er sollte darauf verzichten, planend und gestaltend in die Welt einzugreifen, in ganz bildlichem Sinne gemeint, er sollte auch darauf verzichten, dem anderen Menschen mit Erwartungen zu begegnen, die den Rahmen dessen, was dieser ihm antworten kann, von Anfang an festlegen. Zu keinem Zeitpunkt formuliert Heidegger diese Aufforderungen in Form imperativischer Weisungen – und läßt doch keinen Zweifel an deren Gewicht, das er als so bedeutend ansieht, daß er sogar die Setzung neuer Werte für verzichtbar hält. Dabei wäre es doch naheliegend, nach seiner Destruktion des bisherigen Menschenbildes und der damit einhergehenden Aufkündigung der Gültigkeit solcher Werte, die bisher in der Welt unter dem Primat der Machbarkeit geherrscht hatten, nach anderen Postulaten zu fragen, die menschliches Miteinander regeln.

Doch an Regelungen dieser Art ist Heidegger nicht interessiert. Denn da der Erfolg ihrer Einhaltung an der Bestätigung des Wertes, den sie verkünden, abgelesen werden kann, würden sie seiner Ansicht nach nur ein neuerlicher Beleg für die Verbreitung pragmatischen Denkens sein. Und trotzdem läßt Heidegger keinen Zweifel daran, was er für unverzichtbar hält, wenn es jenes Denken zu verwirklichen gilt, das das Verhalten des Menschen in der Welt von Grund auf ver-

[5] *Zum Ereignis-Denken*, IV, S. 423.

wandeln wird: »*Die Achtsamkeit – das Danken und Grüßen.* Von hier aus das Wesen des Denkens. *Danken* als jenes achtende Denken.«[6]

Wenn die Ermüdung, die sich beim Hören des Begriffes der Achtsamkeit angesichts seines gegenwärtig inflationären Gebrauches einstellen mag, für einen Augenblick zurückgestellt wird, zeigt sich hier eine bemerkenswerte Seite des Heideggerschen Denkens. Natürlich kann sofort eingewendet werden, daß es ihm in Wahrheit nie um die Beschreibung eines gelebten Verhältnisses des Menschen zur Welt ging. Es könnten Aussagen zitiert werden, die sogar verneinen, daß die Verwandlung zum Seyn jemals dem Menschen gegolten hätte, sondern nur der seynsgeschichtlichen Verwirklichung eines Geschehens, das alles Bestehende dem Untergang weiht.

Doch warum sollte Heidegger, wenn das zu zeigen tatsächlich seine einzige Absicht gewesen wäre, der Erläuterung des Gedankens der »Verhaltenheit« so viel Aufmerksamkeit schenken?

»Alles Verhalten und Verhältnis muß in der Verhaltenheit gründen – im *An-sich-halten* als Selbst-sein – […] ›*Verhaltenheit*‹ dabei nicht ›Untätigkeit‹ – sondern höchster *Wille,* aber auch zugleich – tiefste Über-eignung – *Zu-gehörigkeit* in das Seiende im Ganzen.«[7]

Der Begriff der Verhaltenheit umschreibt das Sich-zurückhalten weit eher als die Bezogenheit, und doch ist das eine nicht ohne das andere vorstellbar. Denn nur in der grundsätzlich gegebenen Verwiesenheit an Anderes ist die Frage danach, wie ein Zusammenhang zu schaffen ist, erforderlich und gerechtfertigt. Heideggers Bestrebungen, das Miteinander um des Anderen willen sprachlich zu fassen, tragen dieser Notwendigkeit Rechnung. So begegnen in fast unüberschaubarer Vielfalt Bilder eines scheinbaren Gegeneinanders, zumindest eines Gegenübers von Mensch und Welt, die nach herkömmlicher Sicht nicht selten widersprüchlich wirken. Es ist vom Sichenthalten die Rede, um zu bleiben, vom Denken, das ein Danken ist, oder vom Außer-sich, das zu betreten zur Inständlichgkeit führt.

»Inständlichkeit ist als solche nie auf ein ›Sollen‹ beziehbar; daher hier keine Moral möglich. Wohl aber ›Ethik‹ – nicht als Disziplin – sondern geschichtliche Fügung der Grundhaltung im Sinne des Stils der *Verhaltenheit.*«[8]

Immer wieder wendet sich Heidegger der Thematisierung des

---

[6] *Zum Ereignis-Denken,* II, S. 44.
[7] *Zum Ereignis-Denken,* III, S. 327.
[8] *Zum Ereignis-Denken,* III, S. 319.

Da-seins zu, des Ortes also, den der Mensch andenkend bereitet. Aus seiner Perspektive muß er dabei sogar zwangsläufig Ansichten zurückweisen, die im Menschen das Zentrum und den Sinn derartiger Einräumung des Da-seins sehen wollen. Das heißt aber nicht, daß der Mensch unbedeutend wäre – ganz im Gegenteil.

»Da-sein nicht vom Menschen her, sondern umgekehrt – Mensch als *Erwaltung* [!] des *Da* – überantwortete Übernahme – Inständigkeit.«[9]

Zwei Interpretationen liegen beim Lesen dieser Zeilen nahe beieinander. Die eine neigt dazu, den Menschen zum unbedeutenden Sachwalter des Seins zu erklären und damit den lange gehegten Verdacht, daß Heidegger nie wirklich am Menschen interessiert gewesen ist, zu bestätigen. Die andere sieht in ihnen den Beleg für die Radikalität, mit der Heidegger den Menschen neu zu denken sucht, der in seiner gewandelten Wesenheit eine verwandelte Sicht der Welt ausdrückt. Diese andere Deutung des Menschen verweist ihn nicht in Bedeutungslosigkeit, sondern in eine vielleicht fast verlernte Bescheidenheit, die lehrt, im Angesicht des Anderen wesentlich zu sein, nicht in dessen Vereinnahmung. Wie weit der Begriff des Anderen gespannt ist, zeigt noch einmal die Erinnerung an das Schema des Gevierts. Alle Elemente innerhalb seiner Konstruktion umfaßt die Vorstellung des Anderen, allem sieht sich der Mensch entgegnet, um sich in der Beziehung zum Anderen zu verorten.

»*Der Mensch muß sich einmal durch Anderes erkennen lassen* […].«[10]

Immer wieder gilt es dabei zu berücksichtigen, daß Heidegger diese Verortung nicht als ein Handeln im herkömmlichen Sinne betrachtet. Hier agiert der Mensch nicht willentlich, sondern sein Wirken besteht darin, dem Anderen Raum zu geben. Das hier von Heidegger gedachte sich-Zurückziehen ist aber nicht als Selbstaufgabe oder gar Abkehr von der Welt zu verstehen. Dem Menschen wird zwar die Bereitschaft abverlangt, das Andere auf sich zukommen zu lassen, doch ist er damit gerade als derjenige gefordert, der diesen Freiraum erst schafft. Entsprechend formuliert er unmißverständlich, daß »Nicht-Handeln« kein »Nichts-tun« sei[11]. Das Raum-geben für das Andere verwandelt das Erleben von Welt, das als Erfahrung von

---

[9] *Zum Ereignis-Denken*, IV, S. 467.
[10] *Zum Ereignis-Denken*, III, S. 392.
[11] *Anmerkungen I–V*, I, S. 23

Seyn gedacht werden kann. Nur ist es ein veränderter Begriff vom Tun, der an dieser Stelle zugrunde gelegt wird. Ein Zulassen ist es, jedoch kein Herbeiführen-wollen.

»*Was sollen wir tun?* (tun nämlich, um den Weltzustand zu ändern). Wir dürfen nicht einer Antwort auf diese Frage nachfragen; denn die Frage ist ungenäß. […] Die Frage sucht ihre Antwort zum voraus beim Leisten und Wirken des Menschen; fraglich ist nur noch, *wo* dieses Wirken ansetzen soll. […] Wir sollen darum nicht nur *nichts* tun, wir dürfen auch nach ›tun‹ überhaupt nicht fragen; gesetzt, daß wir in der Nähe wohnen.«[12]

Die letzten Worte dieser Passage sind entscheidend. Denn sie zeigen, daß das Nicht-tun im Grunde nicht einmal als Mittel betrachtet werden sollte, dessen Zweck in der Veränderung der Welt besteht, da es so wiederum Beleg des Wirken-wollens des Menschen wäre. Wer sich des Tuns enthält, steht also bereits in einer verwandelten Relation zur Welt, die weder gewünscht noch gar erzwungen werden kann. Woher stammt dann aber die trotz allem bestehende Aufforderung an den Menschen, die Heidegger beharrlich nicht als ethisch bezeichnen will?

An diesem Punkt ist die Erinnerung an sein Sprachdenken erforderlich. Denn dort zeigte er, daß Sprechen ein Sich-ansprechen-lassen ist, Zeigen eine Antwort auf die Anrede durch etwas, das den Menschen angeht. Es ist also nicht so, daß dieser den Entschluß faßt, die Welt anders erleben zu wollen, sondern daß er sich von ihr anrühren läßt und sie anders erfährt. Sogar der Versuchung, in diese Formulierung ein ›infolgedessen‹ einzufügen, ist zu widerstehen, da es eine kausale Relation zwischen Ansprache und verändertem Denken andeuten würde, die Heidegger zurückweisen müßte.

Es ist offensichtlich, daß er sich mit seiner Aufforderung zum Nicht-tun in mehrfacher Hinsicht auf höchst problematischem Feld befindet. Denn zunächst ist bereits die Tatsache, daß er sie ausdrückt, paradox. Das Sich-enthalten kann nicht gelehrt werden und es ist nicht einmal rational zu vermitteln[13]. Mit jedem Satz, der es als lohnend, sinnvoll oder erstrebenswert ausweisen wollte, wäre die Vor-

12 *Anmerkungen VI–IX*, VII, S. 134 f.

13 »Wiederum erfahren wir jetzt härter denn sonst die Ohnmacht des Denkens und Dichtens in allem Wirkenwollen. Aber beide sollen weder wirken noch wollen, wenn Wirken heißt, einen errechneten Erfolg durch Machen unmittelbar beistellen, wenn Wollen besagt, im bloßen Sichdurchsetzen sich behaupten, um lediglich den Willen zu haben.« *Anmerkungen VI–IX*, IX, S. 373.

aussetzungslosigkeit des Wesenswandels im Menschen, der mit der veränderten Erfahrung von Welt einhergeht, schon gebrochen. Ein Beleg dafür, wie sehr sich Heidegger dieser grundsätzlichen Schwierigkeit bewußt ist, sind seine Worte: »Kenntnisse haben wir übergenug. Wir bedürfen der Aufmerksamkeit. Aufmerken auf die stille Botschaft, daß das Seyn ist.«[14]

Gleichwohl schreibt er besonders ab Mitte der 40er Jahre gegen diese Widersinnigkeit an, für etwas einzutreten, das im eigentlichen Sinne nicht erstrebt werden darf, wenn seine »stille Botschaft« nicht zerredet werden soll. Vielleicht ist es kein Zufall, daß gerade jetzt das Bild im Gedächtnis erscheint, das Ludwig Wittgenstein in einer nicht ganz unähnlichen Situation verwandte: daß das Denken und Sprechen eine Leiter sind, die in dem Moment, in dem das zu Denkende gegenwärtig ist, nicht mehr benötigt wird.

Die andere Schwierigkeit, die sich bei dem Plädoyer für das Nicht-tun als Sein-lassen zeigt, ist inhaltlicher Natur. »Dieses Lassen ist das höchste, weil stillste Handeln, darin wir dem Wesen des Seyns an die Hand gehen, daß es im Seyenden eine Stätte finde. Dieses Lassen ist so wenig mühelos, daß es alle Anstrengungen übertrifft und doch den Zwang nicht kennt.«[15]

Daß es zudem das Schwerste sei, ergänzt Heidegger unter Hinweis darauf, daß der Mensch sich nie sicher sein könne, ob Untätigkeit schon das Lassen ist. Verlangt die Einräumung dieser Ungewißheit nicht geradezu nach einer Orientierung, einem Maßstab des Rechten, an dem das eigene Verhalten zu überprüfen ist? Doch woher könnte dieser gewonnen werden, hatte Heidegger doch die Regel gebende Kraft von Logik und Kausalität abgelehnt?

Der Ansatz zu seiner Antwort hat sich bereits in den zitierten Worten angedeutet: »gesetzt, daß wir in der Nähe wohnen«. »Nähe« ist hier im ursprünglichen Wortsinn gemeint. Menschen wohnen in der Nähe zueinander, in der Nähe zu den Göttlichen, die sie als Sterbliche erscheinen lassen. Entscheidend für die Deutung dieser Bezeichnung des Menschen ist nicht eine vermeintliche Todesbereitschaft, die vielleicht mit Blick auf die entsprechenden Paragraphen in *Sein und Zeit* hervorgehoben werden soll. Ausschlaggebend ist das Zeigen, das die Menschen als Sterbliche bezeichnet. Denn das, was Heidegger in seinen Betrachtungen zur Sprache theoretisch ausgeführt hatte,

[14] *Anmerkungen I–V,* I, S. 5.
[15] *Anmerkungen VI–IX,* IX, S. 373.

nimmt er teilweise auch für sein eigenes Schreiben in Anspruch. Der Mensch erscheint im Vergleich zu den Göttlichen als der Sterbliche und wird entsprechend genannt. In der Nähe zu wohnen, bedeutet, bereits im Bezug und im Verhältnis zur Welt und im Seyn zu sein. Hierdurch fügt sich eine Gemeinschaft von ›Wohnenden‹, die nach Heideggers Vorstellung weitaus intensiver als jede andere Form von Gesellschaft durch ihre Bezogenheit ausgezeichnet ist.

»Man müht sich ab, auf politischen und kirchlichen Geleisen eine Gemeinschaft der Menschen und Völker und Kontinente zusammenzubringen; man pendelt im Entweder-Oder von Krieg und Frieden hin und her; man betreibt das Ordnen der Wirtschaft in der Arbeit. Man kann nicht erkennen, daß all dieses Tun sich im vorhinein an jeder Vorbereitung des Wesentlichen vorbeijagt; denn nicht gilt irgend ein Ideal von Menschengemeinschaft; Ideale sind mit der Verwahrlosung der Idee schon hinfällig geworden […]. Ohne die Nachbarschaft der Sterblichen wird jedes politische Einrichten und Betreiben zu einem Tun, das den Menschen immer entschiedener aus der Nähe seines Wesens fernhält und ihn vollständig ent-*wegt.*«[16]

Der Hinweis auf die »Verwahrlosung der Idee« schließt an die Überlegungen zur Seinsverlassenheit an, die der Boden für Heideggers Suche nach einem anderen Bezug der Menschen zu einander und zur Welt sein kann. In dieser Passage aus dem Herbst 1949 zieht er eine Verbindung seiner Vorstellung vom Seyn zu politischem Handeln, das, so wie er hier betont, ohne die wahre Einstellung keinen verläßlichen Weg für den Menschen zu zeigen vermag. Diese Bewertung ist im Kontext seines philosophischen Denkens nachvollziehbar, weil sie auf jede Form menschlicher Aktionen gleichermaßen angewandt werden könnte. Ob sie unter den Bedingungen politischer Wirklichkeit überzeugt, ist eine andere Frage. Natürlich muß bei einer Einschätzung berücksichtigt werden, daß die Aussage den *Anmerkungen* Heideggers entstammt und eine Art Textfragment darstellt, das weder argumentativ vorbereitet noch weiterführend reflektiert wird. Insofern hat es die dieser Textform eigene Gültigkeit einer gedanklichen Momentaufnahme, die aber mitunter einen sehr unverstellten Blick auf Heideggers intellektuellen Weg gestattet. 1949 kennzeichnet diesen ein deutliches Zurückziehen des Denkens, das

[16] *Anmerkungen VI–IX,* VII, S. 137 f.

äußerlich nur noch wenig mit den Verlautbarungen unmittelbar vor und nach Kriegsende zu verbinden scheint.

Wenig erinnert noch an das hohe Pathos, mit dem Heidegger den Kampf um die Wahrheit des Seins zur geschichtlichen Tat der Deutschen ernannt hatte.

Im Winter 1944/45 entstand mit den *Feldweg-Gesprächen* eine Textsammlung ganz eigener Natur. Nicht nur formal stellt sie eine Besonderheit in der Reihe der Schriften dar, sondern auch in der Akzentuierung ihres Gedankens, der hier zwar nicht erstmalig, aber in deutlicher Hervorhebung formuliert wird. Es ist die Überzeugung, im Menschen den »Gebrauchten« zu sehen.

Die Reflexionen des ersten der drei Gespräche gelten dem Versuch, das Geschehen des Denkens zu fassen, das der Menschen erreichen kann, wenn er sich nicht durch seine bisherige Bestimmung als animal rationale einschränken läßt. In Abgrenzung hierzu stellt Heidegger das Denken in den Bezug zum Begriff der »Gegend«, der die Dimension des andenkenden Denkens markiert. Hier klingt jene Vorstellung monistischer Intonation an, die aus anderen Werken bereits bekannt ist.

»Die Gegend versammelt, gleich als ob sich nichts ereigne, Jegliches zu Jeglichem und Alles zu einander in das Verweilen beim Beruhen in sich selbst.«[17]

Wer sonst könnte dieser Versammlung Raum geben als der Mensch? Nicht als ein aktives Geschehen soll sie vorgestellt werden, sondern als ein Auf-einander-zukommen lassen, das »Jeglichem« gewährt wird. Bislang wurde Heideggers Deutung von Wahrheit kaum berücksichtigt. Es zeichnete sich lediglich ab, daß er sie keinesfalls als Ergebnis einer logischen Operation verstehen kann, sondern daß er auch sie als eine Geschehnisweise begreift. Hier wird erkennbar, daß er Wahrheit in diesem »Beruhen in sich selbst« findet. Und wer sonst könnte dem Verweilen hierbei Raum geben als der Mensch? »Das Menschenwesen ist der Wahrheit übereignet, weil die Wahrheit den Menschen braucht.«[18]

Es kann gewiß nicht ausgeschlossen werden, daß Heidegger in diesen Worten aus dem April 1945 noch immer der Überzeugung anhängt, daß dieser von der Wahrheit Gebrauchte im Grunde nur der Deutsche sein kann, weil nur in dessen Sprache jene Enthaltung

---

[17] *Feldweg-Gespräche,* I, S. 114.
[18] *Feldweg-Gespräche,* I, S. 147.

vom Ausdruck auszudrücken ist, die als Einräumung der Wahrheit gilt. Paßt aber eine Einzigkeitsphantasie dieser Art zu einem monistischen Seinsdenken[19]? Das dritte Gespräch aus dem Mai 1945 schlägt scheinbar andere Töne an. Schon die von Heidegger erdachte Gesprächssituation ist bezeichnend – *Abendgespräch in einem Kriegsgefangenenlager in Rußland zwischen einem Jüngeren und einem Älteren.*

Zum ersten Mal ist hier von der Empfindung des »Heilsamen« die Rede, die sich mit Blick auf den nahen Wald einstellt. Die Bildlichkeit spricht für sich. Der Kontrast der Situation und des Zeitpunktes zum Erfahren des Heilsamen könnte kaum effektvoller gedacht werden.

Im dritten *Feldweg-Gespräch* klingt noch einmal ein bereits bekannter Gedanke an. Die realen Verwüstungen des Krieges sind Anzeichen der Seinsverlassenheit. Vor diesem Hintergrund schreibt Heidegger: »Mit dem Aufrichten einer moralisch begründeten Weltordnung wird demnach der Vorgang der Verwüstung weder gebannt noch gar beendet.«[20]

Die Wertigkeit, die er zugrunde legt, ist eindeutig. Das Heilsame, das sich so wundersam ankündigte, besteht in der Wendung zum Seyn, nicht in der Ermöglichung friedlichen Miteinanders. Es ist das Einsehen in die Wesensmöglichkeit des Menschen, die Heidegger in diesem Text als die Wesensmöglichkeit der Deutschen begreift. Ausgangspunkt der Einführung dieser Überzeugung ist die mittlerweile hinlänglich bekannte Vorstellung, daß Enthaltung vom Wollen einem Auf-sich-zu-kommen-lassen des Anderen gleicht. In seinem fiktiven Gespräch wertet er dieses »Kommenlassen« als Ausdruck menschlicher Freiheit[21]. Zugleich nimmt er eine nicht unerhebliche interpretative Ergänzung vor. Denn das Kommen-lassen im Sinne eines Aufeinander-zu-kommens wird nun zum bloßen »Kommen«, dem der

---

[19] Im zweiten Gespräch heißt es etwa: »Wir sind überall durchströmt vom Selben. Weil jedoch dieses Strömen kein dumpfes und wirres Drängen ist, sondern im Einfachen des Selben beruht, deshalb wird sogleich alles hell und weit, wenn das Denken sich eigens in das Selbe eingelassen hat.« *Feldweg-Gespräche*, II, S. 168.

[20] *Feldweg-Gespräche*, III, S. 214.

[21] »Weil in der Erfahrung des Kommens und daß es das ist, dessen wir warten, und daß in solchem Warten erst unser Wesen frei wird, weil in der einfachen Erfahrung von all dem zumal sich das Heilsame naht, das uns geworden.« *Feldweg-Gespräche*, III, S. 218f.

Mensch wartend entgegensieht. Damit erlangt es eine nahezu heilsgeschichtliche Bedeutung, die das Wesen des Menschen prägt.

»Wartend sind wir ja auch ganz weggegangen, nämlich zu unserem Wesen, das vom reinen Kommen gebraucht wird als der Einlaß, der ihm antwortet.«[22]

Unversehens ist aus demjenigen, der einem Jeglichen dazu verhilft, in sein Wesen zu finden, derjenige geworden, der eines diffus gehaltenen Kommens harrt. Und weiter entfaltet Heidegger seinen Gedanken im Dialog, wobei er die Zusammengehörigkeit der Formen des Dichtens und des Denkens nutzt:

»Vielleicht sind die Dichtenden und Denkenden eines Volkes nichts anderes als die in der edelsten Weise Wartenden, durch deren Gegenwart zum Kommen das Wort in die Antwort des Menschenwesens gelangt und also in die Sprache gebracht wird.«[23]

Die Deutschen werden so zum einzig »wartenden Volk«, das im Warten, nicht in Versuchen, sich über seine Nationalität zu definieren, in sein Wesen findet[24]. Aus dem Volk, das durch sein Warten, welches sich im Kommen-lassen äußert, keinerlei von Außen erkennbare Leistung vollbringt, wird das einzige Volk, das durch sein Vermögen, zu warten, den anderen Völkern den Weg weist, der aus der wahren Verwüstung der Seinsvergessenheit führt[25].

Es könnte so aussehen, als würde Heidegger in mehrfacher Hinsicht eine Rechtfertigungsschrift vorlegen. Die Vermutung bestätigt sich zum einen dadurch, daß er, selten genug in seinem Werk, den Begriff des Bösen anspricht. Dieses sieht er nicht in konkreten Taten realisiert, sondern in der Seinsverlassenheit, die von jeglichem Seienden Besitz ergreift. Dem Gedanken, das deutsche Volk in Verbindung zum Bösen zu denken, greift er damit vor und plaziert das Böse als ontologisches Phänomen[26]. Und noch in anderer Weise greift er vor. Denn indem er die Deutschen zu den Lehrern der Völker erklärt, will

---

[22] *Feldweg-Gespräche,* III, S. 227.

[23] *Feldweg-Gespräche,* III, S. 233.

[24] »Wir können somit nicht Deutsche werden, also nicht Dichtende und Denkende, also nicht die Wartenden, solange wir dem Deutschen nachjagen im Sinne eines Nationalen.« *Feldweg-Gespräche,* III, S. 236.

[25] »Darum müssen wir die Notwendigkeit des Unnötigen wissen lernen und sie als Lernende den Völkern lehren.« *Feldweg-Gespräche,* III, S. 237.

[26] »Denn es könnte nämlich sein, daß sogar die Moral ihrerseits und mit ihr all die sonderbaren Versuche, durch sie den Völkern eine Weltordnung in die Aussicht und eine Weltsicherheit in die Gewißheit zu stellen, auch nur eine Ausgeburt des Bösen wären; […].« *Feldweg-Gespräche,* III, S. 209.

er vermutlich dem bevorstehenden Blick auf dieses Volk der Besiegten begegnen und deren vermeintliche Unbrauchbarkeit nach pragmatischem Maßstab zum Gewinn für die Welt münzen, den kein anderes Volk zu erbringen vermag.

Das Ideal des achtsamen Denkens, das durch ein Nicht-tun gekennzeichnet ist, dient Heidegger 1945 dazu, eben dieses Nicht-tun als Erwarten eines Kommens zu deuten, durch das sich das zur Untätigkeit verurteile Volk der Deutschen seinen Rang unter den Völkern sichert. Die Begründung dafür, daß dieser gerade den Deutschen zukommt, ist mehr als beliebig. Sie sind das Volk der Dichter und Denker.

Vielleicht mag es verwundern, daß diese Betrachtungen im Kontext einer Darstellung der Achtsamkeit stattfinden. Der Grund dafür ist doppelter Natur. Zum einen galt es, die Frage nach einer Entwicklung in Heideggers Denken vorzubereiten, das eventuell von einer Inanspruchnahme des achtsamen Denkens nur für die Deutschen zu dessen Wesensbestimmung für den Menschen führt.

Zum anderen sollte an der kurzen Rekonstruktion des Heideggerschen Gedankenganges die Anfälligkeit selbst eines so wichtigen Begriffes wie dem der Achtsamkeit aufgezeigt werden. Es bedarf keiner gewaltsamen Argumentation, ja nicht einmal der Einführung einer umfangreichen neuen Begrifflichkeit, um aus einem Gedanken allgemeiner Gültigkeit ein Wesensmerkmal völkischer Identität zu machen.

Die Bewertung dieses kleinen Textes scheint also schnell gefunden zu sein und ihn als Fortsetzung jener Ansichten über die Deutschen zu sehen, die Heidegger vor allem während der Kriegsjahre vertrat.

Und doch will etwas in dieser Deutung nicht recht zu dem passen, was hier zu lesen ist. Unstrittig erscheint Heidegger die Tatsache, daß die Deutschen als Volk der Dichter und Denker das einzig wartende Volk sind. Sie beziehen ihre Identität allein aus ihrem Aufgerufen-sein, wartend Kommen zu ereignen. Diesem vermeintlichen Ruf folgend, sehen sie sich in die Aufgabe gestellt, die anderen Völker zu lehren, wobei sie selbst sich als diejenigen betrachten, die das Wartenkönnen noch zu erlernen haben. Das Warten versteht Heidegger nicht als ein gezieltes Erwarten, das letztlich wieder nur Ausdruck nutzenorientierten Denkens wäre, sondern als das Unnötige schlechthin, das Aussetzen des scheinbar Notwendigen.

»Und das heißt jetzt seit diesem Abend: wir müssen das Warten lernen. / Und den Freunden Solches zu sagen versuchen, was ihnen auf eine lange Zeit immer neu zu denken gibt. Solches jedoch, was dem Menschen in einer unerschöpflichen Weise zu denken gibt, müssen wir zuvor selbst erfahren und erprüft haben.«[27]

Das Heilsame, von dem in diesem Gespräch die Rede ist, ist zunächst fast im Sinne einer therapeutischen Erfahrung zu begreifen, in der »[…] die Wartenden erst damit [zu] beginnen, in das immer noch vorenthaltene Wesen unseres geschlagenen Volkes einzukehren.«[28] Purer Selbstzweck, so könnte argumentiert werden, der dem Volk der Unterlegenen dazu verhelfen soll, am Tag der Niederlage eine Vorstellung eigener Würde und Wertigkeit zu bewahren. Doch ist das, was Heidegger am 8. Mai 1945 beschreibt, wirklich nur ein Mittel der Selbstheilung? Und ist das Sendungsbewußtsein der Deutschen, das Warten als Einsicht in das Unnötige Andere zu lehren, Vertuschung eines allzu egoistisch fundierten Gedankens? Am Tag der Kapitulation die eigentliche Niederlage in der Getriebenheit der Menschen zu sehen, die scheinbar Notwendigem nachjagen und nicht die – nach Heideggers Auffassung – wirkliche Ursache der tatsächlichen Verwüstung zu sehen vermögen, kann wie eine großangelegte Verschleierung der politischen Situation wirken. Dann wäre die Idee, die Deutschen zu Lehrern zu erklären, die ihr Wissen an Andere weitergeben, ein kluger Schachzug, um das Gefühl der Einzigkeit noch über den Untergang hinaus zu retten.

Der einführende Blick in Heideggers *Brief über den ›Humanismus‹* hatte gezeigt, daß er auch dort die Funktion des Lehrens hervorhob, etwa ein Jahr nach Kriegsende formuliert. So könnte tatsächlich der Eindruck entstehen, daß er in diesen beiden Texten seinen Glauben an das eigene Volk nicht aufgeben wollte, sich aber auch darüber im klaren war, daß er ihn nicht mehr in ungefilterter Weise hätte artikulieren können. Kluges Kalkül also eines intellektuellen Strategen? Dann wäre das Faktum, daß Heidegger in seinen folgenden Schriften nur noch vom Menschen spricht, vermutlich doch nur das Verschweigen einer Überzeugung, die er nie aufgegeben hat, um auch weiterhin seine Gedanken zur Möglichkeit, in gewandelter Perspektive einen gewandelten Bezug zur Welt zu erlangen, verkünden zu können. Es spricht unbestritten vieles für eine solche Deutung.

Unübersehbar ist in Heideggers Denken ab Mitte der 40er Jahre

---

[27] *Feldweg-Gespräche,* III, S. 239.
[28] *Feldweg-Gespräche,* III, S. 234.

aber auch eine zunehmende Wendung zum Einfachen, die sich etwa in der Auslegung der Begriffe von Stille und Dank, Achtsamkeit und Bezogenheit äußert. Es geht in den vorliegenden Betrachtungen keinesfalls darum, Heideggers persönliches Agieren und die Inanspruchnahme der Philosophie zu ideologischen Zwecken zu rechtfertigen. Aber es geht um die Frage, ob sein Denken Aspekte enthält, die bedenkenswert sind – trotz allem. So findet hier die Suche nach jenem differenzierenden Blick statt, der diese Frage zu stellen erlaubt.

Sein drittes *Feldweg-Gespräch* beschließt Heidegger mit der Wiedergabe weniger Zeilen aus einem Gespräch, das der chinesischen Philosophie entstammt. Dieses kurze Zitat endet mit den Worten »Daraus ergibt sich klar die Notwendigkeit des Unnötigen.«[29] Zweifellos korrespondiert diese Auffassung seiner eigenen Ansicht, daß das Erfahren des Seyns ein Geschehen jenseits jeder Zielorientiertheit ist.

In seinen *Anmerkungen* aus den Jahren 1949/50 konstatiert Heidegger: »Seltsam ist, daß man gerade meinem Denken eine Änderung und Wandlung nach- und vorrechnet. Weshalb interessiert man sich dafür? Verbirgt sich hinter dem Wandel eine notwendige Wanderung des Denkens; der Schritt zurück?«[30]

In den Texten, die unter dem Titel *Zum Ereignis-Denken* zusammengefaßt wurden, geht er explizit auf diesen »Schritt zurück« ein, den er dort mit der Seinsfrage, wie er sie in *Sein und Zeit* stellte, verbindet. An deren Notwendigkeit hält er nach wie vor fest. Doch das formale Kriterium der »ontologischen Differenz«, das er zu deren Denkbarkeit herangezogen hatte, wird nun hinterfragt. Warum ist ein Blick auf diese Thematik für die vorliegenden Betrachtungen wichtig?

Er hilft dabei, Heideggers spätes Denken in Abhebung von seiner Grundlegung in den 20er Jahren zu deuten. Mehrfach hatte sich bisher abgezeichnet, daß für dessen Interpretation die Frage nach der Bedeutung der Dinge, die in ihrer spezifischen Gegebenheit Welt konstituieren, unverzichtbar ist. Von der Bewertung des Seienden, dessen Ding-Natur er nun erneut beleuchtet, hängt letztlich seine Konzeption des Seyns ab. Daß er dieses nicht als Fortsetzung des Seins in der Zeit versteht, hatte sich gezeigt. Wenn er es nicht in perspektivischer Erstreckung denken will, bleibt ihm nur, es in räum-

---

[29] *Feldweg-Gespräche,* III, S. 239.
[30] *Anmerkungen VI–IX,* VIII, S. 234.

licher Ausdehnung zu situieren. Dieser Gedanke erfordert eine argumentative Aufwertung von Räumlichkeit gegenüber der im westlichen philosophischen Diskurs zumeist vorherrschenden Vorstellung von Zeitlichkeit. In der Konstruktion des Gevierts hat Heidegger die formale Denkbarkeit dieser Aufwertung geschaffen, die er um 1950 nun selbst in Relation zu seiner Formulierung der Seinsfrage von 1927 setzt.

Zur Hinführung in diesen thematischen Rahmen erläutert er das Bild des »Holzweges«, das der 1950 erschienen Zusammenstellung von sechs Abhandlungen den Titel gab.

»Holzweg: ein Weg in den Wald, der plötzlich aufhört, nicht weiterführt. Mithin kein Irrweg, der das Ziel verfehlt, nicht ans Ziel führt; vielmehr führt er vor das Unbegangene – Unbegehbare. [...] Das Denken ist auf dem Holzweg, auf dem Weg, der nicht weiter führt, der die Rückkehr verlangt. [...] Was sucht es? Das Freie, was das zu Denkende: Sein, ontologische Differenz freigibt.«[31]

Nicht die Aufgabe der Seinsfrage gilt es für Heidegger hier vorzubereiten, sondern das Denken »ihres verborgenen Anfangs«[32]. In *Sein und Zeit* nutzte er die Differenzierung von Sein und Seiendem, um die Frage nach dem Sinn von Sein[33] formulieren zu können. Genau diese Differenzierung unterzieht er gut zwanzig Jahre später einer Prüfung, da er nun das Besondere des Seienden in aller Einfachheit zur Begründung des Seyns in Anspruch nehmen will. Das Ergebnis, zu dem er gelangt, überrascht: »Die ontologische Differenz verstellt das Eigene von Sein des Seienden.«[34]

Zu der Erkenntnis führt kein »Schritt zurück«, der im Denken vollzogen werden könnte. Denn dieser würde im Sinne der Metaphysik erfolgen, so betont Heidegger und riskiert damit, daß sein Fragen in *Sein und Zeit* selbst als deren Ausdruck erscheint[35]. Auch wenn es

---

[31] *Zum Ereignis-Denken,* VIII, S. 1283.

[32] »Die Absage an die Seinsfrage ist keine Verleugnung der Überlieferung – sondern Aneignung ihres verborgenen Anfangs.« *Zum Ereignis-Denken,* VIII, S. 1273. Die zeitliche Zuordnung der unter diesem Titel versammelten Textstücke ist mitunter schwierig. Für die hier betrachteten Aussagen ist eine Datierung nach 1950 möglich, da sich Heidegger auf den Band *Holzwege* bezieht, S. 1269.

[33] »Die *Seinsfrage:* die Frage nach dem Sinn von Sein. Sein aber Sein des Seienden. Sein des Seienden: die ontologische Differenz.« *Zum Ereignis-Denken,* VIII, S. 1286.

[34] *Zum Ereignis-Denken,* VIII, S. 1287.

[35] »Der Schritt zurück behält den Blick, richtet allererst eigens den Blick auf die ontologische Differenz. Der Schritt zurück – bleibt so die Verfestigung in die Metaphysik.« *Zum Ereignis-Denken,* VIII, S. 1284.

ihm hier nicht um eine Distanzierung von diesem Text geht, deutet sich doch an, daß die Beleuchtung der Seinsfrage nun bereits seiner Forderung nach einem Neuen Denken Rechnung trägt, das sich klar vom vorstellenden Denken der Metaphysik unterscheidet.

Kein »Rückschritt« hilft also bei der Bewertung der ontologischen Differenz, sondern ein »Rückweg«, der die »Abkehr des Blicks« von ihr und von »Sein als solchem« verlangt[36]. Die Unterscheidung dieser beiden Formen rückwendiger Bewegung ist alles andere als nebensächlich. Sie dient Heidegger dazu, eine Akzentuierung der Dinge vorzunehmen, die nicht mehr als beliebige Träger des Seins, sondern Seinsformen eigener Geltung aufgefaßt werden[37].

Wie schwer diese Umwertung wiegt, läßt eine Formulierung aus den *Anmerkungen* desselben Jahres erahnen.

»*Das Ding ist die Gebärde der Welt.* Ob man dies endlich beachtet und gar bedenkt, daß Kant die Unterscheidung zwischen Dingen als Erscheinung und Dingen an sich vollzieht, ohne jemals das Ding *als Ding* gedacht zu haben?«[38]

Um es noch einmal in Erinnerung zu rufen: Heidegger braucht eine unbelastete Möglichkeit, Dinge zu denken, um seine Vorstellung von Welt durchsetzen zu können. Diese ist der Geschehnis-Ort inmitten des Gevierts, das selbst ›nur‹ formales Konzept zur Veranschaulichung der Relationalität des Seins ist. Wenn es nun darum geht, das Denkbare, das mit dessen Hilfe möglich ist, in eine Dimension realer Seinsbezüge zu übertragen, braucht Heidegger ein Konzept, das durch Repräsentations-Marker das dynamische Geschehen im Geviert spiegelt. Genau diese Funktion weist er den Dingen zu. Programmatisch erklärt er daher 1949: »Ding versammelt Welt […].«[39]

In seinem Sprachdenken hatte sich gezeigt, wie entscheidend das Zeigen für die Erschließung der Welt ist. Dabei sind Korrespondenten des Zeigens nicht die Elemente des Gevierts, die Markierungen des Denk-Möglichen sind, sondern faktisch gegebene Dinge, die durch das Zeigen als Erfahrungs-relevant ausgewiesen werden.

---

[36] *Zum Ereignis-Denken,* VIII, S. 1284.

[37] »Man hat gemeint, die Dinge schwänden vor dem Andrang der hergestellten Gegenstände dahin; in dieser Meinung liegt, der Mensch habe die Dinge schon einmal besessen. Aber sie lassen sich nicht be-sitzen.« *Vier Hefte I und II,* II, S. 130.

[38] Der Gedanke endet mit den Worten: »Das *Ding als Ding* ist das Ding am Ding, das echte Ding an sich.« *Anmerkungen VI–IX,* VIII, S. 217.

[39] *Anmerkungen VI–IX,* VII, S. 112.

Die ontologische Differenz würde diesen Eigenwert der Dinge in Frage stellen, da sie eine grundsätzliche Unterscheidung zwischen Sein und Seiendem als dem Denkbaren und dem Erfahrbaren setzt. Diese Unterscheidung will Heidegger im Zuge des Neuen Denkens überbrücken.

Und noch aus einem anderen Grund liegt ihm in den 50er Jahren viel daran, eine ontologische Aufwertung des Seienden in Gestalt der Dinge vorzunehmen. Es hatte sich gezeigt, daß er Seyn nicht als Fortsetzung des Seins, sondern als dessen Umwandlung betrachtet. Diese muß an einem Ort stattfinden, an dem Sein wandelbar ist. In Heideggers Vorstellung ist dieser Ort die Welt. Und diese ist erfüllt von Dingen. Wenn der Mensch also seine Relation zum Sein verändert, kann er dieses nicht mit Blick auf abstrakte Inhalte des Denkens erreichen, da die Relation zu diesen stets gleich bleiben wird. Ein essentieller Wandel des Seinsbezuges, wie er im Konzept des Seyns gefordert wird, kann sich nur im Verhältnis des Menschen zum Seienden verwirklichen. Denn hier wirkt sich seine Einstellung unmittelbar aus, je nachdem, ob sie sich »vernutzend« oder »achtsam« den Dingen der Welt gegenüber verhält. Die Auswahl dieser beiden Verhaltensalternativen klingt so, als wären bewußt zwei Extreme in pathetischer Entgegensetzung gewählt worden. Es handelt sich um Extreme, die die Seinsrelation des Menschen reflektieren.

Die hemmende Wirkung der ontologischen Differenz auf die Möglichkeit, hier eine Umgewichtung der Erkenntnis-leitenden Relevanz vorzunehmen, soll in Anbetracht ihrer Bedeutung noch anhand einer anderen Formulierung Heideggers unterstrichen werden.

»*Der* Holzweg der Seinsfrage wird erst ganz sichtbar, wenn er auf die ontologische Differenz zuführt – [...] wenn diese als verstellend, zerstörender Vorgriff deutlich wird – wenn der Versuch, die Differenz als solche in ihrer Wesensherkunft zu denken immer entschiedener in den Vorgriff selbst verstrickt wird. Wie das Denken daraus lösen?«[40]

Die vorliegenden Betrachtungen wurden durch Bemerkungen zu Martin Heideggers *Brief über den ›Humanismus‹* eingeleitet. Darin – wie auch in anderen Texten – wandte er sich gegen eine Wesensbestimmung des Menschen als animal rationale. Nun, da die Denk-

[40] *Zum Ereignis-Denken*, VIII, S. 1281.

barkeit des Seyns auf gesicherterer Basis steht, greift er diese Ablehnung noch einmal auf und akzentuiert damit die außerordentliche Funktion, die dem Menschen für dessen Gestaltung zukommt.

»Wie verhält sich die Definition des Menschen: *animal rationale* zu derjenigen, die den Menschen aus dem Grundzug des *Seinsverständnisses* denkt – daß der Mensch im eröffnenden Entwurf des Seins stehend zu Seiendem (als solchen) sich verhält? Wie verhält sich diese ›Definition‹ zur Bestimmung des Menschen als des gebrauchten Sterblichen – gebraucht in die Sage der Eignis?«[41]

Die Rolle des Menschen ist damit im Grunde umfassend charakterisiert. Bleibt noch die Frage, wo er sich als der Gebrauchte zu plazieren hat? Heidegger geht auf diese Frage unter Bezugnahme auf seine Darstellung in *Sein und Zeit* ein und formuliert eine bemerkenswerte Erweiterung der dort zu findenden Sicht.

So betont er, dort die Einführung der Zeitlichkeit als Dimension des Seinsdenkens präferiert zu haben,[42] und kommt zu dem Schluß: »Vor allem aber: nicht erkannt den ursprünglichen Räumlichkeitscharakter von Anwesenheit *und* Gegenwart [...].«[43]

Der einzige Ermessungsspielraum, innerhalb dem »Gegenwart« erfahrbar ist, ist die Welt; nicht das Geviert und nicht der Zeitspielraum, da beides formalisierte Konstruktionen zur Veranschaulichung der Seinsrelationalität sind. In ihnen spielt Zeitlichkeit daher keine Rolle.

Es ist nachvollziehbar, wenn Heidegger in aller prägnanten Kürze schreibt: »*Weg – rückwärts.* Seyn✕ in der Kehre zu Welt.«[44]

Damit ist ein Begriff gefallen, der für die Rekonstruktion seines Denkweges speziell der späteren Jahre nicht unwichtig ist: die Kehre. Ob und wann sich diese vollzieht, ob sie nur einmalig zu denken ist oder als zweifache Zäsur, stellt eine vieldiskutierte Frage unter Heidegger-Interpreten dar. Nach dieser Formulierung handelt es sich hier um jenes Einschwenken auf den Holzweg, das eine partielle Abset-

---

41 *Zum Ereignis-Denken,* VIII, S. 1281 f. Der Begriffskontext des »Brauches« wird nicht weiter berücksichtigt.

42 »Zwar in ›Sein und Zeit‹ Räumlichkeit sogar *vor* der Zeitlichkeit des Da-seins ausgelegt, gleichwohl beide nicht in ihrer Zusammengehörigkeit angesetzt – vielmehr sogar die Erhellung der Räumlichkeit von Zeitlichkeit her.« *Zum Ereignis-Denken,* VIII, S. 1288.

43 *Zum Ereignis-Denken,* VIII, S. 1288.

44 *Zum Ereignis-Denken,* VIII, S. 1001.

zung von Gedanken aus *Sein und Zeit* mit sich bringt. Auf die Spekulationen bezüglich der ›Kehren‹ in seinem Denken Bezug nehmend, schreibt Heidegger ebenfalls 1950:

»Der Rückweg auf dem Holzweg – die Einsicht in den Weg der Seinsfrage *als* Holzweg – könnte auch als ›Kehre‹, als Umkehr auf dem Weg, der auch noch die früher so genannte ›Kehre‹ einschließt, gekennzeichnet werden.«[45] und in den *Anmerkungen* aus demselben Jahr heißt es: »›Sein‹ – heißt aus solchem Wesen: *Ereignis.* Des Wort birgt in sich die Jähe der Kehre, die Seyn✕ verwindet in: Welt.«[46] Daß Heidegger mit der Kehre zur Welt keineswegs eine abstrakte Möglichkeit der Bezogenheit andeuten will, sondern die konkrete Einsenkung des Denkens in Bezüge des Weltgeschehens, können drei ebenso kurze, wie prägnante Formulierungen bezeugen, die alle aus den Jahren 1948/49 stammen: »In der Herstellung ist die Erde verwüstet. Die Kehre zum Acker.« »Die Kehre von der Machenschaft der Technik zur Macht des Ereignisses. Die Kehre als die Einkehr der Stille.« Und: »Die Kehre schickt Welt.«[47]

Es kann aus Heideggers eigenen Worten geschlossen werden, daß er die partielle Absage an das Denken der ontologischen Differenz und die Hinwendung zum Seienden in der Welt als jene Kehre betrachtet, die den Schritt auf dem Weg rückwärts wendet. Und rückwärts heißt: zur Denk-Möglichkeit des menschlichen Seinsbezuges vor dem Einsetzen des metaphysischen Fragens nach dem Sein. Rückwärts zu gehen bedeutet auch, jenen Ort aufzusuchen, an dem alle Erfahrung des Seins anhebt. Dieser Ort ist kein anderer als die Welt in ihrer philosophisch so oft vernachlässigten Faktizität des Gegebenen. Rückwärts zu gehen heißt, sich an diesem Ort einzurichten, an ihm eine Bleibe zu finden, was keinesfalls als konservatives Stagnieren im Zustand intellektueller Befangenheit im Seienden zu verstehen ist.

Sowohl Franz Rosenzweig als auch Martin Heidegger verwenden den Begriff des Daseins, beide in charakteristischer – und genau ent-

---

[45] *Zum Ereignis-Denken,* VIII, S. 1302.

[46] *Anmerkungen VI–IX,* VII, S. 162. Daß dieses Motiv der Kehre dem späteren Denken zugehört, wird aus folgender Formulierung ersichtlich: »Nur wer denkend – andenkend – der verborgenfernsten Überlieferung in ihr einfaches Fügen ausgeliefert bleibt, vermag die Kehre vor-zu-bereiten.« VIII, S. 228.

[47] *Anmerkungen VI–IX,* VI, S. 10 und S. 34 sowie VII, S. 100.

gegengesetzter – Schreibweise. So geht Rosenzweig vom Bestand des Da-seins als Tatsache des ›es ist schon etwas da‹ aus und rekurriert damit auf das Werk der Schöpfung. Indem sich der Mensch in einem Prozeß der zweiten Schöpfung dieses Da-sein aneignet, indem er sich auf dieses zu beziehen lernt, verwandelt er es in Dasein. Damit bezeichnet er jene Welt, in die der gläubige Mensch Gott einlädt, Wohnung zu finden im Sein, das nicht mehr das seine, sondern das vom Menschen verwandelte Sein ist.

Heidegger wählt zu Kennzeichnung des bloßen »es gibt« den Begriff des Daseins. Aber auch in seiner Sicht unterliegt dieses einer grundlegenden Verwandlung durch den Menschen, in deren Prozeß es sich vom Sein zum Seyn wandelt. Die Schreibweise als Seyn✕ signalisiert die höchste Intensität, in der sich menschliches Verhalten zum Seienden in seiner entfalteten Relationalität zeigt. Es ist vor diesem Hintergrund konsequent, wenn Heidegger erst jetzt vom Dasein spricht, da der Bindestrich, für beide Denker so viel mehr als nur ein Schriftzeichen, die Verknüpfung der Gegenwärtigkeit der Seinserfahrung mit der Gestaltung des Seins als deren Gemarkung signalisiert.

Indem beide Denker dem Dasein/Da-sein eine solch herausragende Bedeutung unter den Signaturen des Seins zusprechen, betonen sie ihre so ungewöhnliche Konzentration auf die Vorstellung von Räumlichkeit als Topographie des Seins. Dabei ist es bemerkenswert, daß beide grundsätzlich die Zeitlichkeit des Seins damit keineswegs ausschließen wollen. Wie sollte ein religiöser Denker wie Franz Rosenzweig dazu auch in der Lage sein? Der letzte Teil seines *Sterns der Erlösung* ist der Reflexion des Geschehens der Erlösung gewidmet, die als ausstehendes Ereignis erwartet wird – und sich dennoch in der Zeitlichkeit der Welt vorbereitet.

Obwohl Heidegger betont, daß Seyn nicht die Fortsetzung, sondern die Verwandlung des Seins ist, und damit nicht in vergleichbarer Weise an das Denken des Zukünftigen verwiesen ist, wie Rosenzweig, bleibt doch die Bewegung des Er-fahrens des Seyns für ihn ein zentraler Gedanke, der das Ausstehende im Gegenwärtigen zu verorten sucht.

Franz Rosenzweig denkt die Bewegung, in der der Mensch dem Kommenden entgegenwirkt, um ihm eine Stätte zu schaffen, in der Bildlichkeit der Bahn, der Ausrichtung des Denkens und Tuns auf das Erwartete, dessen Symbol er im »Stern der Erlösung« sieht. Und auch Martin Heidegger bedient sich neben der Metaphorik des Weges in auffälliger Häufigkeit jener der Bahn. Doch zeichnet diese weniger vor, welche Schritte der Mensch zu gehen hat. Es sind vielmehr die Spuren, die dieser im Sein zieht, erkennbare Linien, die sein Weg zeichnet. »Auf einen Stern zugehen, nur dieses.«[48]

[48] *Aus der Erfahrung des Denkens,* S. 7. »*Denken* – das ist die Beschränkung auf *einen* Gedanken, der einst wie ein Stern am Himmel der Welt stehen bleibt.« *Anmerkungen I–V,* II, S. 168.
»Nur auf einen Stern zugehen, und sonst nichts.« *Anmerkungen I–V,* I, S. 30.
»Erst in der Konstellation des ~~Seyns~~ gelangt der Mensch unter seinen Stern, d. h. in sein Wesen.« *Anmerkungen VI–IX,* VII, S. 127.

XIII. »Wir wissen, daß wir ein Gang zum Seyn sind« – Zwei Wege

Die vorliegenden Betrachtungen wurden durch die Frage Jean Beaufrets eingeleitet, ob dem Humanismus wieder Sinn zugesprochen werden könne. Diese Überlegung, 1946 formuliert, scheint gegenwärtig erneut an Bedeutung zu gewinnen. Gesellschaftliche und politische Tendenzen zur Separierung des Eigenen vom Anderen erschweren es zunehmend, einen Begriff des Menschen zu finden, der über religiöse oder weltanschauliche Differenzierungen hinweg auf Akzeptanz treffen kann. Mit Franz Rosenzweig und Martin Heidegger stehen zwei Denker im Mittelpunkt der Frage, die beide mit ihrer Konzeption des Neuen Denkens auf Erfahrungen der großen Kriege reagieren – Rosenzweig mit seinem *Stern der Erlösung* 1921; Heidegger mit seinen Schriften und Vorträgen nach 1945.

Was ist nun »neu« an diesem Denken, das sich aufgrund seiner Komplexität einem schnellen Verstehen zu entziehen droht? Und zu welcher Antwort findet Heidegger mit Blick auf die Frage nach dem Humanismus im Laufe seines Denkweges? Bleibt es dieselbe Antwort, die er Jean Beaufret gab?

In seinem *Brief über den ›Humanismus‹* unterscheidet Heidegger zwischen der »Wesensherkunft« und der »Wesenszukunft« des Menschen und erklärt, daß ein Versuch, das Menschhafte zu denken, sich nicht auf die Thematisierung der ersteren beschränken dürfe. Statt dessen gilt es seiner Ansicht nach, auf jenes zu achten, das dem Menschen möglich ist, das ihn zu »mehr« werden läßt als zum animal rationale. Kein Wunder, daß eine Definition des menschlichen Wesens angesichts dieser Voraussetzung schwerfällt. Zwar hat Heidegger im Verlauf seines Denkens sehr unterschiedliche Begriffe für den Menschen gefunden, wenn er vom Krieger, vom Wächter und vom Hirten spricht, besonders aber vom Gebrauchten. Doch drücken sich in diesen Bezeichnungen letztlich Artikulationsmomente des Möglichen aus, zu dem sich der Mensch bestimmen kann. Sein Wesen ist nach Heideggers Überzeugung reines Werden-können, das sich ebenso in der Indifferenz der Seinsvergessenheit verlieren kann. Diese

Sicht bleibt seit dem *Brief über den ›Humanismus‹* bestehen. Die Beschreibung der Weise jedoch, in der sich das Werden des Menschen ausdrückt, verändert sich nicht unerheblich.

In Erinnerung sind Heideggers Aussagen zum Menschen und seiner seinsgeschichtlichen Mission, die für rund zehn Jahre eine deutliche Kompatibilität mit nationalsozialistischen Auffassungen zeigen. Denken als die Tat des Wandels – so stellt er die Aufgabe des Menschen in dieser Zeit dar, wobei die Vorstellung vorherrscht, daß die Zukunft, die es zu erwirken gilt, Überwindung der Gegenwart ist.

Es mag verwundern, daß dieses selbstverständliche Faktum hier erwähnt wird. Gerade deshalb ist es erforderlich, weil Heideggers späteres Denken zeigen wird, daß sehr wohl eine andere Deutung möglich ist.

Am klarsten wird Heideggers Fokussierung der Zukünftigkeit des Seins in den 30er und 40er Jahren wohl in seiner Vorstellung von »Untergang« und »Übergang«.

Selbst die Verfehlung der Seinsvergessenheit und sogar das Versagen der Metaphysik sind letztlich notwendige Anzeichen dafür, daß das Bestehende zu Grunde gehen muß, um Erwartetes eintreten zu lassen. 1940 spricht Heidegger vom »Adel des Erwartens«, jener menschlichen Seinsweise, die so eng mit Vorstellungen der Opferbereitschaft verbunden ist. Denn was zählt diese im Vergleich zur Verwirklichung des verborgenen Wesens der Deutschen, das eines Tages zum Vorschein kommen wird?

Wiederholt ist in den vorherigen Kapiteln die Frage angeschnitten worden, ob Heidegger diese Sicht jemals wirklich aufgegeben hat. Auch wenn eine Antwort vielleicht nie mit Gewißheit gegeben werden kann, gibt doch die Entwicklung seines Denkens in den Jahren nach 1945 einen Hinweis.

Die Rede vom »verborgenen Wesen« legt zunächst die Folgerung nahe, daß es ein Muster gibt, dem der Mensch zu entsprechen hat – und nur zu entsprechen braucht, um seine Bestimmung zu erfüllen. Abgesehen davon, daß diese Idee rechnendes Denken in Reinform repräsentiert, da der Erfolg am zu investierenden Einsatz gemessen werden kann, basiert sie auf einer zeitlichen Ausrichtung des Denkens. Das Erwartete steht im Mittelpunkt allen Strebens, das, wie gesagt, sogar der Bereitschaft folgt, dafür die Auflösung des Bestehenden in Kauf zu nehmen.

Um 1947 beginnt sich eine andere Sicht und damit einhergehend eine andere Terminologie durchzusetzen. Ausdrücke des Kriegerischen und des Opfers, der Verluste und des Untergangs weichen nach und nach den Bildern des Feldweges, des Erfahrens und der Analogie von Denken und Hand-Werk. Um 1949 kommen dann Begriffe wie die des Schonens, des Gespräches, des Dankes und der Stille hinzu. Natürlich heißt das nicht, daß diese Ausdrücke und Bilder dann erstmalig auftreten, sondern daß sich ihr Gebrauch in den Schriften der entsprechenden Zeit vermehrt beobachten läßt. Das Geviert, obwohl schon in den 30er Jahren thematisiert, wird zunehmend bedeutsam, wie auch der Zeit-Spiel-Raum.

Diese partielle Umstellung der Terminologie ist Indiz für eine Akzentuierung des Denkens, die sich in einem speziellen Punkt maßgeblich von früheren Formen abhebt. Es geht um die Bewertung von Raum und Ding. Anknüpfend an die Gedanken des letzten Kapitels soll diese Umwertung nun noch einmal aufgegriffen werden.

Wie Heidegger selbst feststellt, basiert seine Argumentation in *Sein und Zeit* auf einer zu starken Fokussierung der Zeitlichkeit des Seins. Warum wirkt mit dem Abstand von gut zwanzig Jahren diese Ausrichtung nun zu einseitig? In welcher Vorstellung weicht Heideggers Denken von dessen früher Ausprägung ab?

Es hat sich gezeigt, daß er in den 50er Jahren die Wandlung des Seins in das Seyn nicht als eine Veränderung zu einem zukünftigen Seinszustand begreift, sondern als die qualitative Umformung des gegenwärtigen Seins. Damit wird zunächst die Überzeugung, Bestehendes müsse zugrunde gehen, um dem Erwarteten Einlaß zu gewähren, überflüssig. Selbst das Motiv des Erwartens tritt argumentativ in den Hintergrund. Noch im dritten seiner *Feldweg-Gespräche* von 1945 hatte Heidegger die Aufgabe des Menschen im Kommenlassen gesehen. Damit geht die Vorstellung einher, etwas eintreten zu lassen, das sich ereignen wird.

Das Motiv des Lassens bleibt auch in den Folgejahren in Gebrauch, doch nun unter modifizierter Bedeutung, denn in den 50er und 60er Jahren heißt dieses, etwas sein zu lassen.

Damit verändert sich die grundsätzliche Einstellung des Menschen dem Sein gegenüber. Denn seine Aufmerksamkeit gilt nun vor allem seinem Bezug zu den Gegebenheiten der Welt, die Heidegger unter der Voraussetzung betrachtet, sie nicht zu Objekten seiner »Vernutzung« zu machen. Durch eine solche Bedachtsamkeit weitet sich menschliche Seinserfahrung in den Raum des Gegenwärtigen, ohne sich in der Erwartung eines Ausstehenden zu begrenzen.

Diese Ausweitung ist ein Geschehen im Raum, formal in der

Konzeption des Gevierts dargestellt. Zeitlichkeit ist innerhalb dieses Raum-Geschehens insofern relevant, als jedes einzelne In-Relationsetzen des Menschen zu Anderem situativ, das heißt in der Zeit, erfolgt. Nur gibt es nicht mehr die Vorstellung eines Ausstehenden, das der Mensch als Zukunft imaginiert. Heideggers Rede vom Zeit-Spiel-Raum drückt dieses Ineinandergreifen von Zeit- und Raumdenken aus, wobei immer wieder betont werden muß, daß dort Zeit in der Räumlichkeit erfahrbar wird[1].

An der Forderung einer qualitativen Veränderung des Seins wird Heidegger festhalten. Der Text, der sie am klarsten zum Ausdruck bringt, ist *Bauen Wohnen Denken* mit seinem eindringlichen Plädoyer für das Schonen und das relationale Denken, wie es im Konstrukt des Gevierts vorgestellt wird.

Da mit diesen Auffassungen Heideggers eine exponierte Sicht von Zukünftigkeit unnötig wird, gibt es auch keine Rechtfertigung mehr für eine erwartende Haltung des Menschen und erst recht nicht für Phantasien, die meinen, Bestehendes für Kommendes opfern zu müssen. Durch die Umwertung der Zeitlichkeit in Räumlichkeit als primäre Struktur der Seinserfahrung fällt die Begründung dafür, ein zukünftiges, anderes Sein propagandieren zu können. Eine Bestätigung dieser Feststellung liefert Heidegger selbst, wenn er den Zusammenhang von Seyn, Dingen und Welt anspricht. Seyn kommt nicht irgendwann, sondern kann inmitten der Welt, in der Kreuzungsmitte des Seienden, geschaffen werden.

Die Akzentuierung des Raumes, die Heidegger selbst als Weiterentwicklung seines Denkens in *Sein und Zeit* bezeichnet, zieht die Modifizierung einer wesentlichen Denkfigur des philosophischen Diskurses nach sich. Denn es geht dabei, um es noch einmal zu betonen, nicht um eine Auffassung des Raumes als Form der Anschauung oder als physikalische Größe, sondern als existentiellen Raum, in dem sich die Umwandlung von Sein in Seyn ereignet. Diese Weise, Raum zu denken, bringt die teilweise Aufhebung des Bewegungs-Schemas von Vermögen und Verwirklichung mit sich, die an früherer Stelle erwähnt wurde.

Laut vorherrschender Meinung der Philosophie seit Aristoteles wird die Differenzierung vorhergehender und folgender Momente als

---

[1] »Die Kehre wird hier nicht vorausgesagt als Kommendes; sie wird gesagt als das, was im Ereignis *beruht* – im Wesen der Zeit als der Ortschaft des Unterschieds […].« *Vier Hefte I und II*, I, S. 21.

Strukturmerkmal menschlichen Erkennens betrachtet. Dabei wird davon ausgegangen, daß das Vorausgehende, ganz gleich, ob es sich um Zeitpunkte, Situationen oder Entwicklungsphasen des Menschen handelt, in dem Moment abgeschlossen ist, in dem das Folgende sich anschließt. Das Bewegungs-Schema von Vermögen und Verwirklichung drückt diese Überzeugung aus und verdeutlicht, wie schwierig es ist, etwas zugleich im Zustand des Vermögens und im Zustand der Verwirklichung vorstellen zu wollen. Es handelt sich bei beiden um Beschreibungen von Veränderung, die in der Zeit abläuft. Was passiert nun aber, wenn Seinsveränderung nicht in diesem Sinne als linearer Vorgang gedacht wird, sondern als ein punktuelles Modifikations-Geschehen im Raum?

Für Heidegger entsteht das Interesse an einer solchen Sicht im Kontext seiner Kritik am machenschaftlichen Denken, in dem der Einsatz von Mitteln oder Maßnahmen in Erwartung eines zu erzielenden Erfolges berechnet wird. Auf den Zusammenhang, in dem der Begriff des Rechnens seiner Ansicht nach sichtbar wird, wurde hingewiesen. Das zielgerichtete und zweckgebundene Denken ist Ausdruck einer solchen Erkenntnisbewegung, in der die Abfolge von Vorausgehendem und Folgendem nicht umgekehrt werden könnte, da sie die Relation von Ursache und Wirkung ausdrückt. Die traditionelle Sicht des Subjekts kann in dieser Weise betrachtet werden, insofern es, von Heidegger kritisiert, durch sein jeweiliges Erkenntnisinteresse Auswahl und Bewertung zu befragender Objekte prägt.

Bereits in *Sein und Zeit* hatte er versucht, die scheinbare Ausschließlichkeit dieser Bedingung zu lockern. Denn dort wies er darauf hin, daß Fragen nur auf der Grundlage einer Verweisung an das zu Befragende erfolgen kann. Grund zu sein, ist seiner Auffassung nach besonders im Denken der späteren Jahre etwas anderes, als Ursache zu sein. Letztere wirkt im zeitlichen Denken als Anlaß für Bewegung und Veränderung, ersterer im Denken des Raumes. Denn es kommt nicht mehr darauf an, warum etwas geschieht, sondern wo es geschieht. Das Subjekt fragt nicht nach dem Sein, weil es eine Antwort für sein interessegeleitetes Erkenntnisstreben sucht, sondern weil es im Sein existiert.

Obwohl Heidegger offenbar selbst in *Sein und Zeit* noch ein Vorherrschen des zeitlichen Denkens sieht, gibt es doch auch dort schon eine sehr einprägsame Formulierung, die dieses veranschaulicht. Sie findet sich im Zusammenhang seiner recht kurzen und unvermittelt wirkenden Äußerungen zu Gewissen und Schuld. Dort ist die Rede vom Ruf, durch den sich der Mensch angesprochen fühlt. Ungewöhnlich wirkt dieses Motiv in dem Moment, in dem Heidegger erklärt, der Ruf ergehe vom Menschen über den Menschen[2].

Hätte nicht kausales Denken auf der Grundlage linearer Zeitlichkeit immer dagegen argumentieren müssen, daß Rufender und Gerufener ein und derselbe sein sollen? Denn das Vernehmen des Rufes wäre nur dadurch ermöglicht worden, daß ein Rufender zuvor tätig geworden ist. Bereits dieses frühe Beispiel kann verdeutlichen, daß Heidegger die zeitlich-kausale Folge nicht als einziges Muster erkenntnisführender Abläufe akzeptiert.

Im Bild, so wie er es skizziert, ist kaum noch das Vorausgehende vom Folgenden, das Bewirkende von der Wirkung, zu unterscheiden.

An diesem Punkt angelangt, könnte allerdings ein Einwand entstehen. Widerspricht diesem Eindruck nicht die Tatsache, daß Heidegger im WS 1955/56 an der Universität Freiburg eine Vorlesung mit dem Titel *Der Satz vom Grund* hielt und damit den deutlichsten Ausdruck kausalen Denkens untersucht? Wie sich schnell zeigt, geht es ihm hier jedoch nicht um eine Kommentierung des Satzes »Nihil est sine ratione«, wie er philosophische Theoriebildung aller Epochen durchzieht. Nicht dessen Regelhaftigkeit soll reflektiert, sondern seine Bedingung kritisch befragt werden[3]. Im Zuge dieses Bedenkens der Gültigkeit, die der Mensch dem Satz vom Grund zuerkennt, stellt Heidegger fest: »Der axiomatische Charakter der Axiome besteht ausschließlich in dieser Rolle der Ausschaltung von Widersprüchen und der Sicherung gegen sie.«[4] Solcherart als Bestandteil rechnenden Denkens ausgewiesen, soll das axiomatische Denken nicht verworfen, sondern auf seine Begründung selbst befragt werden. »Wir erblicken vielmehr dies: Der Satz vom Grund sagt vom Sein des Seienden. […] *Zum Sein gehört dergleichen wie Grund.* […] *Der Satz vom Grund ist ein Sagen vom Sein.* Er ist dies, aber verborgenerweise. Verborgen

[2] »Der Ruf wird ja gerade nicht und nie *von uns selbst* weder geplant, noch vorbereitet, noch willentlich vollzogen. ›Es‹ ruft, wider Erwarten und gar wider Willen. Andererseits kommt der Ruf zweifellos nicht von einem Anderen, der mit mir in der Welt ist. Der Ruf kommt *aus* mir und doch *über* mich.« *Sein und Zeit*, §57, S. 275.

[3] »Der Satz vom Grund wird von uns überall als Stütze und Stab benützt und befolgt; zugleich stürzt er uns aber, kaum daß wir ihm in seinem eigensten Sinne nachdenken, ins Grundlose.« *Der Satz vom Grund*, II, S. 20

[4] *Der Satz vom Grund*, III, S. 30.

bleibt nicht nur, wovon er sagt, verborgen bleibt auch, *daß* er vom Sein sagt.«[5]

Aller axiomatischen Funktionalität zugrundeliegend, drückt der Satz die Grundhaftigkeit des Seins aus, die es nicht im Sinne vorgängiger Relation, sondern bedingender Relationalität im Sein zu bedenken gilt.

Gerade im Kontext der Heideggerschen Aufforderung zum Wesenswandel des Menschen besteht die Versuchung, eine kausale Abfolge herzustellen. Das Sein wandelt sich, weil der Mensch in sein Wesen findet. Oder kann dieser nur sein Wesen wandeln, weil das Sein ihm die Möglichkeit hierfür zu erkennen gibt? Es wurde selbst in diesen Betrachtungen auf jene Auffassungen verwiesen, die Heideggers Schriften einen eklatanten Mangel solcher Aussagen attestieren, die speziell dem Menschen und seinem Tun gelten. Doch tatsächlich handelt es sich nicht um ein Defizit, sondern um eine Unnötigkeit. Welche Aussagen sollten denn über den Menschen getroffen werden, die nicht in gleichem Atemzug Aussagen über das Sein sind? Und was gibt es über das Sein zu vermerken, das nicht gleichermaßen den Menschen betrifft?

Ein Einwand gegen die Deutung von Zeitlichkeit könnte unter Hinweis auf den Begriff der Geschichte erhoben werden. Ist sie nicht der beste Beleg für die kontinuierliche Aufeinanderfolge von Ereignissen, deren Reihung nicht umkehrbar ist?

Heidegger selbst unterscheidet zur Entkräftung dieser Feststellung Historie und Geschichte. Erstere deutet er in dem angeführten Sinn und erklärt, daß diese Sicht nicht seiner Auffassung entspricht. Mit dem Begriff der Geschichte bezeichnet er jenes punktuelle Geschehen des Seinswandels, das er unter dem Primat der Räumlichkeit, nicht der Zeitlichkeit denkt[6].

Hier ist jedoch noch einmal auf die besonderen Bedingungen seines Denkens in der Zeit des Nationalsozialismus hinzuweisen. Daß Heidegger in den Jahren von einer Erwartung eines Kommenden

---

[5] *Der Satz vom Grund*, VI, S. 73.

[6] »Solange wir die Geschichte historisch vorstellen, erscheint sie als Geschehen, dieses jedoch im Nacheinander des Vorher und Nachher. […] Die historische Vorstellung von der Geschichte als einem Nacheinander des Geschehens verwehrt es uns zu erfahren, inwiefern die eigentliche Geschichte in einem wesenhaften Sinne stets Gegenwart ist. […] Gegen-wart ist Zukunft als Zumutung des Anfänglichen, d. h. des schon Wirkenden, Wesenden und seiner verborgenen Versammlung.« 1957, *Grundsätze des Denkens*, in: *Identität und Differenz*, S. 129 f.

ausgeht, hat sich gezeigt. Doch selbst in dieser recht starken Ausrichtung auf eine Vorstellung von Zukunft vermeidet er es, den Begriff von Geschichte im herkömmlichen Sinn zu verwenden[7].

An zwei Grundansichten der Philosophie, wie sie Heidegger vorfindet, hat sein Neues Denken bisher interpretierend angesetzt: an der Zeitlichkeit als primärer Form des Denkens und der Kausalität als Bedingung des Erkennens. Mit diesen beiden hängt eine dritte Ansicht zusammen, die nun gleichermaßen einer Umdeutung unterzogen wird: das Wollen. Denn auch dieses basiert auf der Überzeugung, daß ein Vorsatz oder ein Verlangen nach denjenigen Mitteln oder Handlungen sucht, die zu seiner Umsetzung und Befriedigung führen. Wollen ist die Voraussetzung zielführenden Handelns. Das Eintreten des Gewollten hängt maßgeblich von der Wahl der Vorkehrungen ab, die zu seinem Erreichen bestimmt wurden.

Die Betrachtungen von Seinsvergessenheit und machenschaftlichem Denken klingen vielleicht noch nach und verdeutlichen, daß Heidegger eine solche Auffassung ablehnen muß. Statt dessen setzt er auf die »Zielunbedürftigkeit« des Denkens, das nicht in ein Handeln münden kann, weil Denken selbst Handeln ist. Ausdrücklich betont er, daß das schonende Denken, wie es in späteren Texten heißt, keinen Nutzen hat. Immer stärker tritt sein Begriff des Lassens in den Vordergrund, der kein Ausdruck von Resignation oder Desinteresse, sondern von Aufnahmebereitschaft ist. Der Begriff der Achtsamkeit, den er ab Mitte der 40er Jahre häufiger verwendet, faßt die Umdeutung von Zeitlichkeit, Kausalität und Wollen zusammen. Es ist offensichtlich, daß die drei Gedanken unterschiedlichen Funktionskontexten entstammen. Während Zeitlichkeit eine Form von Denkbarkeit benennt und Kausalität eine Gesetzmäßigkeit des Denkens, ist das Wollen Ausdruck der Umsetzung dieser beiden Voraussetzungen in den Bereich menschlichen Handelns.

Auf dessen Aufhebung richtet Heidegger die größte Aufmerksamkeit. Achtsamkeit erscheint als jene Einstellung des Menschen

---

[7] Mit Blick auf die Sage des Seyns schreibt er: »Das Sagen berichtet nicht über den Ablauf einer ›Geschichte‹, in der sich Begebnisse und deren Haltepunkte zusammenfinden. Das Sagen beschreibt nicht Vorhandenes, erzählt nicht Vergangenes und rechnet nicht Zukünftiges voraus. Nennen wir das Sagen die ›Besinnung‹, dann meint dieses die Einverwandlung des Menschentums in den ›Sinn‹, […]. Einverwandlung in Jenes, was die Geschichte des Seyns bisher nicht zuließ […].« *Die Geschichte des Seyns*, III, S. 29f.

zum Sein, die keinem Vorsatz folgt, nicht Ursache des Erkennens ist und sich nicht als zeitliche Abfolge vorstellen läßt.

Heideggers Neues Denken ist insofern ›neu‹, als es mit Grundlagen der Philosophie, wie sie sich traditionellerweise zeigt, brechen will. Drei dieser Grundlagen haben sich gezeigt, eine vierte tritt hinzu. Indem Heidegger Seyn als weltliches Geschehen begreift, kehrt er die vorherrschende Gewichtung erkenntnisführender Ausrichtung des Denkens um. Nicht in abstrakten Begriffen wie »dem Sein« gelangt der Mensch zur tiefsten Einsicht in das Sein, sondern in der Erfahrung des Dingbezuges des Seyns. Diese Umwendung verdeutlicht er, indem er von der Umkehrung des Schrittes auf dem Weg des Denkens spricht. Diese »Kehre« fordert er nicht nur von Anderen, sondern vollzieht sie in seinem eigenen Denken. Der Versuch, Denken als eine Bewegung im Einfachen zu fassen und zum Teil auch so zu formulieren, ist hierfür Beleg.

In Anbetracht einer so tief in die Fundamente philosophischen Fragens eingreifenden Umwertung wird Heideggers Versuch, Humanismus zu denken, noch einmal interessant. Daß er dessen Denkbarkeit nur unter der Voraussetzung einer Umdeutung des Begriffes für möglich hält, macht er deutlich. Um leichter an die einleitenden Gedanken anknüpfen zu können, wird hier eine Passage aus seinem *Brief über den ›Humanismus‹* erneut zitiert:

»›Humanismus‹ bedeutet jetzt, falls wir uns entschließen, das Wort festzuhalten: das Wesen des Menschen ist für die Wahrheit des Seins wesentlich, so zwar, daß es demzufolge gerade nicht auf den Menschen, lediglich als solchen, ankommt. Wir denken so einen ›Humanismus‹ seltsamer Art.«

Ein Teil dieser Formulierung, der zu Beginn unverständlich bleiben mochte, klärt sich nun auf. Es komme »gerade nicht auf den Menschen, lediglich als solchen« an, schreibt Heidegger und weist damit schon weit in seine noch zu erarbeitende Sicht des Menschen voraus. »Lediglich als solcher« erscheint dieser, solange er als animal rationale betrachtet wird. Diese Definition bleibt, davon ist er überzeugt, deutlich hinter dessen möglicher Wesensbestimmung zurück. Es wird also nicht behauptet, daß es generell nicht auf den Menschen ankomme, sondern nur dann nicht, wenn er unter dieser unzureichenden Charakterisierung gedacht wird. Wird diese um das dem Menschen Mögliche erweitert, wird seine Bedeutung für die Gründung des Seyns erkennbar.

Welches ist also die letzte Charakterisierung, die Heidegger in seinen späteren Verlautbarungen, soweit sie bisher bekannt sind, vornimmt? Es ist das Bild des »Gebrauchten«, der der Sein-lassende ist. Daß der Begriff nicht unproblematisch ist, da Heidegger sich gegen ein Denken der Nützlichkeitserwägungen wendet, wird schnell sichtbar. Doch liegt auch dieser Wortwahl – wie so oft besonders in seinem Spätwerk – ein eigener Prägeakt zugrunde. ›Gebrauch‹ heißt nicht notwendige Inanspruchnahme, sondern dieses: Der Mensch ist der Einzige, der seyend zu sein vermag. Diese Formulierung versucht, jede Vorstellung zu vermeiden, wonach der Mensch Mittel zum Zweck der Seinsumwandlung sei. Denn damit würde ein Rückfall in kausale Denkformen einhergehen, wonach er Ursache dieses Wandels wäre.

Der »Humanismus seltsamer Art« besagt, daß das Wesen des Menschen darin besteht, Seyn zuzulassen, was bedeutet, sich von ihm in Gebrauch nehmen zu lassen.

Aber widerspricht dieser Bestimmung nicht der Blick auf Heideggers Sprachdenken, der dem Zeigen, durch das Dinge als solche hervorgehoben werden, so viel Aufmerksamkeit schenkt? Ist nicht das Zeigen auf etwas der deutlichste Ausdruck subjektiven Auswählens und Markierens? Im Sinne klassischer Zeichentheorien der Linguistik wäre dieser Einwand berechtigt. Doch will sich Heidegger auch von solchen Vorgaben befreien, wenn er sich vornimmt, unabhängig von der Logik zu denken.

Auch in diesem Kontext greift seine Zurückweisung kausaler Bedingtheit. Das Zeigen geht seiner Auffassung nach nicht vom Subjekt aus, das nach Gutdünken das zu Zeigende auswählt. Vielmehr läßt sich der Mensch durch die Dinge ansprechen, indem er sich auf sie einläßt. Sein Zeigen ist die sprachliche Antwort auf diese Ansprache. Er gewährt Einlaß, indem er das Ding nicht unter dem Aspekt der Nutzbarkeit begreift. Selbst bei dem Versuch, über Heideggers akausales Denken zu schreiben, zeigt sich, daß es fast unmöglich ist. Zu tief scheint das gewohnte Denken in den Strukturen von Zeitlichkeit und Ursächlichkeit verwurzelt zu sein.

Es verwundert daher nicht, daß sich Heidegger offenbar von östlicher Philosophie inspiriert fühlte, wie sich seit 1930 anhand einiger Erwähnungen nachweisen läßt. Unterschiedlich bewertet er deren Einfluß auf sein Denken und die westliche Rationalität generell. 1963 äußert er sich in einem Brief an Takehiko Kojima zu der Herausforderung, die durch die moderne Technik an den Menschen ergeht, der zur Reflexion ihrer Möglichkeiten und Gefahren aufgerufen ist. In diesem Zusammenhang heißt es: »Solches Nachdenken ist nicht mehr durch die bisherige abendländisch-europäische Philosophie zu vollziehen, allein auch nicht ohne sie, d. h. ohne daß ihre erneut angeeignete Überlieferung auf einen geeigneten Weg gebracht wird.«[8]

Die Formulierung der »erneut angeeigneten Überlieferung« erweckt den Eindruck, daß es Heidegger nicht in erster Linie um einen Dialog zwischen westlichem und östlichem Denken geht, sondern daß letzteres als Katalysator zu betrachten wäre, an dem sich die eigene Tradition des Denkens neu auszurichten lernt. Auch in diesem Schreiben spricht Heidegger vom »Schritt zurück«, den es zu vollziehen gilt[9], und bestätigt damit seine immer wieder erhobene Forderung, die menschliche Relation zum Sein zu bedenken. Es liegt nahe, daß auch hier noch einmal jene Wesensbestimmung des Menschen anklingt, die er in den letzten Jahren favorisiert hat. Er ist der vom Sein »Gebrauchte«[10].

In dem Gespräch, das Martin Heidegger am 23. September 1966 mit Rudolf Augstein für den *Spiegel* führte, steht neben dem Versuch, seine Position während der Zeit des Nationalsozialismus zu beleuchten, die Frage nach der möglichen Bedeutung von Philosophie im Vordergrund. Eindeutig bekräftigt Heidegger auch hier seine Beobachtung einer zunehmenden Entfremdung des Menschen aus dem

---

[8] Brief vom 18. 8. 1963, zitiert in: *Heidegger und das ostasiatische Denken*, S. 41.

[9] »Der Schritt zurück meint nicht eine Flucht des Denkens in vergangene Zeitalter, meint vor allem nicht eine Wiederbelebung des Beginns der abendländischen Philosophie. […] Der Schritt zurück ist vielmehr der Schritt heraus aus der Bahn, in der Fortschritt und Rückschritt des Bestellens geschehen.« *Heidegger und das ostasiatische Denken*, S. 40. Der Begriff des Ge-Stells wird nicht gesondert thematisiert, da er kaum entscheidend über das bisher Gesagte hinausweist. Zur Erklärung sei auf Heideggers Deutung im Spiegel-Gespräch hingewiesen: »Das Walten des Ge-Stells besagt: Der Mensch ist gestellt, beansprucht und herausgefordert von einer Macht, die im Wesen der Technik offenbar wird. Gerade in der Erfahrung dieses Gestelltseins des Menschen von etwas, was er selbst nicht ist und was er selbst nicht beherrscht, zeigt sich ihm die Möglichkeit der Einsicht, daß der Mensch vom Sein gebraucht wird.« *Spiegel-Gespräch mit Martin Heidegger*, S. 672.

[10] »Gerade der Blick auf das Walten des Stellens, d. h. auf das Eigentümliche der Technisierung der Welt, weist einen Weg zum Eigenen des Menschen, das seine Menschlichkeit auszeichnet im Sinn der Beanspruchung durch das Sein für dieses. Der Mensch ist der von der Macht des Stellens für dieses Gebrauchte.« *Heidegger und das ostasiatische Denken*, S. 41.

Sein[11], dessen Reflexion einer »Neuaneignung« des europäischen Denkens bedarf. Einen unmittelbaren Gewinn, der aus einem Austausch mit östlicher Philosophie und Religion folgen könnte, sieht er dabei jedoch nicht. »Meine Überzeugung ist, daß nur von demselben Weltort aus, an dem die moderne technische Welt entstanden ist, auch eine Umkehr sich vorbereiten kann, daß sie nicht durch Übernahme von Zen-Buddhismus oder anderen östlichen Welterfahrungen geschehen kann. Es bedarf zum Umdenken der Hilfe der europäischen Überlieferung und ihrer Neuaneignung.«[12]

Daß diese durch einen kontrastierenden Blick auf andere Denkformen gefördert wird, schließt er damit nicht aus.

Eine Entscheidung darüber, ob Heidegger von Motiven vor allem taoistischen Ursprungs inspiriert oder nur fasziniert gewesen ist, kann an dieser Stelle nicht getroffen werden. Ebensowenig ist ein Vergleich seines Raum-Begriffes mit dem Konzept des »Ortes« von Kitaro Nishida möglich, der jedoch einer detaillierten Untersuchung bedarf[13].

Doch genügt allein die Tatsache, daß er offenbar einige Mühe daran setzte, sich über Quellen anderen Ursprungs zu informieren, um eines zu bestätigen: Heidegger ist mit seiner Formulierung eines Neuen Denkens in eine so klare Distanz zum philosophischen Diskurs getreten, daß er noch in den 60er Jahren die Notwendigkeit betont, deren Tradition auf neuem Wege anzueignen.

Zugleich kann seine Hinwendung zum Denken östlichen Ursprungs aber noch unter einem anderen Blickwinkel zur Kenntnis genommen werden.

Wie sich in den vorliegenden Betrachtungen gezeigt hat, steht ein Großteil seines Denkens auch der späteren Jahre in deutlicher Entsprechung zu Konzepten, die Franz Rosenzweig prägte. Bevor dessen Interpretation des Erlösungs-Geschehens thematisiert wird, lohnt ein kurzes Verweilen.

Denn es könnte so wirken, als würden mit diesen neuen Bezügen

---

[11] »[…] und daß die Technik den Menschen immer mehr von der Erde losreißt und entwurzelt. […] Wir haben nur noch rein technische Verhältnisse. Das ist keine Erde mehr, auf der der Mensch heute lebt.« *Spiegel-Gespräch mit Martin Heidegger*, S. 670.

[12] *Spiegel-Gespräch mit Martin Heidegger*, S. 679.

[13] Aufschlußreich ist etwa: Maraldo, *Heidegger und Nishida: Nichts, Gott und Ontotheologie* von 2013.

Motive in Heideggers Denken Einzug halten, die unvereinbar mit Rosenzweigs Philosophie sind. Diese Annahme scheint durch eine Passage aus dem *Stern der Erlösung* bekräftigt zu werden, wo Rosenzweig schreibt:

»Aus jener Quelle des Nicht-Tuns entspringt alle Fülle der Tat. Aus jenem Urgrund des Einen erhebt sich die unzählbare Fülle des Wesens. [...] Die kühle Leere der Weltflucht, die innige Tiefe der Weltliebe – wieder sind hier wie dort Indien und China, [...] die Erben des Menschen der Urzeit, der sich in den Weltwahn flüchtet, weil ihm der Mut zur Weltschau fehlt [...].[14]

Die Griechen betrachtet Rosenzweig erst als diejenigen, die diesen »Mut« zum Begreifen der gestalteten Welt aufbringen. Seine Skepsis östlicher Weltsicht gegenüber sollte jedoch keine voreiligen Schlüsse auf seine eigene Deutung jenes Aktivitätsgrades hervorrufen, der das Erlösungsgeschehen prägt. Denn tatsächlich kommt dieser der Verhaltenheit, die Heidegger vermutlich im taoistischen Denken faszinierte, näher als erwartet.

Kann also angenommen werden, daß Heidegger bewußt nach solchen Denkformen suchte, die seiner Auffassung nach in größtmöglicher Distanz zum Anspruch stehen, rechnend und zielführend zu wirken? Diese Vermutung liegt nahe. Allerdings bedeutet seine Einbeziehung östlicher Quellen keinen Bruch innerhalb seiner Übereinstimmung mit Rosenzweigs Gedanken, wie sich bestätigen wird.

Das Vorhaben, ein Neues Denken zu begründen, das sich in grundsätzlicher Weise von Vorgaben der Tradition abhebt, teilt Martin Heidegger mit Franz Rosenzweig. Wie dieser selbst kommentiert, richtet sich sein Erneuerungsstreben vor allem auf die Gewichtung von Denken und Erfahren als Zugängen der Seinsbegegnung, die für ihn im Erleben von Schöpfung, Offenbarung und Erlösung stattfindet. So unterschiedlich diese drei Erfahrenskontexte in ihrer Beschaffenheit und in ihrer Wirkung auf den Menschen sind, müssen Rosenzweigs Ansicht nach auch die Formen ihrer Darstellung sein. Formale und inhaltliche Erfordernisse verknüpfen sich damit in seiner Vorstellung des Neuen Denkens, die er aufgrund seiner kurzen Schaffenszeit nicht in vergleichbarer Breite wie Heidegger hat ausführen können.

Während dieser sich in *Sein und Zeit* vornehmlich mit den beiden ersten Teilen von Rosenzweigs *Stern der Erlösung*, sechs Jahre

---

[14] *Der Stern der Erlösung*, I, II, S. 64f.

zuvor veröffentlicht, auseinandersetzte, wird die Thematisierung des Geschehens der Erlösung für ihn speziell in seinen Texten nach 1945 relevant.

Hier zeigt sich etwas äußerst Interessantes. Heidegger wendet sich, wie er immer wieder hervorhebt, ausdrücklich gegen rechnendes Denken, das er meint als Besonderheit jüdischen Wesens ausmachen zu dürfen.

Unter das Verdikt des Rechnens fällt seiner Überzeugung nach auch die Erwartung eines zukünftigen Reiches, von dessen Kommen zweifelsfrei auszugehen ist. Seine Kritik lautet, daß es in einer solchen Auffassung keines menschlichen Einsatzes bedarf. Es reicht aus, dessen Eintreten abzuwarten. Diese Form des Wartens unterscheidet sich qualitativ von jener, die Heidegger etwa im dritten der *Feldweg-Gespräche* als besondere Eignung der Deutschen bezeichnet. Diese warten, weil sie es als Form des Nicht-tuns begreifen, womit es sich vom bloßen Untätigsein unterscheidet.

Bemerkenswert ist es nun, daß Fanz Rosenzweig gerade diese Sicht der Erwartung, die Heidegger religiöser Sicht unterstellt, nicht teilt. Ganz im Gegenteil – in seiner Darstellung des Funktionskonzeptes des Sterns entwirft er ein Modell zur Veranschaulichung der Relationalität des Seins, dem Heideggers Konstruktion des Gevierts exakt entspricht. Daß im ersten Fall drei, im zweiten vier Elemente die dynamische Stabilität des Konstruktes gewährleisten, ist dabei nicht von ausschlaggebender Bedeutung. Zentral ist in beiden Entwürfen die Vorstellung, daß deren Funktionieren ohne eine Einwirkung des Menschen nicht möglich wäre. Mit Blick auf Heideggers Interpretation wurde erkennbar, daß er diese als Geschehen-lassen, nicht als Herbeiführen deutet.

Wie bewertet aber Franz Rosenzweig die menschliche Verhaltensweise? Mit seinem Strukturgefüge des Sterns zeigt er vor allem eines: Schöpfung ist kein abgeschlossener Vorgang, sondern lediglich die Initiierung eines fortgesetzten Geschehens der Weltkonstituierung. Denn erst dadurch, daß der Mensch sich das Geschaffene zu eigen macht, setzt er als der »neue Adam« einen zweiten Anfang des Seins. Dieses benennt er jetzt nicht mehr als Da-sein, als bloße Vorhandenheit, sondern als Dasein, als geformte Gestaltung.

Entscheidend für diesen Prozeß der Aneignung, die jedoch keine Vereinnahmung ist, ist das Sprechen des Menschen. Denn durch das Nennen der Namen des Geschaffenen und durch das Zeigen der Dinge erreicht er zweierlei. Er kennzeichnet sie in ihrer je besonderen Natur und verbindet sie zu einem Gesamt aufeinander bezogener Bestandteile der Welt. Es ist jedoch zu beachten, daß Rosenzweig damit nicht die Subjektivität des Bezeichnenden unterstreichen will. Dieser ist im Gegenteil derjenige, der auf das Da-sein antwortet, um es als Dasein zu benennen. Bislang weist nichts darauf hin, daß Rosenzweig von jener berechnenden Haltung des Menschen ausgeht, die Heidegger Erlösungserwartungen attestieren will.

Hinsichtlich des bezeichnenden Verweisens zeigt sich eine Entsprechung in Heideggers Sprachdenken, das in eben dieser Weise das Zeigen deutet. Auch er besteht darauf, daß diese Tätigkeit des Menschen eher eine Re-Aktion sei. Der Zeigende ist der Angesprochene, der sich vom Sein in Anspruch nehmen läßt. Der Mensch folgt damit keiner Wesenssetzung durch Gott, sondern er verwirklicht sein Sein. Für Rosenzweig korrespondiert das Sprechen des Menschen, das das Zeigen einschließt, göttlicher Weisung. Für die abschließenden Betrachtungen wird diese Ablehnung subjektiver Autonomie, die beide Denker vertreten, entscheidend werden. Denn auf ihr basiert für beide die Möglichkeit, ihre Konzepte von Erlösung und vom Seyn zu formulieren.

Nutzen sowohl Rosenzweig als auch Heidegger ihre Funktionsmodelle von Stern und Geviert dazu, Aussagen über die Relationalität des Seins treffen zu können, wäre zu prüfen, ob auch Rosenzweig damit der Idee einer Verräumlichungstendenz des Denkens folgt. In Anbetracht seiner Verwurzelung im jüdischen Glauben wäre dieser Befund nicht unbedingt zu erwarten. Doch genau das zeigt sich.

Anders als vermutet fokussiert er die Erwartung der Menschen nicht auf ein Ausstehendes, das vielleicht in der Zukunft Realität werden wird. Vielmehr konzentriert er seine Argumentation auf jenes Handeln des Menschen, durch das die Welt als Stätte der Einwohnung Gottes bereitet werden kann. Zu bedenken ist dabei stets, daß Handeln in seinem Sinne kein Bewirken, sondern ein Bezeugen ist. Der Unterschied wird sogleich deutlich.

Rosenzweig akzentuiert explizit die Bedeutung des menschlichen Wirkens in den rituellen Handreichungen, die eine auch philosophisch höchst bemerkenswerte Funktion haben. Sie brechen die vermeintliche Linearität der Zeit und ermöglichen so jene Umformung der Welt in die Stätte des verwandelten, weil überzeitlichen, Seins.

Seine Beschreibung dieser Kategorie von Handlungen veranschaulicht, daß durch deren Wiederholungen ein und derselbe Augenblick in der Zeit immer und immer wieder neu beginnen kann. Für Rosenzweig verbürgt sich darin die Gewißheit, Unzeitlichkeit des Kommenden bereits in der Gegenwart erfahren zu können.

Es ist weder untätiges Abwarten, das den Menschen in seiner Vorstellung charakterisiert, noch zwingendes Bewirken-wollen. Vielmehr versteht er Handeln als die bedenkende Handreichung des Rituellen, als das gemeinsame Einwirken auf die Schöpfung in den beiden unterschiedlichen Weisen: als Zu-eigen-machen des Geschaffenen, um aus ihm die Welt des erfahrbaren Seienden zu gestalten, und als Rückführung des Seienden in einen Zustand relativer Zeitlosigkeit im Verwandeln dieser Welt in einen Ort des erfüllten Seins.

Erlösung ist für Franz Rosenzweig ein Geschehen, das bereits das Dasein des Menschen transformiert. Dabei verbindet er zwei Aspekte: Im gerade angesprochenen Tun in steter Wiederholung wird die Stätte für Erlösung bereitet, insofern Zeitlichkeit im Dasein ausgesetzt wird. Anders als zu vermuten wäre, ist das rituelle Tun kein zielgerichtetes Agieren, sondern reiner Ausdruck der Einfindung in das Sein der Gemeinschaft. Damit präzisiert sich die Vorstellung der Räumlichkeit des Daseins. Sie erscheint als Verortung der gemeinsamen Berufung auf das Sein mit Gott, das bezeugt, nicht bewirkt werden soll. In den beiden Formen des rituellen Tuns und des liturgischen Sprechens, das in der Geste des Schweigens mündet, veranschaulicht Rosenzweig die Ermöglichung dieser Verwandlung.

»Daher kommt es, daß das Höchste der Liturgie nicht das gemeinsame Wort ist, sondern die gemeinsame Gebärde. Die Liturgie erlöst die Gebärde von der Fessel, unbeholfne [!] Dienerin der Sprache zu sein, und macht sie zu einem Mehr als Sprache.«[15]

Gibt es eine vergleichbare Überzeugung auch im Denken Martin Heideggers? Es gibt sie, wie sich mit Blick auf das Motiv des Ländlichen zeigen läßt.

In Rosenzweigs Konzeption kommt den Handlungen rituellen Ursprungs solch außergewöhnliche Wichtigkeit zu, da sie den Augenblick ihrer Ausführung immer wiederholen können. Ist das ein Gedanke, der nur vor religiösem Hintergrund möglich ist?

Recht ausführlich wurde in den vorangegangenen Betrachtungen auf Heideggers Denken der bäuerlichen Verrichtungen geschaut,

[15] *Der Stern der Erlösung*, III, Einleitung, S. 329.

wobei ein Unbehagen sich nie ganz ausblenden ließ. Denn huldigt er damit nicht letztendlich einer Heimat- und Naturverbundenheit, die nur im Anschluß an seine Sicht des Deutschen zu verstehen ist? Das Plädoyer für eine unbelastete Lektüre der entsprechenden Passagen seiner Schriften vermittelte einen Eindruck von der argumentativen Position, in der sie dort auftauchen. Es sind Heideggers Metaphern jenes Einfachen, zu dessen Erfahrung das Denken seiner Überzeugung nach zurückkehren sollte. Doch darüber hinaus erschließen seine Erwähnungen von Land und der Arbeit des Bauern noch einen anderen Aspekt. Sie dienen ihm zur Vergegenwärtigung der Zeit im Augenblick, da auch sie Gründe für dessen Wiederholung sind.

Würde an dieser Stelle eine Auslegung des Motivs des Ländlichen nur im Rahmen nationalsozialistischer Vereinnahmung gelesen, würde es sich von selbst verbieten, es in Verbindung zu Rosenzweigs Darstellung des rituellen Tuns zu bringen. Wird jedoch die Funktion des Gedankens der Wiederholung innerhalb der philosophischen Konzeptionen beider Denker befragt, zeigt sich deren Übereinstimmung[16]. Nicht zufällig spricht Heidegger in wenigen, aber markanten Formulierungen der späten Schriften das Werk der Hand an, das er in Analogie zum Werk des Denkens setzt. Auch dieser Schritt gehört in das Programm des Neuen Denkens, das für die Unmittelbarkeit der Erfahrung vom dinghaften Sein wirbt. Und wo könnte diese besser gewährleistet werden als im Be-greifen?

Das Motiv der Wiederholung, die den Augenblick immer wieder von neuem ansetzen läßt, findet sich auch in Heideggers Schriften. Und es verwundert fast nicht mehr, daß er auch das zweite Motiv, das Rosenzweig mit dem Aussetzen der Sprache im Schweigen benennt, thematisiert, und zwar in zweifacher Weise.

Zunächst in direkter Parallelität, indem er das Schweigen zum Ausdruck dankenden Seins erklärt.

Doch auch zum Gedanken des »Mehr als Sprache«, den Rosenzweig artikuliert, findet sich eine Entsprechung in übertragenem

---

[16] »Die im Wohnen waltende Gewohnheit, in die alle Beständigkeit des Ursprünglichen eingelassen ist, bleibt durch die Wiederholung von dem Gewöhnlichen und dessen Roheit bewahrt. [...] In seinem [des Gedächtnisses] Licht erscheinen die Tage der Alltäglichkeit täglich neu. Sein in die fernste Nähe hinausdenkender Dank durchblickt das lichte Dunkel der heiligen Nächte. Der andenkende Dank empfängt den einstigen Gruß des Einzigen.« *Zum Ereignis-Denken*, V, S. 744. Die Weise, in der Heidegger hier »Wiederholung« denkt, unterscheidet sie von dem Gedanken der »ewigen Wiederkehr des Gleichen« im Sinne Friedrich Nietzsches.

Sinn, wenn er vom Nicht-tun spricht. Da es kein Nichts-tun ist, sondern intensive Form des zielunbedürftigen Verhaltens, kann es durchaus als ein ›Mehr als Tun‹ bezeichnet werden. Auf diesen Gedanken wird im letzten Kapitel zurückzukommen sein.

Der zusammenfassende Blick auf Martin Heideggers Denken nach 1945 hatte drei wesentliche Umdeutungen traditioneller philosophischer Ansichten gezeigt. Zeitlichkeit, Kausalität und Wollen sind jene Motive, die er neu interpretiert. Im ersten Fall führt dieses zu einer veränderten Bewertung von Zeitlichkeit, die nicht irrelevant wird, sondern sich als Erfahrungsrelation erst aus dem Denken des Räumlichen ergibt. Die Suche nach Ursachen ersetzt er durch das Fragen nach dem Grund, womit er der Verräumlichungsabsicht seines Denkens Rechnung trägt. Nicht das gilt es zu bedenken, was einem Geschehen vorausgeht, sondern die Stätte, an der es sich abspielt. Daß hier prägende Faktoren wirken, die das Geschehen beeinflussen, würde er kaum leugnen. Nur kann er diese aufgrund der Contemporalität des Seins nicht im Sinne zeitlicher Abfolge, sondern wechselseitiger Durchdringung beschreiben. Am deutlichsten wird diese Vorstellung beim Begriff des Menschen als dem Gebrauchten. An sich würde dieser Ausdruck zeitliche Bedingtheit schlechthin bezeichnen, da es dem Menschen zugeschrieben wird, Ursache für die Verwandlung des Seins zu sein. Hiergegen setzt Heidegger die Auffassung, daß der Mensch auf die Ansprache des Seins reagiert, selbst also nicht Ursache nach herkömmlichem Verständnis ist, sondern derjenige, der sich zum Verhalten im Sein auffordern läßt.

Damit der Gebrauchte für diese Aufmerksamkeit offen ist, muß Heidegger das menschliche Wollen so weit wie irgend möglich zurückstellen, denn darin äußert sich zielgerichtetes Streben, das dem ursächlichen Wünschen des Menschen entspringt.

Von hier aus wird es möglich, zwei weitere Umdeutungen philosophischer Grundlagen zu benennen. Wenn das Wollen nicht mehr Antrieb des Handelns ist, hat dieses drastische Auswirkungen auf eine philosophische Konzeption von Ethik. Zwar wirkt es leicht so, als wäre Heidegger an deren Formulierung nicht interessiert gewesen. Doch kann gegen einen solchen Eindruck darauf hingewiesen werden, daß es lediglich eine andere Form von Ethik ist, die hier zur Disposition steht. Wenn hier wiederholt auf ›das‹ philosophische Denken oder dessen ›traditionelle‹ Ansichten Bezug genommen wird, liegt darin ohne Frage eine grobe Verallgemeinerung. Es geht daher nicht darum, eine Aussage über die definitive Form westlicher Rationalität zu treffen, sondern von jenem Bild auszugehen, gegen das sich Heidegger und auch Rosenzweig wenden.

Nach einem Großteil philosophischer Konzeptionen besteht Ethik in einer Theorie des Handelns. Um diese formulieren zu können, ist eine dezidierte Einbeziehung des menschlichen Wollens unerläßlich, da alles Handeln aus dessen Motivation folgt. Heidegger favorisiert im Gegensatz hierzu in den späteren Schriften eine Ethik des Verhaltens. Dabei ist es nicht entscheidend, ob er sie so bezeichnet, sondern was seine Gedanken zur menschlichen Enthaltung vom Wollen und vom zielgerichteten Denken bedeuten.

Im Nicht-wollen besteht eine Form menschlichen Verhaltens, die sich in erkennbarer Weise auf seine Relation zum Umgebenden auswirken wird. Hier fügt sich der fünfte Aspekt ein, in dem Heidegger anders denken will, als es philosophisch üblich ist. Seine klare Aufwertung der Dinge in den späten Texten ebenso wie seine Fokussierung von Erde und Welt brechen mit dem Primat jener Überzeugung, daß nur auf dem Wege der Abstraktion gewonnenes Wissen Wahrheit beanspruchen kann.

Sowohl Rosenzweig als auch Heidegger gehen auf den Begriff der Wahrheit ein und interpretieren ihn in spezifischer Weise. So schreibt ersterer in seinem *Stern der Erlösung*, Wahrheit müsse sich »bewähren«. Damit rückt er sie aus ihrer bisherigen Einbindung in den Erkenntniskontext nun in deutlich existentielle Funktion. Und Heidegger stellt eine begriffliche Verbindung von Wahrheit und dem »Be-wëgen« her, womit er das Ergehen auf scheinbar unbegehbaren Wegen bezeichnet.

Diese führen auch in unbekanntes Terrain, das, um auf den Gedanken der Ethik zurückzukommen, in der unbefangenen Offenheit eines Nicht-erkunden-wollens zu erschließen ist. Absichtslose Bereitschaft, sich angehen zu lassen, hält Heidegger für möglich, zumindest in seinen Schriften nach 1945. Damit tritt sein Denken dieser Zeit in Kontrast zu den eigenen Auffassungen der 30er und 40er Jahre, ja es hebt deren Prämissen teilweise auf. Zu erinnern sei nur noch einmal an den Willen der Deutschen, eine Umwandlung des Seins und teilweise auch der Gesellschaft zu erwirken. Dieses Wollen ist letztlich Ausdruck jenes rechnenden Denkens, das Heidegger als verantwortlich für den Zustand der Seinsvergessenheit ausweist, den er allerorten feststellt.

XIV. »Im Lichten wohnen wir hörend« – Ihr Ziel

In dem hier betrachteten Zeitraum, der von Ende der 30er bis Ende der 60er Jahre reicht, zeichnet sich eine Veränderung in Martin Heideggers Denken ab, deren Beginn etwa um 1945 anzusetzen ist. Dabei handelt es sich nicht um eine exakte Datierung, sondern um eine Markierung innerhalb der Entwicklung der Motive und Sprachformen, die er verwendet.

Ablesbar wird sie an Heideggers Sicht des Menschen, der in der Folgezeit weit weniger als der Agierende erscheint, der für das Erwirken des notwendigen Seinswandels zu kämpfen hat. Das Ziel, dem Heideggers Schreiben dient, bleibt jedoch unverändert bestehen, denn in der Umstrukturierung des Seins sieht er nach wie vor die entscheidende Aufgabe des Menschen.

Allein in der Frage, wie ein solcher Wandel zum Seyn stattfinden kann, differieren seine Aussagen nach Kriegsende von bisherigen Verlautbarungen. Immer stärker tritt die Vorstellung in den Vordergrund, daß ein Erwirken-wollen der veränderten Seinsrelation des Menschen ihr Ziel nicht erreichen kann. Denn in dieser Form wäre sie Bestätigung des zielgerichteten Denkens, in dessen Vorherrschaft Heidegger die Ursache der Seinsvergessenheit sieht.

Bereits in früherem Kontext hatte sich ein kurzer Blick zum Werk Arthur Schopenhauers angeboten, der etwas Ähnliches zu verbalisieren versuchte wie nun Martin Heidegger.

In seiner Sicht ist das fortgesetzte Streben und Begehren des Menschen für dessen existentielles Leiden verantwortlich. Denn jede der kurzfristigen Befriedigungen verstrickt den Menschen tiefer in das zeitliche Erleben des Daseins, das dessen Wertigkeit und Sinn grundlegend in Frage stellt. Schopenhauer fand die einzige Möglichkeit, diesem Wandel im Vergehen zu entkommen, in dem Versuch, ein Aussetzen des Wollens zu denken. Nicht mehr verlangend und strebend wünscht er das Individuum, sondern frei von Verlangen jedweder Art. Inspiriert durch die Lehren der Veden erschien Schopenhauer die Existenzform der Askese als einer der Wege, der aus der Abhängigkeit vom Wollen befreien könnte.

Nachdem die vorliegenden Betrachtungen versuchten, das Verständnis von Heideggers Umdeutung des Denkens näher zu beleuchten, soll sein Ansatz nun noch einmal mit demjenigen Arthur Schopenhauers in einem Aspekt verglichen werden.

Heideggers Anspruch ist es, einen Ausweg aus der Seinsverlassenheit zu suchen. Dessen Charakterisierung korrespondiert Schopenhauers Sicht insofern, als zwei Formen des Daseins beschrieben werden, die den Menschen zur Reflexion veranlassen. So fragt Schopenhauer nach der Ursache des Leidens, Heidegger nach der Bedingung der Seinsvergessenheit. Doch soll es nicht bei der Klärung der Gründe bleiben, sondern beide Denker suchen Auswege aus dem Sein. Bereits hier muß jedoch auf einen Unterschied in ihren Ansichten hingewiesen werden: Nach Schopenhauers Auffassung stellt das leidvolle Dasein die dem Menschen wesentliche Existenzform dar. Heidegger sieht den Menschen hingegen im Zustand der Wesensferne. Die Verneinung des Willens führt das Individuum in Schopenhauers Konzeption über sein Wesen hinaus, was auch bedeuten kann, daß damit das Leben auf dem Spiel steht. Eine Einschränkung dieser Aussage wäre in der Weise vorstellbar, daß es dem Wesen des Menschen entspricht, das eigene Ende zu sein. Vor diesem Hintergrund könnte auch die Negation des Willens zum Leben als Einfindung in das Wesen verstanden werden.

Der Seinswandel, von dem Heidegger spricht, nähert den Menschen seinem Wesen erst eigentlich an. Die Parallelität im Fragen beider besteht in der Darstellung der Schwierigkeit, Wollen nicht mehr zu wollen, beziehungsweise zielgerichtetes Denken nicht mehr als Ziel des Denkens zu begreifen. Die Möglichkeit, existentiell Notwendiges zu denken, droht an der mangelnden Variabilität des Denkens im Gültigkeitskontext der Logik zu scheitern.

Heidegger kann ein Erwirken-wollen des Seinswandels nicht annehmen, da dieses Ausdruck zweckorientierten Strebens wäre. Gleichwohl basiert sein Werk auf der Überzeugung, daß der Mensch für den Wandel zum Seyn verantwortlich ist, aus dem einzigen Grund, weil er seinem Wesen entspricht. Diesen Gedanken formuliert er im Gegensatz zu Schopenhauer in großer Deutlichkeit, womit er seinem Denken den Weg öffnet, den Seinswandel auch weiterhin thematisieren zu können. Denn der Mensch kann ihn denken, muß ihn sogar denken, wenn er sich seinem Wesen gemäß verhält. Nur wollen kann der Mensch ihn nach wie vor nicht, wenn damit die verlangende Reaktion auf eine externe Ursache gemeint wäre. Wenn der Mensch seinem Wesen gemäß denkt und handelt, agiert er aus dessen Bestimmung.

Das schonende Denken, das Heidegger als Gegenentwurf zum planenden Denken konzipiert, ist Denken aus dem Wesen, nicht aus dem Wollen. Die Kehre zum Seyn entspricht dem Sein, das auch der Mensch ist, so unmittelbar, daß ihr letztlich die Bedeutung einer unbeweisbaren Gewißheit zukommt. Dasjenige, das dem Menschen zu denken entspricht, bedarf keiner Begründung. Darum zieht Heidegger die Notwendigkeit des Seinswandels zu keinem Zeitpunkt in Zweifel. Er ist das Ausstehende, das der Mensch nicht zu erwirken hat, sondern dem er Statt gibt, wenn er sich seinem Wesen gemäß verhält.

In fünf Einblendungen wurden Grundzüge der Philosophie Franz Rosenzweigs aufgezeigt, die eine deutliche Übereinstimmung mit Theoremen von Martin Heidegger zeigen. Dazu zählt die Tatsache, daß Rosenzweig, obwohl den Gedanken der Erlösung fokussierend, diesen nicht als Ausdruck reiner Zukünftigkeit auffaßt. Statt dessen begreift er das Kommende, das die Erwartung des Menschen zentriert, als Einrichtung im Ort des Daseins. Nicht wann das Erwartete eintritt, soll gefragt werden, sondern wo es stattfindet. Denn den Raum hierfür kann der Mensch bereiten, indem er die Zeitlichkeit des Da-seins in Unvergänglichkeit ›vor Ort‹ übersetzt. Der Augenblick kann durch die stets wiederholten rituellen Handreichungen immer wieder von neuem ansetzen. Es handelt sich nicht um eine Aufhebung der Zeit, wie sollte das auch möglich sein, sondern um die Verwandlung ihrer Linearität in Zirkularität.

In vergleichbarer Weise deutet Heidegger das Tun im Stundenlauf des Jahres, das er exemplarisch in ländlichen Verrichtungen findet. Auch für ihn geht es darum, die Vorstellung von Zeit nicht als Kontinuum zu betrachten, in dem sich etwas zuträgt, das schließlich als historischer Ablauf rekonstruiert werden kann. Geschichte ist ein Geschehnis, das sich in der Zeit verortet, nicht als Zeitlichkeit abspielt.

In ihrem Vorhaben, ein Neues Denken zu begründen, stimmen beide Denker überein. Die Diagnose jener Wesensferne, in der der Mensch verharrt, durchzieht in der Benennung als Seinsvergessenheit Heideggers Schriften aus verschiedenen Entstehungszeiten. Wesensfern existiert der Mensch, weil er nicht seiner Möglichkeit entsprechend denkt.

Rosenzweig diagnostiziert das Leiden des modernen Menschen als falsche Anwendung der Rationalität und empfiehlt das Beschreiten ungewohnter Wege, um die Orientierung in der Welt in einen ursprünglichen Zustand der Offenheit zurückzuversetzen.

Beide stellen die Erfahrung als seinsvermittelnde Erkenntnis dem Denken zur Seite und begründen damit eine radikale Umdeutung tradierter philosophischer Sichtweise. Denn von nun an ist Erfahrung nicht mehr Veranlassung des Denkens und damit ausschließlich in subordinierter Funktion zu betrachten. Sie ist gleichwertige Form der Seinserschließung und addiert sich somit dem denkenden Zugang zur Wahrheit.

Die Betonung von Welt als Existenzraum findet sich in Rosenzweigs Text wie auch in Heideggers Schriften der späteren Jahre. Damit verbunden ist das Interesse beider an der Natur des Dinglichen, da dieses als Konstituens von Welt angesehen wird.

Eine besonders klare Entsprechung wird in Anbetracht des Sprachdenkens sichtbar. Dabei kommt besonders dem Zeigen die Funktion der Welterfahrung zu, durch die der Mensch Dasein beziehungsweise Da-sein gestaltet.

Bis zu dieser Ansicht lassen sich erkennbare Entsprechungen in den Werken beider Denker feststellen. Beiden geht es, um es in den zwei wichtigsten Punkten zusammenzufassen, um die Begründung des Neuen Denkens und eines neuen Begriffes vom Menschen. Ersteres unterscheidet sich sowohl hinsichtlich seiner Methodik als auch seiner Form deutlich vom klassischen Philosophieren. Beim Blick auf den Menschen hingegen erschließt sich der innovative Anteil nicht sofort. Die Auffassung beider, in ihm den »Gebrauchten« zu sehen, korrespondiert doch noch stärker gängigen Vorstellungen, zumindest was Heideggers Interpretation betrifft. Oder will es nur so scheinen, weil Rosenzweigs Konzeption vom »neuen Adam« im Kontext religiöser Überzeugungen kühner, radikaler und kompromißloser wirkt? Denn er erklärt unmißverständlich, daß ohne das Wirken des Menschen, der im sprachlichen Zeigen bloßes Da-sein in Dasein verwandelt, göttliche Schöpfung letztlich nur Voraussetzung menschlichen Gestaltens der Welt ist. Da-sein, so schreibt er, sagt lediglich aus, daß »schon etwas da ist«. Indem der Mensch sich hierauf beziehen kann, eignet er sich dieses an, was Rosenzweig als zweite Schöpfung begreift.

Dasein ist jedoch Ort der Veränderung, an der Zeit ablesbar wird. Rosenzweigs Denken wäre unvollständig, würde er nicht auf den Begriff der Erlösung eingehen. Wie sich gezeigt hat, führt er deren Erläuterung über den Gedanken, daß das Erleben von Zeitlichkeit des Daseins in die Erfahrung von Überzeitigkeit verwandelt werden kann, indem der Mensch den Augenblick immer wieder von neuem ansetzend vergegenwärtigt. Diese Überzeugung ermöglicht es ihm, Erlösung bereits als weltimmanentes Geschehen zu denken.

Denn er gibt nicht das Dasein zugunsten einer Folgezeit der Unvergänglichkeit auf, sondern erklärt dieses selbst zum Ort der Überzeitlichkeit. Darin liegt die Besonderheit seiner Vorstellung von Erlösung: er läßt sie im Dasein beginnend stattfinden.

Zwei wesentliche Transformationsprozesse ereignen sich damit durch Einwirkung des Menschen auf das von Gott Geschaffene: aus dem Da-sein des Faktischen wird das Dasein der gestalteten Welt, die dann zum Ort der Einsenkung des Göttlichen geformt werden kann. Beide Prozesse finden nicht, wie Heidegger es glauben machen will, automatisch statt, wohl aber in Erwartung des Kommenden, die Fokussierung des Möglichen ist.

Den Menschen muß Rosenzweig also so beschreiben, daß er diese zweimalige Umwandlung zu leisten vermag. Und das Sein, um dessen Gestaltung es dabei geht, muß er in einem variablen Zeitbezug denken. Denn es liegt ihm viel an dem Nachweis, daß geschaffenes und gestaltetes Sein grundsätzlich übereinstimmen, wie er in seinen Aussagen zur Übereinstimmung göttlicher und menschlicher Sprache verdeutlicht. Im Dasein muß es möglich sein, Zeit auszusetzen, weil sonst die Idee, Erlösung könne für den Menschen – und für Gott – bereits hier einsetzen, sinnlos wäre.

Und Heidegger? Auch er tritt für ein Neues Denken ein, wie seine Konzeption vom »schonenden Denken« belegt[1]. Auch er definiert den Menschen als den Gebrauchten, von dessen Verhalten die Umgestaltung vom Sein in Seyn abhängt. Doch warum ist dieses überhaupt erstrebenswert? Für Rosenzweig würde sich eine solche Frage niemals stellen, da Erlösung ein fest im Glauben verwurzelter Gedanke ist. Wird dessen Kontext respektiert, steht von Anfang an fest, daß

[1] »*Der Schritt zurück* aus dem vorstellenden Denken in das schonende Denken entspricht dem Anspruch der Kehre.« *Anmerkungen VI–IX,* VIII, S. 255.

menschliches Wirken auf diese Vorstellung von Zukünftigkeit ausgerichtet ist.

Was macht aber das Seyn bedenkenswert? Der kurze Blick auf Arthur Schopenhauers Reflexion des Wollens in diesem Kontext sollte veranschaulichen, warum Heidegger diese Frage niemals stellen mußte. Denn Seyn denkend zu erfahren ist dem Menschen wesensimmanent. Weil das Bedürfnis nach dem Seyn kein Wollen ist, kann Heidegger es als Motivation menschlicher Seinsrelation ansetzen, ohne es damit als zielgerichtetes Streben titulieren zu müssen.

Die Erinnerung an das Denken Franz Rosenzweigs hat zwei Transformationsschritte kenntlich gemacht, in denen der Mensch seiner Auffassung nach Da-sein verwandelt.

Heidegger ist nicht an der Frage der Schöpfung oder auch nur des Ursprungs des Seins interessiert. Insofern wäre der erste Transformationsschritt, den Rosenzweig in der menschlichen Aneignung des von Gott Geschaffenen sieht, irrelevant, solange wirklich der Akzent auf der Vorstellung des Geschaffenen liegt. Die Notwendigkeit, Sein anzueignen, ist damit jedoch keineswegs aufgehoben.

Ein kurzer Moment der Unterbrechung mag einen höchst ungewöhnlichen Gedanken Heideggers aufzeigen. In der Textsammlung *Zum Ereignis-Denken* heißt es:

»Das Da weltet (noch nicht Welt und nicht Da-sein). Das da *weltet* – weder das ›Ich bin‹ – noch Dinge sind – noch beides ist wechselweise bezogen – sondern Verhängnis und Ereignis in einem, aber als unfaßlicher Wirbel.«[2]

Die Ansicht, daß Heidegger nicht an einer Bestätigung, ja nicht einmal an einer Widerlegung des Schöpfungsgedankens gelegen ist, bestätigt sich. Doch was beschreibt er hier? Es ist das Bild des Seins in einem Zustand, bevor der Mensch sich erfahrend und denkend auf dieses bezieht und es in Da-sein verwandelt. Daß Rosenzweig und er die Schreibweise von Dasein und Da-sein genau entgegengesetzt verwenden, wurde bereits erwähnt. Das aussagestarke Bild des »unfaßlichen Wirbels«, das durchaus an Vorstellungen von Chaos oder Tohu-wa-bohu erinnert, veranschaulicht ungestaltetes Sein.

Gewiß gehört diese Formulierung zu den seltenen Aussagen Heideggers, die diese Vorstellung purer Vorhandenheit ansprechen. Eine Aneignung durch den Menschen, so könnte gefolgert werden, hat hier noch nicht stattgefunden. Ermöglicht wird diese in jenem

---

[2] *Zum Ereignis-Denken*, II, S. 262.

Moment, in dem der Faktizität des »Da« ein Forderungscharakter attestiert wird.

Verschiedentlich verwendet Heidegger den Ausdruck des »Es gibt«. Dieser bezeichnet nicht nur das Vorhandensein von etwas. Vielmehr schließt er eine Ansprache an den Menschen ein, der dieser zu entsprechen vermag.

»Oder liegt im Geben schon die Weisung auf ein Nehmen; qua einem Geben des Es gibt? Indes müssen wir lernen, das Geben und das Es als Gebendes so zu erfahren, daß es im Geben der Gabe zugleich das Denken ergibt; dieses und d.h. das Wesende der Sterblichen gehört zur Gabe, und zu den Sterblichen gehört gleichanfänglich die Vierung, genauer: Gabe aus dem Anfang ist die Vierung, zu der die Sterblichen gehören. […] Das ›Es gibt‹ bleibt stets zu denken aus dem Ereignis (ganz anders als il y a). Das ›Es gibt‹ bleibt einbehalten im Ereignis als dem *Ver-hältnis.*«[3]

Die Passage wurde nahezu ungekürzt zitiert, da sie zu den interessantesten Ausführungen Heideggers zu diesem Begriff zählt. Indem er sich vom »il y a« distanziert, das seiner Deutung nach lediglich angibt, daß etwas vorhanden ist, hebt er die Verbundenheit hervor, in der der Mensch zum Sein steht. Der Anklang an das Relationsdenken, wie es im Geviert veranschaulicht wird, unterstreicht die Tatsache, daß Sein »Ver-hältnis« ist und sich als solches zu denken gibt. Doch damit nicht genug. Dieses Faktum bestimmt das Wesen des Menschen, der ›Sich-Verhaltender‹ ist. Bruchlos fügt sich diese Benennung den bereits angesprochenen Bezeichnungen als ›Gebrauchter‹ und ›Sein-Lassender‹ an, denn in allen drei Schattierungen wird ein und dieselbe Sichtweise bestätigt. Der Mensch ist nur im Kontext der Verwiesenheit zu denken, die der Vorstellung vom ethischen Raum zugrunde liegt. In Rosenzweigs Auffassung besteht der erste Transformationsschritt des Seins darin, Schöpfung in Welt zu verwandeln. Heideggers knappe Erwähnung des »Es gibt« korrespondiert dieser Vorstellung. Denn sie benennt die Tatsache des aufgegebenen Seins, das der Aneignung und damit Umwandlung durch den Menschen bedarf.

Gibt es auch für den zweiten Transformationsschritt, den Rosenzweig denkt, eine Entsprechung in Heideggers Schriften?

Rosenzweig deutet ihn als Aussetzen der Zeitlichkeit im Dasein,

---

[3] *Zum Ereignis-Denken,* VI, S. 932 f.

um dieses zum Ort der göttlichen Einwohnung gestalten zu können. Bei Heidegger heißt es:

»*(Ereignis)* als die Not und Lust des Seyns – diese selbst als Wahrheit = die *Stätte* des Gottes. *Seynsfrage* – diese Stätte bereiten – das Da.«[4]

Es macht Sinn, daß Heidegger erst in der reflektierten Form vom Da-sein spricht. Denn fast greifbar weitet der Bindestrich das Da und sein Sein in eine Distanz, die aber kein Auseinanderdriften zuläßt. So erscheint Da-sein als Bildlichkeit der ›bereiteten Stätte‹.

Auf die Vorstellung Heideggers, daß das Da-sein Ort des menschlichen Wohnens ist, wurde in einiger Ausführlichkeit hingewiesen. Auch wenn er als Quelle dieses Begriffes Friedrich Hölderlin angibt, ist dessen Parallelität zu Rosenzweigs Verwendung nicht zu übersehen. Für diesen ist das Bild der Einwohnung Gottes in der Welt Metapher der Erlösung.

In Heideggers Denken bezeichnet das Wohnen die intensivste Möglichkeit des Menschen, sich schonend im Sein zu verhalten und das heißt, Seyn zu gründen. Bis zu diesem Punkt zeigt sich eine Entsprechung seiner Ansichten mit jenen Franz Rosenzweigs. Wenn zu fragen ist, ob seiner Konzeption des Seyns eventuell eine ähnliche Funktion wie jener der Erlösung bei Rosenzweig zukommt, wird ein erster Ansatz zur Beantwortung erkennbar. Grundlegend wird die Annahme sein, daß die Begriffe »Erlösung« und »Seyn« ein und denselben Gedanken symbolisieren: das zu sich befreite Sein.

Die Vorstellungen beider Denker setzen den Menschen als den zur Umwandlung des Daseins/Da-seins Geforderten und Befähigten ein, und zwar in die »Kreuzungsmitte des Seienden«, wie es bei Heidegger heißt. Um dieses noch einmal zu verdeutlichen: Es geht im Moment nicht darum, zu fragen, ob Erlösung und Seinswandel zu identifizieren sind. Es ist für die Bewertung der Konzeptionen von Rosenzweig und Heidegger aber unverzichtbar, danach zu fragen, was beide Vorstellungen für die Bestimmung des Menschen bedeuten. Beide sehen in ihm den Gebrauchten, oder, um einen gängigeren Ausdruck zu verwenden, den Verantwortlichen – in Rosenzweigs Sicht aufgrund göttlicher Bestimmung, nach Heideggers Auffassung als Ausdruck seines Wesens. Der Spielraum der Verantwortung ist in beiden Perspektiven durch die Benennung seinsrelevanter Elemente

---

[4] *Zum Ereignis-Denken,* II, S. 245.

abgesteckt, wie sie in den formalen Entwürfen von Stern und Geviert veranschaulicht werden. Dadurch bestimmt sich das Regelwerk, das innerhalb dieses existentiellen Raumes gilt. Es basiert auf dem Gedanken der Relation alles Seiende zum jeweils Anderen, dem ›Gegenüber‹, wie es bei Rosenzweig heißt, oder dem ›Gegeneinanderüber‹ in der Terminologie Heideggers. Existentieller Raum ist zugleich ethischer Raum, das heißt die Stätte, an der Erlösung und Seynsgründung Statt finden.

Beide Denker, so hatte sich gezeigt, gehen von einer Wesensbestimmung des Menschen aus. Rosenzweig leitet sie aus der Tatsache ab, daß der Mensch als Geschaffener existiert, Heidegger daraus, daß er Seiender ist. Trotz dieser vermeintlichen Divergenz stimmen sie in einem entscheidenden Gedanken überein. Für beide bedeutet Wesensbestimmung keinesfalls einen Automatismus, der menschliches Handeln per se definiert, nicht einmal im Falle der göttlichen Gebote. In beiden Konzeptionen, die den Menschen als den Gebrauchten sehen, ist dieser nicht nur für sein Verhalten verantwortlich, bis die Situation, die es erforderlich macht, vorüber ist. Seinsrelation ist kein situatives und endliches Handeln, sondern existentielle Bedingung schlechthin. So läßt sich das Gelingen oder das Versagen existentieller Verantwortung nicht am einzelnen Ergebnis ablesen, sondern nur an den Folgen, die sich daraus für das gesamte Sein ergeben. Und das hatten Rosenzweig und Heidegger mit ihren Konzepten von Stern und Geviert veranschaulicht: Kein scheinbar noch so isoliert erscheinendes Handeln bleibt ohne Folgen für das Gesamt.

Ausgangspunkt dieser zuletzt angestellten Betrachtungen war die Frage, ob Erlösung und Seyn eine analoge Funktion zukommt. Eine eindeutig bejahende Antwort ist nun möglich. Erst durch ihre Deutung gelingt es beiden Denkern, die Vorstellung vom ethischen Raum in ganzer Breite zu entfalten, indem sie eine letzte Überlegung anschließen. Woran wird es erkennbar, ob Erlösung oder Seyn stattfindet? An der Perspektive, in der Sein vergegenwärtigt wird.

Wie so oft, wenn sich eine Antwort allzu schlicht gibt, wird sie im ersten Moment vermutlich enttäuschen. In den zurückliegenden Betrachtungen lag den unterschiedlichen Deutungen stets eine bestimmte Ausrichtung zugrunde. Dabei ging es nie in erster Linie um die Klärung, was beispielsweise Schöpfung oder Offenbarung, Sein ober Seyn sind, sondern was es bedeutet, wenn ein Mensch diese denkt. Was verändert sich für sein Selbst- und Welterleben, wenn er etwa den Gedanken der Schöpfung durch jenen des Seins ersetzt?

Wenn es nun heißt, daß das Geschehen von Erlösung oder Seyn an der veränderten Perspektive erkennbar ist, unter der ein Mensch Welt erfaßt, dann folgt diese Antwort genau dem beschriebenen Muster. In den ersten Seiten dieses Textes wurde in ähnlicher Weise gefragt, was Seinsverlassenheit, von der Heidegger spricht, für den Menschen bedeutet. Die Antwort lautete: die verlorene Perspektive. Ohne daß hier an den phänomenologischen Terminus der Einstellung angeknüpft werden soll, meint Perspektive eine Weise, sich zu Seiendem zu verhalten. Wie verändert sich also das Verhalten unter dem Eindruck von Erlösungs- oder Seynsmöglichkeit?

Es wird sich sammelnder Ausdruck der Erkenntnis, in einem Kontext der Verwiesenheit zu existieren. Und vor allem wird es Ausdruck des Begreifens, daß jede Artikulation der Existenz das Gefüge der Verweisungen betrifft. Es könnte gefragt werden, ob diese Einsicht nicht bereits durch das Denken von Sein und Schöpfung, um dieses Begriffspaar zu wählen, hätte vermittelt werden können. Daß dieses nicht so ist, zeigen Franz Rosenzweig und Martin Heidegger.

Sehr deutlich wird Rosenzweigs Position, wenn er die Funktion des gemeinsamen Gebetes beschreibt. In diesem Zusammenhang spricht er davon, daß es im Grunde nur noch Geste ist, in der die Menschen ihre Verbindung zum Göttlichen dankend bestätigen.

Nachdem er zuvor Schöpfung und Offenbarung als Transformation vom Da-sein zum Dasein vor allem als Sprachgeschehen interpretiert hatte, wirkt dieses Einschwenken auf die lautlose Bekundung des Blickes, unter dem sich der Zusammenhang des Seins erfahren läßt, konsequent. Alles Geschehen hat sich ereignet, die Stätte ist bereitet, so daß nur noch das Schweigen als tiefste Bestätigung menschlicher Wesenserfüllung bleibt.

Kann es für eine solche Auffassung eine Entsprechung in Martin Heideggers Denken geben? Sie zeigt sich in seinen Aussagen zum Danken und zum Schweigen[5], vor allem aber in seiner Hinwendung

---

[5] »Im ungesprochenen Gespräch schweigen: Der Bauer – bauend die Nähe von Welt.« *Vier Hefte I und II*, II, S. 104 und auch S. 108: »Austragen in die Stille: eintragen das Geviert der Welt in sie.«
Und in *Anmerkungen VI–IX*, VIII, S. 263 heißt es: »Maß und Weisung empfängt das Denken des Seyns☓ im Ungesprochenen der Sprache.« Selbst in *Vom Wesen der Sprache* (1939) heißt es: »Hören auf – als Schweigen, Hin-nehmen, *›nichts dazu sagen‹*, Er-*schweigen*. Hören – *den Austrag der Entgegnung und des Streits*, die *›Fügun-*

zum Gedanken des Sein-lassens, der sich in den späteren Schriften an die Stelle vorheriger Vorstellungen des Erwirkens und Erkämpfens setzt.

Es wäre falsch, dieses Sein-lassen als Voraussetzung für den Seinswandel zum Seyn bezeichnen zu wollen. Denn dieser wird nicht gedacht, sondern er gibt sich zu denken. So müßte die Vorstellung der Voraussetzung durch die des Weges ersetzt werden, der, wie es Heidegger ja so oft beschreibt, Sichtweisen eröffnet, die niemals gesucht wurden. Es wurde gezeigt, daß Sein-lassen alles andere als Ausdruck von Gleichgültigkeit ist. Vielmehr ist es Begriff für Zu-lassen, Geschehen-lassen, Sich-angehen-lassen. Diese Aspekte zusammenfassend, sieht Heidegger im Lassen dasjenige, das das Wesen des Menschen ausmacht:

»An-wesender ist, wohnender, der Mensch im Lassen als im Tun; denn jenes gewährt Ankunft, dieses betreibt Vergehen.«[6] Und im zweiten der *Vier Hefte* heißt es:

»*Lassen* – Die Gegenstände in Ruhe lassen, wie sie gerade sind und zu sein scheinen, ist ein anderes als: das Anwesende aus seinem Anwesen in die Ruhe des Dinges gemäß der Einkehr der Enteignis einkehren lassen. […] Das gewöhnliche Lassen beschränkt sich darauf, ins gegebene Gewöhnliche sich zu bequemen. Das schonende Lassen dagegen ist hohes Tun. Aber auch dieses Lassen ist Antwort einem Lassen, als welches die Enteignis den Menschen in das schonende Wesen vereignet.«[7]

Denn dieses fordert Heidegger als Charakteristikum des schonenden Denkens: sich auf das Sein einzulassen. Trotz der Bedeutung, die dem zeigende Zeichen auch in seiner Auffassung zukommt, durch das der Mensch auf Dinge verweist und sie zu jeweils einzelnen und einzigen Konstituentien der Welt erklärt, ist hierin doch kein Akt subjektiver Zuweisung von Funktionsbezügen zu sehen. Auch das Zeigen folgt einem Sich-ansprechen-lassen vom Gezeigten. So entscheidend es ist, die Bedingungen der Seinsverlassenheit zu reflektieren und hierüber aufzuklären, tritt doch im menschlichen Verhalten im Sein ein Augenblick ein, in dem es nichts mehr zu benennen und

gen‹ in die Er-eignung. *Inständigkeit im Wort* – als *gründendem Grund. Nie:* Gehorsam gegen Befehl.« S. 110.

[6] *Vier Hefte I und II*, I, S. 33. »Wir sollen darum nicht nur *nichts* tun, wir dürfen auch nach ›tun‹ überhaupt nicht fragen; gesetzt, daß wir in der Nähe wohnen.« *Anmerkungen VI–IX*, VII, S. 135.

[7] *Vier Hefte I und II*, II, S. 122 f.

zu reflektieren gilt, sondern in dem der Mensch sich zu erkennen gibt. Bisher wurde er als der Gebrauchte bezeichnet, womit bereits eine Verschiebung zur Titulierung während der Kriegsjahre erfolgte. Gebraucht ist der Mensch für die Bereitung der Stätte des Da, wie Heidegger schreibt.

Wenn es um die Frage geht, ob in seinem Denken eine Vorstellung zu finden ist, die der Erlösungsvorstellung Franz Rosenzweigs entspricht, dann müßte sich eine weitere Verschiebung abzeichnen. Für Rosenzweig drückt das menschliche Denken der Erlösung die tiefste Bestätigung der menschlichen Wesenserfüllung aus. Was durchaus pathetisch klingt, besagt letztlich nur, daß der Mensch nicht mehr hätte tun können, um seinem Wesen zu entsprechen. So ist dessen letzte Bestätigung tatsächlich nur noch Demonstration, Bekennen und Bezeugen des erfüllten Seins. Mit Blick auf die Schöpfung hatte Rosenzweig eine Formulierung geprägt: »Es ist schon etwas da«. Diese kann nun durch das existentielle Testat ergänzt werden, das der Mensch in diesem Bezeugen ausspricht: »So – ist es«. Erst jetzt fügen sich Schöpfung, Offenbarung und Erlösung zum Gesamtbild des zu sich befreiten Seins.

Gibt es eine vergleichbare Einsicht auch für Martin Heidegger? Und wenn es sie gibt, wann tritt sie ein? Genau dann, wenn es offensichtlich ist, daß Handeln dem Menschen möglich, doch das »hohe Tun« ihm gemäß ist.

»›*Verhaltenheit*‹ dabei nicht ›Untätigkeit‹ – sondern höchster *Wille*, aber auch zugleich – tiefste Über-eignung – *Zu-gehörigkeit* in das Seiende im Ganzen.«[8]

Diese Einsicht hat nichts mit Resignation zu tun. Sie zeigt die deutlichste Artikulation menschlicher Befähigung, die darin liegt, auf seine Fähigkeit des Wirkens zu verzichten. Auf diese Weise bestätigt er die Relationalität des Seins in einer Weise, die im Kontext westlicher Rationalität nicht selbstverständlich ist. Der Mensch existiert in Bezug zum Sein, das er gestaltet, ohne es seinem Willen zu unterwerfen.

In zweifacher Ausrichtung wurde nach der möglichen Verwandtheit der Begriffe von Erlösung und Seyn gefragt. Einmal mit Blick darauf, was sie bezeichnen, und einmal mit Blick darauf, was ihr Gedanke bewirkt. Sie benennen in den Konzeptionen von Rosen-

---

[8] *Zum Ereignis-Denken*, III, S. 327.

zweig und Heidegger ein und dasselbe, nämlich das zu sich befreite Sein. So sind sie Titulierungen eines erfüllten Seins, dessen Denkmöglichkeit durch ihre Bezeichnung gewährleistet ist.

Und was bewirkt ihr Gedanke? Er ermutigt den Menschen dazu, sich selbst als den Erfüllenden zu begreifen. Dabei ist es von sekundärer Bedeutung, ob Erfüllung in religiösem oder existentiellem Kontext verstanden wird. Denn sie bedeutet, Sein in der Fülle des Möglichen zu denken, was auch heißt, es in wesentlicher Unvollständigkeit zu erfassen. In dieser Spannung, die aus dem Denken des Ausstehenden und dem Erfahren des Gegebenen entsteht, wurzelt die existentielle Dynamik, für deren Artikulation das Neue Denken Instrument sein soll. Das Unerfüllte ist nicht das Unfertige, das der Komplettierung bedarf, sondern dasjenige, das es im Dasein zu erfüllen gilt, um hier, vor Ort, das Mögliche seiner Denkbarkeit auszuschöpfen.

Hier diagnostizieren Franz Rosenzweig wie auch Martin Heidegger Defizite des Seinsgewahrens. Beide präsentieren kompakte Darstellungen des Seins, die dieses in seiner Relationalität erschließen. Genau das ist aber die Perspektive, von der es an früherer Stelle hieß, daß sie dem Menschen abhanden kam. Sie zeichnet sich durch die abstrakte Gültigkeit des Denkbaren ebenso aus wie durch die faktische Bedeutung des Erfahrbaren. Weder Rosenzweig noch Heidegger sind bereit, letztere zugunsten ersterer aufzugeben, ganz im Gegenteil. Sein zu begreifen, heißt, es in seinem Wesen zu denken und in seiner Wesentlichkeit zu erfahren.

Ausblick

Doch heißt das auch, ihr entsprechend zu handeln? Wohin führen die Betrachtungen, die eine so deutliche Korrespondenz zweier Konzeptionen vom Sein zeigen? Der Entwurf des ethischen Raumes wurde sichtbar, nicht nur in metaphorischer Bedeutung, sondern als erkennbare Konstruktion. In den Figuren von Stern und Geviert wurde eine Ermöglichungsstruktur der Verweisung deutlich, die den Menschen in seiner existentiellen Bezogenheit darstellt. Diese auch als essentielles Profil zu betrachten, das sein Wesen über sein Wollen hinaus fordert, relativiert die Vorstellung menschlicher Subjektivität. Nicht das Fragen ist Grund der Seinsbeziehung, sondern ein Sich-angehen-lassen, in dem offenbar wird, was besteht. Doch nicht in einem reinen Wissen um das Sein sehen Franz Rosenzweig und Martin Heidegger das Eigene des Menschen, sondern darin, Faktizität in Erfahrung zu erschließen, um somit Sein zu bezeugen. Und dies heißt nichts anderes, als es zum Primat daseinsgültiger Reflexionen zu erklären.

Die Besonderheit ihres Denkens liegt darin, daß sie diese Ansicht gerade nicht zu der Folgerung veranlaßt, im Menschen das Zentrum der Seinserfahrung zu sehen. Statt dessen erscheint er als der Gebrauchte, der Schöpfung und Sein als offene Konzepte der Verwiesenheit begreift.

Bis zu diesem Punkt wies das Neue Denken. Vielleicht wirkt der Ertrag allzu karg in Anbetracht des erheblichen argumentativen Aufwandes, den beide Theoretiker auf sich nehmen. Was unspektakulär wirken mag, ist jedoch eine Leistung von nicht zu unterschätzender Bedeutung. Denn von welchen Begriffen der Schöpfung und des Seins gehen beide aus? Für Rosenzweig stellt der Glaube an die Schöpfung religiöse Gewißheit dar. Wie weit darf sie damit Gegenstand philosophischer Interpretation werden? Indem er die reglementierende Kraft, die diese Frage möglicherweise beinhaltet, in positivem Sinne auslegt, stellt er den Geschehnis-Charakter der Schöpfung unter ausdrücklicher Betonung menschlicher Initiative dar.

Heidegger findet einen Begriff vom Sein vor, der durch eine unzureichende Definition von Metaphysik zu einer ontologischen Formel faktischer Irrelevanz verkümmert ist. Diese in einen Ausdruck weltbezogener Relationalität zu verwandeln, ist sein Ziel. Damit bricht er, dem Anspruch von Franz Rosenzweig nicht unähnlich, ein zu seiner Zeit erstarrtes Konzept auf und erkundet mögliche Felder seiner Bedeutung. Wie wichtig ein solcher Ansatz gerade im Kontext der Formulierung einer Nachkriegs-Philosophie gewesen ist, ließen die einleitenden Überlegungen zum Humanismus vermuten.

An früherer Stelle hieß es, daß der Mensch als der Gebrauchte zugleich als der Verantwortliche bezeichnet werden kann. Diese Feststellung soll nun noch einmal aufgegriffen werden, um einem nur gestreiften Gedanken ein Stück weiter zu folgen: Taugt Heideggers Modell des ethischen Raumes für eine aktuelle Reflexion?

Reicht es aus, Verantwortung in einem Verhalten zu sehen, wie er es beschreibt? Wird ausschließlich auf sein Werk geschaut, ist diese Annahme überraschend genug, weil damit Sein als Verweisungsgefüge bestimmt wird. Es wurde erkennbar, daß er an einer Weiterführung dieser Vorstellung, wie er sie formal im Geviert skizziert, nicht interessiert gewesen ist.

Doch könnte genau diese Ausarbeitung die Frage danach hervorrufen, wie belastbar sein Konzept letztlich ist.

Hier von Belastbarkeit zu sprechen, soll den Blick auf die Überlegung richten, ob das Modell vom ethischen Raum, das in sich stimmig konstruiert ist, auch einem Denken unter situativer Bedingtheit standhält. Ist es am Ende nur eine faszinierende Strukturskizze, die das Verstehen des Seins fördert, oder geht von ihm irgendeine ethisch motivierende Kraft aus?

Mehrfach klang in den zurückliegenden Betrachtungen die Befürchtung an, daß Heideggers Sicht des Menschen diesen in zu stark formalisierter Perspektive zeigt. Die Vermutung, daß seine Aussagen damit für eine Theorie der Gemeinsamkeit, die in Prozessen tatsächlichen Miteinanders Anwendung finden könnten, verloren wären, wurde bislang zurückgestellt. Denn zunächst ging es darum, die Besonderheit seines Begriffes vom Menschen im Entwurf seiner Metaphysikkritik herauszustellen. In diesem Zusammenhang deutete er weit über das Erwartete hinaus. Denn aus der früh formulierten Vorstellung des Mitseins entwickelt Heidegger in seinen späteren Texten eine Theorie über menschliche Verantwortung der Welt gegenüber, die zum Entsprechungsraum des Gevierts wurde.

Der Schritt, diese auch als Ort menschlicher Beziehungen zu verstehen, die nicht nur im Wissen um den Anderen, sondern im gemeinsamen Agieren bestehen, blieb aus. Ein letztes Mal kann und muß hier an Heideggers Überzeugung erinnert werden, daß Tun kein zielgerichtetes Handeln sein sollte. Setzt dieses Verdikt alle weiteren Fragen nach dem ethischen Belang seiner Gedanken auf unbestimmte Zeit aus?

Ein Blick in die Schriften des Emmanuel Lévinas spricht dagegen. Denn in seiner immer wieder anklingenden Auseinandersetzung mit dem Werk Martin Heideggers spiegelt sich dessen Konzeption des ethischen Raumes. So trägt sein Bild der unbedingten Verantwortung für den Anderen wie auch sein Begriff von Sprache und Innerlichkeit unter aller sich abgrenzenden Artikulation noch erkennbare Züge des Heideggerschen Denkens der späteren Jahre.

Zugleich zeichnet Lévinas besonders durch seine Deutung jener Verwundbarkeit, die das Antlitz des Anderen in jedem Augenblick zu erkennen gibt, ein gänzlich anderes Bild des Menschen als Heidegger. Denn nun scheint es wirklich um den begehrenden, leidenden, unterweisenden, Gerechtigkeit einfordernden Menschen zu gehen, dessen Beachtung Heideggers Schriften vermissen ließen. Bedeutet das aber auch, daß nun anders über das menschliche Handeln gedacht und gesprochen werden kann?

Wenn es zutrifft, daß Heideggers Deutung des ethischen Raumes als Fundament unbedingter Verantwortung sich im Denken von Emmanuel Lévinas in stärkerem Umfang erhalten hat, müßte sich die Überlegung anschließen, ob es ihm gelingt, ihn zum Rahmen einer Ethik der Zugewandtheit, die sich in der Tat realisiert, zu erweitern. Doch das kaum für möglich Gehaltene zeichnet sich ab. Trotz aller Bemühung, die Dynamik zu beschreiben, die zwischen Menschen in den Denominationen des Selben und des Anderen stattfinden sollte, scheint diese doch in eine Konzeptualisierung zu münden, die situatives Denken erschwert. Für einen Augenblick der Spur zu folgen, die Heideggers Denken im Werk des Emmanuel Lévinas zeichnet, öffnet den neuerlichen Blick für dessen Interpretation, die die Frage seiner möglichen Bedeutung für eine moderne Ethik-Diskussion noch nicht ausgeschöpft hat.

Nachweis der Überschriften-Zitate

»Wir sind ja und sind doch nicht« – *Ereignis-Denken I,* III, S. 278.

»Das langsame Wort des Seyns zu denken ist schwer« – *Anmerkungen I–V,* I, S. 18.

»Denn die Erfahrung weiß ja nichts von Gegenständen« – *Das Neue Denken,* S. 147.

»Aber das Seyn ließ nie im Seienden eine Spur« – *Besinnung,* XIV, S. 202.

»Doch sie wachen, die geheimen Wächter« – *Besinnung,* I, S. 6.

»Erst wenn die Vierung von Welt ins Spiel kommt« – *Anmerkungen VI–IX,* VII, S. 140f.

»Eine andere Einheit ist es« – *Der Stern der Erlösung,* Schwelle, S. 283.

»Die Kreuzungsmitte alles Seienden« – *Besinnung,* II, S. 42.

»Wir gehören in das Einfache« – *Anmerkungen VI–IX,* IX, S. 352.

»Einfältig wandeln mit deinem Gott« – *Der Stern der Erlösung,* Tor, S. 472.

»Woran legt das Denken seine stille Hand?« – *Anmerkungen I–V,* IV, S. 379.

»Wann lernt der Mensch das Wohnen auf dieser Erde?« – *Zum Wesen der Sprache,* S. 49.

»Über dem Hause der Sprache« – *Der Stern der Erlösung,* II, III, S. 258.

»So reicht sich eines dem anderen hinüber« – *Das Wesen der Sprache,* III, S. 211.

»Du kamst als Gruß mir entgegen« – *Zum Wesen der Sprache,* S. 127.

»So siegelt Gott und so siegelt der Mensch auch« – *Der Stern der Erlösung,* Tor, S. 471.

»Ein fester Stern über dem Land des Herzens« – *Überlegungen XI–XVI,* XIII, S. 104.

»Wir wissen, daß wir ein Gang sind zum Seyn« – *Überlegungen XII–XV,* XII, S. 110.

»Im Lichten wohnen wir hörend« – *Vier Hefte I und II,* I, S. 36.

Literaturverzeichnis

I. Martin Heidegger

Erläuterungen zu Hölderlins Dichtung (1936–1968), Hrsg. F.-W. von Herrmann, [I,4], Frankfurt/M. ^{3}2012.

Holzwege (1935–1946), Hrsg. F.-W. von Herrmann, [I,5], Frankfurt/M. ^{8}2003.

Vorträge und Aufsätze (1936–1953), Hrsg. F.-W. von Herrmann, [I,7], Frankfurt/M. 2000.

Was heißt Denken? (1951/52), Hrsg. P.-L. Coriando, [I,8], Frankfurt/M. 2002.

Wegmarken (1919–1961), Hrsg. F.-W. von Herrmann, [I,9], Frankfurt/M. 2004.

Der Satz vom Grund (1955/56), Hrsg. P. Jaeger, [I,10], Frankfurt/M. 1997.

Identität und Differenz (1955–1957), Hrsg. F.-W. von Herrmann, [I,11], Frankfurt/M. 2006.

Aus der Erfahrung des Denkens (1910–1976), Hrsg. H. Heidegger, [I,13], Frankfurt/M. ^{2}2002.

Zur Sache des Denkens (1962–1964), Hrsg. F.-W. von Herrmann, [I,14], Frankfurt/M. 2007.

Seminare (1951–1973), Hrsg. C. Ochwadt, [I,15], Frankfurt/M. 2005.

Reden und andere Zeugnisse eines Lebensweges (1910–1976), Hrsg. H. Heidegger, [I,16], Frankfurt/M. 2000.

Hölderlins Hymnen ›Germanien‹ und ›Der Rhein‹ (WS 1934/35), Hrsg. S. Ziegler, [II,39], Frankfurt/M. ^{3}1999.

Die Frage nach dem Ding. Zu Kants Lehre von den transzendentalen Grundsätzen (WS 1935/36), Hrsg. P. Jaeger, [II,41], Frankfurt/M. 1984.

Beiträge zur Philosophie (Vom Ereignis) (1936–1938), Hrsg. F.-W. von Herrmann, [III,65], Frankfurt/M. ^{3}2003.

Besinnung (1938/39), Hrsg. F.-W. von Herrmann, [III,66], Frankfurt/M. 1997.

Metaphysik und Nihilismus (1938/39 und 1946/48), Hrsg. H.-J. Friedrich, [III,67], Frankfurt/M. 1999.

Das Ereignis (1941/42), Hrsg. F.-W. von Herrmann, [III,71], Frankfurt/M. 2009.

Zum Wesen der Sprache und zur Frage nach der Kunst, Hrsg. Th. Regehly, [III,74], Frankfurt/M. 2010.

Zu Hölderlin – Griechenlandreisen, Hrsg. C. Ochwadt, [III,75], Frankfurt/M. 2000.

Feldweg-Gespräche (1944/45), Hrsg. I. Schüßler, [III,77], Frankfurt/M. 1995.

Bremer und Freiburger Vorträge (1949, 1957), Hrsg. P. Jaeger, [III,79], Frankfurt/M. 2005.

Gedachtes, Hrsg. P.-L. Coriando, [III,81], Frankfurt/M. 2007.

Seminar: Vom Wesen der Sprache, Hrsg. I. Schüßler, [IV,85], Frankfurt/M. 1999.
Nietzsche-Seminare 1937 und 1944, Hrsg. P. von Ruckteschell, [IV,87], Frankfurt/M. 2004.
Zollikoner Seminare, Hrsg. P. Trawny, [IV,89], Frankfurt/M. 2018.
Seminare (Übungen) 1937/38 und 1941/42, Hrsg. A. Denker, [IV,88], Frankfurt/M. 2008.
Zu Ernst Jünger, Hrsg. P. Trawny, [IV,90], Frankfurt/M. 2004.
Überlegungen II–IV (Schwarze Hefte 1931–1938), Hrsg. P. Trawny, [IV,94], Frankfurt/M. 2014.
Überlegungen VII–XI (Schwarze Hefte 1938/39), Hrsg. P. Trawny, [IV,95], Frankfurt/M. 2014.
Überlegungen XII–XV (Schwarze Hefte 1939–1941), Hrsg. P. Trawny, [IV,96], Frankfurt/M. 2014.
Anmerkungen I–V (Schwarze Hefte 1942–1948), Hrsg. P. Trawny, [IV,97], Frankfurt/M. 2015.
Vier Hefte I und II (Schwarze Hefte 1947–1950), Hrsg. P. Trawny, [IV,99], Frankfurt/M. 2019.
Der Ursprung des Kunstwerkes, Stuttgart 1982.
Gelassenheit. Heideggers Meßkircher Rede von 1955, Freiburg/Br. ^{2}2015.
Aus der Erfahrung des Denkens, Stuttgart ^{8}2005.
Unterwegs zur Sprache, Stuttgart ^{14}2007.
Martin Heidegger – Heinrich Rickert. Briefe 1912–1933 und andere Dokumente, Hrsg. A. Denker, Frankfurt/M. 2002.
Martin Heidegger – Karl Jaspers. Briefwechsel 1920–1963, Hrsg. W. Biemel, H. Saner, Frankfurt/M. 1990.
Martin Heidegger – Hannah Arendt. Briefe 1925–1975, Hrsg. U. Ludz, Frankfurt/M. ^{4}2013.
Martin Heidegger – Ernst Jünger. Briefe 1949–1975, Hrsg. G. Figal, Stuttgart 2008.
Martin Heidegger – Elisabeth Blochmann 1918–1969, Hrsg. J. W. Storck, Marbach 1989.
Martin Heidegger Briefwechsel mit den Eltern und Briefe an die Schwester, Hrsg. J. Heidegger, A. Denker, [Martin Heidegger Briefausgabe I.1], Freiburg/Br. 2013.
Briefwechsel Martin Heidegger – Karl Löwith 1919–1973, Hrsg. A. Denker, H. Zaborowski, [Martin Heidegger Briefausgabe II.2], Freiburg/Br. 2017.

II. Franz Rosenzweig

Hegel und der Staat, Hrsg. F. Lachmann, Berlin 2010.
Der Stern der Erlösung, Frankfurt/M. 1988.
Der Mensch und sein Werk. Briefe und Tagebücher 1900–1918, Hrsg. R. Rosenzweig, E. Rosenzweig-Scheinmann, [Gesammelte Schriften, 1.1], The Hague 1979.

Der Mensch und sein Werk. Briefe und Tagebücher 1918–1929, Hrsg. R. Rosenzweig, E. Rosenzweig-Scheinmann, [Gesammelte Schriften, 1.2], The Hague 1979.

Der Mensch und sein Werk. Zweistromland. Kleinere Schriften zu Glauben und Denken, Hrsg. R. und A. Mayer, [Gesammelte Schriften, 3], Dordrecht 1984.

Der Mensch und sein Werk. Fünfundneunzig Hymnen und Gedichte, Hrsg. R. Rosenzweig, [Gesammelte Schriften, 4.1], The Hague 1983.

Der Mensch und sein Werk. Arbeitspapiere zur Verdeutschung der Schrift, Hrsg. R. Bat-Adam, [Gesammelte Schriften, 4.2], The Hague 1984.

Das Büchlein vom gesunden und kranken Menschenverstand, Hrsg. N. N. Glatzer, Frankfurt/M. 1992.

Mein Ich entsteht im Du. Ausgewählte Texte zu Sprache, Dialog und Übersetzung, Hrsg. K.-H. Brodbeck, S. Grätzel, B. Schuppener, Freiburg/Br. 2013.

Die »Gritli«-Briefe: Briefe an Margit Rosenstock-Huessy, Hrsg. I. Rühle, R. Mayer, Tübingen 2002.

Judaism despite christianity. The 1916 wartime correspondence between Eugen Rosenstock-Huessy and Franz Rosenzweig, Hrsg. E. Rosenstock-Huessy, Chicago 2011.

III. Weitere verwendete Werke

Günther Anders, *Über Heidegger,* Hrsg. G. Oberschlick, München 2001.

Jean Beaufret, *Wege zu Heidegger,* Übers. C. Maihofer, Frankfurt/M. 1976.

Ders., *Dialogue avec Heidegger: Tom 3, Approche de Heidegger,* Paris 1974.

Hans-Georg Gadamer, *Heideggers Wege. Studien zum Spätwerk,* Tübingen 1983.

Stefan George, *Der Stern des Bundes,* Berlin 1928.

Ders., *Gedichte,* Hrsg. G. Baumann, Stuttgart 2008.

Karl Jaspers, *Notizen zu Martin Heidegger,* Hrsg. H. Saner, München 2013.

Emmanuel Lévinas, *Schwierige Freiheit. Versuch über das Judentum,* Übers. E. Moldenhauer, Frankfurt/M. 1992.

Ders., *Außer sich. Meditationen über Religion und Philosophie,* Übers. M. F. Miething, München 1991.

Emmanuel Lévinas, *Totalität und Unendlichkeit. Versuch über die Exteriorität,* Übers. W. N. Krewani, München 1993.

Ders., *Vom Sein zum Seienden,* Übers. W. N. Krewani, München 2008.

Ders., *Die Zeit und der Andere,* Übers. L. Wenzler, Hamburg 1984.

Ders., *Ausweg aus dem Sein,* Übers. A. Chucholowski, Hamburg 2005.

Ders., *Wenn Gott ins Denken einfällt. Diskurse über Betroffenheit von Transzendenz,* Übers. Th. Wiemer, Freiburg/Br. 1985.

Ders., *Die Spur des Anderen. Untersuchungen zur Phänomenologie und Sozialphilosophie,* Übers. W. N. Krewani, Freiburg/Br. 1983.

Ders., *Humanismus des anderen Menschen,* Übers. L. Wenzler, Hamburg 1989.

Ders., *Jenseits des Seins oder anders als Sein geschieht,* Übers. Th. Wiemer, Freiburg 1992.

Ders., *Die Unvorhersehbarkeit der Geschichte,* Übers. A. Letzkus, Freiburg/Br. 2006.

Ders., *Verletzlichkeit und Frieden. Schriften über die Politik und das Politische,* Hrsg. P. Delhom, A. Hirsch, Zürich 2007.

Ders., *Totalité et infini. Essai sur l'extériorité,* Paris 1971.

Ders., *De l'existence à l'existant,* Paris 2004.

Ders., *Oeuvres I. Carnets de captivité suivi de Écrits sur la captivité et Notes philosophiques diverses,* Hrsg. R. Calin, C. Chalier, Paris 2009.

Ders., *Oeuvres II. Parole et Silence et autres conférences inédites au Collège philosophique,* Hrsg. R. Calin, C. Chalier, Paris 2009.

Karl Löwith, *Heidegger – Denker in dürftiger Zeit. Zur Stellung der Philosophie im 20. Jahrhundert,* [Sämtliche Schriften, 8], Stuttgart 1984.

Ders., *Martin Heidegger und Franz Rosenzweig: Ein Nachtrag zu ›Sein und Zeit‹,* in: *Zeitschrift für philosophische Forschung* 12 (1958) 161–187.

Jean-François Lyotard, *Heidegger und »die Juden«,* Übers. C.-C. Härle, Wien [2]2005.

Jean-Luc Nancy, *Banalité de Heidegger,* Paris 2015.

Jean-Luc Nancy, *Singulär plural sein,* Übers. U. Müller-Schöll, Zürich 2012.

Eugen Rosenstock-Huessy, *Die kopernikanische Wende in der Sprachphilosophie,* Hrsg. K.-H. Brodbeck, S. Grätzel, B. Schuppener, Freiburg/Br. 2012.

Jean-Paul Sartre, *L'existentialisme est un humanisme,* Hrsg. A. Elkaïm-Sartre, Paris 1996.

Ders., *Der Existentialismus ist ein Humanismus und andere philosophische Essays (1943–1948),* Übers. W. Bökenkamp, [GW, 4] Reinbek 2000.

Gershom Scholem, *Das Davidschild,* Frankfurt/M. 2010.

Oswald Spengler, *Der Untergang des Abendlandes. Umrisse einer Morphologie der Weltgeschichte,* München 1998.

Alphonse de Waelhens, *La philosophie de Martin Heidegger,* [Bibliotheque philosophique de Louvain, 2], Louvain 1955 (1942).

IV. Literatur zu Martin Heidegger

Kevin A. Aho, *Heideggers's neglect of the body,* New York 2010.

William H. F. Altman, *Martin Heidegger and the First World War. ›Being and Time‹ as funeral oration,* Maryland 2012.

Diana Aurenque, *Ethosdenken. Auf der Spur einer ethischen Fragestellung in der Philosophie Martin Heideggers,* [Alber-*Reihe* Thesen, 44], Freiburg/Br. 2011.

Ralf Becker, *Sinn und Zeitlichkeit: Vergleichende Studien zum Problem der Konstitution von Sinn durch die Zeit bei Husserl, Heidegger und Bloch,* Würzburg 2003.

Between Lévinas and Heidegger, Hrsg. J. E. Drabinski, E. S. Nelson, [Suny series in contemporaray continental philosophy], New York 2014.

Martin Bojda, *Hölderlin und Heidegger. Wege und Irrwege,* [Alber-Reihe Thesen, 67], Freiburg/Br. 2016.

Gerd Brand, *Die Lebenswelt: Eine Philosophie des konkreten Apriori,* Berlin 2011.
Lee Braver, *Heidegger: thinking of being,* Cambridge 2014.
Ders.: *Division III of Heideggers ›Being and Time‹. The unanswered question of being,* Cambridge 2015.
Hartmut Buchner, *Heidegger und Japan – Japan und Heidegger. Vorläufiges zum west-östlichen Gespräch,* Nordhausen 2013.
Jorge de Cavalho, *Fichte, Heidegger and the concept of facticity,* in: *Fichte and the phenomenological tradition,* S. 223–261.
Donatella di Cesare, *Heidegger, die Juden, die Shoah,* Frankfurt/M. 2016.
Cristian Ciocan, *Heidegger et le problème de la mort. Existentialité, authenticité, temporalité,* [Phaenomenologica, 211], Dordrecht 2014.
Eveline Cioflec, *Der Begriff des ›zwischen‹ bei Martin Heidegger. Eine Erörterung ausgehend von ›Sein und Zeit‹,* [Alber-Reihe Thesen, 48], Freiburg/Br. 2012.
Jean-Francois Courtine, *Archéo-Logique. Husserl, Heidegger, Patocka,* Paris 2013.
Benjamin D. Crowe, *Heidegger's phenomenology of religion: Realism and cultural criticism,* Bloomington 2008.
Sophia Dandelet, Hubert Dreifus, *Reading the beginning chapters of division II of ›Being and Time‹,* in: *Heidegger, authenticity and the self,* S. 186–193.
Alfred Delp, *Tragische Existenz. Zur Philosophie Martin Heideggers,* Freiburg/Br. 1935.
Alfred Denker, *Martin Heideggers Brief über den Humanismus. Eine biographische und werkgeschichtliche Einordnung,* in: *Heidegger und der Humanismus,* S. 9–20.
Alexander S. Duff, *Heidegger and politics. The ontology of radical discontent,* Cambridge 2015.
Sharin N. Elkhoy, *Heidegger and a metaphysics of feeling. Angst and the finitude of being,* London 2008.
Dies., *Overcoming the priority of the subject: Fichte and Heidegger on indeterminate feeling and the horizon of world and self-knowledge,* in: *Fichte and the phenomenological tradition,* S. 261–277.
Brian Elliott, *Anfang und Ende in der Philosophie: eine Untersuchung zu Heideggers Aneignung der aristotelischen Philosophie und der Dynamik des hermeneutischen Denkens,* Berlin 2002.
Existenzphilosophie und Ethik, Hrsg. M. Feger, M. Hackel, Berlin 2014.
Victor Farías, *Heidegger und der Nationalsozialismus,* Übers. K. Laermann, Frankfurt/M. 1989.
Emmanuel Faye, *Heidegger. Die Einführung des Nationalsozialismus in die Philosophie. Im Umkreis der unveröffentlichten Seminare zwischen 1933 und 1935,* Übers. T. Trzaskalik, Berlin 2009.
Boris Ferreira, *Stimmung bei Heidegger. Das Phänomen der Stimmung im Kontext von Heideggers Existenzialanalyse des Daseins,* [Phaenomenologica,165], Dordrecht 2002.
Fichte and the phenomenological tradition, Hrsg. V. L. Waibel, D. Breazeale, T. Rockmore, Berlin 2010.

Günter Figal, *Unscheinbarkeit. Der Raum in der Phänomenologie*, Tübingen 2015.

Ders., *Zu Heidegger. Antworten und Fragen*, Frankfurt/M. 2009.

Mario Fischer, *Religiöse Erfahrung in der Phänomenologie des frühen Heidegger*, [Forschungen zur systematischen und ökumenischen Theologie, 130], Göttingen 2013.

Hadrien France-Lanord, *Paul Celan und Martin Heidegger. Vom Sinn eines Gesprächs*, Übers. J. Gedinat, Freiburg/Br. 2007.

Gregory Fried, *Heidegger's polemos. From being to politics*, London 2000.

Hans-Helmut Gander, *Phänomenologie der Lebenswelt: Husserl und Heidegger*, in: *Heidegger und Husserl. Neue Perspektiven*, S. 137–159.

David J. Gauthier, *Martin Heidegger, Emmanuel Lévinas and the politics of dwelling*, New York 2011.

Saulius Geniusas, *The question of ethics in Heidegger's ›Being and Time‹*, in: *Existenzphilosophie und Ethik*, S. 313–329.

Hassan Givsan, *Zu Heidegger. Ein Nachtrag zu ›Heidegger – das Denken der Inhumanität‹*, Würzburg 2011.

Peter Eli Gordon, *Continental divide. Heidegger, Cassirer, Davos*, Cambridge 2010.

Jean Grondin, *Von Heidegger zu Gadamer: unterwegs zur Hermeneutik*, Darmstadt 2001.

Florian Grosser, *Revolution denken. Heidegger und das Politische 1919 bis 1969*, München 2011.

Rico Gutschmidt, *Sein ohne Grund – die post-theistische Religiosität im Spätwerk Martin Heideggers*, Freiburg/Br. 2016.

Ute Guzzoni, *Der andere Heidegger. Überlegungen zu seinem späteren Denken*, Freiburg/Br. 2009.

Markus Happel, *Heidegger – neu gelesen*, Würzburg 1997.

Heidegger und der Antisemitismus. Positionen im Widerstreit, Hrsg. W. Homolka, A. Heidegger, Freiburg/Br. 2016.

Heideggers Weg in die Moderne. Eine Verortung der ›Schwarzen Hefte‹, Hrsg. H.-H. Gander, M. Striet, Frankfurt/M. 2017.

Heidegger, die Juden, noch einmal, Hrsg. P. Trawny, A. J. Mitchell, Frankfurt/M. 2015.

Heidegger und Husserl im Vergleich, Hrsg. F. Rese, Frankfurt/M. 2010.

Heidegger und Husserl. Neue Perspektiven, Hrsg. G. Figal, H.-H. Gander, Frankfurt/M. 2009.

Heidegger: philosophische und politische Tragweite seines Denkens. Das Kolloquium von Heidelberg, Hrsg. M. Calle-Gruber, Übers. E. van der Osten, Wien 2014.

Heidegger und die Anfänge seines Denkens, Hrsg. A. Denker, H. Zaborowski, [Heidegger-Jahrbuch, 1], Freiburg/Br. 2004.

Heidegger und der Nationalsozialismus, Hrsg. A. Denker, H. Zaborowski, [Heidegger- Jahrbuch, 5], Freiburg/Br. 2009.

Heidegger und Husserl, Hrsg. R. Bernet, A. Denker, H. Zaborowski, [Heidegger-Jahrbuch, 6], Freiburg/Br. 2012.

Heidegger und der Humanismus, Hrsg. A. Denker, H. Zaborowski, [Heidegger-Jahrbuch, 10], Freiburg/Br. 2017.

Heidegger und das ostasiatische Denken, Hrsg. A. Denker, Sh. Kadowaki, R. Ôhashi, G. Stenger, H. Zaborowski, [Heidegger-Jahrbuch, 7], Freiburg/Br. 2013.

Martin Heidegger. Critical assessments III. Language, Hrsg. Ch. Macann, New York 2007.

Heidegger und die Logik, Hrsg. A. Denker, H. Zaborowski, [Elementa, 79], Amsterdam 2006.

Heidegger, authenticity and the self. Themes from division II of ›Being and Time‹, Hrsg. Denis McManns, New York 2015.

Hermann Herrigel, *Das neue Denken*, Berlin 1926.

Ders., *Denken dieser Zeit. Fakultäten und Nationen treffen sich in Davos*, in: *Frankfurter Zeitung* 22.04.1929.

Friedrich-Wilhelm von Herrmann, *Die zarte, aber helle Differenz. Heidegger und Stefan George*, Frankfurt/M. 1999.

Friedrich-Wilhelm von Herrmann / Francesco Alfieri, *Martin Heidegger. Die Wahrheit über die ›Schwarzen Hefte‹*, Berlin 2017.

Jonathan Hope, *Heidegger and the signs of history*, in: *Semiotica* 207 (2015) 567–581.

Georg Imdahl, Das Leben verstehen. Heideggers formal anzeigende Hermeneutik in den frühen Freiburger Vorlesungen (1919–1923), [Epistemata, 206], Würzburg 1997.

Alesandro Iorio, *Das Sein erzählt. Heideggers narratives Denken*, Frankfurt/M. 2017.

Dominique Janicaud, *Heidegger in France*, [Studies in Continental Thought], Indiana 2015.

Eberhard Jüngel/Michael Trowitsch, *Provozierendes Denken*, in: *Neue Hefte für Philosophie*, 23 (1984) 59–74.

Theodore Kisiel, *The genesis of Heideggers's ›Being and Time‹*, Berkeley 1993.

Ders., *Die formale Anzeige als Schlüssel zu Martin Heideggers Logik der philosophischen Begriffsbildung*, in: *Heidegger und die Logik*, S. 49–65.

David Farrell Krell, *Ecstasy, catastrophe: Heidegger from ›Being and Time‹ to the ›Black notebooks‹*, New York 2015.

Philippe Lacoue-Labarthe, *Die Fiktion des Politischen. Heidegger, die Kunst und die Politik*, Übers. Th. Schestag, Stuttgart 1990.

Ralf Lüfter, *Heidegger und die Frage nach der Geschichte*, Würzburg 2012.

Martin Heideggers ›Schwarze Hefte‹. Eine philosophisch-politische Debatte, Hrsg. M. Heinz, S. Kellerer, Berlin 2016.

John C. Maraldo, *Heidegger und Nishida: Nichts, Gott und die Onto-theologie*, in: *Heidegger und das ostasiatische Denken*, S. 246–267.

Vincent A. McCarthy, *The ethics of authenticity in Kierkegaard and Heidegger*, in: *Existenzphilosophie und Ethik*, S. 385–399.

Reinhard Mehring, *Heideggers Überlieferungsgeschick: eine dionysische Selbstinszenierung*, Würzburg 1992.

Jakob Meier, *Synthetisches Zeug: Technikphilosophie nach Martin Heidegger*, [Neue Studien zur Philosophie, 27], Göttingen 2012.

Leonardo Messinese, *Heideggers Kritik der abendländischen Logik und Metaphysik. Ein kritischer Dialog*, Übers. Ch. Göbel, [Philosophische Schriften, 88], Berlin 2015.

Thorsten Milchert, *Christliche Wurzeln der Todesphilosophie Heideggers: Untersuchungen zu ›Sein und Zeit‹*, Marburg 2012.

Bogdan Mincă, *Poiesis: zu Martin Heideggers Interpretation der aristotelischen Philosophie*, Würzburg 2006.

Daniel Morat, *Von der Tat zur Gelassenheit. Konservatives Denken bei Martin Heidegger, Ernst Jünger und Friedrich Georg Jünger 1920–1960*, [Veröffentlichungen des zeitgeschichtlichen Arbeitskreises Niedersachsen, 24], Göttingen 2007.

Arnulf Müller, *Weltanschauung – eine Herausforderung für Martin Heideggers Philosophiebegriff*, [Münchener philosophische Studien, 28], Stuttgart 2010.

Takashi Nakahara, *Versuch einer Rekonstruktion von ›Sein und Zeit‹*, in: *Heidegger-Jahrbuch* 7 (2013) 419–435.

Eric Sean Nelson, *What is missing? The incompleteness and failure of Heideggers ›Being and Time‹*, in: *Division III of Heideggers ›Being and Time‹*, S. 197–219.

Ders., *Die formale Anzeige der Faktizität als Frage der Logik*, Übers. A. Denker, H. Zaborowski, in: *Heidegger und die Logik*, S. 31–49.

Jannis Oberdieck, *Sorge und Begehren: Zur Konzeption der Seinsfrage in ›Sein und Zeit‹*, Berlin 2009.

Heinrich Wiegand Petzet, *Auf einen Stern zugehen. Begegnungen und Gespräche mit Martin Heidegger 1929–1976*, Frankfurt/M. 1983.

Mark A. Ralkowski, *Heidegger's Platonism*, London 2009.

Reeding Heidegger from the start. Essays in his earliest thought, Hrsg. Th. Kisiel, J. van Buren, New York 1994.

Willem van Reijen, *Der Schwarzwald und Paris: Heidegger und Benjamin*, München 1998.

Tom Rockmore, *Heidegger und die französische Philosophie*, Übers. Th. Laugstien, Lüneburg 2000.

Günther Rösch, *Philosophie und Selbstbeschreibung. Kojève, Heidegger*, Berlin 2010.

Martina Roesner, *Metaphysica ludens: Das Spiel als phänomenologische Grundfigur im Denken Martin Heideggers*, New York 2003.

Radomir Rozbroj, *Gespräch: die zwischenmenschliche Problematik im Spätwerk Heideggers*, Würzburg 2008.

Sein, Existenz, Leben: Michel Henry und Martin Heidegger, Hrsg. St. Grätzel/ F. Seyler, [Seele, Existenz, Leben, 21], Freiburg/Br. 2013.

Schopenhauer und die Deutung der Existenz. Perspektiven auf Phänomenologie, Existenzphilosophie und Hermeneutik, Hrsg. T. Regehly / D. Schubbe, Stuttgart 2016.

Hans-Martin Schönherr-Mann, *Heidegger und die Frage der Gerechtigkeit*, Wien 1992.

Schreiben Dichten Denken. Zu Heideggers Sprachbegriff, Hrsg. D. Espinet, Frankfurt/M. 2011.

Reiner Schürmann, *Heidegger on being and acting: from principles to anarchy*, Übers. C. M. Gros, Bloomington 1987.
Alexander Schwan, *Politische Philosophie im Denken Heideggers*, Opladen 1965.
Harald Seubert, *Zwischen erstem und anderem Anfang. Heideggers Auseinandersetzung mit Nietzsche und die Sache seines Denkens*, [Collegium Hermeneuticum, 4], Köln 2000.
Thomas Sheehan, *Did Heidegger ever finish ›Being and Time‹?* in: *Division III of Heideggers ›Being and Time‹*, S. 259–285.
Meike Siegfried, *Abkehr vom Subjekt. Zum Sprachdenken bei Heidegger und Buber*, [Phänomenologie. Kontexte 22], Freiburg/Br. 2010.
Dies., *Husserls »Angst vor dem Dasein« und Heideggers »Angst vor der Stimme«. Zur Grundkonzeption in Husserls ›I. Logischen Untersuchungen‹ und Heideggers ›Sein und Zeit‹*, in: *Heidegger und Husserl im Vergleich*, S. 152–169.
Konstanze Sommer, *Zwischen Metaphysik und Metaphysikkritik. Heidegger, Schelling und Jacobi*, [Paradigmata, 33], Hamburg 2015.
Sprache – Dichtung – Philosophie. Heidegger und der Deutsche Idealismus, Hrsg. B. Frischmann, Freiburg/Br. 2010.
Das Spätwerk Heideggers: Ereignis – Sage – Geviert, Hrsg. D. Barbarić, Würzburg 2007.
Wolfgang Steiner, *Die Aufgabe des Denkens. Martin Heidegger und die philosophische Mystik*, Marburg 2010.
Michael Steinmann, *Die Offenheit des Sinns. Untersuchungen zu Sprache und Logik bei Martin Heidegger*, [Philosophische Untersuchungen, 20], Tübingen 2008.
Jürgen Stolzenberg, *Martin Heidegger reads Fichte*, in: *Fichte and the phenomenological tradition*, S. 207–223.
Claudius Strube, *Kritik und Rezeption von ›Sein und Zeit‹ in den ersten Jahren nach seinem Erscheinen*, in: *Perspektiven der Philosophie* 9 (1983) 41–69.
Martin Stumpe, *Geviert, Gestell, Geflecht. Die logische Struktur des Gedankens in Martin Heideggers späten Texten*, Braunschweig 2002.
Gerhard Thonhauser, *Ein rätselhaftes Zeichen: Zum Verhältnis von Martin Heidegger zu Søren Kierkegaard*, [Monograph series, 33], Berlin 2016.
Rainer Thurnher, *›Zeit und Sein‹ im Lichte der ›Beiträge zur Philosophie‹*, in: *Heidegger Studies* 25 (2009) 79–115.
Peter Trawny, *Adyton. Heideggers esoterische Philosophie*, Berlin 2010.
Ders., *Heidegger und der Mythos der jüdischen Weltverschwörung*, Frankfurt/M. 2014.
Kôichi Tsujimura, *Zur Bedeutung von Heideggers ›übergänglichem Denken‹ für die gegenwärtige Welt*, in: *Neue Hefte für Philosophie*, 23 (1984) 46–58.
Helmuth Vetter, *Über das Eigentümliche des Raumes bei Heidegger mit besonderer Berücksichtigung der ›Beiträge zur Philosophie‹*, in: *Das Spätwerk Heideggers*, S. 109–129.
Egon Vietta, *Der Wandel des abendländischen Denkens. Heidegger und sein Brief an Jean Beaufret*, in: *Die Zeit* 4 (1948) S. 4.

Silvio Vietta, »*Etwas rast um den Erdball*«. *Martin Heidegger: ambivalente Existenz und Globalisierungskritik*, Paderborn 2015.
Holger Zaborowski, *Schopenhauer und der späte Heidegger. Unterwegs zu einem Gespräch*, in: *Schopenhauer und die Deutung der Existenz*, S. 193–213.
Daniel-Pascal Zorn, *Vom Gebäude zum Gerüst: Reflexivität bei Michel Foucault und Martin Heidegger – Ein Vergleich*, Berlin 2016.

V. Literatur zu Franz Rosenzweig

Alexander Altmann, *Franz Rosenzweig on history*, in: *The philosophy of Franz Rosenzweig*, S. 124–138.
Francesco Barba, *Das Denken Rosenzweigs zwischen Theologie und Philosophie. Eine Herausforderung für das Christentum*, [Kassler philosophische Schriften, 6], Kassel 2013.
Myriam Bienenstock, *Héritage de Franz Rosenzweig: ›nous et les autre‹*, Paris 2011.
Dies., *Cohen face à Rosenzweig: débat sur la pensée allemande*, Paris 2009.
Giacomo Bonagiuso, *La soglia e l'esilio. Asimmetrie di tempo e spazio nel nuovo pensiero di Franz Rosenzweig*, Rom 2013.
Alin V. Bontas, *Franz Rosenzweig's rational subjective system. The redemptive turning point in philosophy and theology*, [American university studies VII, 312], Frankfurt/M. 2004.
Martin Brasser, *Die verankernde Kraft des Wörtchens ›ist‹. Heideggers Kasseler Vorträge* und Rosenzweigs neues Denken, in: *Franz Rosenzweigs ›neues Denken‹*, S. 217–227.
Bernhard Casper, *Theo-logie als Geschehen des Gebetes. Eine Anleitung, Franz Rosenzweigs ›Stern der Erlösung‹ zu lesen*, in: *Weg und Weite*, S. 343–351.
Ders., *›Ereignis‹. Bemerkungen zu Franz Rosenzweig und Martin Heidegger*, in: *Jüdisches Denken in einer Welt ohne Gott*, S. 67–78.
Ders., *Das dialogische Denken: Franz Rosenzweig, Ferdinand Ebner und Martin Buber*, Freiburg/Br. 2002.
Ders., *Religion der Erfahrung: Einführung in das Denken Franz Rosenzweigs*, Paderborn 2004.
Richard A. Cohen, *Elevations. The height of the good in Rosenzweig and Lévinas*, Chicago 1994.
Wayne Cristando, *Religion, redemption and revolution. The new speech thinking of Franz Rosenzweig and Eugen Rosenstock-Huessy*, London 2012.
Die Denkfigur des Systems im Ausgang von Franz Rosenzweigs ›Stern der Erlösung‹, Hrsg. H. Wiedebach, [Philosophische Schriften, 80], Berlin 2013.
Faith, truth and reason: New perspectivs on Franz Rosenzweig's ›Star of redemption‹, Hrsg. Yehoyada Amir, [Rosenzweigiana, 6], Freiburg/Br. 2012.
Cass Fisher, *Speaking metaphysically of a metaphysical God: Rosenzweig, Schelling, and the metaphysical divide*, in: *German-jewish thought between religion and politics*, S. 151–167.

Diego Fonti, *Lévinas und Rosenzweig. Das Denken, der Andere und die Zeit,* [Epistemata, 476–2009], Würzburg 2009.

Franz Rosenzweigs ›neues Denken‹. [Intern. Kongreß Kassel 2004], Hrsg. W. Schmied-Kowarzik, Bd. I *Selbstbegrenzendes Denken – in philosophos,* Bd. II *Erfahrene Offenbarung – in theologos,* Freiburg/Br. 2006.

Else Freund, *Die Existenzphilosophie Franz Rosenzweigs: Ein Beitrag zur Analyse seines Werkes ›Der Stern der Erlösung‹,* Hamburg 1959² [zuerst 1933].

Martin Fricke, *Franz Rosenzweigs Philosophie der Offenbarung. Eine Interpretation des Sterns der Erlösung,* [Epistemata, 348–2003], Würzburg 2003.

Wayne J. Froman, *Rosenzweig and Heidegger on ›the Moment‹ (›der Augenblick‹),* in: *Franz Rosenzweigs ›neues Denken‹,* S. 228–246.

German-jewish thought between religion and politics. Festschrift in honor of Paul Mendes-Flohr, Hrsg. Christian Wiese, Berlin 2012.

Geschichte denken. Perspektiven von und zu Hannah Arendt, Hrsg. F. Musall, Heidelberg 2011.

Robert Gibbs, *Correlations in Rosenzweig and Lévinas,* New Jersey, 1992.

Hassan Givsan, *Rosenzweig und Heidegger,* in: *Franz Rosenzweigs ›neues Denken‹,* S. 179–202.

Heinz-Jürgen Görtz, *Totalität und Transzendenz. Lévinas als Leser Rosenzweigs,* in: *Für das Unsichtbare sterben.* Zum 100. Geburtstag von Emmanuel Lévinas, Hrsg. N. Fischer, J. Sirovátka, Paderborn 2006, S. 107–135.

Ders., *In der Sprache des ›neuen Denkens‹. Theologie und Philosophie bei Franz Rosenzweig,* [Rosenzweigiana, 2], Freiburg/Br. 2008.

Peter Eli Gordon, *Rosenzweig and Heidegger: Between Judaism and German Philosophy,* London 2003.

Ders., *Redemption in the world. Authenticity and existence in Rosenzweig and Heidegger,* in: *Franz Rosenzweigs ›neues Denken‹,* S. 203–215.

Otto Gründler, *Eine jüdisch-theistische Offenbarungsphilosophie,* in: *Hochland* 19 (1921) S. 621–632.

Julius Guttmann, *Die Philosophie des Judentums,* Wiesbaden 1985 [zuerst 1933].

Paul Murphy Higgins, *Speaking and thinking about God in Rosenzweig and Heidegger,* [Dissertation Catholic university of America], Washington 2013.

Moshe Idel, *Franz Rosenzweig and the Kabbalah,* in: *The philosophy of Franz Rosenzweig,* S. 162–172.

Jüdisches Denken in einer Welt ohne Gott: Festschrift für Stéphane Mosès, Hrsg. J. Mattern, G. Motzkin, Sh. Sandbank, Berlin 2000.

Kabbala und Romantik, Hrsg. E. Goodman-Thau, Tübingen 1994.

Markus Kartheininger, *Das existentielle Ich und die Frage nach der Ontologie. Rosenzweigs ›Kritik am Existentialismus‹,* in: *Franz Rosenzweigs ›neues Denken‹,* S. 487–503.

Katrin J. Kirchner, *Franz Rosenzweigs Theorie der Erfahrung. Ein Beitrag zur Überwindung totalitärer Denkstrukturen und zur Begründung einer Kultur der Pluralität,* [Epistemata, 389], Würzburg 2005.

Leben, Tod und Entscheidung: Studien zur Geistesgeschichte der Weimarer Republik, Hrsg. H. Zaborowski, [Beiträge zur Politikwissenschaft, 127], Berlin 2003.

The legacy of Franz Rosenzweig. Collected Essays, Hrsg. L. Anckaert, M. Brasser, N. Samuelson, [Louvain philosophical studies, 18], Leuven 2004.

Ze'ev Levy, *Emmanuel Lévinas' Beziehung zu Rosenzweig*, in: *Franz Rosenzweigs ›neues Denken‹*, S. 247–255.

Hans Liebeschütz, *Von Georg Simmel zu Franz Rosenzweig. Studien zum jüdischen Denken im deutschen Kulturbereich*, [Schriftenreihe wissenschaftlicher Abhandlungen des Leo Baeck Instituts, 23], Tübingen 1970.

Michael Löwy, *Walter Benjamin and Franz Rosenzweig. Messianism against ›progess‹*, in: *Faith, truth and reason*, S. 373–391.

Ephraim Meir, *Differenz und Dialog*, Übers. E. Morlok, Münster 2011.

Ders., *Interreligiöse Theologie: eine Sichtweise aus der jüdischen Dialogphilosophie*, Übers. E. Morlok, Berlin 2016.

Ders., *Letters of love: Franz Rosenzweig's spiritual biography and oeuvre in the light of the Gritli letters*, [Studies in judaism, 2], New York 2006.

Paul Mendes-Flohr, *Between sensual and heavenly love. Franz Rosenzweig's reading of the ›Song of songs‹*, in: *Images of the divine and cultural orientations; jewish, christian and islamic voices*, S. 95–102, Leipzig 2015.

Ders., *Rosenzweig's concept of miracle*, in: *Jüdisches Denken in einer Welt ohne Gott*, S. 53–67.

Stéphane Mosès, *System und Offenbarung: Die Philosophie Franz Rosenzweigs*, München 1985.

Alain Muller, *Pensée dialogique, langage et intersubjectivité dans la philosophie de Franz Rosenzweig*, Paris 2014.

Katrin Neuhold, *Franz Rosenzweig und die idealistische Philosophie. Versuch der Rekonstruktion eines Missverständnisses*, Berlin 2014.

The philosophy of Franz Rosenzweig, Hrsg, P. Mendes-Flohr, London 1988.

Otto Pöggeler, *Between enlightment and romanticism. Rosenzweig and Hegel*, in: *The philosophy of Franz Rosenzweig*, S. 107–124.

Benjamin Pollock, *Metalogic and systematicity: Rosenzweig's philosophical debt to Hans Ehrenberg*, in: *Die Denkfigur des Systems im Ausgang von Franz Rosenzweigs ›Stern der Erlösung‹*, S. 123–133.

Ders., *Franz Rosenzweig's conversions, world denial and redemption*, Bloomington 2014.

Ders., *»Within the earshot of the young Hegel«: Rosenzweig's letter to Rudolf Ehrenberg of September 1910*, in: *German-jewish thought between religion and politics*, S. 185–209.

Melissa Raphael, *From the ruins of history: The modern jewish pariah as an agent of messianic new beginning in Hannah Arendt and Franz Rosenzweig*, in: *Geschichte denken*, S. 31–50.

Nathan Rothenstreich, *Essays in jewish philosophy in the modern era*, Hrsg. R. Munk, [Amsterdam studies in jewish thought, 1], Amsterdam 1996.

Norbert Samuelson, *Reasoned Faith*, Hrsg. H. Tirosh-Samuelson, A. W. Hughes, [Library of contemporary jewish philosophers, 15], Leiden 2015.

Ders., *A critique of Rosenzweig's doctrine: Is it jewish and is it believable?*, in: Ders., *Reasoned faith*, S. 41–47.
Ari Sborowitz, *Offenbarung und Offenbarungsreligion in Franz Rosenzweigs ›Stern der Erlösung‹*, in: *›Niru-Nir‹. Beiträge zu jüdisch-religiösen Gegenwartsfragen* 7(1942)3–66.
Renate Schindler, *Im Spannungsfeld zwischen Philosophie und Theologie. Zu Franz Rosenzweigs Zeittheorie des Wunders und der Erlösung*, in: *Faith, truth and reason*, S. 493–511.
Wolfdietrich Schmied-Kowarzik, *Franz Rosenzweig. Existentielles Denken und gelebte Bewährung*, Freiburg/Br. 1991.
Ders., *Rosenzweig im Gespräch mit Ehrenberg, Cohen und Buber*, [Rosenzweigiana 1], Freiburg 2006.
Hans-Joachim Schoeps, *Jüdischer Glaube in dieser Zeit*, Hildesheim 1990.
Gershom Scholem, *Von der mystischen Gestalt der Gottheit. Studien zu Grundbegriffen der Kabbala*, Frankfurt/M. 1977.
Ders., *Zur Kabbala und ihrer Symbolik*, Frankfurt/M. 1973.
Ders., *Franz Rosenzweig and his book ›the star of redemption‹*, in: *The philosophy of Franz Rosenzweig*, S. 20–42.
Christoph Schulte, *Zimzum. Gott und Weltursprung*. Berlin 2014.
Alan Udoff, *Lévinas' turn to Rosenzweig at the end of philosophy*, in: *Franz Rosenzweigs ›neues Denken‹*, S. 256–263.
Weg und Weite. Festschrift für Karl Lehmann, Hrsg. A. Raffelt, Freiburg/Br. 2001.
Hartwig Wiedebach, *›Kreuz der Wirklichkeit‹ und ›Stern der Erlösung‹. Die Glaubens-Metaphysik von Eugen Rosenstock-Huessy und Franz Rosenzweig*, [Rosenzweigiana, 5], Freiburg/Br. 2010.
Sebastian Wogenstein, *Horizonte der Moderne: Tragödie und Judentum von Cohen bis Lévinas*, [Neues Forum für allgemeine und vergleichende Literaturwissenschaft, 46], Heidelberg 2011.

VI. Weitere Literatur

Werner Beumelburg, *Deutschland in Ketten. Von Versaille bis zum Youngplan*, Berlin 1942.
Richard Walther Darré, *Neuadel aus Blut und Boden*, München 1941.
Hans Grimm, *Volk ohne Raum*, München 1926.
Adolf Hitler, *Mein Kampf*, Hrsg. Ch. Hartmann, Th. Vordermayer, O. Plöckinger, R. Töppel, Institut für Zeitgeschichte, Berlin 2016.
Alfred Rosenberg, *Der Mythos der 20. Jahrhunderts*, München 1933.